U0617868

齐佩瑢文集

齐佩瑢／著　王　浩／编

燕赵学脉文库

郑振峰　胡景敏　主编

社会科学文献出版社
SOCIAL SCIENCES ACADEMIC PRESS (CHINA)

"燕赵学脉文库" 出版说明

　　"燕赵学脉文库"由河北师范大学文学院策划、编辑，主要编选院史上著名学者的著述。河北师范大学的前身是 1902 年创办的顺天府高等学堂和 1906 年创办的北洋女师范学堂，至今已有 110 多年的历史；文学院的前身是 1929 年由李何林先生等创建的河北省国立女子师范学院国文系，至今已有 80 余年的历史。燕赵之士，人称悲歌慷慨；燕赵故地，自古文采焕然。燕赵的风土物理、文化品格、人文精神，以及长期作为畿辅重镇的地缘环境为其培育了独具气质的学风、学派和学术。燕赵学术，源远流长。近年来，"河北师范大学中国语言文学博士一级学科"秉承燕赵学术传统，锐意创新，取得了无愧于先贤，不逊于左右的成绩。文库的编辑既是向有功于学科建设的前辈致敬，也是对在学术园地上孜孜耕耘的后继者的激励，所谓不忘过去，继往开来。

　　文库的出版得到了"河北师范大学中国语言文学博士一级学科"的资助，也得到了诸多友好人士与出版方的支持和帮助，在此一并致谢。

"燕赵学脉文库"编委会

2017 年 4 月

序

　　齐佩瑢先生（1911—1961）河北省井陉县人，是 20 世纪初燕赵大地有名的文字学、训诂学研究专家。齐先生一生的主要著作有《训诂学概论》和《中国文字学概要》，还发表了多篇学术论文。在中国语言研究的初创期，齐佩瑢先生可谓是学术成果颇丰的学者之一。

　　齐先生于 20 世纪 30 年代从北京大学中文系毕业后，曾在北大留校任教多年，新中国成立以后，曾到河北师范学院（天津时期）任教，后又辗转到张家口师范专科学校任教。期间，齐先生一直从事古代汉语（训诂、文字）方面的教学和研究工作。尤为重要的是，齐先生在河北师范大学的一段工作经历，为河北师范大学的语言研究和汉语教学做出了一定的贡献，增强了河北师范大学在语言研究领域的影响力。鉴于此，今特编纂齐佩瑢先生语言论学集以资纪念。

　　该语言论学集共分三部分，第一部分是训诂卷，第二部分是文字卷，第三部分是论文卷。简述如下：

　　训诂卷：《训诂学概要》是齐佩瑢先生的代表著作，此书于 1943 年由北平国立华北编译馆出版，1984 年由中华书局根据作者生前的一个批校本重新出版，更正了原书的不少讹误，增补了新材料。全书二十万字，分为四章，包括绪说、训诂的基本概念、训诂的施用方术、训诂的源渊流派。这四个方面都显示了齐先生在训诂学方面的功力。主要的观点有：

　　一、将现代语言学尤其是现代语文学的概念和观念全面引入训诂学，志在使训诂学成为一门科学。在第二章"训诂学的基本概念"中讨论了语音和语义的关系、语义的单位、语义变迁的方式、词的类型、字与词的区别、字义的种类等问题。关于语音和语义的关系，作者认为，必须将其区别为语言发生时和语言发生后两个时期来讨论：在语言发生时，语音和语义没有必然的联系；但在语言演变过程中，从同一语根孳乳分化的、音同或音近的字，意义也往往相近相同，形成一个语族。前人在谈论语音关系时常常纠缠不清，正是没有分清两个时期、混同两种现象为一体所致。作者辨析了"字"和"词"，并指出"句"分为文法上的句、诗歌中句和声气上的句三类，训诂学上要运用的是文法上的句。字、词、句这些概念都是训诂学史上被长期混淆以致影响了训诂学发展的重要概念，作者在书中予以特别澄清是非常必要的。作者进一步指出，研究语文必须以"词"为单位，而研究词义的变化、词类的变化又必须在句中考虑，作者同意当时语法学界对汉语词类的看法，即"依句辨品，离句无品"。作者在这一章中所谈到的都是现代语言学特别是现代语义学中的基本概念和基本观念，作者把这些作为训诂学的基本概念，并辟专章说明，足见作者所要讨论的训诂学与传统训诂学的区别。

二、在现代语言学和现代语义学理论的指导下，作者对训诂学研究中的很多问题都有自己独到的见解。首先，对"训诂学"的定义，作者就与一般学者的看法不同。作者认为，解释古语古字的用义才是"训诂"。研究前人的注疏、历代的训诂，并对其分析归纳、阐明训诂的基本原理和方法，使之系统化，并"根据我国语文的特质提出研究古语的新方法、新途径"，便是科学的训诂学。作者认为在训诂学界影响颇大的刘师培、黄侃等人的"训诂学与翻译之学同""训诂学即用语言解释语言"的观点都是似是而非的意见，并不能阐明训诂学的根本。基于这样的认识，作者提出训诂学当以语言学为基础，以文法学为利器，而这两点正是传统训诂学所缺乏的。

作者还指出，"四声"之名虽起于沈约，但四声当在此之前便已存在，用声调以示字义的不同是汉语中的一种自然现象，从古至今都存在着，但当它被训诂学家利用作分别字义的方法后，便开始滥用而无节制，不再是实际语音的反映了。

作者用现代语义学理论对历史上大量的"反训"示例做了详细考查，

认为"反训"只是语义变迁的想象而非训诂法制。有些反训是因语义演变而恰好形成的，是语义演变中的一小部分，不能将其视为普遍原则，严格地说，"反训"是不存在的。作者虽对"反训"示例的归纳和概括有不妥之处，但他能运用正确的语义学理论对其做统一的爬梳整理，可谓找到了解决问题的正确途径。

有作者独到看法的地方，书中很多。如对训诂学界很有影响的"一声之转"之说，作者认为并不科学，因为两词同义不全是音转关系，而就拟测的古音看，音韵关系复杂，也并不全是双声或叠韵的关系；对古书中"一字多义"现象，作者认为有很多是区分不同的历史平面的结果，即使在同一个历史时期的"一字多义"也是有主次之分，而不全是在一个平面的。

三、对历代学者的研究介绍详细且有批判地吸收。如在"音训"一节，作者对清代学者对音义关系所做的探索逐一做了详尽的评介。作者还站在现代语言学的高度上对前人的成就重新做了评价。如他认为《方言》是和《尔雅》大不相同的训诂书，《尔雅》是"训诂的材料"，而《方言》则是"训诂的学术"。学界历来对《释名》毁誉参半，而作者认为无论是毁谤者还是赞誉者，都没能真正认识到《释名》的价值，《释名》的价值应从训诂的目的之一——求语根及其孳乳分化语的角度来进行认识，此"研讨语原及分化者的当今急务"。

四、介绍历史的同时还关注当代人的研究。作者时刻关注当时的最新研究成果并及时吸收。作者从理论到实践对章太炎先生的学说和著述做了系统的介绍。作者认为章氏是以音声相配的原理来推求语言文字的本始和流变的第一人。章氏根据戴孔二氏的理论精神而又加以扩充和音理的说明，开创了以音系为研究语言文字学的基础的风气。作者特别推崇章氏的《文始》一书，认为这是第一部从"语根"出发系统地研究语言孳乳分化的专书，而这是以解经为目的的古代训诂学所不能做到的。作者也指出了章氏在研究中囿于字形、声转理论过于宽泛，而对古音系统的认识尚不清晰等问题。另外，王国维、罗振玉、魏建功、钱玄同等近代著名语言学家的成就，作者亦在相关部分中有所介绍。总之，这本书条理清晰，逻辑严密，比较全面地讨论了训诂学研究中的基本问题，且提出了不少独到见解，是一本很有用处的基础读物。

文字卷：齐先生的《中国文字学概要》一书是对中国古代文字学史的详细介绍和评述，材料详实，内容丰富，讨论了在甲骨文发掘以前，中国文字学中所涉及的各种学术问题，并尽可能详细地给出了文献材料。书中还运用新的考古资料和现代语言学理论对前人的意见做了评述，很有真知灼见，可以帮助读者全面地了解我国古代文字学的发展历史。主要观点有：

一、文字学是形义结合的语言科学。"中国文字学概要"第一章是作者基本理论观点的简要介绍。作者认为，文字学是"研究语言符号的产生、演变及构造，并说明字形和音义之间的关系和法则的科学"，"必定站在语言的立场，以音贯穿形义，然后才能得到文字奥妙"。作者对文字学的定义与一般看法并不一样，他把汉字的形、音、义三方面的演化都看作文字学的研究范围。

关于古代中国文字学的研究，作者认为，传统"小学"中很多研究文字的书都是"文字书"而非"文字学"书，历史上第一部真正的文字学书是东汉许慎的《说文解字》。这也就形成了目前学术界所公认的"《说文解字》奠定了中国传统文字学的基础"的理论，中国文字学以字形为研究核心的特点也就此形成了。

作者认为传统的"小学"研究有三个缺点：研究范围狭窄，始终是经学的附庸；只注重材料的积累与分析而忽略了材料的组织与贯通；缺乏参考比较的材料。鉴于此，作者提出了现代人研究文字学的方法：扩大研究的范围；注意系统的整理；博采参考比较的资料。作者对最后一点尤为重视。所谓"博采"并不专指搜罗古书，还包括借助方言或其他语言材料以及对西方语言理论的吸收和借鉴。作者还专门举了高本汉的古音研究为例，以说明他扩充材料的含义和作用。

二、"六书"导源于殷商钟鼎文字。"中国文字学概要"第二章对历史上文字起源的种种看法进行了讨论。这些看法分三类：以"六书"中象形、指事之独体为初文者；以金文中之象形字为原始象形字，以《说文解字》中之象形字为后定者；以殷商钟鼎文字为"六书"的导源。作者同意最后一种看法。

三、认为简体字在古代曾一直被使用，作者对宋元民间简化汉字的整理对汉字简化工作具有指导意义。"中国文字学概要"第三章介绍了汉字从甲骨文逐步演变为今天的汉字的过程。为适合当时利于教育的普及、提高国民素质的要求，作者对宋元以来的简体字做了专门的研究，得出八种简化汉字的方法。这八种方法都是在汉字使用过程中被长期不自觉地使用着的，而且符合汉字的结果规律和人们的使用习惯，作者将它们概括总结出来，对当时及以后的汉字简化和规范工作有着重要的意义。作者认为简化汉字只要对宋元以来在民间广为通行的简体字加以整理即可，用不着文人去大量地造简体字。这对文字改革无疑是非常正确的。专门地研究宋元以来的简体字的相关论述在同类书中很少见，这体现了作者进步的文字观。

四、认为"六书"反映了文字发展的历史。第四章是全书的重点，专门讨论了传统的"六书"理论。首先讨论了"六书"的本质。作者同意沈兼士的看法，认为"六书"反映了文字的发展史，"象形""指事"是文字产生时期"表形字"阶段的产物；"会意"是文字的发展的第二阶段——"表意字"阶段的产物；"形声""假借""转注"则是文字发展的最后阶段——"表音字"阶段的产物，其中形声字是半音半义的文字，有明显地从意符阶段过渡到音符阶段的痕迹。接着作者列举了大量实例说明什么是"象形""指事""会意"，并辨析了三者的区别。关于形声字，作者同意清儒的看法，认为"形声字"以记载语言的声音为主，是"谐声字"而非"半形半声字"。因此，作者重点讨论了形声字中声旁与所谐形声字之间复杂的声韵关系，分析了造成这种复杂的声韵关系的原因，他指出因时地关系的不同而使语音发生变化，这是导致主谐字语音和被谐字语音不一致的最主要的原因。作者认为《说文解字》中的"省形""省声"多不可靠，使许慎产生诸类错误的原因在于许为小篆形体所限，且古音知识和古文字材料掌握得有限，如"事、受、监、奚"这些省声字，从甲骨文的材料看都是意符文字而非音符文字；除上述原因外，"省形"字产生谬误还多为许慎为迁就分部而强作的解释。

对假借字，作者首先区分了本无其字的假借和本有其字的假借，前者便是"六书"中的"假借"，作者反对假借只是用字之法的看法。作者把由本义辗转引申、引申义与本义相去较远的现象也看作假借，如表示"人头"义的"元"借作表示"君长、初始"义的"元"。许慎在《说文解字》中给出的假借例字是"令、长"，这两个字是引申还是假借，学术界一直有争议，齐先生所说的"引申本义的假借"与此相同，颇有商榷的余地。

齐先生的著述不多，其学术观点集中体现在这两部书中，但从这两部书中已经可以看到齐先生的深厚学术功底和他对学术问题的深入思考。

论文卷：齐佩瑢先生正式发表的论文有：《论别字》，《中学生》第63期，上海，1936年；《释名音训举例及其在语言学上之贡献》，《中报·真知周刊》，南京，1942年3月28日；《中国近三十年之声韵学》，《中国学报》C1卷第2期，第一卷第3期，1944年。具体发表日期不详，收录到文集和讲义的有：《语义和语音》，《北京大学百年国学文萃·语言文献卷》，北京大学中国传统文化研究中心，北京大学出版社1998年版；《诗三百篇询问词之地域性》，《国文文法参考资料讲义本》，北京大学文学院；《诸家区分词类的依据》，《国文文法讲义》第9节，北京大学文学院。未发表的有《相反为训辩》《释打》。

由于年代原因，以上所列论文未能一一寻获，本论学集只收录其中三篇，分别是《论别字》《语义和语音》《中国近三十年之声韵学》。

齐佩瑢先生是学有所成的训诂、文字专家，他将自己的所得融会贯通，写出了内容深入浅出的专著和具有独到见解的论文，是中国传统训诂学、文字学初学者阅读学习的必读之书、必看之文。

王　浩

2017年1月10日

·目 录

第一部分

训诂卷:《中国训诂学概论》选编

第一章 绪说

第一节 何谓训诂学

"训诂学"是研究我国古代语言和文字的意义的一种专门学术。这里所谓"字义"乃是文字的"用义",而非字形构造所示的"本义"。文字是纪录语言的符号,具有形、音、义三个要素,形为文字所独有,音义乃语言文字之所同,所以解说文字本义的学问固然也可以视作训诂的广泛领域中的一部,但是严格的站在语言方面来说,只有训释古语古字的用义才能配称"训诂"。文字本义的研究应该属于文字学的范围之内的。因此,从前认为训诂学是兼括文字形体的训诂和语言音义的训诂二者的界说,实际上是不合理而欠缺精确的。那么,训诂学既是探求古代语言的意义,研究语音与语义间的种种关系的唯一学科,它就应当是"历史语言学"全体中的一环。这样,训诂学也可以叫做"古语义学"。

"训诂"二字一名的含义及其由来,以及"训诂"与"训诂学"的区别是我们应该首先明白的。大概在秦汉的时候,是只有"训故"的称谓的,而且训故和经学、小学简直是三位一体而不可分离,那时研究经学古学或小学的学者,也仅是为了讲解古书而去训释古籍中的古字故言,去阐发古圣贤的微言大义;至于如何训释古字故言——即训诂的方法技术以及理论系统等等的问题,却尚无自觉的有系统的概述及综合的研究;换言之,那时只有"训故"而无"训诂学",只有工作的实行而无学理的解说。理论的产生是靠着事实的归纳,在一个训故工作刚萌芽的时候,自然不会同时就有成熟的系统理论的。这也是时代使然，直到二千年后的现在，不是还没有一部"训诂学"的著作出现么？

训诂的"诂"字，汉人通行写作"故"，诂是故言，故是古旧，诂、故、古三字的含义虽小有广狭专泛的不同，声音语原却是完全一样的。而"古训"一名在《尚书》和《诗经》里面都早已提到过，于是一般慕古的学者就说这是后来"训故"、"训诂"的出处，因为他们误认"训故"可以倒说成"故训"或"诂训"的缘故。清朝有名的小学家都如此肯定地主张，从未有人发生过疑问，例如钱大昕在《经籍纂诂序》里说：

"……而其诗述仲山甫之德，本于古训是式；古训者，诂训也，诂训之不忘，乃能全乎民秉之彝；诂训之于人大矣哉！"

如果我们仔细去翻读一下《书》《诗》的原文，就知道钱氏的话纯是有意的附会。《商书·说命》里说：

王人求多闻，时惟建事，学于古训乃有获；事不师古，以克永世，匪说攸闻。

孔《传》解释这段话说："王者求多闻以立事，学于古训乃有所得；事不法古训而能以长世，非说所闻。"可见古训只有古昔的教言之意。又《诗·大雅·烝民》篇说：

仲山甫之德：柔嘉为则，令仪令色，小心翼翼，古训是式，威仪是力。

毛《传》说："古，故。训，道。"郑《笺》说："故训，先王之遗典也。"我觉得旧日的解说并没有什么错误的地方，两书所言的古训都是指着"先人教言，圣王遗典"的意思，犹之乎《国语》中称"遗训"一样。《周语》说：

赋事行刑，必问于遗训，而咨于故实。

问于遗训，就是式于古训、学于古训的意思。所以《诗》中的古训一名，虽然郑《笺》及《列女传·明贤篇》所引都是直书作"故训"，而毛公又取以为《诗故训传》之名，但是《诗》中原意既是明指古昔教训而言，而"训故"一名在汉人的用法上又不能颠倒作"故训"，那么古训和训故绝不能混为一谈而傅会其含义及出处。况且在《诗》《书》的时代，去古未远，典籍未富，也不需要训故的工作。这样看来，训故一名的成立及取义自当以汉人所说为准才对，因为训故的萌芽虽散见于春秋战国时代人的语录传记之中，然而训故专著的出现及大成却到秦汉之间才开始的。

汉人著作，关于训故的称呼，也不很一致，例如班固《汉书·艺文志》和列传前后所说便多不同：或名"训故"，或单称"训"，或单称"故"，或名"解故"，或名"训纂"；不过以"训故"和"故"的称谓为最多而普遍，而且这些名称的含义也几乎完全一样的。现在为了明白起见，姑就志传所说，略举数例如下：

（一）行文多复称"训故"：

（1）《志》曰："《苍颉》多古字，俗师失其读。宣帝时征齐人能正读者，张敞从受之，传至外孙之子杜林，为作训故，并列焉。"

（2）又曰："鲁申公为《诗》训故。"

（3）《儒林传》："申公独以《诗经》为训故以教。"

（4）又曰："宽至洛阳，……作《易说》三万言，训故举大谊而已。"

（5）又曰："谊为《左氏传》训故。"

（6）《刘歆传》："初《左氏传》多古字古言，学者传训故而已。"（师古曰："故谓指趣也。"）

（7）《扬雄传》："训故通而已。"（师古曰："诂谓指义也。"）

由上七例，可知训故就是能正读古字，通晓古言。《苍颉篇》为秦人编集的字书，到汉宣帝时就非专家不能正读了。这里所谓"读"，是指字音字义而言；所谓"义"，是指日常通行的用义而言。可见通晓古字古言的音义而为之训解明白者便是"训故"，杜林、申公、贾谊等人之为诸书作训故都是此意。师古所说，失之广泛，故即古字古言也。而《扬雄传》独作"诂"，盖当时即有此新体，依例当为"故"。

（二）简称"故"者多为书名：

（1）《志》曰："《诗鲁故》一十五卷。"（师古曰："故者通其指义也，它皆类此。今流俗《毛诗》改故训传为诂，字失真耳。"）

（2）又曰："《诗齐后氏故》二十卷。"

（3）又曰："《诗齐孙氏故》二十七卷。"

（4）又曰："《诗韩故》三十六卷。"

（5）又曰："杜林《苍颉故》一篇。"

案杜林为《苍颉》作训故，申公为《诗》训故已见前引文中，行文称"训故"而书名则称"故"，可证故即训故的简称，所以《唐志》把《苍颉故》直名为《苍颉训诂》了。至于师古《注》将故字又解为动词，似乎不大妥当。此外还有把古字古言直叫作"故"的，亦可证故字非动词。例如：

（6）《儒林传》："孔氏有古文《尚书》，孔安国以今文字读之，因以起其家。……而司马迁亦从安国问故，迁书载《尧典》、《禹贡》、《洪范》、《微子》、《金縢》诸篇，多古文说。"

（7）《扬雄传》："《玄》文多故不著，观之者难知，学之者难成。"

案古文《尚书》多古字，孔安国读以今文便可自成一家；《志》也说："古文读应尔雅，故解古今语而可知也。"可知司马子长所从问的"故"就是古字古语的意思，自非读以今文，解以今语而不易使人知晓，所以《史记》中引用古文《尚书》的地方，并非原文，只是用今字代古字，以今语译古语罢了。扬子云是个好古的怪人，自我作古，予圣自居，著述拟之于经传，以为"经莫大于《易》，故作《太玄》"。大概《玄》文多故者，就是好用古字古言，犹今人之好用典故及喜写古字耳。

由上七例，可知某故某故者，即言某书之古音古义耳，古字古言谓之故，古音古义亦谓之故，故字既然沿用为古代语文音义的专称，所以解释古字古言的音义便叫作"训故"也。

（三）书名"解故"者，即"训故"之异称：

《志》曰："《书大、小夏侯解故》二十九卷。"

案解者释也，判也。艰深晦涩谓之结，判分滞结即谓之解，是解亦训释顺通之意，解故犹训故也。此例他不多见。

（四）书名"训"及"训纂"者，与训故稍有不同：

（1）《志》曰："《淮南道训》二篇。"

案杂家中又录有《淮南内》二十一篇，《外》三十三篇；今本《淮南子》二十一卷，除叙目命名《要略》外，他如《原道训》《俶真训》等都以训名篇。《要略》说："惧为人之惛惛然弗能知也，故多为之辞，博为之说。"高诱的《叙目》也说："其义也著，其文也富。"这样看来，名训的取义有些和训故不同，而且此例也不多见，盖系后起之名。其体辞多说博，其旨阐微著隐，着眼在说解义理，已超出训释古字古言的朴素本色了。

（2）《志》曰："扬雄《苍颉训纂》一篇。"

（3）又曰："杜林《苍颉训纂》一篇。"

案此二书介于《苍颉传》及《苍颉故》之间，盖亦训释《苍颉篇》音义之书，犹后来颜师古、王伯厚之注《急就篇》耳。杜林既为《苍颉》作训故，又为之作《训纂》，虽皆注释之体，其间必有不同之处，否则，何以分为两书而异其称呢？原书久佚，不可详究。

（五）外此四类，毛公以"故训"名书者，并非"训故"的同义倒文，不应混入。《志》曰："《毛诗故训传》三十卷。"蒙案：郑玄《诗谱》及陆机《毛诗草木鱼虫疏》皆称"训诂传"，朱彝尊《经义考》也称"训故传"，这都是错误的。盖汉人称谓以"训故"为多，称"故训"者仅毛公一人，后人不明二名的来源及取义各别，就以常见者改不常见者于无意之中，甚至积久相沿，误认为一，所以《正义》本《毛诗故训》作"诂训"，颜师古斥为流俗失真，陆德明《释文》又认为可以两通，他说："故训旧本多作故，今或作诂，音古，又音故。案诂、故皆是古义，所以两行。"诂、故固然是古字的后起分别文，但是毛公所谓故训，只作"古训"，而不可以作"诂训"，因汉人无以"训故"倒作"故训"，或"训诂"倒作"诂训"者。我们绝不能因其音同义近而混淆莫辨，以讹传讹的。

又《故训传》命名的取义，孔氏《正义》说："诂训传者，注解之别名，毛以《尔雅》之作多为释《诗》，而篇有《释诂》《释训》，故依《尔雅》训而为《诗》立《传》，传者通其义也。《尔雅》所释十有九篇，独云诂训者，诂者古也，古今异言，通之使人知也；训者道也，道物之貌以告人也。……然则诂训者，通古今之异辞，辨物之形貌，则解释之义，尽归于此。……今定本作故，以《诗》云'古训是式'，毛《传》云'古，故也'，则故训者，故昔典训，依故昔典训而为传。……"孔氏的说法颇有些自相矛盾，他也明知"故训传"是用了《诗经》"古训是式"的意义，故训本是故昔的典训，这故昔典训的所指，无论是师说或雅义，都尚较合理近是；然而他还强要牵扯到《释诂》等的篇名上去，就很有些傅会了。(《蒸民疏》又从郑《笺》而为之说，以古训为古旧之道，故为先王之遗典。) 故训的故字是形容词，训故、释故的故字是名词，二者绝不相同。段氏《说文注》说："《毛诗》云'故训传'者，故训犹故言也，谓取故言为传也。取故言为传，是亦诂也。贾谊为《左氏传》训诂，训诂者，顺释其故言也。"可见《故训传》虽亦为训诂之作，然而故言之传和顺释故言的立名取义都不大相同的。马瑞辰有《毛诗故训传名义考》一文，所说也多错误，详见下文所引。

看了以上五类略例，训故一名的源渊大概可有个简括的认识吧。故为故旧，古字古言的古音古义谓之故，顺释疏解之便谓之训故：古字古言后人多不识，故为之作释也。此其一。汉人称谓以"训故"为最多而普遍，或改名"解故"，或简称"故"，称谓虽殊，取义则一。至于单名"训"的，旨在广其辞说，与训故之仅为推求古音古义者不同，统言无别而对称有异。此其二。《毛传》以"故训"名书，非训故之倒称，故训犹言故昔训释之意，虽亦训故之体，立名究不相侔，不可混而为一；后人或名训故为诂训者，相沿而讹也。此其三。

不过，汉人传注之作，并不仅限于训故一类，广义言之，如传、记、传记，说、说义、略说，微以及章句等四大类的著作，也都属于训故的范围。究竟它们的体例之间有如何的不同，这也是我们极应明白的。兹据《汉志》所载，略撮其要：

(一) 传、记、传记、杂记。

(1)《易》有《周氏传》、《韩氏传》。《儒林传》曰："宽至洛阳，复从周王孙受古义，号《周氏传》。"又曰："韩生亦以《易》授人，推《易》意而为之《传》。"

(2)《书》有《大、小夏侯解故》，又有《传》四十一篇。

（3）《诗》有《齐后氏故》、《齐孙氏故》、《韩故》等；又有《齐后氏传》、《齐孙氏传》、《韩内传》、《外传》等。《志》曰："鲁申公为《诗》训故；而齐辕固、燕韩生皆为之传，或取《春秋》，采杂说，咸非其本义。与不得已，鲁最为近之。"《儒林传》曰："婴推诗人之意而作《内、外传》数万言。"又曰："申公独以《诗经》为训故以教，亡传，疑者则阙弗传。"师古曰："口说其指，不为解说之传。"案《楚元王传》云申公始为《诗》传，号《鲁诗》，是《鲁诗》本有传也。《史记·儒林传》文上"传"字下多一"疑"字，《汉书》误脱，当读"亡传疑，疑者则阙弗传"。虽然，依师古《注》中之意，可见故和传是有区别的，这由齐韩二家之有《故》又有《传》也可以看得出来。

（4）《春秋》有《左氏传》、《公羊传》、《穀梁传》、《邹氏传》、《夹氏传》。《志》曰："丘明恐弟子各安其意以失其真，故论本事而作传，明夫子不以空言说经也，……其事实皆形于传。……及末世口说流行，故有《公羊》、《穀梁》、《邹》、《夹》之传。"

（5）《礼》有《曲台后仓记》。《儒林传》曰："仓说礼数万言，号曰《后氏曲台记》。"

（6）《乐记》二十三篇。《志》曰："河间献王好儒，与毛生等共采《周官》及诸子言乐事者以作《乐记》。"

此外尚有刘向的《五行传记》及《公羊杂记》等。《释名·释典艺》曰："传，传也，以传示后人也。"汉儒最重师传，《汉志》及《后汉书·儒林传》述六经传授甚详。《释典艺》又曰："记，纪也，纪识之也。"《汉志》《礼记》百三十一篇，班氏自注云："七十子后学者所记也。"大概训故只是就字释义，而传记则在转录师说，或推其意，或广其事，蔓延泛滥而不能守其本原，故《志》讥《诗》传咸非其本义也。

（二）说、略说、说义。

（1）《诗》有《鲁故》、《韩故》及《韩传》等。又有《鲁说》、《韩说》。

（2）《书》有《欧阳说义》。《儒林传》曰："小夏侯说文，恭（秦恭）增师法至百万言。"师古曰："言小夏侯本所说之文不多，而秦恭又更增益，故至百万言也。"《志》曰："后世经传既已乖离，博学者又不思多闻阙疑之义，而务碎义难逃，便辞巧说，说五字之文至于二三万言。"（桓谭《新论》云："秦近君能说《尧典》篇目两字只之说至十馀万言，但说'曰若稽古'三万言。"）

（3）《易》有五鹿充宗《略说》。《儒林传》曰："（丁宽）作《易说》三万言。"又曰："刘向校书，考《易》说，以为诸《易》家说皆祖田何、杨叔、丁将军，大谊略同；唯京氏为异党，焦延寿独得隐士之说。"

传记之属已经就有些驳杂滥漫，而说义之类更是大放厥辞，絮絮不休；是故通人恶烦，智者羞学，幼童守一艺，白首而后能言。《儒林传赞》感慨系之曰："一经说至百馀万言，大师众志千馀人，盖禄利之路然也。"

（三）微。

《春秋》有《左氏微》、《铎氏微》、《张氏微》、《虞氏微传》等。师古曰："微，谓释其微指。"此例仅《春秋》有之，盖夫子微言大义，必待后学阐发而始著明也。

（四）章句。

（1）《书》有《欧阳说义》，又有《欧阳章句》；有《大、小夏侯解故》，又有《大、小夏侯章句》。

（2）《春秋》有《公羊传》、《穀梁传》，又有《公羊章句》、《穀梁章句》。

（3）《儒林传》曰："费直治《易》，长于卦筮，亡章句，徒以彖象系辞十篇文言解说上下经。"又曰："（尹更始）又受《左氏传》，取其变理合者以为章句。"《刘歆传》曰："及歆治《左氏》，引传文以解经，转相发明，由是章句义理备焉。"《扬雄传》曰："雄少而好学，不为章句，训诂通而已。"

《毛诗传笺通释》书前有《毛诗训诂传名义考》一节，文中分辨训故和章句、训故和传、训和故等之间的分别，大致尚无过误，兹节录如下：

……则知诂训与章句有辨：章句者，离章辨句，委曲支派，而语多傅会，繁而不杀；蔡邕所谓前儒特为章句者皆用其意傅，非其本旨；……诂训则博习古文，通其转注假借，不烦章解句释，而奥义自辟；班固所谓"古文读应尔雅，故解古今语而可知也"。

……则训故与传又自不同：盖散言则故训传俱可通称，对言则故训与传异，连言故训与分言故训者又异。……。至于传则《释名》训为传示之传，《正义》以为传通其义。盖诂训第就经文所言者而诠释之；传则并经文所未言者而引伸之，此诂训与传之别也。

……诂第就其字之义旨而证明之；训则兼其言之比兴而训导之，此诂与训之辨也。毛公传《诗》多古文，其释《诗》实兼诂训传三体，故名其书为《诂训传》。尝即《关雎》一诗言之，如窈窕、幽闲也，淑、善也，逑、匹也之类，诂之体也；关关、和声也之类，训之体也；若夫妇有别则父子亲，父子亲则君臣敬，君臣敬则朝廷正，朝廷正则王化成，则传之体也。而馀可类推矣。

马氏的说法，除了以"故训"为"训故"的错误外，其他尚无可斥之处。如果和前面所引《汉书》志传中的话对照参看，训故和传记、说义、微、章句等体之间的同异，当更为明显易知了。不过所谓差异，也只是自其异者而言之，大体上他们仍然互成联系，相依为命，所以有许多书常是兼备各体的。假如站在语学的立场上说，只有训故是一切解释古书方法的基础，而且也只有它较为可靠，较为客观，较为科学。

训故一名的由来及其取义既如上述，末了，再就训故二字的本身含义来说一说：《说文》云："训，说教也。从言川声。"《释诂》："训，道也。"道与导通，仅为名动之别。训字又通作顺，《大雅·抑》"四方其训之"，《左传·哀二十六》引作"顺"，《广雅》云："训，顺也。"案训、顺、驯三字都从川声，盖即川字之孳乳分化，贯穿通流者谓之川，川不流则成灾，故灾字古写从一阻川，因此训、顺、驯三字都有疏通循从的意思。《说文》又云："诂，训故言也。从言古声。"案诂乃古字之分别文，古为古昔，古言仍是古，因为言，遂加言旁以别之，范围虽有广狭之殊，而语言本没有两样。《说文》云："古，故也。从十口，识前言者也。"故本为原故，引申之为故旧，故曰古故也。这样说来，故诂二字都是古字的孳乳分化。故汉人多书作训故，而后来则写成训诂了。

总而言之，故是古昔故旧的意思，因而古字古言亦谓之故，古字古言之原来的音义亦谓之故。（这里所谓原本，只是古书作者当时通行的用字之义，而非上溯到原始造字时的本音本义。）故字故言，时地悬隔，音义难明，必待训故家为之顺释疏通，然后始知古语某即今语某，古字某即今字某。不但一语一字之音义畅晓无阻，即句读篇章之义也都了然无疑。文通字顺，而后昔贤著述之情意始得大白于永世，不因古今南北语言变易而生隔阂。这种工作——顺释故言的工作便叫作"训故"或"训诂"。研究前人的注疏，历代的训诂，分析归纳，明其源流，辨其指归，阐其枢要，述其方法，演为统系而条理之；更进而温故知新，评其优劣，根据我国语文的特质提出研究古语的新方法、新途径。这便是"训诂学"。沈兼士在《研究文字学形和义的几个方法》一文里（《北大月刊》第八期），曾经指出训诂学的范围如下：

训诂学 {
(一) 训诂学概论——总论源流、要义及方法。
(二) 代语沿革考——依据古籍，探寻历代文语蝉蜕的轨迹。
(三) 现代方言学——研究现代方言的流变，专以音义为主。
}

这可以说是训诂学范围的扩大，由专门顺释故言的工作，进而探寻历代古今语言转化的轨迹和规律，更进而调查现在方言的音义以究古语的遗留及流变，已有些侵入古语学的领域了。本书既名概论，当然不能都完全包括。

至如刘师培在《中国文学教科书》中说："训诂之学与翻译之学同，所以以此字释彼字耳。"黄侃的《训诂述略》说："训诂者，用语言解释语言之谓。至于以此地之语释彼地之语，或以今时之语释昔时之语。斯固训诂之所有事，而非构成之原理。盖真正之训诂学即以语言解释语言，初无时地之限域也。"（《制言》半月刊第七期）案以上两说，固不能斥为非，亦不可认为是，似是而非，粗疏失要，都不能推明古人立名的精意。此外如何仲英的《训诂学引论》所说："诂是通异言，训是说字义。诂为古今的代语，训为文字的义界。"以及还有人说的"推寻文字之原古，解说文字之本义，谓之诂；研索文字之流转，注释文字之引申，谓之训。诂为推原，训为通变。"凡此等说，都有些支离破碎，更不足道矣。

第二节　训诂的起因

训诂既是顺释古字古言的工作，那么，同是一国的语言文字为什么还有古今方俗的分歧而需要解说呢？这都是因为语言文字是随时代地域而变迁的东西，时有古今，地隔南北，语文自然不能无变异，无差别。这样，语言方面有语音、语义、语法的不同，文字方面又有体制体势的兴废，正假的习用，再加上社会制度、人情风俗的损益改革，于是古今方国之间，就生出种种情意交通媒介上的障碍和困难。大概古人思想粗疏事物简质，后世文化增繁，心情细密，因此在语文表意的方法上，一词孳乳为数语者有之，称谓兴替改易者有之；一词音变而另造字有之，音义无殊而另造字者又有之；至于措词之术，次句之序，也都有很大的不同；加以字体屡变，假借纷纭，诸如此类，皆是读古书治古学者的莫大困难，设无训诂为之注释，何以使别国如乡邻，古今如旦暮，前后南北了无隔阂也哉？

语言文字本无雅俗之分，古之俚语，即后之雅言。《汉志》说："《尚书》古文读应《尔雅》，故解古今语而可知也。"姚文燮在《通雅序》里说："有如《盘庚》、诸《诰》，谆谆训民迁都，此即今之晓谕耳，其文佶曲聱牙，后世博士家穷年呫哔尚未尽通其义，当时闾巷编氓何以一见而即晓然于上指也？则《盘庚》之文句，后世以为艰奥，必当时所谓通俗浅近者矣。"可见古代的白话，到后来就成为文言了。家喻户晓的一篇商代君王的训话，到汉人手里就非拿《尔雅》来对照着读不能懂得了；六国人写的《尚书》，到汉朝就认为古文而非孔安国不能读以今文了。这样一部古书既有语言的不同，又有文字的别异，自非借助训诂，便不能展卷了然的。戴震序其《尔雅文字考曰》：

> 盖士生三古后，时之相去千百年之久，视夫地之相隔千百里之远无以异；昔之妇孺闻而辄晓者，更经学大师转相讲授仍留疑义，则时为之也。

固然古代语文后人不能尽悉无疑，但是懂得十分之七八者也都是藉赖着训诂的力量与帮助。陈澧《东塾读书记》说：

> 诂者古也，古今异言，通之使人知也。盖时有古今，犹地之有东西有南北，相隔远则言语不同矣。地远则有翻译，时远则有训诂；有

翻译则能使别国如乡邻，有训诂则能使古今如旦暮，所谓通之也。训诂之功大矣哉！

由此可知训诂的兴起完全是由于古今语文不同，而古今语文不同之诸方面约可分为下列七项：

（一）由于语音之转异者：

陈第《读诗拙言》曰："一郡之内声有不同，系乎地者也，百年之中语有递转，系乎时者也。"时地不同，转语生焉。故《尔雅》《方言》之作，其目的都在"释古今之异言，通方俗之殊语"。而清人疏证小学典籍也往往好说"一音之转"。戴东原、程瑶田、王念孙并有专书，题曰"转语"。《尔雅》："粤、于、爰，曰也。""爰、粤，于也。"《诗》中曰、聿、遹三字通用。我曾作《诗三百篇于字及其语族之研究》一文（北大文学院《国文文法讲义》附录），指出《诗》中虚字"于、聿、遹、曰、越、言、爰、云、攸……"等词为同根之语族，兹再以音转之理之同例者证之：

（1）于、爰声转之例——虚字曰为于，亦为爰；於为于，亦为爰（见《释诂》）。遥为迂，亦为远；缓为迂，亦为爰（缓从爰声，《诗》曰："有兔爰爰。"）。大为于，亦为桓；故大叶实根者为芌，张弓使大为扜；大言为訏（为夸），又为诨；大目为盱，又为睅；大首为颙，又为愿。高平为原，首为元，大鳖为鼋，大树为杬，大火为烜。屋边曰宇，周垣曰院。痛曰忏，亦曰喧。大呼曰吁，亦曰喧。悦曰欲，亦曰愿。昧曰愚，亦曰愿。引曰揄，亦曰援。

（2）于、曰声转之例——虚字之于为曰，（字亦作越、粤），犹动词之语为曰。亦犹越之为逾（迂），越之为踰（《广雅》"越，远也"，《说文》"越逾也"）。悦（说）之为愉（娱豫），恤之为盱（忧也）。穴之为窬。越之为窬（《仪礼注》"越，瑟下孔也"）。故大为于（见前），大斧为钺，大荫为樾，发扬为越。

（3）于、云声转之例——于为云，犹语为云，迂为永，豫为容（容与），裕为容，忏为愠，愚为庸。故大为于，亦为夸，大水为沄，盛多为纭，众貌为芸，长远为云（《广雅》"云，远也"，《尔雅》"永融，长也"）。常为庸，高垣为墉，大钟为镛，牛领上肉隆起为犅。

（4）于、言声转之例——于为言，犹语为言，迁为衍（延），豫为晏，裕为掩，愉为燕。故大为于，大箫为言（见《尔雅》），崖高为岩，水大为淹，覆盖为掩，火上为焰，丰满为艳。

（5）于、聿声转之例——于为聿，犹于为以，呼为咦，迁为绎，豫为逸，逾为溢，愉为怿，虞为疑，馀为遗，予为台，与为遗（贻），羽为翼。故大为于，又为奕，茂盛为蘱，露多为浥，增加为益，山高为嶷。

（6）云、爰声转之例——云为爰，犹永为远，云为远，会为荟，沄为渊，墉为垣，容为缓，萦为圆，圆为圆，云为员，庸为愿，慵为缓。

（7）云、言声转之例——云为言，犹云为言（曰谓义），永为延，会为衍，䁑为艳，容为颜，云为烟。

这样相互联系起来，便可见"于、聿、曰、言、爰、云"等字，声义两方，都可以互相通转。上举字例为义虽不一样，而声转之理则是相同的。此皆古今南北语音之变也。

（二）由于语原之分化者：

刘熙《释名序》说："夫名之于实各有义类，百姓日称而不知所以然之意。"普通人对于一个词或字的解释，往往都是知其然而不知其所以然，这样就需要语原的寻究及解释了。例如，《释名·释形体》："尾，微也，承脊之末稍微杀也。"尾、微二字同音，《论语》微生高即《国策》之尾生高，尾之得名由于其状微而位末。推而广之，末标杪秒眇妙苗蕬蔑窈䯥绵微尾……等字都是细小微末之意，虽然字形完全不同，而音义的源渊则一。今音尾读如遗，《广雅》："裔，末也。"尾裔之转犹委蛇、委遗、为以……之转。

《广雅》；"桻（峰锋）、标、杪、苗、裔、檅，末也。"又："稗、细、纤、微、绵、纱、么、檅、杪、眇、蕬、鄙，小也。"又："糵，糜，糠也。"又："粘、糯、粖、粎、糜，馆也。"又："糠谓之䴔。"王念孙《广雅疏证》曰："糵之言濛濛也，糜之言糜细也，米麦屑谓之糜，犹玉屑谓之靡。"又："糯之言微，粖之言末也。"又："䴔糠语之转，糠犹末也。"由这些字群的含义及读音上可以知道"糯之言微"和"尾，微也"是同样的道理。这种语原语族的讨论不但使我们彻底地把握住字义，而且能令我们打破汉字的形体障，进一步明了语言和文字的奥妙关系。如此，若能将

《释诂》、《释言》、《释训》以及《释草》、《释木》诸篇，双方对照打成一气，观其会通，那么，对于训释字义将要随心所欲，游刃有馀了。例如柄秉、把欛……之别，虽分名动，柄之言秉也，而语原实是相同的。

（三）由于语义之变迁者：

语言的意义也是随时在那里演变着，演化的方式可以分成几十种类别，其中最显著的要算语义范围的扩大和缩小了。例如道字原本是实名，后来分化成道路、领导、道德、道理、说道……等等的玄名及动词。《论语》中用了八十多个道字，就有好些种意思：

（1）"道，道路也。"（《阳货》"道听而途说"皇侃《疏》。）

（2）"道，导也。"（《颜渊》"忠告而善道之"陆德明《音义》。别本或作"导"。）

"道，治也。"（《学而》"道千乘之国"包咸《注》。《马融注》云"道谓为之政教。"意同。）

（3）"道，道德。"（《学而》"就有道而正焉"孔安国《注》。）

（4）"道，谓礼乐也。"（《阳货》"君子学道则爱人"孔《注》。）

（5）"道，犹礼也。"（《卫灵公》"与师言之道与？"皇《疏》。）

（6）"道，犹说也。"（《季氏》"乐道人之善"刘宝楠《正义》。）

（7）其他。

这都是语义的扩大。《尔雅》中有同字异训而并列一处之例，如"怿、悦、愉，乐也"之下，接次"怿、悦、愉，服也"一条，"卒，已也"之下，接次"卒，终也"，"卒，死也"两条。乐与服，已与终死，都义相近而为一语之分化，故接次一处以见意。此外语义演变中还有几个最有趣的例子，就是由好变坏，或由坏变好，以及训诂上所谓"相反为训"的例子，如：《诗》云"君子好逑"，"公侯好仇"，逑为仇之假；《尔雅》说："仇、偶、妃、匹，合也。"又说："仇、雠、敌、妃，匹也。"可见仇雠的本来意思并无好坏的分别，仇敌和偶匹，都是两相当对，双方配合的旨趣，夫妇是对偶，仇敌也是对偶。后来渐渐有了分别：善意的对头谓之妃匹配偶，恶意的对偶则谓之仇雠敌对，其实再推广一点，连酬俦二字和仇雠的语原也本相同的。不过一般人不明白古义的浑然天成，总觉得"君子好逑"的逑释为仇匹有些不大自然，于是郑玄笺《诗》便采用《左传》

上的说法，以为"嘉耦曰妃，怨偶曰仇"了。诸如此类语义演变之例，真是随处皆是，如果没有训诂为之解释，怎样可以去确切把握字义呢？至于像以臭为香，以落为始等反训之例，更令人大惑不解，如坠五里雾中了。

（四）由于语法之改易者：

语言的音和义固然无时无地不在变动，就是语词结合表意的法则也都在随时随地改易。汉语文法最主要的地方便是词的次序，次序前后不一，意义便不相同，例如古语中常有一种倒序的文法（以今语为主而比较，故谓之倒也）：

《诗》云："葛之覃兮，施于中谷。"毛《传》："中谷，谷中也。"孔氏《正义》："中谷，谷中，倒其言者，古人之语皆然，《诗》文多此类也。"陈奂《传疏》："中谷，谷中，此倒句法，中谷有蓷同。凡诂训中多用此例。"案《诗》中此种倒句甚多，如中林、中河、中阿、中田……等都是，所以然者，当时习惯法则如此，非为叶韵而倒，更非故意而倒。这样看来，《小雅》所说的"瞻彼中原"，中原就是原中，和现在所说的中原绝不一样，因为现在的中原和原中，含义有别，词的前后次序已经变得固定了。

又如《诗》云："既见君子，不我遐弃。"《正义》云："不我遐弃，犹云不遐弃我，古人之语多倒，《诗》之此类众矣。"其实古人之语岂能随便而倒？也有他们的自然法则，归纳起来，如《诗》中之"不我知者"、"能不我知"、"亦不女从"、"岂不尔思"、"宁莫之惩"等例，以及《论语》中的"不吾知也"、"莫己知也"、"未之有也"、"未之思也"等句，便可以得到一个定律：凡否定句中的外动的宾词如为代名词，在古语法里此种宾词必置于外动之前。由这条定律上，便可看出古今语法改易的一斑了，因为现在说"不知道我"，绝不能倒说成"不我知道"。至于像《左传》的"室于怒而市于色"、"私族于谋"，《墨子》的"野于饮食"……等种种怪僻的文法，就非靠着训诂的解释不易明白了。文法学在从前本来是附属于训诂范围之内的。后来因为实字易训，虚字难释，所以清代的训诂学家王引之才作了一部《经传释词》，专门来解释语词，独立成为一种虚字之学；其实那部《释词》本是从《经义述闻》里摘出而加以扩大的。

（五）由于字体之差别者：

语言有古今的不同，文字也有古今的不同。文字的改变虽只是字体上的差别，然与音义也很有关系，有因音变而异体，有因义变而体别。汉时经籍有今文古文的分别，读今文尚易，读古文就非专家不可。这里所谓字体，是指文字的体制及体势二者而言，体制的不同与训诂的关系尤为重要。《尔雅》中有以今字释古字之例，如：

《释诂》："于，於也。"毛《传》、《说文》皆同。案《诗》《书》例用于字（清人如钱大昕、段玉裁等皆已察及此异），《论语》例用於字；然《论语》引《书经》原文则仍作于，《为政篇》说："《书》云孝乎惟孝，友于兄弟；施於有政，是亦为政。"宋翔凤《四书释地辨证》说："上文引《书》作于，下文作於是夫子语，显有于於字为区别。"东晋古文《书经》的作伪者不明此理，遂以"施於有政"也是《书经》原文，就完全错误了。于、於二字既为古今字，所以现在就有人利用这类的材料来考证古书的真伪及时代了。

又如《释诂》："兹、斯，此也。"顾炎武《日知录》说："《尚书》多言兹，《论语》多言斯，《大学》以后之书多言此；《论语》之言斯者七十，而不言此，《檀弓》之言斯者五十有三，言此者一而已，《大学》成于曾氏之门人，而一卷之中言此者十有九。语音轻重之间，而世代之别从可知矣。"可见兹、此二字也是古今字了，此外如迺与乃（《尔雅》："迺，乃也。"），余与予（《曲礼》郑《注》："余予古今字。"）等也都是以今字释古字之例。这里所谓古今，并不是严格地文字的发生时代先后的问题，而是用法上的通行与否的问题，例如《尔雅》说："诰，告也。"《说文》同，案诰为告字之分别文，以字体言，合体自较独体者为后起，那么，这是以古字释今字了；但是按用法上说，以言告人，古用诰字，后则习用告字，而以诰为上告下之字。然则以告释诰，仍是以今字释古字的原则了。段玉裁《说文注》"谊"下云："凡读经传者不可不知古今字，古今无定时，随时异用者谓之古今字。"

又有以重文或体互训者，如《尔雅》之"谌诚"、"辅俌"、"嗟瑳"等皆是。又有以分别文释母体者，如《论语释文》之"弟悌"、"道導"、"莫暮"等皆是。凡此种种，都是由于古今字体兴替陈谢的缘故。

（六）由于用字之假借者：

古书多假借，本无其字者固得依声托事而借，即本有其字者，在书写时往往也好假借，这都是由于字形比字音难于记忆的缘故。王引之在《经义述闻》里特别立了一个"经文假借"的节目来阐明读古书须识假借的重要。他说："至于经典古字声近而通，则有不限于无字之假借者，往往本字见存，而古本则不用本字而用同声之字。学者改本字读之则怡然理顺，依借字解之则以文害辞。是以汉世经师作注有读为之例，有当作之例，皆由声同声近者以意逆之而得其本字，所谓好学深思心知其意也。"读为之例如《论语》郑《注》："纯读为缁"，"厉读为赖"；当作之例如《周礼·醢人注》："齐当为齑"等，这固然都是以正字释借字之例，就是其他不明言者也有此例，如《尔雅·释言》的"甲，狎也"、"粲，餐也"、"履，禄也"等都是。不过这里所谓本字，并不是一定要以《说文》为准，只是以义之常行通用者为正耳。《诗》云"式燕且誉"、"韩姞燕誉"，这两个誉字旧日或训为名誉之誉，完全错了；王引之说誉并豫之假，《尔雅》："豫，乐也，安也。"豫正字，誉借字。但如照《说文》所说，豫字的本义原是象之大者，并非安乐之义。或曰大物亦可曰豫，安舒与宽大义近，故乐谓之豫也；那么，这也仅是豫的引申义罢了。所以说训诂上的正假本借，和文字学上的不大一样。这种用字的混乱现象，很容易使人望文生义而引起种种的误会，设无顺释，何以是正？

（七）由于习俗之损益者：

古今礼制，多有损益，风俗习尚，也很不同。就是同一事物的名称，前后也会各异。例如：

> 《孟子》："夏曰校，殷曰序，周曰庠。"
> 《尔雅》："夏曰岁，商曰祀，周曰年，唐虞曰载。"

因为时代习俗的不同而生出来的语言上的差异，既非音转，又非字变，和前面所举音转字异的例子是不大相同的。换言之，两个同义语词的中间，并无父子相传的血缘关系，只是前后二词相当罢了。《论语》："必也正名乎？"郑《注》："正名谓正书字也。古者曰名，今世曰字。"自其有声音言谓之名，自其孳乳浸多言则谓之字也。名与字的异称，纯由古今习俗之不同。

此外由于礼俗制度的不同而加注者，如《诗》云："言告师氏，言告言归。"毛《传》："古者女师教以妇德妇言妇容妇功；祖庙未毁，教于公宫三月；祖庙既毁，教于宗室。"此因古今礼俗不同也。《周礼》："珍圭以征守。"杜子春《注》："若今时征郡守以竹使符也。"此因古今制度不同也。

所以一件事或物的名称，虽然会从古一直沿袭到现在，但是随着社会的进化，事物的实质便会各时不一。《易经》说："古之葬者厚衣之以薪，葬之中野，不封不树，丧期无数；后世圣人易之以棺椁。"可见古今都叫作葬，然而埋葬的方法并不一样。古制渺茫，不可目睹，如无训诂为之解释和考证，恐怕一般人都会以今测古，以己度人了。

以上七种起因，无非是因时地不同所生的语言文字之差异。古字古言后人多不知其音义，故必待训诂家为之作释，释以今字今言而后始能大明于世也。

此外，训诂的兴起还有个间接有力的原因，就是儒家的正名主义和诸子间的辩学。语文的功用一方面可以表示自己的情意，相对的另一方面又可指出他人言行的是非善恶。孔子目击当时是非的混淆，名实的错乱，想建设一个是非的标准，于是就提倡正名主义，《论语》中说："名不正则言不顺，言不顺则事不成，事不成则礼乐不兴，礼乐不兴则刑罚不中，刑罚不中则民无所措手足。"因为名是代表思想的符号，语言是由许多的名组成的，每个名每个字若没有正确的肯定的含义，那么就会以黑为白，指鹿为马，语言如此，名实已乱，还用什么来指示是非善恶呢？《荀子·正名篇》主张更为积极，他说："今圣王没，名守慢。奇辞起，名实乱，是非之形不明，则虽守法之吏，诵数之儒亦皆乱也。……异形离形交喻，异物名实互纽，贵贱不明，同异不别，如是则志必有不喻之患，而事必有困废之祸。"可见正名的必要，名实关系确定的迫切，这种语义范围的严格分别和解释，实是语言学、训诂学上的事业。

儒家正名主义的具体表现，就是一部《春秋》的编定，所以一般人认为它是道名分，寓褒贬，含有微言大义的著作。既然如此，所以一字一词也不能轻用，对于字义的分别就得有精密的研究。分别《春秋》字义最精的书莫过于《公羊》《穀梁》二传，例如《公羊传》说：

> "车马曰赗，货财曰赙，衣被曰襚。"
>
> "天子曰崩，诸侯曰薨，大夫曰卒，士曰不禄。"
>
> "春曰苗，秋曰蒐，冬曰狩。"
>
> "春曰祠，夏曰礿，秋曰尝，冬曰蒸。"
>
> "觕者曰侵，精者曰伐。"

他们不但分别名动的词性如此精细，就是对于文法成分——虚字也不肯轻轻放过，如：

> "日有食之既。既者何？尽也。"
>
> "及者何？与也。会、及、暨，皆与也，曷为或言会？或言及，或言暨？会犹最也，及犹汲汲也，暨犹暨暨也。及，我欲之，暨，不得已者。"
>
> "祭公来，遂逆王后于纪。遂者何？生事也。大夫无遂事，此其言遂何？成使乎我也。"
>
> "丁巳，葬我君定公，雨，不克葬；戊午日下昃，乃克葬。"又云"冬十月己丑，葬我小君顷熊，雨，不克葬；庚寅，日中而克葬。而者何？难也；乃者何？难也。曷为或言而或言乃？乃难乎而也。"

像这样的例子，几乎全书都是，举不胜举，因此《公》、《穀》二传都颇带些字典的气味。后来研究《春秋》的名家董仲舒更进一步去分析字形，推寻语原，已经纯是训诂学的方法了。他们的目的都是为了达到名实相符，名正言顺，言无所苟的境地，虽无明显的提倡训诂的旗帜，然而正名的工作，恰好是语言学、训诂学、文法学等方面的事业。

诸子间的辩学也曾对字义的界说加以很大的注意，因为语言是争辩的利器，如果那"以名举实，以辞抒意，以说出故"的语言文字的义界漫无定则，还如何去辩论，如何去"明是非，审同异，察名实，决嫌疑"呢？例如《墨子》上说的"尽，莫不然也。""或也者，不尽也。""仁，体爱

也。""义，利也。""礼，敬也。""恕，明也。""信，言合于意也。"以及
"狗，犬也。而杀狗非杀犬也可。"《庄子·天下篇》曰："辩者曰：狗非
犬。"相对的我们看到《尔雅》上说："犬未成豪、狗。"《说文》上说：
"犬，狗之有悬蹄者也。"这种训诂上对于名实的关系严加区别的空气，未
尝不是受了辩学的影响。

训诂的起因已如上述，我们生在中华开国数千年后的现在，如不欲读
古书则已，如欲达古通今，明了我们祖先的生活——包括文学、史学、哲
学等，就不得不靠着训诂来作读古书入门的阶梯了。

第三节　训诂的效用

上节所说的八种起因，也可以说是训诂的功用。不过训诂学的用处还
不止此，总起来说：不外（一）研读古书，（二）探讨语言两大方面。

（一）研读古书

我们为了了解我国古代的思想、历史、文学、美术、工业、农学……
等种种的学术起见，不得不去钻研典籍。古昔贤哲的音容已渺，不可睹
闻，所赖者唯有文字的记载，文字之不明，义理何由而知？清儒戴东原说
得好：

> 士生千载之后，求道于典章制度，而遗文垂绝，今古悬隔，时之
> 相去，殆无异地之相远，廑廑赖夫经师故训乃通。……后之论汉儒
> 者，辄曰故训之学云尔，未与于理精而义明；则试诘以求理义于古经
> 之外乎？若犹存古经中也，则凿空者得乎？乌乎！经之至者道也，所
> 以明道者其词也，所以成词者，未有能外小学文字者也；由文字以通
> 乎语言，由语言以通乎古圣贤之心志，譬之适堂坛之必循其阶而不可
> 以躐等。（《古经解钩沉序》）

胡适之在给章太炎兄弟论墨学的信里也曾说训诂是治古书的第一步工夫。
他说：

　　至于治古书之法，无论治经治子，要皆当以校勘训诂之法为初步。校勘已审，然后本子可读；本子可读，然后训诂可明；训诂明，然后义理可定。(《文存》二集卷一《论墨学》)

可见训诂是治古学的唯一门径。训诂譬诸翻译，古今语言的不同就像两国语文的不同一样，欲想了解他一个国家民族的一切，就非得通晓其语文不可。那么，要想明白本国古代的一切，就非得知道古代的语文不可。双方的道理是一样的。古书难读的原因约有六个：(1) 多古音，(2) 多古义，(3) 多古字，(4) 多古语，(5) 多借字，(6) 多误字。我在《中国文字学概论》的"绪言"(第三节)里已经说得很详细，读者可以参看，这里不再重赘了。

　　或者要有人说："古书诚然该读，也诚然难读；但是应读的古书都已有了详细甚至重复的注解，例如一部《诗经》，有毛公的《故训传》，有郑康成的《笺》，有齐、鲁、韩三家的遗说，有魏晋人的旧训，又有唐人的注疏和音义，再加上宋元人的新义，清人的经解，几乎汗牛充栋，何止千百部？还不够入门的读本吗？还研究什么训诂学？"我说这话似是而非，请问你要想读《诗经》，是读毛《传》呢？朱《传》呢？还是注疏呢？经解呢？恐怕立刻就感到束手无策的。所以有不少学者都想给《诗经》另作一部新解。学问是时时进步的，旧日的训诂虽多，可是错误也不少，正因为众说纷纭，莫知何适，所以需要给它们一个是非评判的标准，给他们另作一个合理的新解。换言之，设无训诂学的知识，专凭旧训古注去治古书，仍是不十分可信的。旧日训诂的通病约有五端：

　　(1) 守讹传谬——古书典册，钞刊屡易，错字讹文。层出不鲜。清以前的训诂家多不注意校勘的工作，虽然刘向校书，间举讹谬，如以立为齐，以肖为赵之类，但终因学派的关系，经师都死守己说，不肯改己从人。后来束皙、王劭、颜师古等人也曾匡正过诸书的讹谬，陆德明也曾"搜访异同，校之《苍》《雅》"。不过他们的动机大多偏重于字体，与校勘很少关系。以致旧日的训诂家大多以讹传讹，曲意傅会，如《史记·酷吏列传》："罪常释闻即奏事，上善之。"《集解》不知闻为闻字之误，乃断"罪常释闻"为句，引徐广曰："诏答闻也，如今制曰闻矣。"

（2）妄改古书——清人校勘之学固然远胜前人而有很大的成就，但是过犹不及，一般训诂家就不免有些滥施权威，私以意改了。故有本不误而误改的，即以精博见称于时的王氏父子也不能免。例如《墨子·经说上》曰："今久古今旦莫，宇东西家南北。"王念孙《读书杂志》谓上今字因下今字而衍，当为"久，古今旦莫"。因此为了对偶的关系，下句又删家字，即成"宇，东西南北"。案家为冢之讹，冢者蒙也。今为合之讹，原文应作："久合古今旦莫，宇冢东西南北"。孙诒让《札迻序》曰："……及其蔽也，则或穿穴形声，捃摭新异，凭臆改易，以是为非。"这都是训诂校勘者的通病。

（3）望文生训——前人不明白归纳的方法，往往缘词生训，随文立解。如《诗》云："维叶莫莫，是刈是濩。""莫莫葛藟，施于条枚。"毛《传》因有刈濩及施于字样，就说莫莫是"成就之貌"，又是"施貌"。不知莫莫原是茂密之意，殊有失《诗》旨。又如《诗》云"终风且暴"，毛《传》以终风为"终日风"，《韩诗》又以为"西风"，实际上都完全错了。终既一语之转，终风且暴，犹既风且暴。《诗》云"终和且平"，又曰"既和且平"可证。

（4）章句不一——汉人有章句之学，也是训诂的一支，因必须先明文义而后始可分章断句也。古书简策，数经错乱；经师传授，复不一致；故同是一书而章句颇有不同。例如《毛诗郑笺·周南篇》首题云："关雎五章，章四句。故言三章，其一章四句，二章八句。"《释文》曰："五章是郑所分，故言以下是毛公本意，后放此。"俞曲园《古书疑义举例》又谓应该分成四章，每章皆有"窈窕淑女"句。又如《论语》："厩焚，子退朝，曰伤人乎？不问马。"《释文》："曰伤人乎绝句，一读至不字绝句。"武亿《经读考异》又谓："证之扬雄《太仆箴》：厩焚问人，仲尼深丑。若依箴言问人为丑，则不徒问人矣。汉时近古，授读必有所自，是不宜作一读，问马又作一读。依文推义，尤于圣人仁民爱物，义得两尽，从古读为正。"这样一来，就可有三个读法。何去何从，那就看读者的评选了。

（5）训释互异——同是一书，诸家所立训解，便各不同。《卫风·芄兰》："虽则佩觿，能不我知？"毛公于能字无传，仅谓"不自谓无知以骄慢人也"。郑笺则以能为才能之能，云"其才能实不如我众臣之所知为也"。毛郑于此开口便错，可笑得很。清儒已攻其误，王引之《经义述闻》说："能乃语之转，非才能之能也。能当读为而，言童子虽则佩觿，而实不与我相知。"俞曲园《群经平议》又谓能当训曾，其言曰："《正月》篇宁或灭之，《汉书·谷永传》引作能或灭之，是能与宁通。《日月》篇宁不我顾，《笺》云宁犹曾也，能不我知与宁不我顾同。言此幼稚之君虽则佩觿，而曾不我知也。"案王氏谓能为虚字，实是一大发现，但释为乃为而，也不大妥。俞氏又谓能宁曾三字通而知比类其句法，固然很是，但释曾为肯定语气，亦非诗人原意。我前在《诗三百篇询问词之地域性》一文（《北大文院国文法参考资料本》）里考究的结果，知道《诗》中的询问副词计有：何、曷、害、遐、胡、盍、岂、斡、安、宁、能、曾、憯……等十余字，其中安、宁、能、曾、岂、憯六词并为一语之转，现代国语中的哪、怎、恁等语便是从此中变来的。《诗·十月之交》的"故憯莫惩？"《节南山》的"憯莫惩嗟，"《沔水》、《正月》的"宁莫之惩？"三句语义全同，胡憯犹"胡宁忍予？"之胡宁，并是复语。《说文》："曆、曾也。"郑《笺》："宁，曾也。"（《日月》、《小弁》、《四月》）《方言》："曾，何也。"可知"胡憯""胡宁"犹《孟子》之"何曾"，都是询问副词。能既然和宁相通，而且音也相近，那么"能不我知"的句法，和"宁不我顾？""宁莫我听？""曾莫惠我师？""曾不知其玷？""憯不畏明？"……等可以说是完全相同的，是"能不我知"即"怎不知我"也。不过《诗》中问语，多为反言加重之词，如"岂不尔思？"之类皆是。此处依上下文义看来，盖为颂美之意，言童子虽则佩觿而贵，安有忘我之理，赞其不忘故人也。

以上所举五种蹉错讹误的现象，如果不用训诂学的知识去衡量，怎样可以评判是非？改正谬说，自下新解呢？王引之为《经籍纂诂》作的序说得很对：

> 后之览是书者，去凿空妄谈之病而稽于古，取古人之传注而得其声音之理，以知其所以然；而传注之未安者，又能博考前训以正之，庶可传古圣贤著书本旨。

这种不仅"知其所以然",而且"正传注之未安"的工作,恐怕不是一个普通的读书人所能担当的了的。所以说训诂学的效用,不但可以直接去研读古书,还可以批判古书传注的错误,为古书重作个合理的新的训解。

(二) 探讨语言

训释古语固然得靠着训诂的法术,就是探讨现代方言也得借重于训诂的技巧,因为语言不是孤立的东西,古今音转语变常是有迹可寻的。今语有仅知其音而不知其究应为何字者,有知其字而不识其为古语之遗或流变者,故欲考音问字,探原溯流,搜罗方言,证以古籍,舍训诂学之外,是没有旁的捷径的。这里且先举一个元曲俗语的考证来作例子吧。元曲中常见到"曲律"的形容词,字的写法和词的单复不大一样:

(1)(《酷寒亭》)丑扮店小二上。诗云:"曲律"竿头悬草荐,绿杨影里拨琵琶;……

(2)(《黄粱梦》)不争夫人死呵,枉"乞两"的两个小冤家不快。

(3)(《杀狗记》)将这双"乞量曲律"的胧膝儿罚他去直僵僵的跪。

(4)(《魔合罗》)你看他吸留忽剌水流"乞留曲律"路。

(5)(《李逵负荆》)那老儿一会家便怒吽吽在那柴门外哭道:我那满堂娇儿也!他这般"乞留曲律"的气。

(6)(《鲁斋郎》)我一时间不认的人,您两个忒做的出,空教我"乞留乞良",迷留没乱,放声啼哭。

(7)(《望江亭》)这桩事你只睁眼儿觑者,看怎生的发付他赖骨顽皮。……你休得便"乞留乞良"捶跌自伤悲。

这七个例子里面,单言"乞两"、"曲律",和复语"乞量曲律"、"乞留乞良"的意思是一样的,都是屈曲不伸,冤郁不舒的意味。如以音义求诸古语,则为"伛偻"、"稽留"、"蛙律"……等语之遗存于今日者。如追溯其语族,将见其子孙绳绳繁衍之状如下:

(1)考老——考老转注,二字义同音转,盖因老翁背驼而得名。语转作耇老(《国语》)、耆老(《孟子》)、黎老(《书经》)。物名则为栲栳,元曲《渔樵记》量米器具有栲栳,《玉镜台》等曲中又有栲栳圈银交椅之名。推广言之,物之空甲曰壳,洞穴曰窝,曰坎,曰科,曰窍,曰坑,曰孔，曰窟窿。都是圆曲之意。

（2）伛偻——《通俗文》曰"曲脊谓之伛偻"，伛偻犹曲律也。字亦作偶旅（《汉书》），偊偻（《文选》）。而背驼之病则书作痀瘘（《庄子》），亦作曲偻（《庄子》），伛偻（《淮南》），可见其为一词之异写。劳苦则背驼，故曰劬劳（《诗经》），亦作拘录（《荀子》），劬禄（《淮南》）。以言动作则为拘搂（《尔雅注》），语转作搜牢（《后汉书》），搜略（《方言》）。以言物名则为篓筐（《月令》），筥筐（《淮南》），篓筥一音之转。木之柔曲者名杞柳，或作柜柳（《后汉书》），榉柳；柳之性状均有榉聊之意，故可以为栲栳。寇宗奭《本草衍义》说："榉木今人呼为榉柳，……嫩枝取以缘栲栳箕唇。"《诗》中有椐木，《尔雅》谓下句曰枓，故束物缠绕曰纠缭，又曰绸缪、缱绻。

（3）坑阬——单言曰坑（阬）曰漮（《尔雅》），复语则为漮㝩（《方言》），康㝩（《说文》），阆阆（扬赋）。语转作窒寥（宋玉赋），亦作巧老，马融《长笛赋》："寥窍巧老，港洞坑谷。"巧老犹考老也。语转作角落，亦作矻落（《图书集成》），阁落（《元曲选》）。牛马圈则曰厩牢，或曰栏牢（《墨子》）；囚所则曰牢狱，语转为囹圄（《月令》），字亦作囹圄（《史记》），又转作岸狱（《诗》）。遮栏曰干阑（《北史》），钩栏（《水经注》），句拦（《广韵》），俗谓院落篱藩曰格栏，宋元俗语谓教坊曰勾阑。以言动作，则曰拘留（《汉书》），稽留（《淮南》），拘挛（《后汉书》）。疑轨范（《礼记》），轨范（《书序》），规范等与此并为一语之转。

（4）诘诎——屈曲不申为诘诎，字亦作诘籟，诘屈，诘曲，结曲。又为腒朒（《广雅·释亲》）。转为卻曲（《庄子》），迟曲（《广雅》）；曲木曰枳枸（《毛传》），枝拘（《淮南》），枳椇（《礼记》），稽稅、礏稅（《说文》）。道路高低屈曲曰踦跔（《汉书》），踦跔（《文选》）；邪坐不直曰箕踞（《史记》），箕倨（《淮南》），跂踞（《文选》）；虫之屈曲者曰蝍且（《庄子》），蝍蛆（《尔雅》）；心情忧迫曰切促（《后汉书》），戚促，亦曰戚戚（《论语》），感感（《广雅》）；方圆准绳曰规矩。以言动作则为执拘，絷拘，语转作鸠聚、逎聚。曲局亦诘诎之转，屋隅曰区隅（《论衡》），陬隅（《吕览》），区陬（《文选》）；疆域或区宇（《后汉书》）；草木钩萌曰权舆，灌渝（《说文》），语转为蛙律（《方言》），蛙莘（《广雅》），又转为规率，法律。

上面列举"乞两曲律"的连语之最明显易知者，已经不胜其多，假如再将它们的单字重言也收集到一块儿，恐怕尚不止此，这里不过略举大概以见一斑罢了。研讨俗语固有待于训诂学的帮助，而训释古言也颇有借重于方言的地方，扬子云作《方言》，就是想在方俗习语中寻求五经训诂的证验，因为古音古义的存遗也和礼失而求诸野的道理是一样的。宋元曲本话本中有不少的当时方言俗语，近来颇有人注意考释，但是如果不从训诂学语言学文法学等方面着眼，恐怕所得的成绩仍是靠不住的。

又如现代国语中"打盹""打水""打油""打伞"……等语的打字，由来已久，宋欧阳修《归田录》已经就说当时的人，上自士子，下至走卒，几乎无语不打，人人皆然。究竟这个打字是什么意思，一般人都是习而不觉。章太炎在《新方言》里解释道："（打）自训撞击而外，有所作为，无不言打，如打坐，打躬，打招呼，此犹有所作为者。……从某处过曰打某处过，此打即是丁字，《尔雅》：丁，当也。其以声假借者：如言打饭，打酒，此打乃借为盛，说文：盛，黍稷在器中也。占卜谓之打卦，此打乃借为贞，《说文》：贞，卜问也。廉察谓之打听，此打乃借为侦。……"章氏所说，仍嫌繁而不要，而以打为盛贞侦等字之声借，尤为牵强巧合，我前曾作《释打》一文（未发表），证说较详，惜限于篇幅，不能多加引录。

此外对于民俗学的研究，与训诂学也很有关系，日本的《言语志丛刊》的《发刊趣旨》里曾说："在言语的发达与变迁里反映出民族生活。"这正可说明语言学和民俗学的关系。周知堂在《古音系研究序》里说：

> 又如《尔雅》云科斗活东，北京称虾蟆骨突儿，吾乡云虾蟆温，科斗与活东似即一语，骨突与科斗亦不无关系，至虾蟆温之温是怎么一回事我还不能知道。虾蟆骨突儿这几个字的语感我很喜欢，觉得很能表现出那小动物的印象；一方面又联想到夜叉们手里的骨朵，我们平常吃的酱疙瘩和疙瘩汤，不伦不类的牵连出许多东西来。不过要弄这一类的学问也是很不容易，不但是对于民俗的兴趣，还得有言语学智识，这才能够求其转变流衍，从里边看出民国生活的反映。……

这种由"语感"的兴趣而引发的一大串联想，无形中是以"印象"来作线索的，假如我们再就音义双方的关系上求之，将发现更大一串圆形的物事：

（1）科斗——科斗亦作蝌蚪，《本草》说"蝌蚪状如河豚，头圆，青黑色，始出有尾无足"。汉人以漆书古文，渴笔形似科斗，故名科斗文，王隐《晋书》曰："其文头粗尾细似科斗之虫，故俗名之焉。"盖科斗之得名因其头圆故也。今科斗音转为骨突，所以京中呼为虾蟆骨突儿。

（2）活东——亦科斗之转音，字或作颗东，蛞蚪。颗字有圆意，圆物每以颗计。活东亦为活师（《山海经》），师音盖读如自（堆），活师犹骨堆骨剁骨突也。

（3）骨突——科斗之转音。《诗》云"彻彼桑土"，土一作杜，《方言》"茇杜，根也。"今谓树根曰树骨突。楚人谓乳曰穀，今曰奶头骨突儿。此外凡圆形之物如蒜头，花苞，……等无一不可叫骨突儿。光棍曰鳏，夫亡曰寡，伶仃曰孤独，孤特，惸独，茕独，介独，介特；疑亦一语之转。盖就其形言为鼓，为凸（突），为秃，就其势言则为孤，为独也。骨突亦作骨都，都有聚集团止之意。

（4）骨朵——即骨突之异写。兵器之于棍棒端以铁或坚木为首如锤者曰骨朵锤，《宋史·仪卫志》云："执擎骨朵充禁卫。"宋祁《笔记》说："国朝有骨朵子，值卫士之亲近者。余尝修日历，曾究其义，关中人以腹大者为胍肫（音孤都），俗因谓杖头大者亦为胍肫，后误为骨朵（平声）。"案《说文》云："笩，籆也。"字亦作笝。花曰朵，禾堆土堆曰垛。

（5）疙瘩——亦科斗之音转，字从病旁，如酒刺疙瘩，鸡皮疙瘩之类，然圆形之物亦称之，如咸菜疙瘩，疙瘩汤等。石土顽结则写作矻磆或圪塔。语转为疙疸，清人顶戴俗曰琉璃疙疸，屎蜣螂推车俗呼为滚疙疸，疸亦作蛋，与卵团胆等音义都相近。卵音转为瘤，《释名》："疣，丘也。"疣丘球亦圆状物之名。

山西有种面食似北京之活络而粗短，俗名疙豆，豆痘头首，也都是圆状物，疑疙豆即科斗音之仅存者。

（6）骨堆——骨朵音转为骨堆，《楚辞》书作魁堆。开州城南有土跺数十，大者曰霸王骨堆，韩信骨堆，野老相传项羽与韩信曾于此对敌，筑骨堆以大小分胜负（见《考信录》）。俗谓蹲踞曰骨堆，或曰骨就，《越语肯綮录》说"呆坐候人曰睉"，连语曰堆堆。今谓呆坐曰骨都都的坐，不语曰嘴骨都。语转为敦，为蹲，木制坐垫似蒲团而高曰骨墪。骨堆单言曰堆，骨朵亦名锤，字亦作槌，作椎，《方言》："椎，齐谓之终葵。"

（7）块垒——骨堆音转为块垒，堆积曰垒，累亦曰赘。土聚曰块，石貌曰磈礧，不平曰锟锚，积石曰磊磊，累累；病肿曰瘰疬，胸中不平曰磈磊，阮籍云："胸中隗磊，须以酒浇之。"晋冀之交食物中有以菜块拌面蒸之者曰块垒，因其为块状也。木偶象人而圆小，故曰傀儡，或名窟礌子。凡物之圆全者谓囫囵。

（8）蓓蕾——魁儡之转音，花苞含蓓未放之名也，字或作碚礌，亦取圆形之意。小丘曰培蝼，亦曰附娄。瓶形椭圆，故亦名瓿甊。

（9）果蠃——瓜瓠曰果蓏。括楼曰果蠃，字亦作菰瓝，分甜苦二种，可入药。细腰蜂名螺蠃，又名蒲卢。蚌蛤之属亦名蒲卢，紫螺曰茈蠃，蜗牛曰蚹蠃；而蛞蝓、螳螂等名也都取圆形之意。木实曰果，包袱曰裹，头曰颗颅，项颅，髑髅。葫芦亦瓜蓏之类，瓜曰瓠，茶具曰壶，火具曰炉，苇曰芦，瓢曰蠡，鞋曰履，杯落又名豆笿。

（10）骨碌——滚转曰骨碌，因而圆形之物都缘此孳乳，车轮曰毂轮，车名轹毂，即骨碌之倒，犹言滚庚辗轹也。《方言》："车、枸篓，宋魏陈楚之间谓之筱（音幅），或谓之篗笼；秦晋之间自关而西谓之枸篓，南楚之外或谓之隆屈。"车的异名虽多，然总不离乎骨碌之音。车又名辇，碓磨曰碾，压路车曰辗，追人曰赶，辇赶并毂音之转。汲水桔槔曰辘轳，亦曰籰辘；兵器缲车曰轳辘。石滚用以平田或压禾者曰碌碡，碌碡，俗音如流周，流扭。霹雳之声如车，故名忽雷，古代雷字即象车轮由此至彼之状，至汉人则图雷如连鼓矣。雷声曰隆隆，殷殷，车声曰邻邻，辘辘，碌碌。玩具圆转不息者曰陀螺，又名地雷公。因而劳转忙碌谓之碌碌，凡庸谓之录录，他如流离，离离，历历，累累，屡屡，罗缕，淋漓，淋漉，滴沥……等都是圆转不绝之意。

这样看来，科斗疙瘩这一族的语词，语根似乎原于模仿圆转物的声音，因而以为圆状物之名及形容词之词。若言其音，则不出下列数式：g-g-或 k-k-；g-l-或 k-l-；b-l-或 p-l-；g-t-或 k-t-；d-l-或 t-l-；d-d-

或 t-t-；l-l-。这里限于篇幅，单词复语，别体或写，不能畅所欲言，实是憾事。周先生又说："理论与应用相得而益彰，致力于声明，愿仍无忘风物之检讨。将来再由音说到科斗（魏建功已有《科斗说音》一文），则于文字学民俗学二者同受其惠施矣。"五年前读此文，即跃然欲试，曾为《科斗骨都》小文以记之，现在略为端绪如上，愿同道共勉之。

第四节　训诂的工具

训诂及训诂学的重要既然如此，那么，要想研究这门学问之先应该具备些什么知识呢？与训诂学有关系的学科很多，最重要的莫过于声韵学、文字学、文法学、语言学等。训诂在从前本是小学的附庸，《汉志》以《尔雅》、《小雅》之属附于"孝经类"之末，《隋志》又把《尔雅》、《广雅》、《方言》之属附于"论语类"之末，直到《唐志》里面才把训诂一类的著作并入"小学家"，和体势、音韵鼎足而三。王应麟在《玉海》里说：

> 文字之学有三：其一体制，谓点画有衡从曲折之殊，《说文》之类；其二训诂，谓称谓有古今雅俗之异，《尔雅》、《方言》之类；其三音韵，谓呼吸有清浊高下之不同，沈约《四声谱》及西域反切之学。

自此以后，目录分类，多沿斯例，其实说来，与其谓之为字义学，不如谓之为语义学比较妥当。它和语言文字的关系可列如下表：

$$\text{语言学}\begin{cases}\text{文字学} \text{———形}\\ (1)\text{语音学：声韵学（历史语音学）——音}\\ (2)\text{语义学：训诂学（古代语义学）——义}\\ (3)\text{语法学：文法学（古代语法学）}\end{cases}\Big\}\text{语言文字学}$$

从历史上看来，其中以训诂的著作发生最早，《尔雅》虽非周公所作，但至迟也是西汉初年的作品；其次是文字学，再次是声韵学，文字学到了许慎的手里，可以说是集大成的研究，声韵学的崛起，乃是受了佛教徒翻译经典的影响。至于文法学根本是受了西洋文法的刺激，独立成为一科更是近来的事情了。训诂可以说是兼括形音义法的四位一体的学术，而研究声韵、文字、文法的终极目的也无非是研究字义，因语言的本质原为以音表义之符号，而文字又为以形表音之记识，因形以知音，因音以知义，三者实有不可须臾离也的密切关系。段玉裁在《广雅疏证序》里说得很好：

> 小学有形有音有义，三者互相求，举一可得其二。有古形，有今形；有古音，有今音；有古义，有今义；六者互相求，举一可得其五。……圣人之制字，有义而后有音，有音而后有形；学者之考字，因形以得其音，因音以得其义。治经莫重于得义，得义莫切于得音。

这种把形音义三者打成一片的小学，确是戴段诸大师的超越前人的卓识。不过三者虽似等量齐观，内中实分轻重，语言所重者声音，文字所重者亦声音，声音好比灵魂，字形犹骸髅耳，声音明而形义皆无不明。所以段氏作《说文注》先为《六书音均表》，戴氏治小学先作《转语》二十章了。

（一） 训诂须以声韵学为机枢

清儒提倡以声韵为中心去治小学的领导者当然要推戴东原了。他在《论韵书中字义答秦尚书蕙田》的信中说：

> 字书主于故训，韵书主于音声；然二者恒相因：音声有不随故训变者则一音或数义，音声有随故训而变者则一字或数音。大致一字既定其本义，则外此音义引申咸六书之假借。其例或义由声出，如胡字，惟《诗》"狼跋其胡"与《考工记》"戈胡""戟胡"用本义；至于"永受胡福"，义同"降尔遐福"，则因胡、遐一声之转而胡亦从遐为远；"胡不万年"，"遐不眉寿"，又因胡、遐、何一声之转而胡、遐皆从为何。又如……凡故训之失者，于此亦可因声而知义矣。或声同义别，如蜥易之易借为变易之易、象犀之象借为象形之象。或声义各别，如户关之关为关弓之关，燕燕之燕为燕国之燕。六书假借之法，举例可推。（《东原集》）

上面"义由声出"这句话，不但说明了"依声托事"的假借，文字的语义，而且道破了训诂的奥妙。古书用字，假借特多，训释者的最大任务，无非是破其假借而读以本字。但是古音不同于今音，欲知古人假借，必得先通古音。所以戴氏在《六书音均表序》里又说：

> 今乐睹是书之成也，不惟字得其古人音读，抑又多通其古义。许叔重之论假借曰：本无其字，依声托事。夫六经字多假借，音声失而假借之意何以得？故训音声，相为表里。

因为"故训音声相为表里"，不但"义由声出"，而且"故训之失传者，亦可因声而知义"，所以他曾作《转语》二十章，想"以声求义，以义正声"。其书世未之见，仅存其《序》，《序》曰：

> 人之语言万变，而声气之微有自然之节限，是故六书依声托事，假借相禅，其用至博，操之至约也。学士茫然莫究，今别为二十章，各从乎声以原其义。夫声自微而之显，言者未终，闻者已解，辨于口而不繁，则耳治不惑。人口始喉下底唇末，按位以谱之，其为声之大限五，小限各四，于是互相参伍，而声之用盖备矣。参伍之法：……凡同位则同声，同声则可以通乎其义；位同则声变而同，声变而同则其义亦可以比之而通。……用是听五方之音，及少儿学语未清者，其展转讹混必各如其位；斯足证声之节限位次自然而成，不假人意厝设也。……
>
> 昔人既作《尔雅》、《方言》、《释名》，余以为犹阙一卷书，创为是篇，用补其阙，俾疑于义者以声求之，疑于声者以义正之。……

从前人说："鸳鸯绣取从君看，不把金针度与人。"现在如果把金针度与人，那么，这支金针就是那"其用至博，操之至约"的音转之理，所以一般训诂家常好说"一声之转"的术语了。可惜这部天下第一奇书竟至不传，否则它将是训诂学上的圭臬，唯一的利器了。戴氏虽首先提倡"从声原义"的理论，但在实绩方面却尚无暇去建树具体的表现。当时在训诂方面功业最著的要算是高邮王氏父子了，段玉裁曾誉为"天下一人"，实非虚语。王念孙《广雅疏证自序》说：

> 窃以训诂之旨本于声音，故有声同字异，声近义同；虽或类聚群分，实亦同条共贯。譬如振裘必提其领，举网必挈其纲，故曰本立而道生，知天下之至啧而不可乱也。此之不窥，则有字别为音，音别为义，或望文虚造而违古义，或墨守成训而匮会通，易简之理既失而大道多歧矣。今就古音以求古义，引申触类，不限形体，苟可以发明前训，斯凌杂之讥亦所不辞。

这段话可以说是说尽了训诂的秘诀，训诂之本为声音，而音义的关系不外"声同字异，声近义同"两大类，假如把握住这个枢纽，那么至啧不乱的易简之理就可以豁然贯通，然后引申触类，打破形体，随心所欲，无往不利，即呵毛骂郑，亦无不可。无怪乎他的《广雅疏证》及《读书杂志》等作，左右逢源，妙得自然，一经道破，涣然冰释。其子引之承受家学，克绍箕裘，对于训诂，更为发扬光大，他在《经义述闻》的开端自序其家学渊源及治学方法说：

> 年廿一，应顺天乡试，不中式而归，亟求《尔雅》、《说文》、《音学五书》读之，乃知有所谓声音文字诂训者；越四年而复入都，以己所见质疑于大人前，大人则喜曰："乃今可以传吾学矣。"遂语以古韵廿一部之分合，《说文》谐声之义例，《尔雅》、《方言》及汉代经师训诂之本原。大人曰："训诂之旨，存乎声音，字之声同声近者，经传往往假借，学者以声求义，破其假借之字而读以本字，则涣然冰释，如其假借之字而强为之解，则诂籍为病矣。故毛公《诗传》多易假借之字而训以本字，已开改读之先，至康成笺《诗》注《礼》，屡云某读为某，而假借之例大明；后人或病康成破字者，不知古字之多假借也。"大人又曰："说经者期于得经意而已，前人传注不皆合于经，则择其合经者从之；其皆不合，则以己意逆经意，而参之他经，证以成训，虽别为之说，亦无不可。必欲专守一家，无少出入，则何

邵公之墨守见伐于康成者矣。"故大人之治经也，诸说并列，则求其是；字有假借，则改其读，盖孰于汉学之门户而不囿于汉学之藩篱者也。……

他又在《经籍纂诂序》里说：

> 夫训诂之旨，本于声音，揆厥所由，实同条贯。

又在《春秋名字解诂序》中说：

> 夫训诂之要，在声音不在文字，声之相同相近者，义每不甚相远；故名字相沿不必皆其本字，其所假借，今韵复多异音，画字体以为说，执今音以测义，斯于古训多所未达，不明其要故也。今之所说多取古音相近之字以为解，虽今亡其训，犹将罕譬而喻依声托义焉。

说来说去，简单一句话，训诂的主旨是以声音为枢纽，训诂之法只是破其假借而读以本字；但破读也并不是随便的以己意逆经，而是"取古音相近之字以为解"，以古韵二十一部的分合为之准，然后再"参之他经，证以成训"，便可以推翻前人，别创新说了。因此王念孙未完成的遗著中，除了《释大》七篇是取字之有大义者，依每字所隶之字母汇集分类而释之，并自为之注，意在阐明声义相通，音声相转之理外。又有《雅诂表》二十一册，是取《尔雅》《方言》《广雅》《小尔雅》四书诂训，以训释字为经，而以古韵二十一部分列所释之字以纬之，如是诸书中同训之字尽在一览中，声义相通之理展卷便可一目了然。又有《雅诂杂纂》一册，和《雅诂表》性质相类，唯以字母分类，杂纂雅训中同母同义之字而疏释之。此数书者，都颇与戴氏之《转语》二十章相类，虽有以字母列字及以韵部列字之异，然欲以通训诂之捷径，明语言之衍变，其志则同，此外有清一代的经学小学大家，都能明达此旨，所以汉学颇盛极一时。阮元在给郝懿行《论尔雅书》中说：

言由音联，音在字前：联音以为言，造字以赴音；音简而字繁，得其简者以通之，此声韵文字训诂之要也。……今子为《尔雅》之学，以声音为主而通其训诂，余极许之，以为得其简矣。以简通繁，古今天下之言皆有部居而不越乎喉舌之地。(《揅经室集》) (郝氏与阮云台、王伯申诸人《论尔雅书》见《晒书堂文集》二，中亦有"训诂以声为主，以义为辅"之语。)

阮氏又在给宋定之《论尔雅书》中说：

窃谓注《尔雅》者，非若足下之深通乎声音文字之本原不能，何也？为其转注假借本有大经大纬之部居，而初哉首基，其偶见之迹也。山水器乐草木虫鱼诸篇，亦无不以声音为本，特后人不尽知耳。……故以声音文字为注《尔雅》之本则《尔雅》明矣。……要当以精义古音贯串证发，多其辞说为第一义，引经传以证释为第二义也。

以上诸家所说，大体相同，戴氏所谓的"用博操约"，王氏所说的"易简之理"，以及阮氏所说的"以简通繁"，都是驾驭文字的秘诀。天下之大，古今之久，文字的形体日渐繁多，设无法术以治之，将要陷入文字障中而终身迷惘，不得其门路。换言之，耳治之音有限，目治之字无穷，以有限御无穷，所谓易简之理即在其中矣。故曰训诂须以声韵学为机枢。

（二）训诂须以文字学为辅翼

训诂有字形的训诂，有语言的训诂；有主观的训诂，有客观的训诂；一在求文字的本义，一在求文字的语义。训诂既是顺释故言的工作，而故言之存留唯在于文字的纪载，欲晓故言，先识古字，所以对于文字学必须有彻底的了解才可。古书用字虽多假借，而六书中之转注假借形声三者也都是音符文字，固然可以用古音去读它们，但是字形组织与表音有莫大的关系，形之不明，何由知其音读？况且古今字体屡变，不知源流，何以知今字某即古字某呢？王念孙所谓"就古音以求古义，不限形体"者，并不是不注意字形，而是打破字形的表面障碍，不受形体的拘束罢了。

　　例如训诂家有所谓"声同义同而字异"之例，如《说文》云"俶，安也"，又云"憺，安也"。《广雅》云"俶、澹，安也"。《庄子》"恬惔"又作"恬淡"。淡、惔、俶三字并从炎声，澹、憺二字皆从詹声。炎、詹二声的相通，犹嫌帷的嫌字也作慊或作憸一样。《说文》云"澹，薄水也"，《素问注》云"澹，水静也"，淡薄与安静义亦相近。可见这些字都是一语的异字。又有所谓"并从一声而义同"之例，如《方言》云"于，大也"，"芋，大也"，"吁，大也"；《尔雅》云"吁、宇，大也"；《广雅》云"夸、吁、芋，大也"。段玉裁《说文》"芋"、"吁"二字《注》，郝懿行《尔雅》"大也"条下《疏》，以及王念孙《广雅》"大也"条下《疏》，都谓从于声之字多有大义，可知芋、吁、誇、夸、迂、盱、竽、纡、宇……等字并为一语的孳乳分化。凡此种种，都是形声字音符兼义的现象，不明乎此，何以稽考右文而通语言之孳乳呢？

　　其他像一字的重文或体，累增字，分别文，古今字等，莫不与训诂有关。例如籀文盘字，篆文作槃，古文作鎜，而甲文则止作般。其实原始应该作凡，般字左边的舟旁，并非舟船字，乃是竖着的皿字之讹变，古凡皿二字并像盘形，仅有平置与竖立之别，故今音犹相近也。般像击盘之状，《诗》云"考槃在涧"是也。后又于般下增皿增木增金为名词，而凡、般则用为他义。盘之得名由于其形之圆旋而张大，故般桓、般旋都有旋绕之义；般、凡又都有大义，故全称曰大凡，大巾曰幋，大带曰鞶，大石曰磐。凡人忧则气凝，喜则气舒，故乐亦曰般。由此可知般、盘为累增字，槃、鎜为或体，幋、鞶、磐为分别文。

　　字形的构造而外，字体的变迁也与训诂有关。例如《诗》云"徒御不警，大庖不盈"等不字，毛《传》以为是助语之词。就训释道："不警，警也；不盈，盈也。"其他此例尚多，如：《桑扈》之"不戢，戢也；不难，难也；不多，多也"；《卷阿》之"不多，多也"；《文王》之"不显，显也；不时，时也"；《生民》之"不宁，宁也；不康，康也"都是。虽然后人曲为之解，说什么"一字不成词，则用一助字以足之"。但是我们从语法上看来，不字之下都为形容词，那么我们说不字是加重程度的副词未为不可，不过它只是个语音的借字，不是否定副词而已。可是词性虽然弄明白了，音义的原由也可以说是明白了——与弥、颇、偏、备……等音义相近；然而字形仍是茫无所知。戴震《毛郑诗考正》才根据石刻上的材料，知道古字丕通作不，《书·立政》篇的"丕丕基"，汉石经作"不不其"。现在我们所见金文的材料日益增多，知道不、丕于古本为一字，丕字系不字于末笔下端增饰圆点而成者，后易点为横，故《隶释》及石经残碑丕作𠀐，隶书作𠀐，《吴录》阚泽论曹丕之名曰不十为丕，都可证明丕字非从一不声。《说文》云"丕，大也"，是不字为加重程度之副词，于形亦可了然无疑了。由此言之，《诗》之"不显"、"不承"，即"书"之"丕显"、"丕承"，亦即《左传》之"丕显"。毛公、郑玄不明不、丕于古为一字，遂或谓为助语，或谓为反言了。

（三）训诂须以文法学为利器

我国在《马氏文通》以前，是只有释词之学而无文法学的；再往前一点，连《释词》或《助字辨略》一类的著作也没有，文法仅是训诂的旁支。我国文字没有字头字尾的变化，而偏旁的改换也不关系词性，所谓"词类"也就是"义类"。马建忠说："字无定义，故无定类，而欲知其类，当先知上下之文义何如耳。"又说："义不同而其类亦别焉，故字类者，亦类其义。"（《文通》卷一"正名"）可见训诂家只要讲字义，文法便包括在里面了，所以黄侃《文心雕龙札记》说："彦和此篇言：句者联字以分疆……又曰：句司数字，待相接以为用。其于造句之术言之晢矣；然字之所由相联而不妄者，固宜有共循之途辙焉。前人未暇言者，则以积字成句，一字之义果明，则数字之义亦必无不明；是以中土但有训诂之书，初无文法之作，所谓振本知末，通一毕万，非有阙略也。"

汉人传注有"某，辞也"之例，如毛《传》云"薄，辞也"（"薄言采之"），"载，辞也"（"载驰载驱"）。辞应作词，明其为语助无义也。又有"某，某貌"之例，"某，某然"之例，"某，某声"之例，如《诗》云"维叶萋萋"；《传》云"萋萋，茂盛貌""行道迟迟"；《传》云"迟迟，舒行貌""风雨凄凄"；《传》云"风且雨，凄凄然""零露湑兮"；《传》云"湑湑然盛多也""坎坎伐檀兮"；《传》云："坎坎，伐檀声"。

凡此等例，都是指明为形容或状词的术语。到清儒研究小学，分别更为精细，于是创为"体用"及"动静"、"虚实"等等的名目。段玉裁在《说文》"梳"字下注解道：

> （梳，所以理发也。从木，疏省声。）所以二字今补。器曰梳，用之理发，因亦曰梳。凡字之体用同称如此。《汉书》亦作疏，疏通也，形声包会意。

又于《说文》"筭"字下注云：

> （筭，数也。）筭为算之器，算为筭之用，二字音同而义别。

大概段氏以为梳字列木部器名之间，故以为名词，加所以二字以别之；《注》中补所以二字以别其为名词者，所在多有，如竹部"箛"、"箠"等字下皆是，箠、捶之别犹锤、捶及鎚、搥之别；虽非许氏原意，亦可见后来分别字义较前人为精，故筭、算二字词性不同，即认为音同义别也。朱骏声《说文通训定声》则谓为动静，他在"攻"字下说：

> 《考工记》凡攻木之工七，按犹《诗》"雉离于罗"，"薪是获薪"，"景行行止"，"如涂涂附"，"行彼周行"，"载输尔载"，"于时庐旅"，"言授之絷，以絷其马"，《仪礼》"士羞庶羞"，《论语》"求善贾而沽诸"，皆一静字一动字也。

这都是文法学上的事业。文法学的研究是以句为本位，句中的一词一字，都指出它们的职务及词性，就是一个常见而极普通的字，也是一样地去加以析词辨品，比较训诂的只解释难字僻句，对于虚字轻轻地放过，当然不可同日而语了。所以说文法学是更进一步的训诂，是科学的精密的分句析词的法术。汉人训诂，对文法不大了然，多以虚字为实字，王引之指责他们说：

自汉以来，说经者宗尚雅训，凡实义所在既明著之矣，而语词之例则略而不究；或即以实义释之，遂使其文扞格，而意亦不明。如由，用也，猷，道也，而又为词之于，若皆以用与道释之，则《尚书》之"别求闻由古先哲王"，《大诰》"猷尔多邦"，皆文义不安矣。……凡此者其为古之词语，较然甚箸，揆之本文而协，验之他卷而通，虽旧说所无，可以心知其意者也。（《释词序》）

王氏《释词》之作固然是训诂学上的一个新纪元，但方法仍然是不科学的，全书都是"某犹某也"，说不出个所以然来，等到犹无可犹的时候，便以"助语"无义搪塞了事。《马氏文通》攻击高邮王氏及《释词》之处甚多，其言经生家者也是指王氏而言，如卷二云：

（《檀弓》："君无所辱命。"又见《左传》）高邮王氏以所字为语助无解，不知无所辱命者，即无辱命焉。焉，于此也，所代于此者，以转词在先，于字可省故也。

经生家谓经籍内有也、矣两字互相代用者，《论语》云："从我于陈蔡者皆不及门也。"以为也代矣字。《论语》云："其为仁矣。"又以为矣代也字之证。蒙谓"皆不及门也"者，决言同时之事，也字为宜。至"其为仁矣"之读，夫子自叹未见好仁者之真恶不仁者，故追忆真恶不仁者之曾已为仁之时，直使不仁者不得加乎其身云，此似追记已事，助矣字为宜。夫矣、也两字皆决辞，有时所别甚微，若非细玩上下文义，徒以一时读之顺口，即据为定论，此经生家未曾梦见《文通》者，亦何怪其尔也。（卷九）

经生家固未梦见《文通》，但马氏不读"葛郎玛"，恐怕也梦不见《文通》也。《文通》因为是"仿葛郎玛而作"，方法自较《释词》为进步，所以马氏曾骄傲地说："间尝谓《孟子》'亲之欲其贵也，爱之欲其富也'，两句中之，其两字皆指象言，何以不能相易？《论语》'爱之能勿劳乎？忠焉能勿诲乎'？两句之法相似，何为之、焉二字变用而不得相通？'俎豆之事则尝闻之矣，军旅之事未之学也'，两句之法亦同，矣、也二字，何以不能互变？凡此之类，曾以叩攻小学者，则皆知其如是，而卒不知其所以如是。是书为之曲证分解，辨析毫厘，务令学者知所区别。"这种对于字义的辨析毫厘、知所区别，确是一大进步，一大创举。假如我们不欲使训诂学成为一种科学则已，如果想把它作成古语言学的一部分，那么，就非得以文法学为利器不可。其实好些字的意义，都是从它们在句中所处的位置前后上而知道的，这"文位"（词的顺序）正是文法学研究的对象。

（四）训诂须以校勘学为前提

清儒治学最大的成就，一在辑佚，二在校勘，这两种工作是使古书本子完善可读的基础，所以校勘是训诂的第一步功夫。乾嘉以来经学大师的几部重要的训诂著作，都是训诂兼校勘和补遗的混合结晶。戴东原"从《永乐大典》内得善本，复广搜群籍之引用《方言》及《注》者，交互参订，改正讹字二百八十一，补脱字二十七，删衍字十七，逐条详证之"，以成《方言疏证》一书。王念孙的《广雅疏证》，也是"据耳目所及，旁考诸书以校此本，凡字之讹者五百八十，脱者四百九十，衍者三十九，先后错乱者百二十三，正文误入音内者十九，音内字误入正文者五十七，辄复随条补正，详举所由"。

汉人训诂，已及校勘，如《礼记·缁衣》郑《注》："吉当为告，告古文诰，字之误也。尹告，伊尹之诰也。""天当为先，字之误也。""正当为匹，字之误也。"古注云当为者皆改其形误也。这都是根据上文句义而加以主观的校勘，纯是训诂学的见地。主观的推理式的校勘固然不如诸本互校的科学校勘为可靠，但是若无善本古本别本可校时，主观的校勘也略胜于无吧。何况到有许多读法优劣莫辨的时候，选择的标准常是以训诂学的知识作决定的。例如王念孙《读书杂志·史记》：

> 天下于是太平治。念孙案：太当为大，大、太字相近，后人又习闻天下太平之语，故大误为太耳。《群书治要》引此正作大平治。（《五帝本纪》）（按古书大、太、泰三字用为副词常相通，《诗》"昊天泰忼"，《释文》作大音泰；又"亦已大甚"，即"旱既太甚"。《说

文》泰字古文作夳，形与太近。太宰、太子、周太王之太，古皆止作大，故大夫之大读如泰也。）

依鬼神以制义。《正义》本制作剬，云剬古制字。又论字例云：制字作剬，缘古少字通共用之，《史》《汉》本有此古字者乃为好本。念孙案：张说非也，制与剬声不相近，无缘通用剬字；篆文制字作剢，隶作制，形与剬相似，因讹为剬，非古字通用也。（《五帝本纪》）

比三代莫敢发之。念孙案：莫敢发之本作莫之敢发，浅学人改之耳。（僖三年《左传》"未之绝也"，今本作"未作之也"，亦浅人所改。）《郑语》作莫之发也；《文选·幽通赋注·运命论注》引《史记》并作莫之敢发，《列女传·孽嬖传》同；《论衡·异虚篇》作皆莫之发。（《周本纪》）（按若作"莫敢发之"，文义虽通，但不合古代语法惯例。）

书中凡言文不成义、文义不明、义不相属、义无所取、于义为长……等语者皆此类，非通晓古代语文者不能也。

（五）训诂须以语言学为基础

普通语言学的内容，不外论述语言的起源、性质、功用以及语音、语义、语法的构成和演变，文字、文化、思想和语言的关系，世界语言的系统……等等的问题，这些原理和规律，是治训诂者必须参考的知识。我国语言学萌芽虽早，但向不发达，因此训诂学一向就视为文字学的附庸，被形体所拘束，开口本字，闭口本义，奉《说文》为圣经丝毫不敢违背，因此治《尔雅》的小学家，便专有《匡名》（严元照）、《小笺》（江藩）、《古义》（钱坫）、《文字考》（戴震）一类的著作，以《说文》为准，正《尔雅》之字体。并且学者之间还提倡什么"《尔雅》、《说文》相为表里"，"《说文》为纲，《尔雅》、《方言》、《释名》、《广雅》诸书为目"的论调。郝懿行的疏《尔雅》也是先明本字，后及假借。这固然不一定是浪费的工作，但去语学益远；而且旧日的小学家，对于时地及语境的变异太不注意，保守一点的人处处死守《说文》，失之于拘；通达一点的又以为字字可通，无声不转，往往泛滥无涯，失之于过；都缺乏严格的科学的观念及方法。例如"弗、不"两个否定词的用法，普通都以为没有分别，注释家遇到弗字也只说"弗，不也"。《广雅》："否、弗、俪、粃，不也。"王念孙《疏证》云："皆一声之转也。"《释词》也说："不，弗也。常语。"最先注意其分别的是何休的《公羊传注》："弗者，不之深者也。"段玉裁《说文注》云："言不者其文直，言弗者其文曲。"究竟怎样的深浅曲直，恐怕他们也不知道，《马氏文通》卷六云："《正义》云：弗者不之深也，与不字无异，惟较不字辞气更遽耳。《论语》：'弗如也，吾与女弗如也。'极言其不如之甚，有不待思索而遽言之之状。故《孟子》历数大人之巍巍者，即遽断之曰：'我得志弗为也。'至以后总言其不足畏之理，则用不字，故曰'在彼者皆我所不为也'。……"从何休到马建忠，二千年里可以说是丝毫没有进步。最近才有人归纳古书中弗、不的用法，指出详细的分别，立了三条规律：（见丁声树的《释否定词弗不》，文载《集刊》外编第一种。）

（1）弗字只用在省去宾语的外动词之上；内动词及带有宾语的外动词之上只用不字。

（2）弗字只用在省去宾语的介词之上；带有宾语的介词之上只用不字。

（3）弗字绝不与状词连用；状词之上只用不字。

例如《礼记》上说："虽有嘉肴，弗食，不知其旨也；虽有至道，弗学，不知其善也。"又如《论语》说："吾与女弗如也。"但"吾不如老农"则用不字而不能改为弗字。这是何等谨严的用法，何等精密的区别！这岂是经生家及《文通》所能梦见的？所以要想使训诂脱离了文字形体的拘束，抛弃了玄学的空疏的不科学的氛围，走入现代化比较语言学的领域，那么就非得以比较语言学的理论作出发点不可。

总起来说，一切学问都有联系，治学的工具越多，成就也就越大；所谓专门，并不像钻牛牴角似的越走越狭，只是分出主辅而已。如此看来，不但上举五种学科是训诂学的工具，就是史学、哲学、文学、民俗、礼制……等也都与训诂有关，因为要注释某一方面学术的著作，至少得先对某种学问有个简括的认识。例如为《诗经》作新解，不但需有训诂学的知识，而且还得有文学的修养，甚至那些草木虫鱼鸟兽之名的解释，植物学动物学的研究也很需要呢。《墨子》墨辩里面有好些讲到几何学、光学、力学的地方，无怪乎从前的注解都讲不明白了。

本章参考书举要：

(1)《汉书·艺文志》，班固。（民五涵芬楼影印殿本。）

(2)《毛诗诂训传名义考》，马瑞辰。（《毛诗传笺通释》附，道光十五年刻本，广州局本，《续经解》本。）

(3)《研究文字学形和义的几个方法》，沈兼士。（《北大月刊》第八期。）

(4)《释大》第六下及第四下，王念孙。（《高邮王氏遗书》第三种，上虞罗氏辑本。）

(5)《经义述闻》三十二《通说·经文假借》条、《语词误解以实义》条，王引之。（自刻本，江西刻本，道光七年京师重刻本，扬州覆刻本。）

(6)《中国哲学史大纲》第四篇第四章"正名主义"，胡适。（商务本。）

(7)《古书疑义举例》，俞樾。（《续经解》本，《俞氏丛书》本，单行活字本，民十三长沙鼎文书社刻本后附刘师培《补》，杨树达《续补》，马叙伦《校录》。民十六大东书局又据长沙本增入姚维锐《补附》一种重印行世。）

(8)《经读考异》，武亿。（原刻本、《经解》本。）

(9)《中国文字学概要》第一章第三节，齐佩瑢。（华北编译馆本。）

(10)《诗三百篇询问词之地域性》，齐佩瑢。（北京大学文学院《国文文法参考资料讲义》本。）

(11)《新方言·释言》，章炳麟。（《章氏丛书》本。）

(12)《古音系研究·周序》，周作人。（《苦茶随笔》一三一页，北新印本。）

(13)《科斗说音》，魏建功。（《女师大学术季刊》二卷二期。）

(14)《转语二十章序》，戴震。（见《戴东原集》，《戴氏遗书》本，《经韵楼丛书》本，《四部丛书》本。）

(15)《广雅疏证自叙》，王念孙。（家刻本，江宁局本。）

(16)《经义述闻序》，王引之。（见前）

(17)《经传释词叙》，王引之。（家刊本，守山阁本，商务本。）

(18)《马氏文通序、例言》，马建忠。（商务本。）

(19)《读书杂志·史记杂志》，王念孙。（家刊本，江宁局重刻本，北京坊本，石印本，学海堂本及《续经解》本皆不全。）

(20)《释否定词"弗""不"》，丁声树。（中研院史语研究所《集刊》外编第一种。）

第二章　训诂的基本概念

第一节　语义的单位

　　普通训释语言的意义，大多以"字"为最小的单位，这都是没有分清语言和文字的不同。语言的构成材料是声音，但仅有声音而无表意的作用也不能成为语言，声音有形而可以听见，意义却是无形的，非依附寄托于声音而不能存在，所以说：声音是语言的外形，意义是语言的内容，二者相依为命，不可须臾离也。这样看来，如果分析语言的成分而指出它表意的最小单位，应该是以音与意的配合作为基准了。换言之，意的单位和音的单位是完全相等的，合起来成为语言中的最小单位，这单位并非是指音节的单一而言，因为有时表意的单位需要一个以上的音节。在中国的语言里，这单位说它是一个"字"，大体上认为是对的，尤其是古代的字，一个字或者并不像现在的字只有一个音节。但是严格的分析一下，上面的话并不能完全说得通，例如《诗经·七月》篇所说的"悉蟀"之名，在语言里只是一词，文字上却写成两个字，假如按字分开来，与原来的意义就不一样而完全失去。虽然章太炎曾作《一字重音说》之文，也以蟋蟀为例，他说：

　　　　中夏文字率一字一音，亦有一字二音者，此轶出常轨者也，何以证之？曰高诱注《淮南·主术训》曰："鸱鸺读曰私铋头。"二字三音也。（按私铋合音为鸱，谆脂对转也，头为鸺字旁转音。）既有其例，然不能征其义，今以《说文》证之：凡一物以二字为名者，或则双声，或则叠韵，若徒以声音比况，即不必别为制字；然古有但制一字不制一字者，蹢躅而行可怪也；若谓《说文》遗漏，则以二字为物名者，《说文》皆连属书之，亦不至善忘若此也；然则远溯造字之初，必以一文而兼二音，故不必别作彼字。如《说文》虫部有悉蟋，蟋本字也，悉则借音字，何以不兼造蟋？则知蟋字兼有悉蟋二音也。……（《国故论衡》上）

但此说甚辩，不足以证一字重音之说，一则古书无单称蟋以为蟋蟋者，二则《说文》录字以经典为主，无则缺如，焉能自造？况《说文》蟋下明注悉蟋之词，是《说文》亦不以为一字二音也。因此我们可以说，"词"是语言表意的单位，"字"是文字书写的单位；一个字只有一个音节，一个词却可以有一个以上的音节；一个词可以写成好几种不同的字形，而一个字又可作好几个词用。

从前训诂字义的人，都以为是文章和文字而非语言，所以只讲字而忽略了词，因此就生出许多错误，如扬雄《方言》说："美心为窈，美状为窕。"可是窈窕淑女的窈窕并不见得就一定是幽闲贞专之貌，字亦作苗条，重言则为篃篃，皆细而长之意，故又为深，为高，为远。那么窈窕犹之乎苗条，根本是一个平列的复合词，就不能分心和状了。王筠在《毛诗双声叠韵说》里说得很好："以上诸字皆合两字之声以成一事之意，故泥字则其义不伦，审声则会心非远，但当用《公羊传》之耳治，必不可用其目治者也。"窈窕虽非叠韵之正例，但正可用此数语治之。又如《尔雅·释诂》的"觊觎，莅离也"一条，郭《注》说：

> 谓草木之丛茸翳荟也。莅离即弥离，弥离犹蒙茏耳。孙叔炎字别为义，失矣。

以后邵晋涵的《尔雅正义》，郝懿行的《尔雅义疏》都推衍郭说，郝氏并列举二词之转语，以为觊觎即幕蒙、溟沐、蠛蠓、绵蛮、弥漫。莅离即弥离、迷离、幠历、羃羃、羃蓠、幕络；弥离犹蒙茏、朦胧、蒙戎、龙茸；莅离犹纷纶、纷乱。都是双声叠韵之语，取其声不论其字，故郭氏讥孙炎字别为义之为也。虽然武亿的《经读考异》六和潘衍桐的《尔雅正郭》二书反对郭说，赞成孙氏的一字一读，但是举证都有些牵强，不得语言之本原，所以仍然以两字连读为是。这两派的争论，也是"字"和"词"的不同的问题。

又如《诗·大雅·皇矣》："无然畔援，无然歆羡。"毛《传》："无是畔道，无是援取，无是贪羡。"按畔援和歆羡都是复音词，不可分解，郑《笺》："畔援犹跋扈也。"盖本《韩诗》"畔援，武强"之义以立训。《汉书注》作"畔换"，《玉篇》人部作"伴换"。俞樾《群经平议》云："《传》分畔援为二义，非也。畔援即畔喭也，《论语·先进篇》'由也喭'，郑《注》曰：'子路之行失于畔喭。'《正义》曰：'旧注作吭喭，字书吭喭失容也，言子路性行刚强，常吭喭失礼容也。'此与韩、郑义合，援喭音近，故得通用，犹美士曰彦，美女曰媛，亦取音义相近也。《玉篇》又引作'无然伴换'，盖古人双声叠韵之字皆无一定，畔援也，吭喭也，伴换也，一而已矣。《卷阿》篇'伴奂尔游矣'，伴奂即伴换也；《笺》曰：'伴奂自纵弛之意。'盖即跋扈之义而引申之，美恶不嫌同词。《传》以为广大有文章，《正义》申明之曰：'伴然而德广大，奂然而有文章。'则分伴奂为两义，与此《传》分畔援为两义，其失维均。"吴树声《诗小学》又谓畔援即般桓，亦即重言之桓桓。又《周颂》："继犹判涣。"《传》亦分释之云："判分，涣散也。"《笺》云："我所失分散者收敛之。"俞樾云："……《传》《笺》均未得其义。此《诗》判涣即《卷阿》篇之伴奂，亦即《皇矣》篇之畔援，古义存乎声，无定字也。说具《皇矣》篇。"从这条例子看起来，可见字和词的不同与意义大有关系，是训诂家所不能忽略的第一件要事。不过这也难怪，汉字没有词类连书的习惯，字字孤立，很容易被人误认以字为单位。补救之道，除了词类连书的方法外，最紧要的还得靠着语言学文法学的知识去析句辨词了。

语言表意的最小单位既然是词而非字，那么训诂时也当以词作最小的单位。现在一般文法学家大多认清了字和词的区别，所以《马氏文通》的名字、代字、动字等名，近来都改称名词、代词、动词了。词这个字亦通作辞，但在说文上是有分别的。《论语》云："辞达而已矣。""出辞气。"孟子云"宰我子贡善为说辞"，即"言语，宰我子贡"之义，可见在春秋战国间都以辞字为言语之辞。汉人传注有"某，辞也"之例，毛《传》："思，辞也。"（《汉广》"不可求思。"）《正义》曰："以泳思方思之等皆不取思为义，故为辞也。"又于《小雅·白驹》"贲然来思"、"勉尔遁思"句下申毛云："此来思遁思二思皆语助，不为义也。"看起来好像辞是有音无义的助语，但是语言既以音表意，那么有音就不能无意，此处说是不为义者，只是说它不甚要紧耳。思即兮、斯等字之同音同义字，犹今语之啊也。所以毛《传》又训"于嗟"为叹辞，"追其今兮"的今为急辞，"执讯获丑"的讯为辞也，《尔雅》则曰"讯，言也"，可见也以辞为言辞之义。到《说文》里面，因为分别造字本义的原故，于是就说辞为"讼也，从屬辛，屬辛犹理辜也。嗣，籀文，辭从司"。又于词字下解说道："意内而言外也，从司言。"我们从祠字下许君所说的"品物少，多文词也"，以及书中"者，别事词也。""皆，俱词也。""只，语已词也。""乃，词之难也。""喜，词也。"等训解看来，大概他以为辞是听讼之"辞听"（《周礼·小司寇》以五声听狱讼，一曰辞听。）的专字。以词为文词的专字，文词即语言之词，故曰意内言外，言者音也，正合以音表意，意为内容，音为外形的语言定义。清儒之治小学者，不明乎此，段氏《说文注》遂谓："意者文字之义也，言者文字之声也，词者文字形声之合也。"不但把词和字混在一起，甚至目中有字无词，谓辞是篇章，词是摹绘物状及发声助语之文字，积文字为篇章，积词而为辞。于是就本《说文》以改经传，《毛诗小笺》说："辞当作词，《说文》作词，意内而言外也。《说文》凡文辞作辞，辞，说也；凡形容及语助发声作词，如《茉苢》之薄，《汉广》之思，《草虫》之止，《大叔于田》之忌是也。"一时风靡景从，如王引之的《经传释词》的"词"便指虚字而言，如攸，所也，迪，道也，而又为"词之用"；这个词之用就是说用字不作动词解，而作等于介词的以字解。凡文法上的介连助叹等词都包括在"词"内，比段氏所说的范围更狭。近来还有沿袭这种说法的，如陈承泽《国文法草创》一书曾经替字和词下了两个新定义，以为字表意亦表事物，有客观的之体或相或用者；词只能表意，无客观的之体或相或用者。换言之，名代形动四类为字，副介连助叹五类为词。实则此说混淆字和词的含义，更较前人为甚了。现在既然不把词当作诗词的专用字，那么我们斟酌旧说及习惯用法，规定词字为"语词"的简称（因为辞字已为辞谢义夺去了）。

词的成立既以意为单位，不以音为单位，所以一词就不限于一音，其类别可以分成单音的双音的及多音的三种：

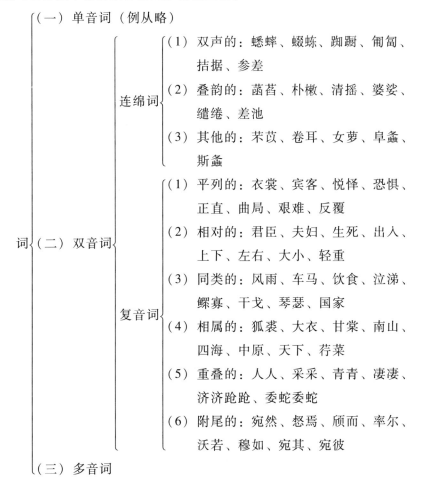

词
（一）单音词（例从略）
（二）双音词
连绵词
（1）双声的：蟋蟀、蝃蛛、踟蹰、匍匐、拮据、参差
（2）叠韵的：菡萏、朴樕、清摇、婆娑、缱绻、差池
（3）其他的：茉苢、卷耳、女萝、阜螽、斯螽
复音词
（1）平列的：衣裳、宾客、悦怿、恐惧、正直、曲局、艰难、反覆
（2）相对的：君臣、夫妇、生死、出入、上下、左右、大小、轻重
（3）同类的：风雨、车马、饮食、泣涕、鳏寡、干戈、琴瑟、国家
（4）相属的：狐裘、大衣、甘棠、南山、四海、中原、天下、荇菜
（5）重叠的：人人、采采、青青、凄凄、济济跄跄、委蛇委蛇
（6）附尾的：宛然、愙焉、顾而、率尔、沃若、穆如、宛其、宛彼
（三）多音词

这里要须说明的：

（1）连绵词多托名标识，故字无定写，如踟蹰可以写成：踟蹰、峙踌、峙崛、踌躇、蹰躇、次且、次雎、趑趄、趦趄、趁趄、踯躅、蹢躅、彳亍……等十多种形式；复合词虽然也有这种现象，如依依即猗猗、蘦蘦、翼翼、或或、旃旃、绎绎、驿驿、抑抑、泥泥、耳耳、泝泝、奕奕……等都有盛大之义；但是大多皆有定写。

（2）连绵词的音与音之间是黏结的，不可分离，分开则无义；复合词是词与词拼合的，可以分开而仍有意义。

（3）复合词中的重叠一种，有时与单言无异，有时因为同音异化的关系而变为双声叠韵的词，如《诗》中"猗彼女桑"、"绿竹猗猗"的猗和猗猗，"依彼平林"、"有依其士"、"杨柳依依"的依和依依，就是"猗傩其华"、"猗与那与"的猗傩和猗那，也就是"受福不那"、"有那其居"、"其叶有难"、"佩玉之傩"的那和难、傩。此所以毛公传《诗》多以重言释一言也。

（4）平列的及相对的、同类的复合词，常常可以颠倒，如衣裳之为裳衣，生死之为死生，牛羊之为羊牛，犹之乎颠倒之为倒颠一样；不过有的也不可颠倒，如车马不等于马车便是，单看习惯与否，渐演为定式耳。

（5）相对的复合词，有时它的取义重在一端，顾炎武《日知录》卷二十七"通鉴注"一条下云："古人之辞宽缓不迫，如得失，失也，利害，害也，缓急，急也，成败，败也，异同，异也，赢缩，缩也，祸福，祸也，皆此类。"（文中所举书名及句例从略。）俞樾《古书疑义举例》卷二"因此及彼例"引顾氏说而演之曰："此皆因此及彼之辞，古书往往有之，《礼记·文王世子》篇养老幼于东序；因老而及幼，非谓养老而兼养幼也。《玉藻》篇大夫不得造车马，因车而及马，非谓造车兼造马也。"按此实为造成复词之一法，原则与其他复音词同，非缓辞，亦非因此而始及彼也，今语犹存此例，如兄弟，弟也，姊妹，妹也，褒贬，贬也，国家，国也。近人黎劭西的《国语中复合词的歧义和偏义》（《学术季刊》一卷二期），刘盼遂的《中国文法复词中偏义例》（《文字音韵学论丛》），也都是讨论这个现象的文章。

（6）汉语因同音的单词太多，耳治易生误会，所以除了用后起的四声别义的方法加以补救外，较古一点的区别方法就是把单音词化为复音词。变化的方式：有的附加区别之词，有的就原词重叠，有的利用双声叠韵的同义转语词并合在一起，有的取同类的或相对的词以为衬托，原则上都是一种陪衬烘托及加重听感的作用。汉语词类虽有单音双音多音之分，但事实上是以双音词为孳乳分化的主干，而且不仅把单音变为双音，有时还把多音省略为双音。这种演变与意义的分化是并行的，如《诗》云"道阻且长"，《十九首》则云"道路阻且长"；古语中用一个道字，包括后世的道路、道理、道德、道义、道行、道艺，引导、领导等复词。

（7）单音词有时即复音词之合音者，如蒺藜为茨，终葵为椎，中馗为菌，不律为笔等都是。林语堂的《古有复辅音说》一文以孔曰窟窿，不律谓之笔，团为突栾……等例为古语中有 ki-（gl-），pl-（bl-）及 tl-（dl-）复辅音之证。此与章氏《一字重音说》不同，如林氏谓"蝼"=tlang，依章说则说为"蝼"="堂蝼"二音也。

（8）复合词中之平列的及相对的二种，也多有同声韵的关系，王筠谓此为双声叠韵之变例，即本非由声音取义，而按其声音则适合双声叠韵者也。古人的姓名，也多有双声叠韵的关系。有古本为同母或同部之双音词，后来因音变而不谐，如赵岐注《孟子》曰"离朱即离娄也"，朱娄叠韵，盖读朱为娄，犹邾亦名邾娄矣。是离朱为双声，离娄即玲珑伶俐、丽尔焂尔，皆双声字。又《诗》"周道倭迟"，倭迟在今音为叠韵，但《韩诗》作倭夷，《文选注》作威夷，亦即委蛇、逶迤，是倭迟于古为双声，迟之为夷，犹陵迟曰陵夷。

旧来的训诂著作，除了雅学中一脉相传的在《释训》一篇里收些重言的形况词外，其馀的《释诂》、《释言》都以单字为主，直到明代朱谋㙔的《骈雅》，清代史梦兰的《叠雅》，吴玉搢的《别雅》诸作，才有专门集释诪语重言的词书。（方以智《通雅·释诂》，洪亮吉《比雅·释诂》二书也都有一部分是属于这类的。）从语言学的见地说，词书较字书更为实用而合理。

假如一种语言只有些单纯的语词，恐怕在表意的应用上也就有些太简拙吧。所以欲想就外界的事物而说明它的动作或情形、性质或种类，表示思想中一个完全的意思，必得连接许多的词或短语（简称为"语"，如主语述语宾语之类。旧称语为读或顿），而成"句"不可。句的得名由于亅，《说文》："亅，钩识也。"《史记·东方朔传》："东方朔至公车上书，公车令两人共持举其书，人主从上方读之，止，辄乙其处。"乙即亅，声转为曲为句。然此句只就声气之起止而言，与文法学上所说的句不同。句之类别有三：

（1）文法上的句以意义为主，凡语词相配而所表之义已经完全的才能叫作句。单句的主要成分有二：一为主语，二为述语，此外还有连带成分及附加成分。复句则包括主句和副句。

（2）诗歌上的句以音节为主，必须句读齐同，字数有定，例如《诗》以四言为主："关关雎鸠，在河之洲。"歌诗时为两句，依文法言只一句而已。又如《七月》："十月纳禾稼：黍稷重穋，禾麻菽麦。"《韩奕》："王锡韩侯：淑旗绥章，簟茀错衡，玄衮赤舄，钩膺镂锡，鞹鞃浅幭，鞗革金厄。"也都是一句。

（3）声气上的句以呼吸为主，凡人语言，声气不能过长，过长则声气不足，呼吸不便，虽语义不完，无妨暂为停顿，再换气言之。如《左传》："楚自克庸以来，其君无日不讨国人而训之于民生之不易，祸至之无日，戒惧之不可以怠。"读时为四句，文法上只是一复句耳。

词类的辨别，也就是词义的寻绎，完全凭藉它在句中的位置及职务而断定，因为汉语词类的变化，本身并无词头词尾的不同，而句法则有种种的顺序排列方式，所以词的意义纯粹是在句中前后的位置上表示出来，我们研究语义的人，不仅应以"词"为最小的单位，而且还该以"句"为本位，这句当然是文法上的句了。所谓"词的次序"或"词位"，是词与词连接关系的表现，这互相间的关系就显示出每个词的职务及意义。例如《诗》中"黄鸟于飞"、"之子于归"的于字，旧来训于为往也，清人则以于为语助无义，现在则以于为表进行时的副词，于飞者，正在那儿飞也。何以知于训往之误？就因为于字上面多为主词，下面多为内动词，而此种内动，并非如"薄言往愬"和"且往观乎"之往愬往观，时间上有先后继承的关系，故飞上不能加往字，现在若说"黄鸟去飞"，岂能像话？又如《诗》中"言告师氏，言告言归"、"陟彼南山，言采其蕨"、"驾言出游"、"受言藏之"等句的言字，毛《传》训言为我，固然言我予吾四字的声音相近，但是声音相近的字很多，未必都一一移来适合，其所以如此立训者，盖因言下接动词，动词之上多为主词故也。胡适之作《诗三百篇言字解》，他说：

> 按《诗》中言字大抵皆位于二动词之间，如受言藏之，受与藏皆动词也；陟彼南山，言采其蕨，陟与采皆动字也。……据以上诸例，则言字是一种絜合之词，其用与而字相同，盖皆用以过递先后两动字者也。……若以言作我解，则何不用言受藏之，而必云受言藏之乎？

何不云言陟南山，言驾出游，而必以言字倒置于动词之下乎？汉文通例，凡动词皆位于主名之后……若以我字位于动字之下，则是受事之名，而非主名矣。……今试举《彤弓》证之：彤弓玿兮，受言藏之；我有嘉宾，中心贶之。我有嘉宾之我是主名，故在有字之前，若言字亦作我解，则亦当位于受字之前矣。且此二我字同是主名，作诗者又何必用一言一我，故为区别哉？据此可知言与我，一为代名词，一为絜合词，本截然二物，不能强同也。

胡氏全文所得的结论，固然是用归纳的研究方法，但是个别的分析，则是以句为"本位"而分析其词与词间的关系，故云居两动之间的言字为连词，言字如为主语即不当位于动词之下也。还有一点注意的，文中说到"言采其蕨"的言字时，必定以"陟彼南山，言采其蕨"两句为一句者，这就是文法上的句与旁的句不同的缘故，此点是清代训诂家所不能及的地方。这是文法学的事情，也是训诂学的利器。总起来说，语义的最小单位是"词"，表示一个完全意思的本位（大单位）是"句"，研究文法应以句为本位，研究语义亦应以句为本位，因为汉语词类必"依句辨品，离句则无品"也。

汉代经师有章句之作。《学记》："古之教者，一年视离经辨志。"郑《注》："离经，断句绝也。"可见离析经理和断绝章句为初学最要的事务。大概章句明而文义亦无不明，而章句的分断又赖乎文义的明了，二者实在是一件事情。所以如果一经的学派有别，师说有异，则章句亦因之而生差别，《汉志》云："《孝经》者，……各自名家，经文皆同；唯孔氏壁中古文为异，父母生之续莫大焉，故亲生之膝下，诸家说不安处，古文字读皆异。"《周礼·宫正》："春秋以木铎修火禁，凡邦之事，跸。"郑玄《注》："郑司农读火绝之，云禁凡邦之事跸。"可见训诂和句读实有密切的连系。章句盖原于歌诗，其后训读他书文篇也有章句，《易》有施、孟、梁丘《章句》，《书》有欧阳、大小夏侯《章句》，《春秋》有公羊、穀梁《章句》，《左传》有尹更始《章句》，《离骚》有班固、贾逵《章句》。章句本在明析经理，训诂亦以诠明经义为主，故训诂可兼有章句之善，而无章句之烦，是以通人达士大多不屑于此小技，《扬雄传》说雄不为章句，训诂通而已矣；《班固传》亦说固不为章句，但举大义。章句虽然为识者所诟病，但并不因此而废，且训诂亦常及章句，如《汉志》云丁将军说《易》，训故举大义，今称小章句是也；毛公《训故传》也兼及章句。迨后郑康成注《三礼》，屡改旧读，何休《公羊解诂序》曾闵笑他人之"援引他经，失其句读，以无为有"的不可胜记也。清儒训故之作如《读书杂志》《经义述闻》《经传释词》等书都有改正旧读的地方，王氏父子知句读与文义关系的重要，所以自刻的书都自加圈点。经传章句之存而完整者，上有毛《传》，次有赵岐《孟子章句》，王逸《楚辞章句》。其体以毛公为最简洁，章旨具于序中，经文但举训故；至赵、王二氏则既作训故。又重复本文之义，较毛公已为繁杂了。

句的名称也称句读（何休《公羊传序》），或作句豆（《周礼注》云郑司农读火绝之，《释文》读字徐邈音豆）、句投（马融《长笛赋》），句度（皇甫湜《与李生书》）。《说文》："丶，有所绝止，丶而识之也。"此即读之标记也。盖语气未完而须停顿的叫作读，声气已完而停顿的叫作句，古者谓句为言，句读皆仅以声气为主也。古人于句读绝止之处，大概就用丶或丿的记号，《流沙坠简·屯戍丛残》中有一简，上边还存留着以 < 为句读的符号。到了宋朝，馆阁校书的人才用旁加圈点的办法，岳珂《九经三传沿革例》云："监、蜀诸本皆无句读，唯建本始仿馆阁校书式从旁加圈点，开卷了然，于学者为便。"《增韵》说："今秘省校书式：凡句绝则点于字之旁，读分则微点于字之中间。"宋相台岳氏本五经即用此符号。句读一般人都视为容易而不加符号，其实是很难的事，《后汉书·班昭传》说："《汉书》始出，多未能读者，马融伏于阁下从昭受读。"刘彦和《文心雕龙》特标"章句"之篇，韩愈《师说》亦曾论句读之要，故杨仲愚请朱子点《尚书》以幸后学，而朱子难之。后来专论句读的书，如清武亿的《经读考异》，俞樾《古书疑义举例》之一部，近人杨树达《古书之句读》等都是这方面的著作。

第二节　语义的演变

社会进化，文物增繁，人类思想，日趋复杂，语言既是传达情意的符号，它的意义当然不能没有因革损益的演变。古今语义的演变方式，约可分为下列六种：

（1）缩小式

例如朕字，《尔雅》训朕为我为予为身，都是自称之词。案古籍惟《书经》用朕字最多，凡八十馀见。《诗》仅四见，且均为《雅》《颂》。《论语》两见，乃引《书》原文。《孟子》五见，也是引《书》原文及引舜弟象的话。诸书凡称朕之处，并不一定都是王者自称之词，《诗》云"莫扪朕舌"，《离骚》云"朕皇考曰伯庸"是也。说者谓自秦皇以后始定为天子自称之词；疑或系自然的演变。

《诗》中"君子"为贵族之称，"小人"为贱民之名，如《采薇》："四牡骙骙，君子所依，小人所腓。"《节南山》："弗问弗仕，勿罔君子；式夷式已，勿小人殆。"《大东》："周道如砥，其直如矢，君子所履，小人所视。"《角弓》："君子有徽猷，小人与属。"皆君子小人对举，故《采薇》之小人君子，朱子《集传》谓即戍役与将帅也。到《论语》里面的"君子"和"小人"，便由阶级贵贱之广义而渐缩为道德高下的狭义了，如："君子周而不比；小人比而不周。""君子怀德；小人怀土。君子怀刑；小人怀惠。""君子喻于义；小人喻于利。""君子坦荡荡；小人长戚戚。""君子成人之美，不成人之恶；小人反是。""君子之德风；小人之德草。草上之风必偃。""君子和而不同；小人同而不和。""君子泰而不骄；小人骄而不泰。""君子而不仁者有矣夫；未有小人而仁者也。""君子上达；小人下达。""君子求诸己；小人求诸人。""君子有三畏，畏天命，畏大人，畏圣人之言；小人不知天命而不畏也。""君子学道则爱人；小人学道则易使也。""君子有勇而无义为乱；小人有勇而无义为盗。"这些例子也都是君子小人对举，多指道德方面而言。虽然在"子为政，焉用杀？子欲善而民善矣，君子之德风，小人之德草，草上之风必偃"一节里，好像君子指为政者，小人指庶民而言，但是大体上则均偏重于道德方面，尤以"小人哉樊须也""君子哉若人"和"女为君子儒，母为小人儒"等节所示更为明显。又："君子固穷；小人穷斯滥矣。""君子易事而难说也；小人难事而易说也。"可见君子非富贵者之称，而小人亦可为人所事也。到孟子里如"其君子实玄黄于筐以迎其君子，其小人箪食壶浆以迎其小人"，"无君子莫治野人，无野人莫养君子"。似乎君子小人的意义仍然保存着古来的意味，但是大多数的例子则与孔子时代一样。再到后来，君子小人就专指道德而言了，现在犹然。

又如《诗》云"遵彼汝坟，伐其条枚。"毛《传》："坟，大防也。"《释丘》既云"坟，大防"，《释诂》又云："坟，大也。"《方言》云："坟，地大也，青幽之间，凡土而高大者谓之坟。"盖语言里的"贲、丰、分"之音有大义，而坟则为土高之专字。故《诗》云"牂羊坟首"，"有蕡其实"，"贲鼓维镛"，坟、蕡、贲皆大也。亦作颁，《说文》"颁，大头也"，则为头大之专字。又丰亦大也，凡从丰声之字多有大义，封字亦作扞，封豕封狐，大豕大狐也；《诗》曰"瓜瓞唪唪"，盛大之貌；峰、桻、锋亦均有高义。峰、坟、冢一声之转，故冢为山顶而又为大，冢宰，大宰也。坟、阜亦音转，故阜为山陵而又为大，《诗》云"我马既阜"，阜，肥大也；坿为土丘而又为益，益亦增大之义。由此可证坟、冢都是土高的通名，后来却变为坟墓的专称了。所以《释名·释山》既云："山顶曰冢，冢肿也，言肿起也。"又于《释丧制》云："冢，肿也，象山顶之肿起也。"今字作塚。推而至于丘陵也是如此，《方言》："冢自关而东谓之丘。"秦汉以来，天子葬墓又谓之陵。

又如《小尔雅》云："凡无妻无夫通谓之寡。"《左传》襄二十七年云："齐崔杼生成及疆而寡，娶东郭姜，生明。"杜《注》："偏丧曰寡，寡特也。"《墨子·辞过篇》云："内无拘女，外无寡夫。"又云："天下之男多寡无妻，女多拘无夫。"后来寡字只用于妇人，故《孟子》云："老而无夫曰寡。"夫亡为寡，有夫而独守空帏者也叫作寡，《越绝书》："独妇山者，勾践将伐吴，徙寡妇独山上，以为死士示得专一。"陈琳诗："边城多健少，内舍多寡妇。"鲍照《行路难》："来时闻君妇闺中，媚居独宿有贞名。"媚居亦独守之意。再后就仅限于无夫之妇曰寡了。至于鳏乃"老而无妻"之名，《毛诗》："哀此鳏寡。"《传》曰："老无妻曰鳏，偏丧曰寡。"今谓为光棍。

以上所举四例，可以列作下表：

例词	古义	今义
朕，	凡人自称之词；	天子自称之名。
君子，	贵族阶级；	道德高尚者。
小人，	贱民阶级；	道德低下者。
坟，	土高大者；	墓土。
冢，	山顶高大；	坟墓。（塚）
寡，	｛男女无妻无夫者； 如有夫而独居者；	妇人亡夫者。 （无）

这种缩小的例子，有时是由于修辞之关系，如《诗》云："乃生男子，载弄之璋。乃生女子，载弄之瓦。"璋为大夫所执之圭，瓦乃妇人纺织之纺锤。《说文》："瓦，土器已烧之总名。"是纺锤为瓦器中之一种，后瓦则专指屋上之瓦了。又如《孟子》："许子以铁耕乎？""抽矢扣轮，去其金而后反。""木若以美然。"《左传》："又如是而嫁，则就木焉。"铁代耒耜，金代箭头，木代棺椁，皆以原料称其物。大概因为说话当时环境的关系，双方都可意会，犹之乎现在说"来一碗饭！"饭指米饭也。

（2）扩大式

扩大的例子比较缩小的为多，差不多的语词的含义都有扩大的倾向，语义的扩大和字义的引申虽然有连带的关系，但两者之间的出发点根本不同，引申义是对本义而言，扩大义则对用义而言，扩大的例子如：

江河，《诗》云："在河之洲。""江之水矣。"《孟子》曰："决汝汉，排淮泗，而注之江。""江淮河汉是也。"江河在当时都是专有名词，故《说文》说："江，水出蜀湔氐徼外崏山，入海。""河，水出敦煌塞外昆仑山，发原注海。"《尔雅·释水》："河出昆仑虚，色白；所渠并千七百一川，色黄，百里一小曲，千里一曲一直。"称河为黄河盖自秦汉以后。今则以江河为水流的通名了。

又如牝、牡二词，在甲骨文里的写法虽然不一，然按其偏旁及行文看来，牝牡只限于羊牛犬豕马鹿等走兽之类，母亦称匕，即后之妣字也。《说文》云："牡，畜父也。牝，畜母也。"或当时实际语义并不像造字本义范围之狭小。其后飞禽亦可称牝牡，如《尔雅》云："鹑鹑，其雄鹑，牝痺。"

《诗》云："雉鸣求其牡。"《书》曰："牝鸡无晨。"《山海经》："阳山有鸟焉，其状如雌雉，而五彩以文，是自为牝牡，名曰象蛇。"草木亦可称牡，《尔雅》有牡蓲、牡䕷、牡茅，《周礼》有牡橭牡蘜，《檀弓》有牡麻，《仪礼注》有牡蒲，《史记·封禅书》有牡荆，《本草》有牡桂。车箱也可称牝，《考工记》有牝服，《正义》云："车较，即今人谓之平鬲，皆有孔，内轮子于其中，而又向下服，故谓之牝服。"镶钥也称牝牡，《汉书·五行志》："长安章城门，门牡自亡。"《月令注》："键牡闭牝也。"《正义》曰："凡镶器入者谓之牡，受者谓之牝。"棺盖亦可称牝牡，《丧大记》："君盖用漆。"《正义》曰："用漆者，涂合牝牡之中也。"瓦亦称牝牡，《广韵》："瓯，牝瓦。"牝牡含义的扩大，犹之乎雌雄并不如《说文》所说的"鸟母鸟父"意义的狭小一样，不但走兽可称雌雄，如雄狐、雄犬，雄兔雌兔；即介虫之类、人、虹、金、石、符契、箭、剑等物凡以对偶相配者都可称雌雄。又如公母二词为称人之语，现在却可施用于禽兽草木等物了。

又如甲文〮〮字或象川流壅塞之状，或象洪水泛滥之形。《说文》："〮〮，害也，从一雝川。"是古人以水为害也。后又以火为灾，故又有灾、烖、灾、災等字，《说文》："天火，曰烖。"《春秋》宣十六年曰："夏，成周宣榭灾。"《左传》灾作火而释之曰："凡火，人火曰火，天火曰灾。"又襄九年曰："春，宋灾。"《公羊传》灾作火而释之曰："曷为或言灾？或言火？大者曰灾，小者曰火。"《春秋》言灾者凡十馀见，如御廪灾、西宫灾、新宫灾、桓宫僖宫灾、蒲社灾、雉门及两观灾、宋灾、陈灾（《公》《穀》作"火"），宋卫陈郑灾等灾字皆指火言。而三《传》中则凡水旱厉疫虫螽妖乱无不称为灾矣，后来灾的含义就扩大而为一切的灾患祸难的通称了。

极狭意义的语词，如果不加扩大，恐怕它所发生的时代一过，就有被消灭淘汰的危险。例如《说文》说：

> 豕生三月叫豵，一岁叫豝，二岁叫豝，三岁叫豜。牝豕叫豝，牡豕叫豭。
>
> 马一岁叫马，二岁叫驹，三岁叫駣，八岁叫駜，马高六尺为骄，七尺为騋，八尺为龙。牡马为骘，牝马为骒。
>
> 二岁牛叫牛犙，三岁牛叫㸬，四岁牛叫牭。犊为牛子。

这些繁琐细密的区别，大概是古代畜牧社会的遗习，后来离畜牧生活日远，这些区别也就没有什么用处了，所以差不多都被淘汰，只剩下一个驹字代一岁至二三岁的小马，一个犊字代二岁三岁四岁的小牛，现在连驹犊也不大常说了，只说小马小牛就得。阴阳性的分别也失掉了专词，只说"公猪，母猪。公马，母马。公牛，母牛。"这种在类名上加个区别词的办法，已经成为普通的公式，如《尔雅》所说的"藿、山韭，苍、山葱，蒚、山蒜"。今则专名废而山韭、山蒜等名通行了，凡是专为一事一物所命的专名，大都如此，这可以说是语言的进步。

（3）变坏式

如臭字，《诗》云："上天之载，无声无臭。"《论语》云："色恶臭恶不食。"《礼记·月令》云："其味酸，其臭膻。""其味苦，其臭焦。""其味甘，其臭香。""其味辛，其臭腥。"以上都是臭和味、色、声三者对举，是臭为气臭之义，所以《效特牲》说："至敬不飨味，而贵气臭也。"又说："周人尚臭，灌用鬯臭；郁合鬯，臭阴达于渊泉……萧合黍稷，臭阳达于墙屋。"按《说文》："臭，禽走臭而知其迹者犬也。从犬从自。"自，古鼻字，犬鼻的嗅觉最灵，渔猎时代赖犬以追逐禽兽，故从犬自会意，大概许君以为是动词，臭即鼻部之齅字，《论语》三嗅而作之嗅字的初文。闻味曰臭，因而所闻之对象（气味）亦谓之臭，《易·系辞》"其臭如兰"虞《注》，《荀子·王霸》"鼻欲綦臭"杨《注》皆云："臭，气也。"《书·盘庚正义》曰："臭是气之别名，古者香气秽气皆名为臭。"臭既是气之总名，有时可指香馨之气，有时可指腐臭之气，但食物气味以馨香为常，故或训臭为香：《诗》："胡臭亶时。"郑《笺》："以臭为香。"《孟子》："鼻之于臭也。"赵《注》亦云："臭，香也。"郭氏注《方言》更云："苦而为快者，犹以臭为香，乱为治，徂为存，此训义之反覆用之是也。"此说实未达语言演变之理，徒以表面而论，谓之反训，不如《荀子·正名注》所说的"气之应鼻者为臭，故香亦谓之臭"为佳。至于《书·盘庚》的"若乘舟，女弗济，臭厥载"、"无起秽以自臭"，《庄子·知北游》的"所恶者为臭腐"，臭都是败味的意思。后来臭字专指腐臭，而香不与焉，故《说文》又有殠字，解为腐气。

又如逆字古有迎拒二义，《春秋》之"逆女"，迎女也，《尔雅·释言》："逆，迎也。"《说文》："逆，遇也。"遇虽相逢，实亦相触，犹之乎现在说相逢为碰，顶撞亦为碰也，碰即逢之转语。《齐策》："故专兵一志以逆秦。"高诱《注》："逆，拒也。"《左传》云："去顺效逆，所以速祸也。"《榖梁传》云："朔入逆则顺矣。"皆顺逆对言。《孟子》之"逆天者亡"、"其待我以横逆"、"水逆行"等逆字皆为犯忤之义，惟"以意逆志是为得之"之逆仍有逢迎之意。郝懿行《尔雅义疏》曰："逆对顺言，故有拒意；逆以迎言，故有逢遇之意；诂训有相反而相同者，此类是也。"故《释诂》云："遘、逢，遇也。"又云："遘、逢，遇，遻也。"又云："遘、逢、遇，遻，见也。"可见遇见与触遻二义相反而实相同也。潘衍桐之《尔雅正郭》不明此理，遂诬责郭《注》为非云："郭《注》分为相遘遇、相触遻、相值见三谊，其实遘遇、值见与触遻谊不相属；且遘逢遇见是期会，又何至于触遻也？……又《释言》：逪，瘏也，郭《注》相干瘏，干瘏即触遻，与此条遻字异谊，郭《注》似不得混而为一。"潘氏谓遻又作迕，当读为晤。案二说都各得全部之一面，彼此皆是亦皆非，逆为迎又为忤，犹"牾"为逆而晤为遇，迕为遇而忤为逆，迓为迎而枒为逆。兹列表如下：

例		古义	今义	分化字
逆	迎义		（无）	遻
	拒义		拒义	遻、愕
逪	遇义			晤、悟、窹
	逆义			牾、抵牾、枝梧、龃龉
午	交互义		交互义	迕
	相违义		（无）	迕、忤，杵、抵忤，低赾
牙	交互义		交互义	迓、讶
	相违义		（无）	权枒、迎枒、（权桠）

又如在《论语》《檀弓》两书著作的时代，尔汝两字同为上称下及同辈至亲相称之代词，到战国的时候，则尔汝同为亲狎或轻贱的称呼，《孟子》全书中无汝字，尔字也少用，对弟子都称"子"而不曰尔汝，《论

语》则孔子称弟子为尔汝，弟子称孔子为"子"，故《孟子》曰："人能充无受尔汝之实，无所往而不为义也。"可见当时的人都以尔汝为不敬之词了。今京话你字为贱称，您字为尊称，您盖为你们的合音，以多数之对称代名词作单数之称时，都是表示礼貌和敬意，西欧习俗也如此。

又如氓字，《诗》云："氓之蚩蚩"《传》："氓，民也。"氓、民一声之转，氓之义同于民而音有轻重，故就民字之旁加注亡声以别之，所谓"建类一首，同意相受"是也，于六书为转注。《孟子》："君之于氓也。"又："皆悦而愿为之氓。"氓皆百姓之意。本无贵贱之别。后流民谓之流氓，氓因流而遂有恶义，故《周礼·遂人》"凡治野以下剂，致甿以田里，安氓以乐昏，扰甿以土宜……"郑注："变民言甿。"甿即氓之或体。或谓氓从亡从民，流亡之民也；其说虽嫌傅会，但正可表示氓义之转变，今则指无赖为流氓，其实无赖一词的古义也并不像现在程度之深恶。

（4）变好式

变好的例子比较变坏的不大多见。例如士字，《诗·国风》多以士与女对言，《雅》《颂》中的周士、殷士、多士、卿士，以及《书》中的卿士、众士、庶士、多士等的士不过是王的臣仆军士而已。士者事也，古事、吏、使为一字。春秋战国以后，学术解放，随着儒家的兴起，产生了一种异于古代"士大夫"和"军士"的"士"的阶级。虽然《论语》曾说："行己有耻，使于四方，不辱君命，可谓士矣。"但这只是士之上者，其次不过能够孝弟，言信行果而已。观季康子之馈药，孟子之"传食于诸侯"，齐宣王"欲中国而授孟子室，养弟子以万锺，使诸大夫国人皆有所矜式"。可知当时有一种非农非工非商非官的士，进而干禄，退而讲学，不治生产而专待诸侯之养己，所以《论语》云："仕而优则学，学而优则仕。"《国学·齐语》所谓"士农工商"的士指军士，后来所谓居四民之首的士则为文人；现在军队中虽仍存上士下士之名，事实上士的含义已为文士所独占了。

又如臣字，甲文于目文不别，望、监、见、卧等字中之目文皆同臣形，只略分横竖耳。古人造字，于动物头首之象征，目最重要，所以首页等字都以目文为主，有时仅以一目文而代面代首。臣之初谊，本是俘虏的意思，《礼记·少仪》："臣则左之。"《注》："臣谓囚俘。"盖当时数俘以首计,犹后来数猪羊以头计一样,今俗语还说"数目""项目","目"就是头的意思,故以首为臣,即以目为臣,一臣犹一头也。卜辞每言"乎多臣伐某方",大概是利用俘虏为奴仆而服劳役;《周礼·大宰》:"八曰臣妾。"《注》:"臣妾,男女贫贱之称。"《费誓》:"马牛其风,臣妾逋逃,……窃马牛,诱臣妾,汝则有常刑。"郑《注》:"臣妾,厮役之属也。"故臣用为动词则为屈服之意,《说文》以臣字象屈服之形者盖由于此。后来随着制度的变迁,臣字的意义也就变好了,于是就说臣为君之股肱耳目,事君不贰谓之臣,臣是在万人之上,居一人之下的人了,"妾"字亦然。

又如牧字本是养饲牛羊的人之意,《诗》云:"尔牧来思,何蓑何笠,或负其糇。"又云:"牧人乃梦。"牧民亦如牧畜,故《周礼注》云:"牧,州长也。"这犹之乎古法语的 Marescal(马夫)变为后来的 Marshal(司令),梵文的牧童(Go-Pa 牛护)后来变为保护者一样。

(5)变强式

例如干字,《诗》云:"干禄岂弟。"《传》:"干,求也。"干之训求,盖由音借,干与匄、给、丐、气、祈、借、假……等音近。《小尔雅》训干为得,得又因求而生义。干又为犯,宣十二年《公羊传》:"以干天祸。"何《注》、《晋语》"则上下不干",韦《注》及文四年《左传》"其敢干大典以自取戾",杜《注》云:"干,犯也。"郝氏《尔雅义疏》云:"犯与求,其义相反而相近。"其实干之为犯,只是求义的加强程度,强求则为干也,故今曰干涉,又奸字即干之分别文,《汉书·孔光及黄霸传注》并云:"奸,求也。"宣十二年《左传》:"事不奸矣。"昭十二年《左传》:"是再奸也。"杜《注》并云:"奸,犯也。"奸犯之最大者为奸淫,故《说文》云:"奸,犯淫也。"都是从干求义加强其程度而言者。

又如无赖一词,本非极恶之名,《史记·高祖纪》云:"未央宫成,高祖大朝诸侯群臣,置酒未央前殿,高祖奉玉卮,起为太上皇寿,曰:'始大人常以臣无赖,不能治产业,不如仲力;今某之业所就,孰与仲多?'"《集解》晋灼曰:"赖,利也,无利入于家业。或曰江湖之间谓小儿多诈狡猾为无赖。"又《吴王濞传》:"吴所诱皆无赖子弟,亡命铸钱奸人,故相率以反。"又《张释之传》:"文帝曰:吏不当著是邪?尉无赖!"张晏曰:

"才无可恃。"可见"无赖"原不过是无才无用的意思。至扬雄《方言》则云獠獠："江湘之间或谓之无赖，或谓之獠。"晋灼所说或曰云云，当即此意。今无赖则为流氓地痞之称矣。

（6）变弱式

例如"走"字，《诗》云："来朝走马。"《玉篇》引作趣马。《说文》："走，趋也。"又云趋走也，趣疾也。"趣""趋"就是"走"的转注字，犹骤从聚（聚从取声）声，驺用为骤（《曲礼》："车驱而驺。"），又用为趋（《荀子·正论》："驺中韶护以养耳。"）：虽然《礼记·玉藻》上说："父命呼，唯而不诺……走而不趋。"好像走比趋还快一些，可是走趋都是快跑的意思，故常常"奔走"连言。奔走亦作"奔奏"（《诗·大雅·绵》），奏者进也，凑辏皆奏之分别文。《释名》："走，奏也，促有所奏至也。"今走字的含义，程度上已削弱好些了。

又如取字原为夺获的意思，《说文》："取，捕取也。从又耳，《周礼》获者取左耳；《司马法》曰：载献聝；聝者耳也。"《尔雅》："探篡俘，取也。"李巡《注》云："伐执之曰取。"故《春秋》隐十曰："宋人、蔡人、卫人伐载；郑伯伐取之。"庄九曰："齐人取子纠杀之。"哀九曰："宋皇瑗师师取郑师于雍丘。"可见取地取人都可以说是取，不仅限于取物也。娶即取之分别文，古止作取，原始婚姻盖为掠夺而来。后来说取多用于取物，取人亦只限于婚嫁，词义词面都失去了古来强暴野蛮的色味了。取之义盖原于拘，拘、及、逮一声之转，及字甲文象以手捕人之状，即今之逮字也。扱训取，汲训取水，皆及之分别文，故有连云"取扱"者。

以上六种语义演变的方式，都是比较常见的例子，其馀的方式还可以仔细区分出好些种：如闻字、听字本为耳闻耳听，今国语谓鼻嗅亦曰闻，涞县一带方言谓鼻嗅则曰听（广西南部也如此）；犹淡白和厚薄本为视觉和触觉的称谓，现在说味觉方面的滋味也用淡白厚薄等词了。这叫作感觉互换式。又如《释草》说孟（似茅）亦名狼尾，葧亦名鼠尾；犹今云狗尾草，鸡冠花一样。这叫作形状相似式。又如《释亲》云父之姊妹为姑，今妇谓夫姊妹亦曰大姑小姑；妻之姊妹同出为姨，故今有大姨小姨及姨太太之称，因而呼母之姊妹亦曰姨；犹媳妇本为子息之妇的意思，是公婆称说的口吻，现在北方通谓自己的妻子曰"我的媳妇儿"，他人亦指曰"新媳妇儿""小媳妇儿"，而公婆呼时则不得不再添"儿"字区别曰"儿媳妇儿"。这叫作因此及彼式。又如《方言》十说；"颜，额也。"《说文》又云："颜，眉目之间。"《鄘风》："子之清扬，扬且之颜也。"毛《传》："扬，眉上广；扬且之颜，广扬而颜角丰满。"但是《郑风》又云："颜如舜华。"《秦风》也说："颜如渥丹。"《小雅》亦曰："颜之厚矣！""颜"则指颜色颜面而言了。"身"本重偋纯孕之意，殷、隐、盈、溢、重、纯、敦、沈、珍等音俱有大重之义，金文"身"字象人侧面形而特大其腹部，故《诗·大雅》云："大任有身，生此文王。"《说文》亦以反身为𣎃（殷与孕音近），迨后则以身为躯体之总称，而身孕字别作偋。此犹肚本胃之别名（《广雅·释亲》），今谓腹为肚子，胃则曰肚儿。这叫作以偏概全式。又如巅本人顶，亦为山顶的名称（字别作巅）；天本人巅，又为最高在上之称。这叫作地位相似式。又如亡本无没之意而又为遗忘之名；盱本目大而又为惊忧之词，瞿本鹰隼之视而又为惊懼之语（懼即瞿之分别文）；这叫作身心动作相易式。又如椅之由于倚，柴（烧柴祭天）之由于柴，箠之由于捶，掖之由于腋，被之由于腋，导之由于道，畏、威、巍、伟、魁、愧、诡、怪……之由于鬼；这叫作虚实相因式。凡此种种，都极普通，举一反三，不暇多占篇幅了。

　　这里要注意的，就是研究词义的演变，不要忘了社会的背景，例如"君"子"小人"之变狭，"灾"字之变广，"氓"字之变坏，"臣"字之变好，"无赖"之变强，"取"字之变弱，都是极显明的例。社会进化之外，还有一个重要的原因，就是人类思想渐趋于细密而有条理，所以除了语义的分化（也是扩大）之外，凡是含义含混的词，都为之区分判别，使它们不再淆乱，如"臭"之为"香"又为"腐"，"逆"之为"迎"又为"拒"等皆是。广义的说起来，新词的增加及旧词的消灭，也可以说是一种演变，增的原因不外新事物的产生或输入，或外来语的翻译，减的原因当然是旧观念的灭亡了。即使旧事物虽亡而名仍存，或名存而事物的实质已变的，后人对于那旧名的观念也和古人不同了。因此，虽然我们可以根据古代的语文来研究古代的社会，但是要了解古代的语文也必得设身处地的去想才行。

第三节　字义的种类

所谓字义是以每个字为单位，就其字形及用法上分析其所表之义。字文的种类大抵可分为三部：

（1）本义，凡文字都有本义，就是最初写这个字时候所表示的意义；六书中的象形、指事、会意三者是形符文字，形声和转注二者是半音符文字，从形象及声音上可以知道它们的本义。

（2）引申义，因了语言孳分和修辞的关系，每个字义在文句中所表的意常是由本义引申，或由于类似，或由于意近，也就是语义范围扩张。引申之后虽与原本大同小异，但仍不能离开本义的，所以引申义可由本义及文法修辞上看得出来。

（3）借义，当纪载语言时，如果没有适当的文字形式（本字）或有而仓卒忘记用它来表示语言，常常用一个同音的字来代替。所表之义与本义全无关涉，只是依声托事而已，在六书里叫做假借，是一种纯音符的文字，因此借义可由声音（当时的）和文法上研究出来。前一种是字形孤立时所表之意，后二种则是字与字音相联时的意义（语义）。

旧来都以为《尔雅》、《方言》一类客观的训诂是专言引申假借的书，《说文》是专言字形本义的书；不过一字之本义明而引申假借之义亦无不明，凡与本义相应者谓之引申，否则必为假借，故段《注》谓许书说其义（本义）而转注假借明矣，他说：

> 说其义而转注假借明者，就一字为注，合数字则为转注，异字同义为转注，异义同字则为假借；故就本形以说义而本义定，本义既定而他义之为借形可知也。

这种说法也就是后来"《说文》、《尔雅》相为表里论"的滥觞，都源于戴东原的以互训为转注之说。清人之过尊《说文》，以及郝氏疏《尔雅》之先求本字，都是以《说文》为本义、《尔雅》为转注假借义的潮流中之产物。因此朱骏声作《说文通训定声》一书，"于每字本训外，列转注假借二事，各以□表识，补许所未备"（《凡例》中语）。其自叙"通训"之故说：

> 数字或同一训，而一字必无数训；其一字而数训者，有所以通之也。通其所可通，则为转注；通其所不通，则为假借。如网为田渔之器，转而为车网、为蛛网，此通以形；又转而为文网，此通以意。防为堤防之称，转而为邨坊、为埄坊，此通以形；又转而为功防，此通以意。不得谓之本训，不可谓非本字也。

> 至如角羽以配官商，唐虞不沿顼誉，用斯文为标识而意无可求；草木非言样斗，登乘乃作盈升，随厥声以成文而事有他属；一则借其形而非有其意，一则借其声而别有其形也。若夫麦为来而苑为宛，冢为长而虫为彤；污为浣而徂为存，康为苛而苦为快，以为假借则正，以为转注则纡。……此《通德》、《释名》似转注而实多假借，《方言》、《广雅》半假借而时有转注也。"夫叔重万字，发明本训，而转注假借则难言；《尔雅》一经，诠释全《诗》，而转注假借亦终晦。欲显厥恉，贵有专书，述通训。"

他反对戴、段二君以互训说转注，以及《尔雅》皆转注的主张，谓转注即"就本字本训而因以展转引申为他训者"，他说：

> 窃以转注者即一字而推广其意，非合数字而雷同其训。……余故曰：转注者，体不改造，引意相受，令长是也。假借者，本无其意，依声托字，朋来是也。凡一意之贯注，因其可通而通之为转注；一声之近似，非其所有而有之为假借。就本字本训而因以展转引申为他训者曰转注；无展转引申而别有本字本训可指名者曰假借。依形作字，睹其体而申其义者转注也，连缀成文，读其音而知其意者假借也。假借不易声而役异形之字，可以悟古人之音语；转注不易字而有无形之字，可以省后世之俗书。段借数字供一字之用而必有本字，转注一字具数字之用而不烦造字。转者旋也，如发轫之后，愈转而愈远；转者还也，如轨辙之一，虽转而同归。试即以考譬之；

胡考之休为本训，老也；考槃在涧为转注，成也；弗鼓弗考为假借，叚也，叚者考字之训也。又试以令譬之，自公令之为本训，命也；秦郎中令为转注，官也；令闻令望为假借，善也，善者灵字之训，实良字之训也。

这不但反对戴、段，而且攻击许君，臆改《说文序》了。上面所以不惮烦赘的引了一大段的原故，就是因为他说转注的话，恰好说明了引申义的实质。下面且举其"童""僮"二字之训以示例：

童：男有罪曰奴，奴曰童，女曰妾。从辛、重省声。…

《周礼·司隶》："其奴男子入于罪隶，女子入于春槁。"《广雅·释诂》一："童，使也。"《易·旅》："得童仆贞。"《仪礼·既夕礼记》"童子执帚"，《注》："隶子弟若内竖寺人之属。"《汉书·货殖传》"童手指千"，《注》："奴婢也。"

假借为僮，《易·蒙卦》"匪我求童蒙"，郑《注》："稚也，未冠之称。"《礼记·内则》"成童舞象"，《注》，"十五以上。"《穀梁·昭十九传》"羁贯成童"，《注》："八岁以上。"又《释名·释长幼》："女子之未笄者称童。"《礼记·曲礼》"自称于其君曰小童"，《注》："若云未成人也。"

又《左·僖九传》："凡在丧，王曰小童。"按不忍离父母之词。

又《贾子·道术》："巫貌窕察谓之慧，反慧为童。"《郑语》"而近顽童穷固"，《注》："童昏固陋也。"《太玄·错》："童无知。"《晋语》："胥童亦曰胥之昧。"

又《释名·释长幼》："山无草木曰童。"《庄子·徐无鬼》："童土之地。"《荀子·王制》："山不童而百姓有余材也。"

又《释名·释长幼》："羊之无角者曰童。"《诗·抑》："彼童而角。"《易·大畜》"童牛之告"，虞《注》："无角之牛也。"字亦作犝。

又《后汉·南匈奴传》"童子刀"《注》："谓小刀也。"

又为同，《列子·黄帝》："状不必童而知童。"

又叠韵连语，《小尔雅·广服》："襜褕谓之童容。"《方言》作"襌襦"。《诗·谷风笺》："帷裳，童容也。"按《周礼》巾车皆有容，短言之曰容，长言之曰童容。

又重言形况字，《广雅·释训》："童童，盛也。"《释名·释兵》："幢，童也，其貌童童然也。"《蜀志·先主传》："有桑树童童如小车盖。"

又托名幖识字，《水经·淇水注》："千童县，《史记》（《建元以来王子侯者年表》）曰故重也，一作千钟。"

僮：未冠也，从人童声。按十九以下八岁以上也。字亦作僮，经传多以童为之。《广雅·释言》："僮，稚也。"《鲁语》"使僮子备官而未之闻邪"，《注》："僮蒙不达也。"《张公神碑》："骖白鹿兮从仙僮。"《严诉碑》："人僮偛偛。"

转注《广雅·释诂》三："童，痴也。"《释训》："僮，昏疾也。"《晋语》"僮昏不可使谋"，《注》："无知也。"字亦作瞳，《庄子·知北游》："汝瞳焉如新生之犊。"李《注》："未有知貌。"

又《埤苍》："瞳，目珠子也。"按人对面则矖精中各映小人形，故呼眸子为僮子，《汉书·项籍传赞》："舜目重童子。"以童为之。

假借为童，《汉书贾谊传》："今人民卖僮者。"《注》："谓隶妾也。"《司马相如传》"卓王孙僮客八百人"，《注》："谓奴也。"

又重言形况字，《诗·采蘩》"被之僮僮"，《传》："竦敬也。"

在这两字的通训里，朱氏以引申为转注的错误是如何也不能自圆其说的，虽然他以为是不易之言。他还有一点错误的地方，就是所谓本义本字，仍受《说文》说解的拘束，打不破字形的障碍，通不了语文的隔阂。固然本义以字形为主，但亦不可如《说文》之强为分别而必使一字一义，如僮本童之后起分别字，原系一语之分化。朱氏虽谓《说文》"童""僮"字义互倒，仍是相隔之说。兹就童之语根说明其引申分化如下：

童（d'ung: tuk 秃。童秃同类字，音义俱近。）

（1）秃义——《释名》："山无草木曰童。"《荀子·王制》"山不童而百姓有馀财也"《注》《管子·侈靡》"山不童而用瞻"《注》皆曰："山无

草木曰童。"《庄子·徐无鬼》"童土之地"《释文》："童土、地无草
木也。"

（2）无角义——《易·大畜》"童牛之告"虞《注》："童牛，无角之
牛也。"（《释文》："童，广苍作犝。"）《诗·抑》"彼童而角"《传》："童，
羊之无角者也。"又《宾之初筵》"俾出童羖"《传》："羖，羊不童也。"
（《广韵》䍩，无角羊。亦作犝。）《释名》："牛羊之无角者曰童。"

（3）童子义——《礼记·檀弓》"与其邻童汪踦往"《注》："童，未
冠者之称。"又《玉藻》"童子之节也"《注》《仪礼·丧服记》"童子唯当
室缌"《注》、《论语》"童子六七人"皇《疏》并同上。《说文》："僮，
未冠也。"《礼记·杂记》"称阳童某甫"《注》："童，未成人之称也。"又
《少仪》"童子曰听事"《注》《孟子》"有童子以黍肉饷"《注》并同上。
《礼记·内则》"成童舞象"《注》："成童，十五以上。"《释名》："十五
曰童。"又云："女子之未笄者称童。"（按今北方俗语有名小儿为"小秃"
者，盖取童秃无发之意。）

以上三义都源于秃，山无草木，牛羊无角，幼无毛发，所指的对象虽不相
同，但其为髡秃之状则一。都可以说是本字本义，不可强分先后也。

（4）僮仆义——《说文》："童，男有罪曰奴，奴曰童，女曰妾。从
亍、重省声。"《仪礼·既夕礼记》"童子执帚"《注》："童子，隶子弟，
若内竖寺人之属。"又《礼记·檀弓》："童子隅坐而执烛。"《广雅》：
"童，使也。"汉以后多作僮，《史记·货殖传》"僮手指千"《集解》：
"僮，奴婢也。"《汉书·司马相如传》"卓王孙僮客八百人"《注》："僮谓
奴。"《贾谊传》"今民卖僮者"《注》引如淳曰："僮谓隶妾也。"《卫青传
注》："僮者婢妾之总称。"

（5）愚昧义——《太玄·错》："童无知。"《郑语》"而近顽童穷固"
《注》："顽童，童昏固陋也。"《晋语》"僮昏不可使谋"《注》："童，无
知。"《鲁语》"使僮子备官而未之闻邪"《注》："僮，僮蒙不达也。"
（《易·蒙》"童蒙"《释文》："童，字书作僮。"）《广雅》："僮，痴也。"
又："僮，稚也。"《白虎通·嫁娶》："夫人自称曰小童者，谦也，言己智
能寡少如童蒙也。"《贾子·道术》："反慧为童。"《庄子·知北游》："汝
瞳焉如新生之犊。"《释文》引《李注》："瞳，未有知貌。"

（6）瞳子义——《汉书·项籍传赞》"舜目重童子"，《注》："童子，目之眸子。"（《史记·项羽本纪》作"瞳"。）

以上三义又都从童子义引申而来，"僮""瞳"皆为童之分别字，盖始于秦汉以后。

至如《小尔雅·广服》的"童容"（《方言》作"襱裕"），《广雅·释训》的"童童，盛也"，《诗·采繁》的"僮僮"，则纯为依声托事的假借义了。

这样一来，对于一个字的意义之种类，就可了如指掌。《经籍纂诂》一书所列字义杂乱无序，《通训》虽取以为资而欲通转乎一字数训之间，但亦未能称善，此所以有重新改编《通训》之必要也。

字义的引申和字形的分别，字义的假借和本字的后起都有密切的关系。有字义引申而字形不加分别者，如"考"之为"老"，引申为成，字仍作"考"，不增偏旁；有字义引申为数义而字形因之各加偏旁以分别者，如前举之童、僮、瞳，及、扱、汲等皆是。王筠《说文释例》谓之"分别文"（应称字）。例如：

> 句，曲也。笱、曲竹捕鱼笱也。钩，曲也。拘，止也。雊，雉鸣而雊其颈。朐，脯挺也（《曲礼注》："屈中曰朐。"）。痀，曲脊也。跔，天寒足句也。翑，羽曲也。剁，镰也（字亦作钩）。耇，老人背伛偻考老也。约，纑绳约也（读若纠）。軥，轭下曲者。劬劳，犹考老、伛偻、痀瘘、人劳则背曲。
>
> 丩，相纠缭也。茻，草之相纠者。纠，绳三合也。枓，木下句曰枓（或作樛，犹纠为缪也）。觓，角貌（或作觩）。疛，腹中急也（即今俗所谓绞肠痧。绞亦缪纠之意）。虯，虯龙即蛟龙，虯蟠犹纠盘。收，捕拘也。

这一类的字简直多得不可胜计，旧来或叫作形声兼会意，或叫作形声字声中有义，或叫作"右文说"，都是指这种孳乳分化的现象而言。由此看来，对于《说文》所说的本义，不能不有些修正了；换言之，语词的本义并不是一定都像本字的本义那样狭小。最明显的是文字学上所谓"借象"一类的字，例如"大、凶、初、閒"等字，意极抽象，造字者无形可画，又无声可谐，于是借了人的正形，地的陷形，以刀裁衣之意，门闭而见月光之情来表示大、凶、初、閒等抽象的意思，形虽专狭，而立义原并不即如此狭小也。陈澧在《东塾读书记》里说得很好："《尔雅》：初、哉、首、基、邢《疏》云：初者，《说文》云从衣从刀，裁衣之始也……此皆造字之本意也。及乎《诗》《书》雅记所载之言，则不必尽取此理，但事之初始俱得言焉。澧谓近人之说多与邢氏同，以《说文》为本义，《尔雅》为引申义，其实不尽然也，造初字者无形可画，无声可谐，故以从衣从刀会意耳。……"又说："一字有数义，古人取易见之义以造字形，许君即据字形以说字义。此有两例：其一，字形即本义，许君说本义又说字形，如止，下基也，象草木出有址；永，长也，象水巠理之长是也。其一，字形非本义，许君但说字形，不说本义，如侯，春飨所射侯也，从人从厂，像张布矢在其下是也。……"由此可知《说文》所说之本义不尽为语词之本义，而《尔雅》所载之义亦不尽借义也。又借字和后起本字的字形也常有关联，如遮姑之为鷓鴣，次且之作趑趄；讣告古止作赴，瞳子原本为童；此种增改偏旁的目的虽有形声化及分别字之不同，但说解文字者则一律以后起字形为本字，而以遮、姑、次、且、赴、童等为假借，这都是不明白文字形体演变史的错误。因为后起本字往往是就原来假借增改偏旁的缘故，所以笺注中就有"破字解经"的方法。

字义的分化（引申）和假借，常与声调（四声）有关，旧来把以四声分别字义的方法叫做"读破"。从记载上看来，这种办法本是汉语中的一个自然现象，例如现在说"丸散"（名词上声）和"分散"（动词去声），"教育"（教去声）和"教书"（教阴平），"数目"（去）和"数钱"（上），"度量"（去）和"量米"（阳平）等语，两字的声调和词性都不相同。古代经传中有同声为训的方法，里面有的是同字的，如《易经》的"蒙者蒙也"，"比者比也"，"象也者象也"（下的象字后改作像），《孟子》的"彻者彻也"，《公羊传》的"世室犹世室也，世世不毁也"。《公羊》为口说流行以后之书，当时两个世字在声调上一定有分别，否则不便于"耳治"；故《公羊》说"春秋伐者为客，伐者为主"，何休《注》曰："伐人者为客，读伐长言之，齐人语也；见伐者为主，读伐短言之，齐人语也。"（顾炎武《音论》云长言则今之平上去声，短言则今之入声也。钱大昕《养新录》云长言若今读平声，短言若今读入声。）这样看来，古人口头上以声调分别字义的方法大概是有的，不过不很显著而重要，以致失于记载罢了。后来字的声调不同就被训诂家利用为纸上分别字义的方法，大概由于人类喜欢辨别的心理，于是推波助澜，漫无限制，一个字有几种意义便索性把它念成几种语音，尤以魏晋经师为甚。如王肃的《周易音》、葛洪的《字苑》、徐邈的《尚书音》《毛诗音》等皆其著者；梁顾野王的《玉篇》、唐陆德明的《经典释文》，以及《广韵》、《正字通》诸书都广加采录；集为专书的则有宋贾昌朝的《群经音变》，元刘鉴的《经史动静字音》（《切韵指南》中），明吕维祺《音韵日月灯》中的《音辨》。唐张守节《史记正义》书首又有《发字例》云："古书字少，假借盖多，字或数音，观义点发，皆依平上去入，若发平声，每从寅起。又一字三四音者，同声异唤，一处共发，恐难辨别，故略举四十二字。如字初音者，皆为正字，不须点发。"依张氏所言，自隋唐训以来的一般文人学士，早已就发明了四声点发的目治方法。但是这般文人的区别只是胜利于纸上，而在大众的口中却是失败的，即实际上的语音并不与之完全相合也。所以颜之推《家训》说：

> 江南学士读《左传》口相传述，自为凡例，军自败曰败，打破人军曰败（补败反），诸记传未见补败反，徐仙民读《左传》唯一处有此音，又不言自败败人之别，此为穿凿耳。

又说：

> 夫物体自有精粗，精粗谓之好恶；人心有所去取，去取调之好恶（上呼号、下乌故反）；此音见于葛洪、徐邈，而河北学士读《尚书》云：好（呼号反）生恶（于谷反）杀，是为一论物体，一就人情，殊不通矣。

贾昌朝的《音辨序》里虽然认为字音清浊阳阴为"信禀自然，非所强别"，但也承认当时有"世或笑其儒者迂疏，强为差别"的反对论调。到清代古韵之学崛兴而日趋明朗，渐知声音有古今之别，于是反对群起。首先发难的是顾炎武，《音论》大声疾呼"先儒两声各义之说不尽然"，他从古书押韵上来加以证明"爱恶"之"恶"古读入声而不读去声。后来钱大昕在《养新录》里又推阐顾氏之说，从《释文》的兼存两读上证明好恶两读的无别（卷五一"字两读"条）。又引魏华父观亭记跋语："而参诸《易》《诗》以后，东汉以前，则凡有韵之语，亦与孙炎、沈约以后必限以四声，拘以音切，亦不可同日语。"《潜研堂集答问》中又许魏华父之非难为先觉，谓以动静区为两音之不合于古。卢文弨《钟山札记》也以为"字义不随音区别"；段玉裁《说文注》于"数"字下说："今人谓在物者去声，在人者上声，昔人不尽然。又引申之义，分析之音甚多，大约速与密二义可包之。"又"舍"字下云："古音不分上去。""丧"字下说："凡丧失字本皆平声，俗读去声，以别死丧平声，非古也。"王夫之《说文广义》说："一字发为数音，其源起于训诂之师，欲学者辨同字异指，为体为用之别；古人用字义自博通，初无差异。"俞曲园《古书疑义举例》说："以女妻人即谓之女，以食饲人即谓之食。古人用字类然；经师口授，恐其疑误，异其音读以示区别。于是何休注《公羊》有长言短言之分，高诱注《淮南》有缓言急言之别；《诗》'兴雨祁祁，雨我公田。'《释文》曰：'兴雨如字，雨我于付反；……苟知古人有实字活用之例，则皆可以不必矣。'"大概清儒反对的理由有两方面：一自其义言，一字数义往往相因相通，义既无异，音也就不必专为动静体用而分别了；一自古人声调言，古声不同于今声，四声乃起于沈约，焉可以今律古。所以段氏《六书音均表》谓古有平上入而无去，顾炎武云平仄通押，去入通押是知一而不知二之论（"古四声说"条）。又说："字义不随字音为分别，音转入于他部，其义同也；音变析为他韵，其义同也；平转为仄声，上入转为去声，其义同也。今韵例多为分别，如……十一暮之恶为厌恶，十九铎之恶为丑恶者，皆拘牵琐碎，未可以语古音古义。"（"古音义"说条）。现在对这两派的主张加以考察一下，未免各有所蔽，四声虽属后人所定，但声调为表义方法之一种，在古汉语里也不能完全抹杀，古人语言的声调无论是四个或多或少于四个，然而他们总是有的，魏晋经师不过是滥用罢了。其实这也是不必要的，文人学士之所以在纸面上分别四声者，其目的在于叫人明了不同的意义，却不知道社会上的平民早已发明了另一种便宜的方法——把单音词变为复音词来达到这种目的了。

由于字义的引申和假借，便演成"一字多义"的现象，普通对于这个问题往往有两种误解：第一，误以一字同时具有数种意义，例如"来"字，（1）麦也，《诗·思文》："贻我来牟。""来"本象麦之形，后因借为来往义，本义又别作秣。（2）至也，归也，还也，反也；挨近为来，因而招来亦曰来，《吕览》"不侵不足以来士矣"，《注》"来犹致也"，又为将来；《论语》："来者犹可追。"都是和"往"字"去"字相对的意思。字又别作"徕""逨"。（3）来孙，《尔雅·释亲》："曾孙之子为玄孙，玄孙之子为来孙。"曾之言层也、增也，玄，悬也，来，累也（郝懿行云"来之言离也"），都是远末递进之义。（4）劳来，劳为劬劳，因而慰劳犒劳其劳亦叫作劳，《诗·大东》"职劳不来"，《传》："来，勤也。"《孟子》引放勋曰"劳之来之"，劳来同义。字别作勑。犒劳多行赏，故来又为赐贻，《仪礼·少牢馈食礼》"来女孝孙"《注》："来读曰厘。"《特牲馈食礼》"来女孝孙"，《释文》："来，赐也。"皆用《诗》"厘尔女士"及"徂赉孝孙"之意。字别作赉。（5）动词前加词，《诗》云："万福来求"、"蛮荆来威"、"来假来享"、"反予来赫"，句法与"百禄是遒"、"以假以享"等相类，和"以、遹、聿、曰、越、云、言、于、爰、由、攸、载"等字为同族，都用在动词前表加重肯定之意（详见拙著《三百篇于字及其语族之研究》）。（6）语末助词，《庄子·人间世》："子其有以语我来？"又："尝以语我来？"《大宗师》："嗟来！桑户乎！"《孟子》："盍归乎来？"来盖哉之假，《史记·夏纪》"来始滑"，古文《尚书》作"在治忽"。今语犹有以来字作问句语助的，如"这是何苦来？""所为何来？""你叫我更靠谁来？"又用以表示完成时，如"你去作什么来？""我去上课来（来着）。"来字虽有以上六种意义，但这都是因为时代地域的变异渐渐积累而成的，"来"被借为往来义的时候，本义已渐渐消失，另用"麦"或"秣"去替代了；而劳来义及动词前加词只用于《诗》《书》时代，句末语助仅见于楚地方言，现在所遗存的不过是来往、将来、来孙、语助等四种了。换言之，已死的意义和现存的意义不是同列的，新义产生后旧义大多就被消灭了。第二个错误观念，就是误认一字的几种意义都同样重要。严格说起来，在同时同地的区限里，一个字只能有一个较为通行而主要的意义。例如上举"来"字的意义虽多，但据古今的记载看来，只有来往义占优势，本义反湮没无闻，而借义也只是某时的暂且现象。就是将来的来，招徕的来，也都是从来往义引申而成的。

　　和一字多义相反的现象，就是"一义多字"，《尔雅》便是集辑同义字的字书。如"初、哉、首、基、肇、祖、元、胎、俶、落、权舆，始也"。所谓"始也"，并不是说这十一个词（十二字）都只作始讲，只是说在某一种语境下某字才有始的意思，须知语义是临时的，唯一的，词和字的本身在孤立时并没有生命，等它到句子里才有生命。无论那一个字一到在句子里，它的意义就具有临时性，和别的时候的意义不一定完全相同；又具有唯一性，和别的词义也绝不至相混。换言之，它们表面好像相同而实不同，仅仅是在千百种用途中有一两种用法略较相似罢了，在下列"初"、"始"二字的用法比较上可见一斑。《诗经》"初""始"二字兼用，如"旭日始旦"、"其香始升"、"民之初生"、"我生之初"等句"初"、"始"尚可互换，但若在"居岐之阳，实始剪商"、"亟其乘屋，其始播百谷"、"自今以始，岁其有"等句就不能相易了，所以《礼记·礼运》云："夫礼之初，始诸饮食。"二字连见一处而义各不同。即使二字在某一种语境里意义全同，其间也必有时地的差别，《马氏文通》云："《史记》之用始字，与《左氏》之用初字，《汉书》之用前字同，可见诸书皆各有字例也。"至于首、基、肇、祖等字，与"始"字用法相去更远了。《尔雅》是客观的训诂，依据传注而成，传注的顺释虽是以今解古，但也仅是比拟取喻，说明二者相近相类，或在某句中可以相同，《春秋》隐五年"初献六羽"，三《传》俱以初为始，这只是说在此句中"初""始"相同，并未说它们一切用法都相同。

　　过去治雅学的人，对于同义的字常好说："某与某一声之转。"陈澧《东塾读书记》说："《尔雅》训诂，其字多双声，郝兰皋《义疏》云：'凡同声、声近、声转之字，其义多存乎声。'澧谓此但言双声，即足以明之矣。……如'大也'一条内，弘、宏、洪三字双声，介、嘏、假、京、景、简六字双声，溥、丕二字双声，讦、怙二字双声，咴、废二字双声，弈、宇、淫三字双声；……又'大也'一条内，廓字以郭为声，古音读如郭，则与介、嘏诸字双声，坟字今轻唇音，古读重唇音，则与畈双声。……凡同在一条内而双声者，本同一意，意之所发而声随之，故其出音同，惟音之末不同耳。音末不同者，盖以时有不同，地有不同故也。其音之出则仍不改，故成双声也。"直到黄侃的治《尔雅》，还是这种老办法，例如《释诂》："肃、齐、遄、速、亟、屡、数、迅，疾也。""逮、骏、肃、亟、遄、速也。"黄氏说："肃、齐、速、数、迅、疾、逮、骏，双声相转；肃、速、屡、数、遄、迅、骏、齐、疾，叠韵相转；肃、速，声同同训；速、数，同字并见。"现在看来，这种说法是不大科学精确的，根据各方面的材料去拟测这些字上古音的音值，并不见得完全是双声或叠韵，大概声母、主要元音、韵尾三部分都有关系，或相同或同部。所以说这些字同义的原因，不全是音转的关系，每一个字都有它的特别语境和各种不同的意义，因为引申和假借的结果，许多用法中偶然有某一点相同罢了。固然声近义通、语根语族，以及重文或体，正字假借，累增字分别字等等的现象是我们不能否认的，可是讲字义一方面贵在"通"，一方面又贵在"别"，不可混淆而泥于一端。

本章参考书举要：

(1)《原始中国语试探》，潘尊行。(《北京大学国学季刊》第一卷第三号。)

(2)《毛诗双声叠韵说》，王筠。(《鄂宰四种》本。)

(3)《中国文法复词中偏义例》，刘盼遂。(《文字音韵学论丛》，人文书店版。)

(4)《古有复辅音说》，林语堂。(《语言学论丛》，开明书店版。)

(5)《语言缘起说》，章炳麟。(《国故论衡》，见前。)

(6)《十驾斋养新录》卷五"双声叠韵"条谓古人名多取双声叠韵，草木虫鱼之名多双声，钱大昕。(潜研堂本，《经解》本，杭州局本。)

(7)《文心雕龙札记·章句第三十四》，黄侃。(文化学社版。)

(8)《诗三百篇言字解》，胡适。(《文存》一集，亚东图书馆版。)

(9)《诸家区分词类的依据》，齐佩瑢。(北大文学院《国文文法讲义》第九节。)

(10)《古书之句读》，杨树达。(文化学社版。)

（11）《日知录》卷三十二"鳏寡"条，"雌雄牝牡"条，顾炎武。（原刻本，广州重刻本，武昌局本，扫叶山房刻本，坊刻小字本，《小方壶斋丛书》本。）

（12）《说文通训定声》，朱骏声。（原刻本，同治九年江宁局补版本，泾县洪氏刻本，光绪间上海坊间石印本。）

（13）《说文假借义证》，朱珔。（泾县朱氏家刻本，民十五中国书店影印本。）

（14）《国语问题之历史的研究》，"语言文字之纷歧"第（2）项"四声分别字义系人为的而非天然的"，沈兼士。（《北大国学季刊》第一卷第一号 p. 73-78.）

（15）《中国语文概论》第二章《语音》、第四章《辞汇》，王力。（商务《国学小丛书》本。）

第三章　训诂的施用方术

第一节　音训（上）

以语言释语言之方式有三：

一曰宛述（义界），即就一事一物之外形内容，性质功用等诸方面而用语句说明其意义者。如《诗》毛《传》："草行曰跋，水行曰涉。"《尔雅》："谷不熟为饥，蔬不熟为馑，果不熟为荒。"《说文》："吏，治人者也。"等例是也。

二曰翻译（互训），即以古今雅俗南北之语，同义之词，相当之事，相译相训者。如《尔雅》："初、哉、首、基、肇、祖、元、胎……始也。"毛《传》："匹，配也。""配，媲也。"《说文》："元，始也。""丕，大也。""薆，荟也，楚谓之荟。""荟，薆也。"方言："党、晓、哲，知也。楚谓之党，或曰晓；齐宋之间谓之哲。"这里面有的可以互训，有的不可，盖以今通古，以易解难，以常见释罕见，以已知推未知，乃训诂之通例，否则，也就无需乎训释了。

三曰求原（推原求根），即从声音上推求语词音义的来原而阐明其命名之所以然者。如《说文》："天，颠也。""日，实也。"《释名》："天，显也。""天，坦也。"等例是也。

以上三种方式，都不外乎就音或义两方来立说，下面分音训及义训两项述之，形训不与焉。有人说训诂有文字的训诂，文章的训诂；不知文字在文章中始有生命，孤立时即失去生命也；普通认为孤立的一字一词为某义某义者，也只是就其在文章中之义言之耳，故《尔雅》为五经之辅翼，雅学乃经学之附庸，推而至于《苍颉》《急就》，也都是择录其文义之常行者耳，是训诂离文句而即不能成立者也。至解说形体，求其造字之本，虽与训诂有关，然终非训释古语，应属于文字学的范围。现在先说音训（或名声训，如以音为包括声、韵之总名，则当称音训。）

音训为训诂之枢纽，语义的表示端赖乎音。文章为语言的符号，语言不能无变化，则文章不能无训诂。语言的变化约有二端：（一）由母语孳乳而生出分化语（语根及语族）；（二）因时间和空间的变动而发生转语。二者多依双声叠韵或同类声韵为其变化的轨迹，此所以训诂之重声音也。音训之例约有三种：

（1）同字为训——《易·序卦》："蒙者蒙也，物之稚也。""比者比也。""剥者剥也。"《孟子》："彻者彻也。"《礼记·郊特牲》："夫也者夫也；夫也者，以知帅人者也。"又《哀公问》："大昏既至，冕而亲迎，亲之也；亲之也者，亲之也。"又《郊特牲》："婿亲御授绥，亲之也；亲之也者，亲之也。敬而亲之，先王之所以得天下也。"此以同字为训者也。

（2）同音为训——《易·象传》："咸，感也。""夬，决也。""兑，说也。"《论语》："政者，正也。"《礼记·哀公问》："政者正也，君为正，则百姓从正矣。"《孟子》："征之为言正也，各欲正己也，焉用战。"《荀子》："君，群也。"此以形声字与所从之声母相训者也。又《易·象传》："需，须也。""晋，进也。""离，丽也。"此泛以同音字为训者也。

（3）音近为训——《易·说卦》："乾，健也；坤，顺也。"《中庸》："仁者人也，义者宜也。"《孟子》："庠者养也，校者教也。"此以双声叠韵或声近韵近之音近字为训者也。

同字为训者，盖由于声调之异以及词性之不同，如"蒙"为"童蒙"，名词，若为"愚蒙"，则成形容词，犹"童"为"童子"而引申为无知之义一样。蒙为童蒙而原蒙昧，故曰"蒙者蒙也"。至其声调，虽不能确知，然由何休注《公羊》之例推之，必有分别，否则不便于耳治。他如比并之与亲比，亲自之与亲爱，彻赋之与彻取，都释者与被释者有名动静状的词性分别。虽然，这种方法总是有背于以已知释未知的训诂原则，所以仅行于口耳相传的说经时代，后来一到笔下就渐渐废弃了，因目治不便也。其他两法，汉代训诂者则屡加扩充应用，班固《白虎通》之解释礼制之名几乎全用此法，刘师培说它穷一字之义之例有三，其中之以他字释本字者，非系声同，即系声近，如子者孳也，男者任也之类便是（见刘氏《中国文学教科书》）。许慎作《说文解字》，虽然是专门说解字形的构造，但九千文中形声居其大半，故许君不徒对于音符字是从声求义，即形符易符之文也多用音训的方法，盖不仅在明字原，且兼以明音原也。例如：

（1）天，颠也。日，实也。月，阙也。礼，履也。祺，吉也。祼，灌祭也。祈，求福也。……等类，音近为训之例也。

（2）帝，谛也。古，故也。羊，祥也。王，天下所归往也。又祰，告祭也。祫，大合祭先祖亲疏远近也。政，正也。娶，取妇也。又柴，烧柴焚燎以祭天神。禘，谛，祭也。帐，张也。殆，枯也。……等类，同音为训之例也。

清邓廷桢曾集为《说文双声叠韵谱》一书，由此亦足见其应用音训方法之广密。甚至许君于字形之不得其解者，也往往望形生音，望音生义，如于"丨"下云："上下通也，引而上行读若囟，引而下行读若退。"此就义而定音也。又如丕训大而为从一不声，帝训谛而为从上束声，旁从方声而形虽阙如，然亦可知其训溥也，此皆就音生义者也。至刘熙作《释名》，始集音训之大成，清顾广圻为之作《略例》曰：

《释名》之例可知也，其例有二焉：曰本字，曰易字是也。虽然，犹有十焉：曰本字，曰叠本字，曰本字而易字，曰易字，曰叠易字，曰再易字，曰转易字，曰省易字，曰省叠易字，曰易双字。本字者何也？则冬曰上天，其气上腾与地绝也，以上释上，如此之属一也。叠本字者何也？则春曰苍天，阳气始发色苍苍也。以苍苍释苍，如此之属二也。本字而易字者何也？则宿宿也，星各止宿其处，以止宿之宿释星宿之宿，如此之属三也。易字者何也？则天显也，在上高显也，以显释天，如此之属四也。叠易字者何也？则云犹云云，众盛意也，以云云释云，如此之属五也。再易字者何也？则腹复也，富也，以复也富也再释腹，如此之属六也。转易字者何也？则兄荒也，荒大也，以荒释兄而以大转释荒，如此之属七也。省易字者何也？则绤似蝃虫之色绿而泽也，以蝃释绤而省蝃也之云，如此之属八也。省叠易字者何也？则夏曰昊天，其气布散呺呺也，以呺呺释昊而省犹呺呺之云，如此之属九也。易双字者何也？则摩娑犹末杀也，以末杀双字释摩娑双字，如此之属十也。

张金吾《言旧录》又引申其说，于本字易字外增一例曰"借字"，分借字之属为五：

> 一曰借字：青徐人谓长妇曰稦，禾苗先生者曰稦，取名于此也；借禾苗之稦释长妇之稦。二曰借本字，弦，月半弓之名也，其形一旁曲一旁直，若张弓施弦也；以半月似弦，借弦释弦。三曰借易字，珥，气在日两旁之名也，珥，耳也，言似人耳之两旁也；以旁气似耳，借耳释珥。四曰借双字，土赤曰鼠肝，似鼠肝色也；以土赤似鼠肝，即借鼠肝释之。五曰省借字，四达曰衢，齐鲁间谓四齿把为欋，欋把地则有四处，此道似之也；借欋释衢，而省衢欋也。
>
> （于易字下增一类）曰"易字兼本字"：七年曰悼，悼，逃也，知有廉耻，隐逃其情也，亦言是时而死，可伤悼也。以逃释悼，兼以伤悼释悼。
>
> （于省叠易字下增一类）曰"省再易字"：颊，夹也，两旁称也，亦取挟敛食物也。以夹释颊，再以挟释颊而省挟也。（合顾氏例共得三例十七类）

近人杨树达不满于顾氏之"全以字形为说"而"泥于迹象"之论，以为"《释名》乃以音为训之书，治之者宜于声音求其条贯"，于是作《新略例》一文，虽"要以声音为主"，然终"未能尽舍字形"也。其言略曰：

> 《释名》音训之大例有三：一曰同音，二曰双声，三曰叠韵。其

凡则有九：一曰以本字为训，如以宿释宿，以阙释阙，以苍苍释苍天，以孚甲释甲之类是也。二曰以同音字为训，如以县释玄，以颢释昊，以竟释景，以规释晷……之类是也。三曰以同音符之字为训，如以闵释旻，皆从文声；以燿释曜，皆从翟声；以扬释阳，皆从易声；以遇释偶，皆从禺声之类是也。四曰以音符之字为训，如以止释趾，趾从止声；以卻释脚，脚从卻声；以殿释臀，臀从殿声之类是也。五曰以本字之孳乳字为训，如以愾释氛，愾从氛声；以荫释阴，荫从阴声；以蒸释热，蒸从热声之类是也。此属于同音者也。六曰以双声为训，如以坦释天，以散释星，以氾与放释风，以化释火……之类是也。七曰以近纽双声字为训，如以健释乾，以昆释鲲，以踝释裸之类是也。八曰以旁纽双声字为训者，如以假释夏，以祝释孰，以承释媵之类是也。此属于双声者也。九曰以叠韵字为训，如以阙释月，以显训天之类是也。此属于叠韵者也。

按杨氏虽较顾氏略胜一筹，然皆拘牵于文字声韵，支离琐碎，而终未得《释名》"名之于实，各有义类"之旨。夫《释名》者乃语言学之书也，我们应当就语言见地来研究事物名称的起原，而不宜仅就字形及音训来斤斤争辩。旧略例与新略例皆可以前面所举的音训三例包括之。

前面已经说过，语言的变化不外两端：以义变为主而音或易或仍者为语原及其分化孳乳语；以音转为主义或易或仍者为因时地迁异所生之方言及古今语。因此，音训的目的也就有两个：（一）求语根及其孳乳分化语；（二）求方言及古今语之音转规律。

（一）求语根及其孳乳分化语

汉代训诂，虽尚音训，然专求语原而能自成体系之书，惟有《释名》。从来对于《释名》的批评，毁誉各半，毁谤者固无论矣，即赞誉者也多未认识它的真正价值。我曾作《释名音训举例及其在语言学上之贡献》一文（见三十年三月二十八日《南京中报·真知周刊》），兹摘录其有关者如下：

（甲）论事物命名之所因。

《释名·自序》："夫名之于实，各有义类，百姓日称而不知其所以然之意；故撰天地阴阳四时，邦国都鄙，车服丧纪，下及民庶应用之器，论叙指归，谓之《释名》。”按事物得名的由来，不外实、德、业三者，细分之约有八：

（1）形貌——《释山》：“土戴石曰崔嵬，因形（崔嵬）名之业。”又：“大阜曰陵，陵隆也，体隆高也。”又：“林，森也，森森然也。”又：“山多大石曰礐，礐学也，大石之形学学然也。”《释用器》：“齐人谓其柄曰橿，置然正直也。”又《释姿容》：“僵，正直畺然也。”《释兵》：“幢，童也，其貌童童然也。”又：“旛，幡也，其貌幡幡然也。”《释天》：“庚犹更也，更，坚强貌也。”

（2）颜色——《释水》：“海，晦也，主承秽浊，其色黑而晦也。”又《释采帛》：“黑，晦也，如晦冥时色也。”又《释书契》：“墨，晦也，言似物晦黑也。”又《释天》：“风而雨土曰霾，霾，晦也，言如物尘晦之色也。”又：“晦，月尽之名也，晦灰也，火死为灰，月光尽似之也。”

（3）声音——《释天》：“雷，硍也；如转物有所硍雷之声也。”又：“气，忾也，忾然有声而无形也。”《释姿容》：“嚏，疐也，声作疐而出也。”

（4）性质——《释形体》：“脓，醲也，汁醲厚也。”《释饮食》：“饵，而也，相黏而也。”又《释地》：“土黄而细密曰埴，埴，胑也，黏胒如脂之胑也。”《释山》：“石，格也，坚捍格也。”又《释天》：“扞，扞格也。”《释形体》：“肉，柔也。”又：“骨，滑也，骨坚而滑也。”

（5）成分——《释兵》：“以犀皮作之曰犀盾，以木作之曰木盾。”又《释饮食》：“血脂，以血作之。”《释车》：“金路玉路，以金玉饰车也，象路革路木路，各随所以为饰名之也。”

（6）作用——《释形体》：“腕，宛也，言可宛屈也。”又：“腋，绎也，言可张翕寻绎也。”又：“掌，言可以排掌也。”又：“肋，勒也，所以检勒五脏也。”又《释首饰》：“冠，贯也，所以贯韬发也。”又：“笄，系也，所以系冠使不坠也。”

（7）位置——《释形体》：“背，倍也，在后称也。”又：“胁，挟也，在两旁，臂所挟也。”又：“阴，荫也，言所在荫翳也。”又：“角者，生于额角也。”

（8）比喻——《释天》："氛，粉也，润气著草木，因寒凝冻，色若白粉之形也。"《释天》："山锐而高曰乔，形似桥也。"《释天》："珥，气在日两旁之名也；珥，耳也，言似人耳之在两旁也。"《释形体》："足后曰跟，在下方，著地一体任之，象木根也。"《释天》："害，割也，如割削物也。"（此兼括上数项而比方言之）

外此八项，又有因系外来品而得名者，如《释饮食》："韩羊、韩兔、韩鸡，本法出韩国所为也。犹酒言宜城醪，苍梧清之属也。"又："貊炙，全体炙之，各自以刀割，出于胡貊之为也。"又《释兵》："盾隆者曰滇盾，本出于蜀，蜀滇所持也。或曰羌盾，言出于羌也。"事物之得名有的并不限于一面，上列八例，同一事物或兼二者而有之，故有"亦因""亦言""又言""亦取""又取"之例。如《释形体》："踝，确也，居足两旁踝确然也；亦因其形踝踝然也。"又："颊，夹也，面旁称也；亦取挟敛食物也。"又："吻，免也，入之则碎，出则免也；又取抆也，漱唾所出，恒加抆拭，因以为名也。"《释天》："光，晃也，晃晃然也；亦言广也，所照广远也。"又："云犹云云，众盛意也；又言运也，运行也。"《释形体》"毛，貌也，冒也"、"腹，复也，富也"之类也当属此。

一件事物同时而有一个以上的名称的，其得名之由各有所受，故有"又曰"、"亦曰"、"或曰"、"又谓之"、"或谓之"之例。如《释形体》："自脐以下曰水腹，水沟所聚也；又曰少腹，少小也，比于脐以上为小也。"又《释书契》："传，转也，转移所在执以为信；亦曰过所，过所至关津以示之也。"《释形体》："脬，鞄也，鞄空虚之言也，主以虚承水汋也；或曰膀胱，言其体短而横广也。"又："咽，咽物也；或谓之嗌，在颐下缨理之中也；青徐谓之脰，物投其中受而下之也；又谓之嗌，气所流通厄要之处也。"他如《释首饰》："绡头，……齐人谓之帻，言敛发使上从也。"《释衣服》："荆州谓禅衣曰布襦。"《释宫室》："大屋曰庑，庑，怃也，怃，覆也；并冀人谓之庌，庌，正也，屋之正大者也。"等，"某地谓之某"之类，虽系方言，然非转语，亦当属此。

（乙）论语原和词品的关系。

事物之得名既不外实德业三者，故其释语原也，也不外以名动静状等词互释，《释姿容》、《释言语》两篇虽多为动静字，但既谓之"名"，则一律也以名词（抽象名词）视之。其例都与上面所举的得名之由相照应，如名与名相释者："氛，粉也。"此言比拟其形。以动释名者："腕，宛也。"此言其作用。以静释名者："背，倍也。""脓，酴（浓）也。""海，晦也。""陵，隆也。"等，此言其形色性位。以状释名者："雷，硠也。"此言其声音。在物在事为实为德为业，在语言则为名静动状诸词，故两方一定是相应的。

若以字形与词品之关系言之，有词异而字同者，有词异而字因之亦异者，其例约有三：

（1）词异而字同者，即同字为训之例。如："履、以足履之，因以名之也。""弟，弟也，相次弟而生也（今次弟字作第）。""阙，阙也。""观，观也。""易，易也。""示，示也。""约，约束之也。""炙，炙也。"……之类，皆字同而词异，盖有声调之别。文法学家谓之"词类活用"。

（2）词异而字亦异者，一即声母与其得声字相释，或同从一声之形声字相释之例，如："坐，挫也。""亲，襯也。""曾祖，从下推上祖位转增益也。""道，导也。""敬，警也。""发，拨也。""非，排也。""事，倳也。""委，萎也。"……等类；"掣，制也。""挟，夹也。""姻，因也。""悌，弟也。""谊，宜也。""智，知也。""铭，名也。""彊，畺也。""清，青也。""政，正也。"……等类；"载，戴也。""戴，载也。""捉，促也。""慢，漫也。""序，抒也。""抴，泄也。""纪，记也。""识，帜也。""功，攻也。""躁，燥也。""蕩，盪也。"……等类；皆词性有别。形声字的形旁，原系意符，表示事物性质的类别，故间或与词性相应。

（3）词异而字亦异者，再即声同声近字为训之例，如"地底、天显、胑枝、胁挟、背倍、负背、伏覆、顺循、威畏、断段、砚研，帷围、仓藏、户护……"等类，虽与前一例同，但字形全异。不过其中的或体重文也有声母互通者，如"帷"作"帏"，则与"围"同声母，"胑"作"肢"，则与"枝"同声母。由此可知求语原固在打破语言文字间的隔阂，我们自然不必斤斤于字形的辩说了。汉语词类本来没有声音上的变化（四声别词只是漫无规律的一种现象），同一音（字同或字异）也，可为名词也可作动词静词，所以表音的字形如果加以分别，反多一层障碍，难于记认，倒不如字形只是一个，等他用到语句里，词性的不同自然就从句中的位置上显现出来，用不着再从字形上去辨认的。可是事实上积重难返，那么，我们只有凭着语学的知识来沟通语文中间的隔阂了。

（丙）论同根名动诸词的先后问题。

章炳麟的《语言缘起说》："一实之名必与其德若，与其业相丽，故物名必有由起。虽然，太古草昧之世，其言语惟以表实，而德业之名为后起，故牛马名最先，事武之语乃由牛马孳乳以生；世稍文则德业之语早成，而后施名于实，故先有引语，始称引出万物者曰神，先有提语，始称提出万物者曰祇。"章氏根据《说文》所云牛事马武，引神提祇的语根解释，兹姑不必先指责其错误，现在所讨论的乃是名动诸词的前后相生的问题。若依"砚，研也。""仓，藏也。"等例看来，动词在先而名词在后；若依"负，背也。""断，段也。"等例看来，似乎又名先动后了。那么，《释名》的以段释断，以背释负，是否有背于语言孳乳的自然次第呢？不过我觉得这些地方不必强分先后，事实上也不能分别也。何以言之？例如负之得名由于其位置在背，而其主动者为背，好像名先动后丝毫不成问题；但是如果从字原上看来，"背"为"北"之分别字，北象二人相背或大人负小人之状，是背之得名反原于负倍也。盖古人造字，借形取象，意多笼统，而词性之别则至语句中才显现出来，况且汉语名动静状同音的很多呢。这犹之乎冒帽、见眼等例一样，"冒"字本象首上戴冕之状，名动之意都包括在内，后人以冒为动词，就又增巾旁作帽为名词了，故《释名》曰："帽，冒也。"或者有人反对说："冒为烘托象形字，下面附加目首者，乃是衬托上面帽形的作用，冒字原来应为名词才是。"但是试问帽之所以为帽者，还不是因为它功用是覆冒吗？名动在造字时不分的情形，在"见""眼"二字上更为明显，甲骨文字体反正不分，"艮"字原是"见"字的反文，亦即"眼"字的初形，古人只画一个眼的形状，名动就都在其内。又如"监"字原象一人张目伏身临盆照面的形状，你说这是指动作呢？还是指所以照面的物体呢？后来由"监"分化出来的"鑑""鉴""览""临"等字就有名动之别了（详见拙编《国文文法讲义》第十节《词类活用问题在语言学上及文字学上的观察》）。所以我们只能分别字形的先后而不能区别词类的早晚；只能说帽字在冒字之后，不能说由戴冒（动）引申而为冕帽（名），或说由冕帽引申而为戴帽，因为词性的分别是存在语句中的词位上的。这样看来，解释语原的目的既然是打破语文中间的隔阂，当然可以用同根的名动静状诸词互释而不必以字形为主强别其先后了。因为字形的构造极其分化，往往不能与语原及其孳乳完全密合无间，自宜各别观之。

（丁）论研究语原及其分化语之"通"与"专"。

语原是什么？沈氏兼士《右文说》第八节云：

"语言必有根，语根者，最初表示概念之音，为语言形式之基础。换言之，语根系构成语词之要素，语词系由语根渐次分化而成者。"语根既以音为基础，自不得不于其分化语之字音中归纳综合而求之。语词的分化，于音方面，或仍为单音节而有双声叠韵之变，或附加他音而成复音节；于形方面，或连书二字为一词，或就原字而增改其偏旁以为区别。其类例约有四：

（1）音不变者（字形即就一声母而增改其偏旁），如：

《释形体》："頸，徑也，徑挺而长也。"

又："脛，莖也，直而长似物莖也。"

《释水》："涇，徑也，言如道徑也，水直波曰涇。"

《释典艺》："經，徑也，常典也，如徑路无所不通可常用也。"

《释道》："徑，經也，人所經由也。"

頸、脛、莖、涇、經、徑等字皆从巠声而以形旁别其词性和义用，音同义近，并由"长常细直"的概念，是由一根而孳乳分化者。

（2）音不变者（字形以另一字表之），如：

《释山》："冢、腫也，言腫起也。"

《释疾病》："腫，鐘也，寒热气所鐘聚也。"（又《释形体》："踵，鍾也，鍾聚也，体之所鍾聚也。"）

又如：

《释床帐》："筵，衍也，舒而平之衍衍然也。"

《释言语》："演，延也，言蔓延而广也。"

《释姿容》："引，演也，使演广也。"（引之为演又为延，犹蜎之或作蚓，又作蜒。）

"腫、冢"、"筵、衍、演、引"的字形及词性虽完全不同，但语根则为一。

（3）音由双声叠韵转迤者（字形以另一字表之），如：

《释长幼》："兄，荒也，荒，大也，故青徐人谓兄为荒也。"（兄荒犹悦慌，一声之转。《诗》云"兄也永叹"，"职兄斯弘"，兄训兹，滋亦大也。）

《释言语》："（事，俷也；）俷，立也，凡所立之功也，故青徐人言立曰俷也。"（按俷立犹植之为立，甲文事、吏、使三字形同，事即职，帜、识等语之义。）

《释宫室》："库，舍也，物所在之舍也，故齐鲁谓库曰舍也。"

《释天》："火，化也，消化物也。亦言毁也，物入中皆毁坏也。"（按《方言》："煤，火也，楚转语也；犹齐言煋也。"《说文》火、煋、燬三字互训。可证火、毁一语之转音。）

《释言语》："祸，毁也，言毁灭也。"（按祸、毁犹火、毁音转之例。）

《释天》："天，豫司兖冀以舌腹言之，天，显也，在上高显也。青徐以舌头言之，天，坦也，坦然高而远也。"（风下云"风，氾也"、"风，放也"同，并一声之转。）

以上并以方音证明数语的根同而音小异，至于不言之例当亦多有此类。

（4）音由单音而变为复音者（先以单音释之，再以复音释此单音之训释字而别其义。）如：

《释天》："雾，冒也，气蒙乱覆冒也。"

《释形体》："髦，冒也，覆冒头颈也。"（此外如木冒、毛冒、帽冒、矛冒等皆覆冒义。）

《释天》："卯，冒也，载冒土而出也。"（载冒义）。

《释形体》："牟子，牟冒也，相裹冒也。"（此外如母冒等并为裹冒义。）

又如：

《释丘》："当途曰梧丘，梧，忤也，与人相当忤也。"

《释宫室》："梧，在梁上两头相触梧也。"

《释姿容》："寤，忤也，能与物相接忤也。"（按悟之为逆忤又为遇晓，犹逆之有迎拒二义，故由单音变为复音以别其义。）

外此如："序，次序也。""屏，自障屏也。""堂犹堂堂。""梁，彊梁也。""舍，于中舍息也。"等，并见《释宫室》，亦属单音变复音之例。

按语根的探求本为一种归纳的公式，系构拟的而非确知的，换言之，探求语根是以语言（音义）为主，而不以字形为主。但此种事业浩大，非暂时所能及；况训诂的目的虽为古代语言的研究，事实上多偏重实用而忽略理论；尤其现在古音系统尚未弄清，构拟语根（音）实属不易。所以直到现在为止，所谓音训者，只是以音同音近的同根语互相训释而已。明乎此，则在理论上语原的推求贵乎观其汇通，而在实用上分化的辨析则在别其精专也。"通"则不隔，可以打破文字形体的束缚；"专"则知用，可以明了文章义用的神微。不过"通"往往弄得动辄声转而无所不通，"专"往往闹的张口本字而拘于字形，这都是不能串通两方面的弊病，探源析流本是一回事呵。

严格的说起来，一个词同时在同一个语言方域里只能有一个本义——主要的意义，其馀的次要意义可以说是伸缩义或假借义，假如它同时同地包含着两个或以上的势均力敌的主要意义的时候，那么我们只好把它们当作两个词（两个同音词那样的）看待，虽然它们之间有相生的血缘关系；法国的语言学家 J. Vendryes：Le Langage，（有 Paul Radin 英译本）一书里把当作"羽毛"义的 Plume 和当作"笔"义的 Plume 认为两个词便是这种道理。这样看来，义变音变者固为分化挛乳语，即义变而音不变者亦属分化语也，旧日所谓"引申义"者便是，此所以一字可以为数词（文法上所谓"此类活用"的纠缠问题，实际上只是一字活用，而非一词活用，因既活用即为数词）。《释名》体例有事类之别，故一字而为数词者则分见于数类之中，如《释山》之冢为山顶，陵为大阜，而《释丧制》之冢陵则为坟墓丘垄之名；此虽音无差读，然义实不同。又如《释宫室》之"传"为传舍，《释典艺》之"传"为传记，《释书契》之"传"为传信；《释天》之"阴"为阴气，《释形体》之"阴"为阴部，《释车》之"阴"为遮阴；凡此诸例，盖有声调（四声）之异。说者或谓《释名》一书拘于体例，枝节为之而不能得语言流衍转化之妙，然自语言的词类言之，是亦不足为病也夫？

以上四点，都是研讨语原及分化者的当今急务，岂知于千五百年前成国已启发其端绪欤？虽然，《释名》之病弊也不必为之隐讳，《四库提要》讥其"中间颇伤穿凿"，盖不独成国为然，汉代训诂家都不能免，因音训之只是任取相同相近的一字之音，傅会说明一字之义，音同音近之字多矣，自然难免皮傅穿凿的流弊；此所以音训之法有待于"右文"及全盘归纳的佐证也。例如"君"字诸书音训便多不同：

(1)《荀子·王制》："君者善群也。"《韩诗外传》："君者群也。"《白虎通》："君，群也，群下之所归心也。"《春秋繁露》："君者不失其群者也。"（群从君声，《管子·大匡、问》两篇之"君臣"，王引之谓君借为群；故王氏以《尔雅》"林、烝，君也"之君读群。）

(2)《荀子·君道》："君者民之原也。"《春秋繁露》："君者元也、原也、权也。"（君、元、原犹頵为头大，愿亦为头大。）

(3)《说文》："君，尊也。"（《仪礼·丧服传》："君，至尊也。"）

(4)《春秋繁露》："君者温也。"（《说文》莙从君声而读若威，《左传》隐三"蕰藻"即莙藻。）

(5)《荀子·君道》："君者仪也。"（威仪犹委蛇，俱一声之转。）

(6)《贾子·大政下》："君之为言也考也。"

案君有威音，《说文》威下引汉《律》之威姑，即《尔雅·释亲》的君姑；《集韵》八未收窘字，巨畏切；犹军之为围，辉、晖从军声而音况韦切。又君有美义，与祎、徽（训美）等音近；《诗》云："颜如渥丹，其君也哉！"俞樾《平议》云君应训美；又"彼君子女"和"彼都人士"对文，都君皆美丽义，犹言"彼美孟姜"也，故"君子"为贵族的美称。这样看来，君之得名盖由于美盛伟大之意，与"皇侯"用为君王之称，由于美盛之义同例。诸家音训都嫌牵强。

清人训诂，上追两汉，然其以音韵为治小学的中心实超越前人百倍；其疏证小学诸书，如王氏之于《广雅》，郝氏之于《尔雅》，钱氏之于《方言》，都能因声求义，深得"声近义通"、"音义贯串"的妙恉。惟郝氏尚拘牵于本字本义，不若王氏之"则就古音以求古义，引申触类不限形体"之为善也。《广雅疏证》中屡言"某之言某也"。如："鼻之言自也"、"郎之言良也"、"祐之言硕大也"、"临之言隆也"、"封之言丰也"、"衮之言浑也"、"鮥之言奢也"、"薄之言傅也"、"养之言阳阳也"、"甬之言庸也"等，都是以声通其义，这一点可以说是王氏训诂的特色；实则不过是把《释诂》、《释言》中的动静诸词，和《释训》中的静状诸词，以及《释宫》、《释器》、天地、山水、草木、虫鱼、鸟兽等篇中的实体名词，两相对照，以精义古音贯串证发，明其源流分合而已。如：

《释器》："膊，脔也。"《释诂》："劙，断也。"王《疏》云："膊之言劙也，卷一云劙断也。"（按膊脔犹劙断、团圞也。）

《释器》："膊、腊、脩、　《释诂》："膊、肺，曝也。"
腒、脯、脯也。"　　　又："焟、濩，乾也。"

《释器》："糗，糒也。"　《释诂》："脩，
又："馈谓之餐。"　　　长（久）也。"
又："湑，滫也。"　　　又："茜、羞，熟也。"
　　　　　　　　　又："蹴、瘠、㧓，缩也。"
　　　　　　　　　又："戚、忸怩，惭也。"

王《疏》云："腊之言昔也，见卷二焟乾也下。""餐之言羞也，卷三云羞熟也。"（按此族语词并有收缩老久乾熟积渐畏惧拘束之意。糗犹脩也，今俗言干粮，糇糗音转。王云糗之言炒，非是。）

《释器》："潩谓之乳。"王《疏》云："案潩者重浊之意，故《广韵》云：潩，浊多也。卷三云襢蓐厚也，襢与潩，蓐与乳，声义并相近。"

他如"铍之言破"、"糠之言康（空）"、"柄之言秉"，诸如此类，不胜列举。可谓触类旁通，左右逢源者矣。

段氏注《说文》亦屡言"某之言某也"。如"岵之言瓠落也，屺之言芰滋也"，此以音训正《说文》说解之字讹也。"裸之言灌"，"斑之言挺然无所屈也"，此引旧说以补证之也。至于《尔雅》之注疏尚无如王氏其人者。王茂才《尔雅草木虫鱼鸟兽同名考》一文谓草木鸟兽异物同名者，并非偶然，大概"古人命名不嫌相假，或因其色同，或取其象类"，故"《释虫》果蠃（唐石经如此作）为细腰虫，《释草》枯楼之果蠃亦有长而锐者。……又《释草》茨蒺藜言其多刺不可近，故名蒺藜；而《释虫》蜘蛆之蒺藜今蜈蚣也，蜈蚣亦难近，非犹之蒺藜欤？又《释

草》莪萝蒿属也，其色多白，今《释虫》之蛾罗即蚕蛾，其色亦白矣。……"（《经义丛钞》十二）。近儒罗、王二氏亦有见于是，王国维引述罗振玉之言曰：

> 栖霞郝氏《尔雅义疏》于诂言训三篇，皆以声音通之，善矣！然草木虫鱼鸟兽诸篇以声为义者甚多，昔人于此似未能观其会通，君盍为部居条理之乎？又曰：文字有字原，有音原。字原之学由许氏《说文》以上溯诸殷周古文止矣，自是以上我辈不获见也；音原之学自汉魏以溯诸群经《尔雅》止矣，自是以上我辈尤不能知也。明乎此，则知文字之孰为本义，孰为引申假借之义，盖难言之。即以《尔雅》权舆二字言，《释诂》之权舆始也，《释草》之其萌虇蕍，《释虫》之蠩舆父守瓜，三实一名；又《释草》之权黄华，《释木》之权黄英，亦与此相关。故谓权舆为虇蕍之引申可也，谓虇蕍蠩舆用权舆以名之可也，谓此五者同出于一不可知之音原而皆非其本义，亦无不可也。要之欲得其本义，非综合后起诸义不可。而亦有可得有不可得，此事之无可如何者也。

罗氏虽无专书以尽此理，然此寥寥数言，也很够作我们探讨语根（音原）的圭臬了。王国维本之以作《尔雅草木虫鱼鸟兽释例》一书，其"雅俗古今之名，凡同类之异名、与异类之同名、往往于其音义相关"条下论列异类同名者之关系举证凡二十有四条，今略录一二如下：

（1）果嬴之实栝楼草、果嬴蒲卢虫

案果嬴果嬴者，圆而下垂之意，凡在树之果与在地之蓏，其实无不圆而垂者，故物之圆而下垂者皆以果蓏名之。栝楼即果嬴之转语。蜂之细腰者其腹亦下垂如果蓏，故谓之果嬴矣。

（2）莞苻离草、瘣木苻娄木、果嬴蒲卢虫、蚹嬴蜬蝓鱼

案苻离苻娄蒲卢蚹嬴，皆有魁瘣拥肿之意。又物之突出者其形常圆，故又有圆意莞之名苻离，以其首有台也；瘣木之名苻娄，以其无枝而臃肿也；蒲卢之腹与蚹嬴之壳亦皆有魁垒之意，故四者同名。《释诂》毗刘暴乐也，毗刘暴乐皆苻娄之音转，其义亦由是引申矣。

（3）葵芦萉草、蜚蠦蜰虫

案芦萉蠦蜰乃苻娄蒲卢之倒语，亦圆意也，芦萉根大而圆，蜚形亦椭圆如芦萉，故谓之蠦蜰。后世谓之负盘，亦以此矣。

（4）菟奚颗涷草、科斗活东鱼

案颗涷科斗活东，皆谓活动圆转，如宋时言筋斗，今言跟兜矣。

（按上列四例，都不出本书第四节中所举科斗疙瘩骨突块坌骨碌……之范围，盖王氏拘于《尔雅》一书，不能触类旁通，罗列尽致，读者可以参照上文。）

（5）权黄华草、权黄英木

其萌虇蓶草、蠦蜰父守瓜虫、权舆始也释诂

案权及权舆皆黄色之意。黄华黄英，《雅》有明文。虫之蠦蜰父，《注》以为瓜中黄甲小虫，是凡色黄者谓之权，长言之则为权舆矣。余疑权即虇之初字，《说文》虇黄黑色也，《广雅》虇黄也，今验草木之萌芽无不黄黑者，故蒹葭之萌谓之虇蓶；引申之则为凡草木之始，《逸周书·文酌解》"一幹胜权舆"，《大戴礼记·诰志篇》"百草权舆"是也；又引申为凡物之始，《诗·秦风》"不承权舆"，《逸周书·日月解》"日月权舆"是也。始之义行而黄之义废矣。

按上举数则，清人固已发其端，如王茂才之论草木虫鱼同名之故；孙星衍、钱大昕之驳陆佃《尔雅新义》析权舆为二（权，衡之始；舆，车之始。）之不当，又斥郭《注》以"其萌虇"为句而以蓶属下读之谬；王念孙《广雅·释草疏证》亦谓《说文》之"梦灌渝"即《释草》之"萌虇蓶"，亦即《释诂》之"权舆"。罗、王二氏又以音义通之于黄华、黄英及蠦蜰父守瓜之虫，可以说是实发前人所未发，较旧说进步多多矣。虽然，犹有剩义而未尽，故沈氏兼士《右文说》一文中又以右文证之，谓从虇声之字多有曲义，音义通于从关声（卷）之字；且萌即"句萌"、"句芒"、"区萌"、"萌区"，亦即"薣藘"、"菖荝"、"敷蓶"、"权舆"，更可明权有屈曲之义也。单音为权，复音即为权舆。沈氏又曰：

　　窃以为"权"之音素含有多角之意义：句曲，一也；始，二也；黄色，三也；昔人祇知其一，王氏国维乃得其二；至于权即句萌之义，诸家皆不得其解。王氏辄以黄为本义、黇为本字说之，可谓未达一间也。

观此可知明一词之义易，而通数词（同根之族语）之义难，求其共同之语根（音、义）尤难。

近来研究训诂的学者，首先标举"语根"以为研究之出发点，而能独成体系著为专书者，当推章炳麟的《文始》，他于作《文始》之前，曾在《语言缘起说》（《国故论衡》）里说：

> 语言不冯虚起，呼马而马，呼牛而牛，此必非恣意妄称也，诸言语皆有根，先征之有形之物则可睹矣。何以言雀？谓其音即足也，何以言鹊？谓其音错错也……此皆以音为表者也。何以言马？马者武也，何以言牛？牛者事也……此皆以德为表者。要之以音为表，惟鸟为众；以德为表者则万物大抵皆是；乃至天之言颠，地之言底……金之言禁，风之言汜，有形者大抵皆尔；以印度胜论之说仪之，实德业三各不相离：人云马云，是其实也；仁云武云，是其德也；金云火云，是其实也，禁云毁云，是其业也；一实之名必与其德若，与其业相丽，故物名必有由起（中略）
>
> 语言之初当先缘天官，然则表德之名最凤矣。然文字可见者，上世先有表实之名，以次扩充，而表德表业之名因之；后世先有表德表业之名，以次扩充，而表实之名因之；是故同一声类，其义往往相似，如阮元说从古声者有枯槁、苦窳、沽薄诸义，此已发其端矣。今复博征诸说：如立为字以为根，为者母猴也；猴喜模效人举止，故引申为作为，其字则变作伪；为之对转为蝯，讹之对转复为谖矣。如立禺字以为根。

由所举之例看来，章氏所谓"语根"，如以音为表之类，乃是物名的由来；如立为字以为根之类，乃是文字形体的孳乳之根而非语言之根，虽然"名原"和"字原"二者都和"音原（语根）"有莫大的关系，但是与上面我们所说的"语根"稍有些不同；况且文字的形体孳分和语言音义的孳分并不能完全相谐而密合无间呢。所以我们求语根，非和文字的形体隔离而不以字形为主不可。后来他的作《文始》，大概动机于此，不过方法上又有些变更。《文始叙》说：

> 独欲浚抒流别，相其阴阳，于是刺取《说文》独体，命以初文；其诸省变，及合体象形指事，与声具而形残，若同体复重者，谓之准初文；都五百十字，集为五百四十七条。讨其类物，比其声均；音义相雠，谓之变易即五帝三王之世改易殊体者；义自音衍，谓之孳乳；比而次之，得五六千名。

"略例甲"曰：

> 诸独体皆仓颉初文，……今叙文始，悉箸初文，两义或同，即从并合。其准初文或自初文孳乳，然以独立为多；若准初文无所孳乳，亦不可得所从受者，不悉箸也。

所谓"初文"及"准初文"者，仍是"立为字以为根"的一脉相传的老法，脱不开字形的束缚；即使"初文"与"语根"相应，这种"初文"也当求之于最古的文字形式，不宜死守《说文》部首及其说解。须知部首是许君分析字形构造单位的结果，据形系联的方法，虽皆有音有义，但大多都是许君及当时小学家的"望形生义，就义定音"。不惟经典不用，实际上也有许多不是代表语言的"字"，故许君亦有疑不能定者，如丨、丶、囗、八、丿、乚之类皆是。至如章氏之言"孳乳"，一以彼之《二十三部成均图》假定的学说为依从，表面看来好像是语言的，但实际上能合于古吗？

古音的系统既还未弄清晰，那么求语根及其分化语者，似乎只有从声母与形声字的自然分化上来着手，或者比较以成均图为准者尚为可信。沈氏《右文说》第八节"应用右文以探寻语根"目下云：

> 近世学者推寻中国文字之原，约得三说：一于《说文》中取若干

独体之文，定为初文，由是孳乳而成诸合体字，此章氏《文始》之说也。一于古文字中（包含卜辞金文）分析若干简单之行，如·一丨乂……等体，绅绎其各个体所表示之意象，而含有此等象形体之字，其义往往相近，是此等象形体即可目之为原始文字，余襄曾主张此说，近魏建功君更有进一步之研究。一即余所主张之文字画。然三者所论皆是字原而非语根。且前二说近于演绎法，其弊易流于傅会。余以为审形以考谊，似有若右文就各形声字之义归纳之以推测古代之字形（表）与语义（里）为较合理，此余所以推阐右文之故也。

或谓右文所据之对象，多为晚周以来之字，奚足以语古？余以为形声字固为后起之音符字，然研寻古代语言之源流，反较前期之意符字为重要，盖意符字为记载事迹之文字画之变形，直接固无与于语言也。且形声字之声母，泰半借意符之象形指事字为之，即欲研究意符字，则综合各形声字之音义以探溯其声母之所表象，不犹愈于但取独体文或剖析象形体而假定其孳乳字之为自然有系统乎？且右文所表示之古义，本非如清代古音学家据《诗三百篇》韵脚研究所得之结果，辄目为三代古音尽在于是者然。虽然，欲凭古文字以考古语言，则舍形声字外，实无从窥察古代文字语言形音义三者一贯之迹。故右之推阐，至少足以为研究周代以来语言源流变衍之一种有效方法。

观乎自来音训方法之偏重右文，以及右文本身所表示音义分化之现象，我们不能不说是右文与训诂学及语言学的关系大而且密。章氏在《文始·略例》里面表示因为形声字的声母有的是借音，只要音同便可代替，"夫同音之字非止一二，取义于彼见形于此者，往往而有，若农声之字多训厚大，然农无厚大义"。所以他反对"随流波荡"，"复衍右文之绪"，"深恐学者或有锢桎"，"而欲于形内牵之"。其实从农声之字既多厚大之义，则"农声"就是它们的"音原"，自不必一定拘牵形体，说"农字"没有厚大之义，农为乳声之借。须知语根重在"音"，它只是利用文字的音来归纳构拟成为一个较为近古的"音式"（义原包含在音原之内）而已。究竟是谁被形体所"锢桎"呢？况且"《文始》所说亦有专取本声者"，虽"无过十之一二"，亦足见右文之重要了。

　　上文说的发端始于宋代，如王圣美（《梦溪笔谈》十四引）以及王观国（《学林》五）、张世南（《游宦纪闻》九）、戴侗（《六书故》）等人皆曾道及，惟零金碎玉而不成条理，盖为偶然之发见，未尝为有意之研究也。明黄生《字诂》于"纷雾、鸳裓娝""疋骫埏疏梳"等条下所说，比较宋人已稍知归纳演绎而立为通则。至清儒小学大倡，始从而论及声音诂训相通之理，最著者如段氏《说文注》（几、于、犨、齰、真、溓……等字下），王氏的《广雅疏证》，郝氏的《尔雅义疏》，焦循的《易余籥录》，宋保的《谐声补逸》，陈诗廷的《读说文证疑》，黄承吉的《字义起于右旁之声说》（《梦陔堂文集》卷二）等都是。近人如刘师培的《字义起于字音说》（《左盦集》四），梁启超的《从发音上研究中国文字之起源》（《饮冰室文集》六十七）等都是。可惜自宋以来，直到民初，诸家所说，陈腐相因，只有材料多少详略的不同，而无方法之革新研究。换言之，即缺乏历史眼光，科学方法，以及对于语言文字深刻的认识也。沈氏研究语文之学久而且精，其学虽源于章氏，然方法眼光并有革新，颇能当仁不让，青出于蓝，曾作《右文说在训诂学上之沿革及其推阐》一文，揭载于中研院《史语研究所集刊》外编（《蔡先生六十五岁庆祝论文集》，民二十二），长约六万余言，共分九节：（一）引论；（二）声训与右文；（三）右文说之略史一；（四）右文说之略史二；（五）右文说之略史三；（六）诸家学说之批评与右文之一般公式；（七）应用右文以比较字义；（八）应用右文以探寻语根；（九）附录。文长不便征引，兹录其语根与形声字之关系如下：

　　（1）语根之分化语词，虽与形声有关，而不能即是一声，形声为演绎的，而推寻语根为归纳的。

　　（2）音符不尽为语根，即主谐字不皆为语根，被谐字不皆是为语词。

　　（3）同一主谐之音符，有在此形声字为语根而在彼形声字非语根者。

　　（4）本音符非语根，别有一与此音符同音之字为此语词之语根者。

　　（5）同一语根，有时用多数音符表之者。

　　（6）语根之与语词，有不取音符与形声字之关系，而别以音近字为之者。

　　诚能以上文为主，再辅以音韵学之知识，就古音以求古义，不拘泥于本字本义，纵横旁达，以求语文流衍之势，则语言文字之变虽多歧路，庶几亦可以没有亡羊之虑了。

上列六条可列如下表：

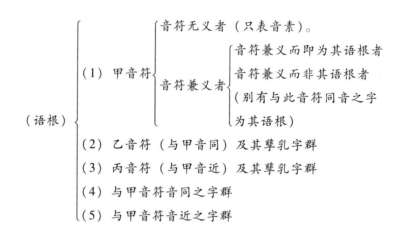

此外魏建功的《古音系研究》一书里，也曾论到"语根"（三○三页），和"语根转变考释"（一九五页），惜仅是提出问题而无具体的构拟方案。不过如他提出来的那个途径——"所谓语根，是音义源派同一的意思。我们可以由其义同而罗列许多音异的例子，在音异的中间又可以考其变迁关系和历史。例如旧称泥纽与各韵读成的音，包含第二身人称代名词，和指示、疑问、推拟的形容词或副词的语根，文字上往往相通，有许多例子可以考见音变的线索。"这虽是着眼在"音变"的研究，倒是值得探讨构拟语根的人的注意。

第二节　音训（下）

（二）求方言及古今语之音转规律

因时地纵横的变迁而生之"转语"，也可以视为"分化语"。凡音变义变或音变义同（包括四声别义），以及音同义变（引申义）者都是语根分化词，不过"转语"仅就其"音变"言之耳。《尔雅》一书以及汉人训诂，虽然都是"释古今之异言，通方俗之殊语"，如《释诂》："初、哉、始也。”初、哉、始并一声之转，犹初之为裁制，栽之为植俜。但皆随文释义，杂然混陈，使人知其然而不知所以然之故。《方言》亦语言的著作，卷一“皆古今语”下曰：“初别国不相往来之言也，今或同，而旧书雅记故俗语不失其方，后人不知，故为之作释也。”其书之组织在以“通语”证明“转语”，书里所收的语言约分五类：

（1）通语（通名、凡通语、凡语）——没有地域性的普通话。

（2）某地某地之间通语（四方之通语、四方异语而通者）——通行区域较广的方言。

（3）古今语（古雅之别语）——纵的方面语言生灭之际所残留的古今异语。

（4）某地语（某地某地之间语）——横的方面因地域不同而生的各地方言。

（5）转语（语之转、代语）——兼包纵横两方面而生之一词音变的转语。

转语有系乎时者，有因乎地者；或双声想转，或叠韵相迤。如卷一第一条云：“党、晓、哲，知也。楚谓之党，或曰晓，齐宋之间谓之哲。”知、哲、党三词古为双声，大概出于一根，党即今之懂也。晓似别出一源。此不过以通语“知”疏证方语“党、晓、哲”而已，其说明语言变衍的现象虽较《尔雅》为具体，然其材料及方法，似乎也很凌杂无次。此二书者固皆研究语根及其转语之材料，然终非自觉的有系统的说明音转规律之书也。至于《说文》，根本以文字为主而不以语言为主，然其说“考老”转注之类，实即转语之表现于造字者，前人论转注之义者多未能窥见此理。拙著《中国文字学概要》第二十六节说：“转谓声转，注谓注明，意符字之声有转变，则加他音符以注明之；老之声转为丂，便在老旁加注丂声以明之，即成考字。”盖语言有转语，而文字表示之法：一为转注，一为其他五书，如《尔雅》：“永、羕、引、延、融、骏，长也。”并语之转，其中惟永、羕为转注，永、融、延、引则否，羕字即就永字增羊声而成者。转注字之形首即原来意符字之形，故曰“建类一首”，转注字之义即原来意符字之义，音转而义不变，故曰“同意相受”。准是以求，如气氛、走趋、止歱、是韪、言语、音响、革鞹、隶隸、卜卦、盾瞂、羽翼翅翄翨翊翱翩……等，下一字并上一字之转注，全书约可得二百馀事。惜许君未明言某为某之转注字，仅以次字先后以见意，盖意符字多为部首，而音转义同形从之音符字即接次部首之下，或系偶然如此欤？而且许君重分别，联形体，所以有转注字见于他部或部中而说义不同者，如鼻为自之转注而别立一部，翼为羽之转注而定为翄之或体，翊为羽之转注而说为飞貌，都是显然错误的地方。章氏云方语有殊，名义为一，则为更制一字，此所谓转注也。这种转注因于转语的解释固较戴段的互训之说为优，然实是语言分化之现象而非造字的方法，所以说：六书中的转注字只是转语之一部分的表现于造字者，并非转语尽在转注之中也。

其后郭璞注《方言》，多言"声之转"，如卷一"大也"条"皆古今语也"下注："语声转耳。"卷二"猲也"条下注："（芶）音指挃，亦猲声之转也。"卷三"芶讹哗，化也"条中注："皆化声之转也。"等皆是。其注《尔雅》多引《方言》，故亦云"方俗语有轻重耳"（如硕犹陨也）"语之转耳"（如印犹姎也）。清戴震精于审音，悟声转之理系自然而成，以为《尔雅》《方言》《释名》以外犹阙一卷书，故作《转语》二十章以补其阙，序曰：

　　人口始喉下底唇末，按位以谱之，其为声之大限五，小限各四，于是互相参伍，而声之用备矣。参伍之法：台、余、予、阳，自称之词，在次三章；吾、卬、言、我，亦自称之词，在次十有五章；截四章为一类，类有四位，三与十五，数其位皆至三而得之，位同也。凡同位为正转，位同为变转。尔、女、而、戎、若，谓人之词，而、如、若、然，义又交通，并在次十有一章；《周语》"若能有济也"，《注》云"若，乃也"，《檀弓》"而曰然"，《注》云"而，乃也"，《鲁语》"吾末如之何"即"柰之何"，郑康成读"如"为"那"，曰乃曰柰曰那，在次七章，七与十有一，数其位亦至三而得之。若此类遽数之不能终其物，是以为书明之。凡同位则同声，同声则可以通乎其义；位同则声变而同，声变而同，则其义亦可以比之而通。更就方音言，吾郡歙邑读若摄失业切；唐张参《五经文字》、颜师古注《汉书·地理志》亦然，歙之正音读如翕，翕与歙，声之位同者也。用是听五方之音，及少儿学语未清者，其展转讹溷，必各如其位。

书已不传，或许是就未有成书；不过按照他的《声类表》也可以明其条例。近人曾广源有《释补》谓《声类表》即《转语》本书。惜昧于音理，说多隔膜。今不从。大概有如下表：

发音部位（同位） ＼ 发音方法（位同）	第一位	第二位	第三位	第四位
	塞爆塞擦	塞爆塞擦之送气	鼻声	通声擦声
	清正浊次	清正浊次	清正浊次	清正浊次
一类 喉牙	见 ○ （一章）	溪 群 （二章）	影 喻 （三章）	晓 厘 （四章）
二类 舌头	端 ○ （五章）	透 定 （六章）	○ 泥 （七章）	○ 来 （八章）
三类 舌上 正齿	知 照 ○ （九章）	彻 穿 澄 床 （十章）	○ 娘 日 （十一章）	审 禅 （十二章）
四类 齿头	精 （十三章）	清 从 （十四章）	○ 疑 （十五章）	心 邪 （十六章）
五类 轻 唇 重	邦 ○ （十七章）	滂 并 （十八章）	○ 微 明 （十九章）	非 敷 奉 （二十章）

例如台、余、予、阳在次三章（即喻母），吾、卬、言、我在次十五章（疑母）；尔、女、而、戎、若、如、然在次十一章（娘日），乃、奈、那在次七章（泥母）。这样发音部位同者为"同位"，发音方法同者为"位

同"；同位为"正转"，位同为"变转"；同位则同声，位同则声变而同；同声则可以通乎其义，声变而同则其义亦可比之而通。于是就可以"疑于义者以声求之，疑于声者以义求之"。虽然他的声母排列还有不妥之处，如第二位之浊与第一位也有同位的可能，何以只在第二位？第三位齿头音何以有浊疑？第四位唇齿非敷奉属此似以今音为主，何以第二位的浊不按今音分配？但是他的精神全在启发风气，实是用语音学的发音基础分别音素的部位而阐明音变条例的先导者，欲令学者准是以求语音之转的自然规律，声义变迁的法则及声义相通的道理。这是训诂学的事业，也是语言学的事业。他想以这个表来贯串《尔雅》《方言》《释名》的材料，以后王念孙的《雅诂杂纂》《释大》《雅诂表》诸书，都是这种精神及方法的发挥光大。王国维《高邮王怀祖先生训诂音韵书稿序录》云：

> 《雅诂杂纂》，一册。杂纂雅诂中同母同义之字而疏释之，以分母分类，存见母四十一条，匣母一条，精母一条。
>
> 《释大》七篇，二册。取字之有大义者，依所隶之字母汇而释之，并自为之注，存见溪群疑影喻晓七母，凡七篇，篇分上下。《雅诂表》，二十一册。取《尔雅》《方言》《广雅》《小尔雅》四书诂训，以建首字（即用以训释之字）为经，而以古韵二十一部分列所释之字以纬之，其建首字亦各分为二十一部，故共为二十一表（此外尚有《尔雅分韵》四册，《方言广雅小尔雅分韵》一册，皆《雅诂表》之长编）。

这样看来，上列三书前二种以声母为准，后一书则改韵部列字，此又于戴氏方法之外别辟蹊径者了。按王氏《广雅疏证》之作，已屡言"语转"，并且常常汇聚义异声同而声转相同的字例说明"事虽不同，而声之相转则同"之理，又常以义近声转相同的字例说明声义相通之理，至于仅泛言声转语转、方俗语有轻重侈弇者更是所在皆是。兹举数则以见例：

（甲）泛言声转者。

"或有也"下云："域、有一声之转，故《商颂·元鸟》篇'正域彼四方',毛《传》云:'域,有也。'"又"方抚有也"下云:"抚、方一声之转,方之言荒,抚之言帗也。《尔雅》'帗,有也',郭《注》引《诗》'遂帗大东',今本帗作荒,毛《传》云:'荒有也。'"(卷一,下同。)

"厉陈方也"下云:"厉亦廉(陈)也,语之转耳。"又"盈臆满也"下云:"盈、億亦语之转也。"

"郎君也"下云:"良与郎,声之侈弇耳,犹古者妇称夫曰良,而今谓之郎也。"又"超逴远也"下云:"逴亦超也,方俗语有轻重耳。"(其云"声近"者亦多声转之例。)

(乙)义相近者声转之理亦比之而同。

"大也"条下云:"善犹大也,故善谓之佳,亦谓之介;大谓之介,亦谓之佳,佳、介语之转耳。"又云:"封、坟语之转,故大谓之封,亦谓之坟;冢谓之坟,亦谓之封,冢亦大也。"又云:"大则无所不覆,无所不有,故大谓之帗,亦谓之奄;覆谓之奄,亦谓之帗;有谓之帗,亦谓之抚,亦谓之奄;矜怜谓之抚掩,义并相因也。"又云:"厚与大同义,故厚谓之敦,亦谓之厖;大谓之厖,亦谓之敦矣。""有也"条下云:"有与大义相近,故有谓之厖,亦谓之方,亦谓之荒,亦谓之帗,亦谓之虞;大谓之厖,亦谓之方,亦谓之荒,亦谓之帗,亦谓之抚,亦谓之吴,吴、虞古同声。""远也"条下云:"凡远与大同义,远谓之荒,犹大谓之荒也;远谓之遐,犹大谓之假也;远谓之迂,犹大谓之訏也。""张也"条下云:"凡张与大同义,张谓之帗,亦谓之扦;犹大谓之帗,亦谓之訏也;张谓之磔,犹大谓之祏也;张谓之彊;犹大谓之廓也。""弍也"下云:"案凡物之大者皆有独义……独谓之蜀,亦谓之介;大谓之介,亦谓之蜀,义相因也。""美也"条下云:"美从大与大同意,故大谓之将,亦谓之皇;美谓之皇,亦谓之将;美谓之賁,犹大谓之墳也;美谓之肤,犹大谓之甫也。"(卷一)

（丙）事虽不同而声转之理相同者。

"血也"条下云："蠛与盅，一声之转也。上文云'帟幭幞也'，帟
之转为幭，犹盅之转为蠛矣。""潃也"条下云："长谓之修，亦谓之
梢，亦谓之擢；臭汁谓之潃，亦谓之渻，亦谓之濯。事虽不同，而声
之相转则同也。"（卷八）

惜拘于体裁，只能随文解说，不能独立创为训诂学之系统，要是长编性质
的训诂材料而已；有识的学者大抵先借疏证古书之机会以搜集材料，材料
具备，而后综合之以成一有系统的学说，王氏《释大》之作，大概就是综
合《广雅疏证》的材料，说明训诂的原则及方法，惟不及待其完成，还有
需于后人之推阐也。兹取《释大》一节以为代表：

冈，山脊也，亢，人颈也，二者皆有大义。故山脊谓之冈，亦谓
之岭；人颈谓之领，亦谓之亢。彊谓之刚，大绳谓之纲，特牛谓之
牨。大贝谓之魟，大瓮谓之瓨，其义一也。冈、颈、劲声之转，故彊
谓之刚，亦谓之劲，领谓之颈，亦谓之亢；大索谓之绠。冈、绠互声
之转，故大绳谓之纲，亦谓之绠；道谓之埌，亦谓之晄。

王国维受了王氏遗稿的启发以及罗氏的怂恿，乃思为《尔雅声类》以观其
义之通，不过部分之法辄不得其衷，若以喉牙舌齿唇五音分之，则同音字
声义关系似不甚显；若以字母分之（或假定古音为若干母，或即用戴氏古
二十字母之说），则又破《尔雅》之义例，欲类之而反分之；结果悟此事
之不易，遂改变方法，作了一部《尔雅草木虫鱼鸟兽释例》。

王氏曾提出一个问题，就是声转由于声者多呢？还是由于韵者多呢？
王氏《释例序》曰：

近儒皆言古韵明而后诂训明，然古人假借转注多取双声；段王诸
儒自定古韵部目，然其言诂训也，亦往往舍其所谓韵而用双声，其以
叠韵说诂训者，往往扞格不得通。然则与其谓古韵明而后诂训明，毋

宁谓古双声明而后诂训明欤？

这话的确有大部分道理。郝氏疏《尔雅》，他在《又与王伯申学使书》（《晒书堂集》二）里自述其方法说："鄙意欲就古音古义中博其恉趣，要其会归，大抵不外同、近、通、转四科以相统系。"故《疏》中辄言"声同"、"声近"、"声转"。陈澧《读书记》曰："《尔雅》训诂同一条者，其字多双声。郝兰皋《义疏》云：凡同声声近声转之字，其义多存乎声。卷一释'大也'条。澧谓此但言双声即足以明之矣，有今音非双声而古音双声者，可以其字之谐声定之，又可以古无轻唇音及古音不分舌头舌上定之，郝氏所谓声近声转即指此也。"丁显的《丁氏声鉴序》云："双声之说，系乎经术，关乎史学，而兼识乎方言者也。解经而不知双声，则诸家之改异不明；读史而不知双声，则各书之歧疑不别；宦游而不知双声，则外省之方音不识；且博览群书而不知双声，则转注之义，训诂之学，均不明矣。"所以他作的《群经异字同声谱》以及《谐声谱》诸书，都是以声为纲的。

　　"转语"的第二部著作就是程瑶田的《果臝转语记》，这部书似乎是推明双声叠韵的复音词的声音组织（音式），大概受戴氏《转语》二十章的影响而拟另辟门径以求转语，故与戴书性质稍不类。其文开头即曰："双声叠韵之不可为典要，而唯变所适也。声随形命，字依声立；屡变其物而不易其名，屡易其文而弗离其声。物不相类也而名或不得不类，形不相似而天下之人皆得以是声形之，亦遂靡或弗似也。姑以所云果臝者推广言之；……（中言果臝蒲卢之转语约三百事）……凡上所记，以形求之，盖有物焉而不方；以意逆之，则变动而不居；抑或恒居其所也，见似而名，随声义在；愚夫愚妇之所与知，虽圣人莫或易焉者也。"由原文的首尾所云看来，似乎"不方""变动"是语根的义，而语根的音则未明言，只以"果臝""蒲卢"二词推广言之，它们是"肖物形而名之，非一物之专名"。至于转变的规律，他仅于果隋即果蓏下说："蓏转为隋，索隐隋音徒火反，是收声转为送声；以视都朵，则发声转为收声；盖口中界限，一位有发送收三声，都朵发，隋送，蓏卢收也。"又于"伊利俱卢"下云："伊利俱卢，所谓双声叠韵也，伊俱、利卢为双声，伊利、俱卢为叠韵；然以字母言之，伊为影母属喉，俱为见母属牙音，牙喉声不同矣；今证之以此，则二母不得别为两声；益信戴东原以见为喉之发声，影为喉之收声，为得自然之音位也。"由此可见程氏是受了戴氏的方法影响而又以双声叠韵的复音词为主来加以证明的。可惜他只举了那些个例证，甚而有时还有些牵强的例证，对于转变的条例毫未加以综合，比起戴氏的二十章来可以说是大有逊色了。王念孙的跋语说："盖双声叠韵出于天籁，不学而能，由经典以及谣俗，如出一轨，而先生独能观其会通，穷其变化，使学者读之而知绝代异语，列国方言，无非一声之转，则触类旁通，而天下之能事毕矣。"王氏遗稿有《叠韵转语》一种，杂记复音词，以字母二字为纲目，如见溪下列"具区"，来见下列"胪句、輈录、瓠卢、蝼蛄、蜗赢、菥离"。所记寥寥，都无解说，盖为未完成之草稿，似欲上追程氏发凡起例之作而为之列谱罗证，以窥一声之转的奥秘，触类旁通，极尽能事之预备工作即在于是。王国维得见石臞未完之作，思有以成之，于是作《连绵字谱》三卷，卷上为双声（重言附入）之部，计二十三纽，卷中为叠韵之部，计二十一部；声母韵部多少一依王念孙《释大》及古音二十一部表之数。卷下为非双声叠韵之字，以首字之声母为次。其采辑范围，不出群经诸子小学之列，共得二十七种。按中国语词向以复音词为基干，而复音词中以连绵字为最多，这实是探讨我国原始语言以及语言分化的唯一捷径。魏建功的《古音系研究》一书特别注重连绵词及古成语的材料，他在"连绵词及古成语释音"一节里说：

> 双声连绵的可以有对转或通转的异字重言的存在。
> 叠韵连绵的可以有同音的异字重言的存在。
> 非双声叠韵连绵的可以有复声的存在。
> 非双声叠韵连绵的可以有自双声叠韵方面变来的。

不但应当把重言、双声、叠韵、非双声叠韵的连绵词视为声韵的变迁，就是那些单音词（一字）也该和上面的连绵词会合在一起，以音义为准而观其演变及分化。魏氏又想完成一件"中国语连绵格"的伟大工作，在同书"音轨"一节里已粗具端倪了。（见下文所引）

戴氏于"韵部"一方面，又有"音声相配"及"正转""旁转"之说，盖戴氏精于审音，便以审音之功定考古之事，故其研究古音分部独能另辟蹊径。他一面利用韵书的韵目次第说明"音之流变有古今"，"声类大限无古今"（见《声韵考》卷二）；另一面又从审音上讲明"音声相配"的道理，相配的条例有"正转""旁转"之别，以入声为相配之枢纽，暗暗列成"阳""阴""入"的部类（见《答段若膺论韵》）。孔广森继之作《诗声类》，不过是在古书叶韵和谐声系统的归纳统计以外又加上一点阴阳相配对转互转的新方法而已。这种古音的研究虽非训诂学的范围，然而古语的探究非借赖古音学的帮助不同，所以段氏注《说文》先为《六书音均表》，王怀祖欲伯申之传其学，首教以古韵二十一部之分合及《说文》谐声之义例了。例如《诗声类》卷三说："案阳唐为鱼模之阳声，二韵多互相转，如亡可通为无，荒可通为怃，放可通为甫，莽有姥音，广有鼓音（《说文》弓部彍从弓黄声，读若郭。），迎有遌音，推此，则卬之训吾，阳之训予，或亦皆可转读欤？"由此可见欲晓转语，先得明白音转之理。

正式以音声相配的原理来推求语言文字的本始和流别的学者是章太炎。章氏根据戴孔二氏的理论精神而又加以扩充和音理的说明，开创了以音系为研究语言文字学的基础的风气。他的著作及其主旨大约是如此的：

（1）《小学略说》——语言文字学的总论。

（2）《成均图》——韵部说。

（3）《音理论》《二十三部音准》——韵部之审音论。

（4）《一字重音说》《古音娘日二纽归泥说》《古双声说》——声纽之审音论。

（5）《语言缘起说》《转注假借说》——语文孳乳转变的条例。这都是音声相配的理论，后来的《文始》和《新方言》便是应用音声转变关系去说明语文孳乳流衍的例证。他不但注意音理，确定了"阴声""阳声"的界说，古韵二十三部、古声二十一组的分合，而且拟定了韵转声转的条例。《成均图》是韵转的公式表，其转法有六：

$$\text{变声}\begin{cases}\text{交纽转——阴阳非相转而以比邻相出入}\\\text{隔越转——隔轴、声不得转，间有以轴声隔五相转}\end{cases}$$

《古双声说》里面指明声类间的关系如下：

（1）同一音者，虽旁纽则为双声（是故金、钦、禽、唫一今声具四喉音，汙、吁、芌、華一于声具四牙音）。

（2）喉牙二音，互有蜕化（募原相属，先民或弗能宣究。证以声类：公声为翁，为宏，工声为红，段声为遐，古声为胡）。

（3）百音之极，必返喉牙；喉牙足以衍百音，百音亦终轫复喉牙（攸声有條，由声有笛……此喉牙发舒为舌音也；天音如显，地训为易……此舌音遒敛为喉牙也）。

由论音变的法则，进而"以明语原"，"以见本字"，"以一萌俗"。兹节录《文始》一则以见一斑：

> 《说文》多，重也，从重夕。孳乳为邲，有大度也；为哆，张口也；为烆，盛火也；为庨，广也；多与广大盛厚义皆相应，故孳乳得此。对转寒，孳乳为亶，多谷也；为斸，富斸斸貌。自此旁转真，又孳乳为腆，设膳腆腆多也。然多有重义，故又孳乳为虒，重次弟物也古音虒亦当如佗；虒旁转支为弟，韦束之次弟也；弟又孳乳为艵，爵之次弟也，则由支旁转至矣；弟又孳乳为程，程，品也，则由支对转清矣；凡诸次弟未有不重者，故弟艵程亦重次弟物也。
>
> 多又引申为功，《夏官·司勋》：战功曰多；引申为自多，《吕览·谨听》：听者自多而不得，《注》：自多，自贤也；由此孳乳为哆，恀也。（见阴声歌部甲）

《成均图》之弊，近来多已知之，二十三部及二十一纽之多少分合固可人自为说，然对转旁转已不可深信，何况次对转次旁转，甚而至于交纽隔越者乎？若然则无不可转了。钱玄同在《文字学音篇》里批评他们说："对转之说当然可以成立，惟诸家所举对转之韵，彼此母音不尽相同，尚待商榷。"至"旁转之说，则难于信从"，因"韵部之先后排列次第，言人人殊，未可偏据一家之论，以为一定不易之次第"。况且"古今语言之转变，由于双声者多，由于叠韵者少，不同韵之字，以同纽之故而得通转者，往往有之，此本与韵无涉，未可便据以立旁转之名称也"。可见言声转者遗于韵，言韵转者遗于声，必得声韵兼顾，证以右文通假，或体重文，然后始能较为完善也。还有讲声音转变的重要依据和限制就是"字义"，这义应是语义；章氏拘囿于《说文》本字本义而反讥王怀祖之不推求本字为瑕适，也有些蔽惑形体而不得语言之本始。

近日学者间之首先根据音理来试为创建"音轨"——音变轨则的人，那就是古音系研究的著者魏建功了。所作《音轨》"凡三部，二十轨，百又六系；古今绝代，殊方别邑，语言变异之迹，可按而求其递异和同之邮也"。今录其《音轨》三部二十轨如下：

声类轨部一：同位异势相转轨，异位同势相转轨，同位或异位增减变异轨，同位或异位分合变异轨，韵化轨。

如《说文》遵遇相训，二字叠韵，声母塞鼻相转，塞鼻同位异势。《尔雅》：格怀，来也，探，试也，降，下也，虹，溃也，昆，后也，之子者是子也。皆塞通相转，塞通亦同位异势，即戴氏之"同位"。而异位同势即"位同"，并是取戴氏遗意而用语音学方法拟定的。至同位或异位之增减分合的变异，那又是会通单音词与复音词的法则，因为连绵字及古成语大多别有一字与之音近义同，此又涉及语言分化之范畴者也。

韵类轨部二：同位异势相转轨，异位同势相转轨，同位上下变异轨，同位异势变异轨，异位同趋衍变轨，同位异趋衍变轨，分合轨，增减轨，鼻韵化轨，声化轨。

韵母方面是以韵位图为主要元音变化的间架，再加上韵尾和声调的种种关系而成。例如"台予"依今音是同位异势的前升降相转系，"吾我"是后升隆相转系，在韵位图上的位置都是属于同一线的。增减轨就是旧来所谓"对转"及"通转"，如《说文》："适，之也。宋鲁语"。之适阴入对转；《说文》：关东曰逆，关西曰迎，迎逆阳入对转。

词类轨部三：声同轨，韵同轨，声韵皆同轨，声韵均异轨，声韵混合轨。

这里除去"双声格"及"叠韵格""重言格"较为普通外，其他如"绮错格""二合格"及"切音格"都是为一般人所不注意的。椎为"桄榇"或"樻桄"（活东、骨朵）是绮错格，"科斗""活东"是二合格，不用为宥是切音格。三格似同而实异，切音格之上字之韵与下字之声无所限制，而绮错二合则上字音尾与下字音首必互有关连，所以往往可以用其所对之单音词易其上一字而为叠韵，或与上一字相联而为双声，如：

突栾——团（二合）……团栾（叠韵）。

康宸——空（二合）……空康（双声）。

魏氏论证音近音转及声韵分合的材料，不外下列几种：

（1）谐声系统（右文）。（2）同音假借。（3）同书异文。（4）一字或体。（5）古今方音。（6）诗歌叶韵。（7）连绵字格。（8）学语讹混（小儿和外国语）。（9）中外译音。（10）汉字支音。（11）同语族语；……等。这些都可以用来作为训诂时的线索及佐证。例如：

《诗》云："桃之夭夭，有蕡其实。"《传》："蕡，实貌。"蕡何以为实貌？俞樾《群经平议》云蕡者大也，因"遵彼汝坟"，坟训大防，"蕡鼓维镛"，蕡鼓大鼓，故知蕡与坟、贲字异而义同。马瑞辰《传笺通释》又云蕡者颁之假借，颁为大首，引申为凡大之称，《尔雅》：坟、大也。按《诗》"有颁其首"，樊光注《尔雅》引作有蕡其首：扮字《说文》一曰大防，则为坟之重文，犹忿之为愤；均可为马说证。又《说文》蘪或作蘈，《周礼》作蕡，是蕡又可通肥了，有肥其实，义更明显。

《诗》云："维鹊有巢，维鸠方之。"《传》："方，有之也。"戴东原《诗考正》读方为房，房之犹居之也。王引之《经义述闻》又读方为放为旁，放旁均训依也。房、放、旁声并通。俞樾又训方为附，方附犹鲂之为鲋，方之训为洰也，方、附一声之转。按毛《传》训方为有，也不能说是不对，仿佛（彷彿）一作放物（《汉书·郊祀志》），又作荒肠（刘歆《遂初赋》），彷徨一作方皇（《后汉书·马皇后纪》），是方可通旁、放，亦可通荒，可通附，亦可通帆也，《尔雅》：

"忱、有也。"《广雅》："方忱，有也。"方抚、荒忱犹彷佛，忱者覆也，解为维鸠覆之，义亦可通。覆者孚孵也，故首言居，次言孚，末则言盈矣。

《诗》云："二子乘舟，泛泛其景。"《释文》："景如字，或音影。"《正义》："观之泛泛然，见其影之去往而不碍。"王引之又训为憬，远行貌；《士昏礼》姆加景，今文景作憬，是景、憬古字通。按影即景后起分别字，训影训憬，都从谐声系统着想，王氏又引异文为之证明也。其实不必改字，《尔雅》："京景，大也。"《诗》"憬彼淮夷"，《齐、鲁诗》作懬，《韩诗》作獷；懬，远也，远去与下章泛泛其逝意正同。又按景、懬音与黄、皇、旺、王音近，獷即狂之或体，《说文》人部末有㑌字，解云"远行也"（《楚辞》："魂㑌㑌而南行兮。"此乃遑惶义）。由此看来，景、惶并与往、㑌音义相近。释为泛泛其往，更为直接了当，《尔雅》："逝、往也。"故上言往而下言逝，文变义同。

上面略举数例，以见音义相关以及依音求义之一斑，故汉人训诂多音义相兼。诚能把握住这种絜矩之道，那么就可从心所欲不逾矩了。

第三节　义训

以语言解释语言的方式中，求原是音训，上面已经说过了：宛述是义训，翻译则兼而有之，其仅祇意义相当而无音声之关系者可以归之义训，其不徒意义相当而且有音声之关系者可以属诸音训。现在就宛述和翻译两方面分别叙述如下。

（一）宛述

（1）释一词之义

《诗》毛《传》："四方而高曰台。""高平曰原。""下湿曰隰。""曲陵曰阿。""木下曲曰楙。""水旋丘如璧曰辟癰。""圆者为囷。""方曰筐，圆曰筥。""有足曰锜，无足曰釜。"

"山大而高曰嵩。""镛，大钟。""泜，小渚也。""小渚曰沚。""大陆曰阜，大阜曰陵。""小曰羔，大曰羊。""瓶小而罍大。"

（上就其形状言之）

《诗》毛《传》："纯黑曰骊。""赤黄曰骍。""黄马黑喙曰騧。""牛黑唇曰犉。""鹭，白鸟。""锦衣，采衣也。""缟衣，白色男服也。綦巾，苍艾色女服也。""黑与青谓之黻，五色备谓之绣。"

（上就其颜色言之）

《诗》毛《传》："檀，强忍之木。""柳，柔脆之木。""鸮，恶声之鸟。""雕鸢，贪残之鸟。""貔，猛兽。""驺虞，义兽，白虎黑文。""琼，玉之美者。""琼瑰，石而次玉。""精曰缔，粗曰绤。"

（上就其性情言之）

《诗》毛《传》："副者，后夫人之首饰，编发为之。""展衣，以丹縠为之。""兕觥，角爵。""木曰豆，瓦曰登。""土曰埙，竹曰篪。""龟曰卜，蓍曰筮。"

（上就其质料言之）

《诗》毛《传》："园，所以树木也。""囿，所以域养禽兽也。""笱所以捕鱼。""毕所以掩兔。""觥，所以誓众。""匕，所以载鼎实。""蓑所以备雨。笠所以御暑。"

（上就其功用言之）

《诗》毛《传》："门屏之间曰箸。""水草交谓之麋。""山脊曰冈。""山顶曰冢。""山夹水曰涧。""侧出曰氿泉。""野，四郊之外。""垧，远野也。""邑外曰郊，郊外曰野。"

"由膝以上为涉。以衣涉水为厉，由带以上为厉。""裳，下之饰也。""在下曰裳，所以配衣也。""上曰衣，下曰裳。""目上为名，目下为清。""自目曰涕，自鼻曰泗。""草行曰跋，水行曰涉。""东西为交，邪行为错。""两手曰匊。""土治曰平，水治曰清。"

（上就其位置言之）

《诗》毛《传》："冬猎曰狩。""夏猎曰苗。""春曰祠，夏曰禴，秋曰尝，冬曰烝。""春夏为圃，秋冬为场。""先种曰稙，后种曰稚。""后孰曰重，先孰曰穋。""先生曰姊。"

（上就其时间言之）

《诗》毛《传》："吊失国曰唁。""田，取禽也。""善父母为孝，善兄弟为友。""老无妻曰鳏，偏丧曰寡。""金曰雕，玉曰琢。""凿墙而栖曰堁，鸡栖于弋为桀。"

（上就其所及言之）

以上种种分类，不过就其显著者说明罢了。当然并不是说宛述一词之义只有这几方面可说，更不是说一词之义仅能就一方面宛述之也。训诂的目的在推明文中文外之意，和后来的一般字书韵书之每字必加诠释者不同。所以训诂只是训解人多不识的古字古言，至于人多识之的今字今言，当然就不加译释了。其有不须训而训者，多言形，言色，言性，言用，盖亦有言外之意存乎其间。《诗·将仲子》曰："将仲子兮，无逾我园，无折我树檀。"《传》："檀，强忍之木。"又："无逾我墙，无折我树桑。"《传》："桑，木之众也。"胡承珙《后笺》云："案二《传》于木必兼言其形性者，自以取兴所在，故《笺》申之云：无折我树杞，喻言无伤害我兄弟也。然则所谓桑与檀者，盖皆以喻段可知：桑以喻段之得众，所谓厚将得众也；檀以喻段之恃强，所谓多行不易也。"案折杞逾里，逾墙折桑，亦犹"折柳樊圃，狂夫瞿瞿"，"你怕墙高怎把龙门跳，嫌花密难将仙桂攀"的意思，言杞言桑言檀不过与里墙园叶韵耳，何深意之有？

古书中训释字义之最精确简明者莫如《墨经》，《经上》曰：

平，同高也；中，同长也。

圜，一中同长也；方，柱隅四讙也。

闻，不及旁也；盈，莫不有也。

穷，或有前不容尺也；尽，莫不然也。

勇，志之所以敢也；力，形之所以奋也。

利，所得而喜也；害，所得而恶也。

誉，明美也；诽，明恶也。

功，利民也；赏，上报下之功也。罪，犯禁也；罚，上报下之罪也。

当然是辩者的精密为一般训诂者所不及，可是这种严正的言语态度，平常的文章也都不喜采用的。具体的事物还比较好说，抽象的则有些困难了。例如"仁"字：

> 《论语》："克己复礼为仁。""能行五者——恭、宽、信、敏、惠——于天下，为仁矣。"
> 《礼记》："上下相亲谓之仁。""仁者，义之本也，顺之体也。"
> 《孟子》："为天下得人者谓之仁。""亲亲，仁也。""仁，人心也。""恻隐之心，仁也。"
> 《荀子》："贵贤，仁也；贱不肖，仁也。""仁者爱人。"
> 《管子》："以德予人者谓之仁。""非其所欲勿施于人，仁也。"
> 《韩非子》："宽惠行德谓之仁。"
> 《白虎通》："仁者不忍也，施生爱人也。"
> 《春秋繁露》："爱在人谓之仁。""仁者，爱人之名。"
> 《墨子》："仁，体爱也。"
> 《庄子》："爱人利物之谓人。"
> 《国语》："畜义丰功谓之仁。""博爱于人为仁。"

为一词一字立义界，比较起来是件困难的事，所以这种方式在训诂上不大常见。

（2）释对词之义

文章喜用对偶，诗人好施变文，相连相并之词其义或同或异，旧日的训诂者往往爱为分别，这种分别固然是研究字义的一大动机与进步，但是得其自然者有之，强为分析者也很多。如前举之筐筥、锜釜、阜陵、羔羊、瓶罍、衣裳、绤绤、豆登、埙篪、卜筮、洭泗、跋涉、稙稚、姊妹、鳏寡、雕琢之类都尚确切。先秦传记，此例已经很多，如《公羊》之春祠夏礿，《穀梁》之春田夏苗，《曲礼》之"约信曰誓，莅牲曰盟"等皆是。毛《传》中于物名之连见一处者往往对释其义，《尔雅·释宫》以下更事集比，益形泛滥，如：

室中谓之时，堂上谓之行，堂下谓之步，门外谓之趋，中庭谓之走，大路谓之奔。

金谓之镂，木谓之刻，骨谓之功，象谓之磋，玉谓之琢，石谓之磨。

谷不熟为饥，蔬不熟为馑，果不熟为荒。

邑外谓之郊，郊外谓之牧，牧外谓之野，野外谓之林，林外谓之坰。

下湿曰隰，大野曰平，广平曰原，高平曰陆，大陆曰阜，大阜曰陵，大陵曰阿。

诸如此类，皆嫌分别过甚。然后人读书好求甚解，久自成癖，变本加厉，流风馀韵，唐宋犹存。如《诗·山有枢》："子有衣裳，弗曳弗娄；子有车马，弗驰弗驱。"《传》："娄亦曳也。"《正义》："走马谓之驰，策马谓之驱。"又如《诗·公刘》："于时言言，于时语语。"《传》："直言曰言，论难曰语。"《礼记》郑《注》又云："发端曰言，答难曰语。""言、言己事，为人说为语。"《论语》："食不言，寝不语。"朱《注》："答述曰语，自言曰言。"善乎王若虚《论语辨惑》之言曰："晦庵解云云，此何可分而妄为注释？只是变文耳。"又如《诗·关雎》："辗转反侧。"朱《注》："辗者转之半，转者辗之周；反者辗之过，侧者转之留。"究竟怎样转法，恐晦翁也转不规矩也。胡承珙说这句话犹婉转反覆，大同小异，甚是。清儒于此颇能推原会通，不事穿凿而妄生枝节，故郝氏疏《尔雅》于诸书训释牴牾处辄曰他书散文则同，《尔雅》对文则异耳。至于《说文》一书的体例，专在分别本字本义，往往有一语数字而即区为数义者，故段《注》屡云："统言则不别，析言则有异也。"

又因为这种分别无客观的积极证据，故常人各一说，以致诸书训解分歧，聚讼莫决。例如：

毛《传》："崔嵬，土山之戴石者。""石山戴土曰砠。"

《尔雅》："石戴土谓之崔嵬；土戴石为砠。"

《说文》《释名》与毛同。《正义》以为《尔雅》是，毛《传》传写有倒；马瑞辰《传笺通释》又谓毛《传》是。段《注》则欲调停其间，谓二文互异而义则一。实则崔嵬犹崔崔巍巍，亦言屡屐，巍峩，或单言崒，只是形容其高大而已；砠之为言阻也，丘垄也；二者或有大小之别，然亦绝不如毛公所说。

毛《传》："山无草木曰岵；山有草木曰屺。"

《尔雅》："多草木，岵；无草木，峐。"（峐即屺，见《三苍》。）

《说文》《释名》皆同《尔雅》。《正义》又以为《尔雅》是，戴震《诗考正》及王引之《经义述闻》也都取《释名》之说。段玉裁《说文注》及臧庸《拜经日记》则以为毛《传》是，其后钮树玉、徐承庆复订正段氏而从《尔雅》；其实全属浪费之争。该诗言岵言屺言冈，义本相近，岵之言嘏胡大也，屺之言起也。如必以有无草木为分别，则冈当在半有半无才相陪配，岂不好笑？况且游子思亲而登高远望之际，心不暇择，哪里顾到其他有无阴阳和父母的关系，无草木尚可，有之反觉碍眼了。于此等处，识其大体可也。

（二）翻译

训诂犹翻译，翻译有音译和义译之别：以其族语或转语释之者谓之音译；以其相当词（无声音连属转变关系者），或别名、共名，正字、借字，古今制度等相释者谓之义训。虽然，其原则——以易晓释难识，以已知解未知，以常见译罕见，以直言易曲语——则是相同的。释古今雅俗语言的书，莫如《尔雅》、《方言》，其每条所集之诸语词间，十九都有声韵上的关系。

（1）以今语释古语

《孟子》："《书》曰：洚水警予；洚水者，洪水也。"（此语分古今而即转语者）

《论语》："必也正名乎？"郑《注》："正名谓正书字也，古者曰名，今世曰字。"（此语分古今而非转语者）

《尔雅》则兼而有之，如"卬吾台予朕身甫余言，我也"。

钟鼎铭辞用余、我、卢（歔）、怡（辝匀）、朕等字；《书经》用

予、我、台、吾、卬、朕等字；《诗经》用予、我、余、卬、（言）等
字；《论语》用予、我、吾等字，朕字惟《尧曰篇》引《书》两见；
《孟子》用予、吾、我等字，朕字惟引《伊训》及"象曰"五见，余
字惟引《书》一见。吾、我、予、台、卬并语之转，余则古今相当
之词。

（2）以通语释方言

《左传》："楚人谓乳毂，谓虎於菟。"（宣四）

《方言》："虎，江淮南楚之间或谓之於䖘。"

王逸《楚辞章句》："楚人谓乳为（斗）毂。"（斗字衍文）

《尔雅》所释虽多为古今语，然古今语与方俗语常相纵横交
错，如：

《尔雅》："迄、臻、极、到、赴、来、吊、艐、格、戾、怀、摧、
詹，至也。"

《方言》："假、佫、怀、摧、詹、戾、艐，至也。邠唐冀兖之间
曰假，或曰佫，齐楚之会郊或曰怀，摧、詹、戾，楚语也，艐，宋语
也。皆古雅之别语，今则或同。"

又《尔雅》："如、适、之、嫁、徂、逝，往也。"

《方言》："嫁、逝、徂、适，往也。……逝，秦晋语也，徂，齐
语也，适，宋鲁语也。往，凡语也。"

（3）以意义相近之词释之

此非古今方俗之殊，只是于某种语境中两词义相近耳。如：

毛《传》："悠，思也。"（悠哉悠哉）又："怀，思也。"（嗟我怀
人，有女怀春，曷又怀止，兄弟孔怀。）又："伤，思也。"（维以不永
伤）又："惄，思也。"（惄焉如捣）又："论，思也。"（于论鼓钟）。

《尔雅》："悠、伤、忧，思也。"又："怀、惟、虑、愿、念、
惄，思也。"又："悠悠，思也。"

《方言》："郁悠、怀、惄、惟、虑、愿、念、靖、慎，思也。晋宋卫鲁之间谓之郁悠。惟，凡思也，虑，谋思也，愿，欲思也，念，常思也。东齐海岱之间曰靖，秦晋或曰慎；凡思之貌亦曰慎，或曰惄。"

义近词的训译，只是指明于某种语境下双方所表之义有些相近相似耳，不一定指其完全相同。因为每个语词都有它本身特具的意义，根本就不能说它相当相等于另外的一个词，故译训也仅是言其大体而已。悠之训思，盖由于心思之情貌，有所思则心如悬旌，而所思又多在远方：《诗》云："悠悠我心""悠悠我思""悠悠斾旌""悠悠苍天"，所状之物非一，然其摇游遥远之意味则同。是以毛《传》又训悠为忧为远，为远貌远意，为行貌（不过悠忧、悠远声相近，乃系转语而非义近词）。《方言》训惄为思，又为忧、伤、怅、痛，毛《传》又训为饥意。盖随文施训，容有不齐，临文生情，义因境变。语义既流转而无方，读书者会通之可也。兹将悠、忧、伤、惄、怀、惟、虑等词之诸般训释综合列如下表：

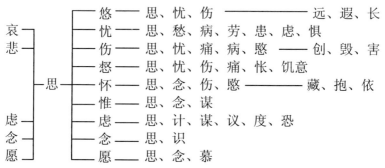

有时一字之义以训一字而义不足尽，则以数字训之，如《周礼》郑《注》："典，常也、经也、法也。王谓礼经常所秉以治天下也，邦国官府谓之礼法，常所守为法也。"《曲礼》郑《注》："狎，习也，近也。谓附而近之，习其所行也。"数义虽相近，然不如此终不能译释明白也。如两义相隔稍远，或用犹字以通之，如《中庸注》："体犹接纳也。子犹爱也。"

（4）以狭义释广义

含义抽象一类的名词，所指颇为广泛，而且任何一个词的语义（在文句中之义）比它孤立时所包括的综合义常是狭小的，所以这类的训释之词往往较被释之词的义界专狭。例如：

《荀子》"故道无不明"，《注》："道，礼也。"《檀弓》"斯道也"，《注》："道犹礼也。"

《论语》"君子学道则爱人"，孔《注》："道谓礼乐也。"

《乐记》"君子乐得其道"，《注》："道谓仁义也。"

又如：

《论语》"克伐怨欲不行焉"，马《注》："欲，贪欲也。"

《孟子》"养心莫善于寡欲"，《注》："欲，利欲也。"

《论语》"苟子之不欲"，孔《注》："欲，多情欲也。"

《乐记》"小人乐得其欲"，《注》："欲谓邪淫也。"

《素问》"以欲竭其精"，《注》："乐色曰欲。"

（《吕览》"六欲皆得其宜也"，《注》："六欲：生死耳目口鼻。"）

（5）以私名释类名

《论语》"玉帛云乎哉"，郑《注》："玉，璋圭之属也。"

《淮南》"执玉帛者万国"，《注》："玉，圭也。"

《吴语》"执玉之君皆入朝"，《注》："玉，珪璧也。"

《周礼》"掌布缌缕纻之麻草之物"，《注》："草，葛藟之属。"

《周礼》"兽医"，《注》："兽，牛马之类。"又"若不见其鸟兽"，《注》："兽，狐狼之属。"

（6）以类名释私名

毛《传》："琼玖，玉石。""玖，石次玉。""琚，佩玉石。"

《说文》："璙，玉也。""瓘，玉也。""璬，玉也。"

毛《传》："蓬，草。""苑兰，草。""苕，草。""葑，菜。""芑，草。""芭，菜。""堇，菜。""榛，木。""松，木。""楚，木。""杞，木。"又："流离，鸟。""鹑，鸟。""狼，兽名。""貆，兽名。"又："首阳，山名。""狙，山名。""龟，山。""蒙，山。""汝，水名。""淇，水名。""汾，水。""渭，水。""沛，地名。""祢，地名。""防，邑。""谢，邑。"

他如毛《传》云："顷筐，畚属。""锜，釜属。""鬵，釜属。""筥，籄属。""郁，棣属。""鼍，鱼属。""猱，猨属。"……等类，当亦属此。《周礼·秋官》闽隶《注》："闽，南蛮之别。"属者示其同，别者明其异。

（7）以"某貌""某声"释之

《诗》"翘翘错薪"，《传》："翘翘，薪貌。""载骤骎骎"，《传》："骎骎，骤貌。""淇水汤汤"，《传》："汤汤，水盛貌。""汶水汤汤"，《传》："汤汤，大貌。"

其言某意者亦如之，如《诗》"悠悠苍天"，《传》："悠悠，远意。"（"驱马悠悠"，《传》："悠悠，远貌。"）又"有兔爰爰"，《传》："爰爰，缓意。"又"惄如调饥"，《传》："惄，饥意。"（《说文》："㥛，忧貌。""惄"《韩诗》作"㥛"。）《尔雅》录作："惄，饥也。"

其或省貌字者亦同，如《诗》"行道迟迟"，《传》："迟迟，舒行貌。"而"春日迟迟"，《传》则仅云："迟迟，舒缓也。"

其加然字者亦同，如《诗》"南山崔崔"，《传》："崔崔，高大也，国君尊严，如南山崔崔然。"又"忧心奕奕"，《传》："奕奕然无所薄也。"而"奕奕梁山"，《传》则云："奕奕，大也。""奕奕寝庙"，《传》则云："奕奕，大貌。"

《诗》"伐木丁丁"，《传》："丁丁，伐木声。""椓之丁丁"，《传》："丁丁，椓弋声。"又"坎坎伐檀兮"，《传》："坎坎，伐檀声。""坎其击鼓"，《传》："坎坎，击鼓声。"又"雝雝鸣雁"，《传》："雝雝，雁声和也。""其鸣喈喈"，《传》："喈喈，和声之远闻也。"

亦有声而言然者，如《诗》"咥其笑矣"，《传》："咥咥然笑也。"
又"呦呦鹿鸣"，《传》："呦呦然鸣而相呼也。"

（8）以"辞也"释之

《诗》："汉有游女，不可求思。"《传》："思，辞也。"《正义》：
"以泳思方思之等皆不取思为义，故为辞也。"又"思皇多士"，
《传》："思，辞也。"他如"薄言采之""载驰载驱""亦既见止"
"叔善射忌""乃见狂且"之且、忌、止、载、薄五字传皆训"辞
也"。至于"于嗟麟兮"及"猗嗟昌兮"之于、嗟、猗、嗟，传训
"叹辞"，虽亦是辞，但和无义者有别。及《礼记》郑《注》中又有
"语助""发声""声之助"等名。

（9）以浅近者比况释之

《诗》"维天之命"，《笺》："命犹道也。"
《周礼》"体国经野"，郑玄《注》："体犹分也。"（按此与（3）
项相同，只多一犹字，言其训稍展转耳。）
《中庸》"率性之谓道"，《注》："道犹道路也。"（以实况虚）
《周礼》"珍圭以征守"，杜子春《注》："若今时征郡守以竹使
符也。"
《周礼》"官属以举邦治"，郑众《注》："官属谓六官，其属各六
十，若今博士大史大宰大祝大乐属大常也。"

（10）以今字释古字

毛《传》："愒，息也。"（《菀柳》《民劳》二见。《蔽芾传》又
云："憩，息也。"《释文》憩本又作愒，通作愒。）
毛《传》："具，俱也。"（《大叔于田》《节南山》《正月》
三见。）

毛《传》："诒，遗也。"（《雄雉》《天宝》二见，《静女》《丘中有麻》同，通作贻。）

毛《传》："谑，诚也。"（《荡》一见。《说文》作忱。）

毛《传》："翕，合也。"（《常棣》《大东》《般》三见。翕从合，以其造字时代言，合为古字，翕为今字；但依当时用字之常见于否言，合反较翕为今也。）

毛《传》："威，灭也。"（《正月》）

他如"掺掺女手"，《传》："掺掺犹纤纤也。""忧心忡忡"，《传》："忡忡犹冲冲也。""皇皇者华"，《传》："皇皇犹煌煌也。"之类亦古今字。

（11）以正字释借字

《诗》："愬如调饥。"《传》："调，朝也。"（《释文》调本又作輖。按此犹嘲谪之通作啁调也。）

《诗》："火烈具举。"《传》："烈，列也。"

他如甲狎，干扞，莫谋，矢誓……等例皆此类。

阮元《揅经室文集》云《诗经》用字有义同字变之例，如《大雅·桑柔》："朋友已谮，不胥以穀；人亦有言，进退维谷。"谷借为穀，诗人嫌其二穀相并为韵，故易为谷。马瑞辰《毛诗传笺通释》又广其例，如《王风·君子于役》之括佸，《兔爰》之罹罦，《小雅·正月》之威灭，《大雅·皇矣》之度宅，《召南·草虫》之蠡蠡，《小雅·蓼莪》之鞠育，《信南山》之甸田，《大雅·行苇》之钧均，《抑》之训顺。皆一本字，一借字。兹复广其例，如《邶风·北门》之益遗，上言坤益，下言坤遗，犹裨溢畀贻，皆有增义。《卫风·氓》之宴晏，"总角之宴，言笑晏晏"，上宴字亦戏乐义。《齐风·还》之遭儇，《韩诗》作营嬛，皆美娟英艳之意；下章之昌臧，亦声近义同。《小雅·巷伯》之哆兮侈兮，皆大义，或谓当作侈兮哆兮，犹绿兮衣兮之例，但毛《传》原序如是，不必颠倒强解。又同诗三章之缉缉翩翩，即下章之捷捷幡幡，故《传》云捷捷犹缉缉也，幡幡犹翩翩也;《说文》引作县县幡幡。《桑扈》"不戢不难,受福不那",难那通用,犹猗那之作阿难猗傩,戢难之为辑柔儒傩也,并美盛宽大之词。《信南山》"疆场翼翼,黍稷或或",《楚茨》"我黍与与,我稷翼翼",《甫田》"黍稷薿薿",翼翼、或或并盛多连绵之貌。《商颂·那》"庸鼓有致,万舞有奕",致、奕亦皆盛美之词。同诗"亦不夷怿",夷怿犹重言。

凡传注之言"读为""读曰""声同""声误"以及"某之言某也"者亦多指假借(见下节)。

以上所举,皆训诂之准则,事无定法,只在善于运用耳。

这里还有一点应该提出说明的,就是"相反为训"的问题。汉人传注虽知臭训为香(见前),但尚无反训之名;隐七《公羊传》:"春秋贵贱不嫌同号,美恶不嫌同辞。"然亦非言反训之理。至郭璞注《尔雅》《方言》始有其说。

> 《方言》二:"逞、苦、了,快也。自山而东或曰逞,楚曰苦,秦曰了。"郭《注》:"苦而为快者,犹以臭为香,乱为治,徂为存,此训义之反覆用之是也。"
>
> 《尔雅·释诂》:"徂、在,存也。"(又云:"如、適、之、嫁、徂、逝,往也。"郭《注》:"以徂为存,犹以乱为治,以曩为曏,以故为今,此皆诂训义有反覆旁通,美恶不嫌同名。")

自此以后,一般小学家辄误以为训诂之原则,且有以为训诂之方法者,于是凡相反者皆可相训矣。流弊所及,漫无涯涘,作俑始于郭氏,推衍启自清人,不得不加分辨也。我曾作《相反为训辨》一文,旨在阐明反训只是语义的变迁现象而非训诂之法则,对旧说之谬误者加以辨证,现在择要引录于左:

反训之类别,依其事情性质之不同,约可分为五种。

(一)授受同词之例

《尔雅》:"贡,赐也。"(《释文》:"贡字或作赣。")

《说文》:"贡,献功也。"又:"赣,赐也。"

《广雅》:"贡,上也。"又:"贡,税也。"又:"贡,献也。"

按古人名字多相应，子贡名赐而经典或作贡或作赣，本为一字，义亦相同，《说文》强分为二，于是臧琳《经义杂记》、钱大昕《养新录》、段玉裁《说文注》、严元照《尔雅匡名》等书皆从许说而谓二字有别，此皆过信《说文》之过也。贡犹共、供、龚，《说文》："龚，给也。"又："供，设也。"《释诂》："共，具也。"《周礼》"羊人共其羊牲"，《注》："共犹给也。"可见贡之本义亦上下之通名，后始分化别为二义。

《广雅》："祈、乞、匄，求也。"又："假、贷，借也。"又："敛，欲也。"又："敛、匄、贷、禀、乞，与也。"王念孙《疏证》云："敛为欲而又为与，乞、匄为求而又为与，贷为借而又为与，禀为受而又为与，义有相反而实相因者，皆此类也。"按"相反相因"四字可以说是道破了反训的奥秘：相因者，原始之本义；相反者，后来之分化。不可知今而昧古，以为相反即可相训也。

此类字又有四声之别：《春秋正义》："假借同义，取者假为上声，借为入声；与者假借皆为去声。"而买卖、受授、籴粜等词，不但有四声之别，且有字形之异矣。赏偿、班颁、赋付赙、税祝绥、贩被……等字亦同。

《尔雅》："贸、贾，市也。"又："贸，买也。"郝懿行《义疏》云："按市兼买、卖二义：《齐策》云窃以为君市义，此以买为市也；《越语》云又身与之市，此以卖为市也。……《逸周书·命训篇》云：极赏则民贾其上，孔晁《注》：贾，卖也。《左氏·桓十年传》：若之何其以贾害也？《成二年传》：欲勇者贾余徐勇，杜预《注》并云贾，买也。是贾亦兼买、卖二义。"贾通沽（酤），《论语》求善贾而沽诸？沽酒市脯不食，是沽亦兼二义。

由此观之，施受之词，可别为四：一为分别上下者，二为分别彼此者，三为分别求与者，四为互用不别者。如将分别者谓之相反为训，则不别者又将云何？所以说这是语义变迁的现象，而非训诂的法则。

《尔雅》："命、令、禧、畛、祈、请、谒、誶、诰，告也。"又"告、谒，请也"。

《释名》："上敕下曰告。"《广韵》："告上曰告，发下曰诰。"案"告"亦兼上下相告两义，"诰"即"告"之分别字。

此外有人因为《公羊》之"春秋伐者为客，伐者为主"之两伐字，有主动被动及长言短言之别；军自败曰败，与打破人军曰败之两败字，有薄败、补败二切之异，遂谓此亦同字异读反训之例，非是。汉语词性之别，主要由于句位，即或有声调之别，乃多系人为而非自然，况且内动外动的不同，也够不上相反。

（二）古今同辞之例

《尔雅》："初、哉、首、基、肇、祖、元、胎、俶、落、权舆，始也。"

案始兼古今二义者，实由于说者所指之时间不同，与其谓彼兼有二义而为反训，还不如说它们表过去时或现在时的决定不在本身而在上下文义（语境）为妥。《诗》《书》《易》诸书都以初终、初后、初既、初又再次等对言，可知初字多用为原始之义，《觐礼》"伯父帅乃初事"，《注》："初犹故也。"《檀弓》"夫鲁有初"，《注》："初谓故事也。"但如《书·康诰》的"周公初基"，《召诰》之"王乃初服"，二初字则为今始之义。故《尔雅》又云："治，故也。"《书》云"在治忽"，《史记》作"来始滑"，是治始可通。

哉、初一语之转，哉训始，原于治裁、植栽，故在又训存也，犹载之训事训立又训始也。《尔雅》又云："在，终也。"在之训终，盖由于制截之义，郝《疏》谓为察之终，误矣。陈玉澍《释例》谓哉、在同从才声，始终相反为义，亦误。

祖落训始，《尔雅》又云："徂落，死也。""徂，往也。""徂，存也。"按且为俎之初文，引申为祭名以及被祭者之称，故又为祖先。祖先为往昔之人，故又为始为往，往义可实（动词）可虚（时间副词），字则作徂或退。死亦云逝，故又谓之徂，字作殂。至徂又训存者，乃系声转，非关义变，从且声之字如阻（险难）、岨、砠、沮（止难）、疽、罝、柤（木闲。《广雅》训距训隇）……等都有止存之义。郝《疏》云："郭盖未明假借之义，误据上文徂往为训，而云以徂为存，义取相反，斯为失矣。殊不思徂往之徂本应作退，徂存之徂又应作且耳。"按谓为假音，其见甚是；然必以存为存问慰藉，《说文》"且，荐也"，荐亦承藉之意，则误，是亦过信本字本义之蔽也。

落训始，《尔雅》又云："落，死也。"按落本零落往去之义，故训死；往昔则为古，故又训原始；犹谓死为逝谢（卸）去没或作古也。邢《疏》云："落者，木叶陨坠之始。"邵《疏》："《左氏·昭七年传》云：愿与诸侯落之，杜预《注》：宫室始成，祭之为落。"孔广森《经学卮言》："尝考落之为始，大抵始于终始相嬗之际，如宫室考成谓之落成，言营治之终而居处之始也。成王践阼，其《诗》曰：访予落止，此先君之终，今君之始也。《离骚》夕餐秋菊之落英，宋人有以菊花不落为疑，而引此落始也训之者，颇为允当。"郝《疏》："落本殒坠之义，故云殂落；此训始者，始终代嬗，荣落互根，《易》之消长，《书》之治乱，其道胥然；愚者暗于当前，达人烛以远览，落之训死又训始，名若相反，而义实相通矣。"近来还有人用《易》的错综互伏之爻，《老》《庄》的祸福相倚之论，内典的去来如如故称如来（又称如去）之语，以及思想上之矛盾律来解释反训之理，似乎不必，何则？此乃语义之演变，非语义训释之准则。若以道家思想附比，则方生方死之说不是正好作证吗？不知祖落之训始为原始往昔之始，非才始及开始之始，《尔雅》本为客观训诂之书，故训同而义异者甚多。然则落之为死为始，本一义也，自不必以反训解之。落训死俗因作殂，亦画蛇添足。至于朱骏声《说文通训定声》以落为额之假，故训始，犹元首之为始也。黄侃又谓"落训木叶侈，无始义，其训始者当为反言，何以知之？即以胎殆同从而义反知之也"，也都是昧于语义演变者之论。

《尔雅》："治、肆、古，故也。肆，故今也。"

郭《注》："肆既为故，又为今，今亦为故，故亦为今，此义相反而兼通者。事例在下而皆见《诗》。"按《诗·绵》"肆不殄厥愠"《思·齐》"肆戎疾不殄"，《传》并云："肆，故今也。"《大明》"肆伐大商"，《抑》"肆皇天弗尚"，《笺》并云："肆，故今也。"郭氏字别为义，与毛郑不合。王观国《学林》云《释故》《释言》皆用一字为训，若以故今二字训肆字，则非《尔雅》句法。王引之《经义述闻》又云《尔雅》字各为义，不当以故今二字连读，肆伐大商之肆当依毛《传》训为疾，馀三"肆"字皆当训为故，不当训为故今也。并列举《书》《礼记》之肆字故字固字今字诸句，证明肆故之训为今，今亦训为故，皆承上之词。又云"治肆古故也"条，治读为始，始古为久故之故，肆为语词之故；"肆故今也"条则全为语词；郭氏谓今与故义相反而兼通，非也（马瑞辰《传笺通释》略同）。陈奂《传疏》："毛《传》虽本《雅》训，而意不同，《雅》谓肆一句，故一句，总之为今也；《传》谓《诗》之肆，既为故，又为今，立意自异。故者承上古公也，今者承下文王也。"以《尔雅》之成书由来言之，故今连读为正，盖毛《传》先成而后人据以增入于故也条之下。严元照《匡名》、潘衍桐《正郭》并斥郭氏为非，是也。肆训故训故今，皆承上起下之词，义同，是此非反训明矣。郝《疏》谓肆有缓急二义，因有故今二训，无足怪也；非是。又云肆遂是所一声之转，所以即是以、遂以、是故即肆故；故今即肆今，犹肆故，是故；肆今转为斯今、自今、迄今、及今、至今，并字异而义通。此说亦不得要领。肆训遂，犹聿训遂。王闿运《集解》："此有三读：肆为今故亦为今，一也；肆为故今，二也；肆故为今，三也。"末一读盖即郝氏之说。

《尔雅》："曩，久也。"又云："曩，曏也。"

邵《疏》："《释诂》云曩久也，《说文》云曏不久也。郭氏云以曩为曏，义有反覆旁通，盖曩本训久，反覆旁通又为不久也。"（按郭《注》无此语）《集解》谓曩即曏之重文，今作响。盖久与不久，因言者之情略有异耳，非反训。郝《疏》云："对远日言，则曏为不久；对今日言，则曏又为久。"字又作向嚮鄉。词义生活于句中，故因文而义别。

（三）废置同词之例

《尔雅》："废，舍也。"（注："舍，放置。"）

邵《疏》："废者，《天官·太宰》云废置以驭其吏，郑《注》：废犹退也；《左氏·襄二十三年传》云：天之所废。废又训为置，《公羊·宣八年传》云废其无声者，《左氏·文二年传》云废六关，是也。"郝《疏》："舍有二义，亦有二音，诗夜切者：……是皆以止息为义也；其音书治切者，舍即捨之假借……是皆以舍释为义也。《诗·楚茨笺》及《礼·檀弓、丧大记注》并云废，去也，《小尔雅》及《广雅》并云废，置也，置去义亦同。……置者不去也，以不去为废者，废训为舍止而不用，亦与去同，是去为舍，不去亦为舍也。"

《说文》："舍，市居曰舍。"段《注》："舍可止，引申之为凡止之称。《释诂》曰：废、税、赦，舍也。凡止于是曰舍，止而不为亦曰舍，其义异而同也。犹置之而不用曰废，置而用之亦曰废也。"案废舍之义本为放置，其有二义二音二形者，乃因语境之不同而别，犹今语放字之有放置及放弃二义也，非反训。

《尔雅》："矤，弛也。"（郭《注》："弛，放。"又"弛，易也。"）（《注》："相延易。"）又云："矤，陈也。"

臧琳《经义杂记》："凡延及陈设义当作施，凡废解义当作弛。"（郝《疏》及严氏《匡名》均用其说。）案陈为引延之义，施布弛张亦为陈设之义，凡陈设必铺布排列。所异者只在设置之后用与不用耳，与废舍之例同。

（四）美恶同词之例

《尔雅》："仇、偶、妃、匹，合也。"（《注》："皆谓对合。"）

又云："仇、雠、敌、妃，匹也。"又"敌，当也。"又"酬，报也。"又云："妃、合，对也。"又"怼，怨也。"

《左传》桓二："嘉耦曰妃，怨耦曰仇。"郑氏笺《诗》于"君子好述""公侯好仇""与子同仇""宾载手仇""询尔仇方"等句，都说怨耦曰仇。孙炎《注》："仇者相求之匹也，雠者俦侣辈类之匹也，敌者相当之匹也，妃、合，耦之匹也。"李巡《注》："仇、雠，怨之匹也。"臧琳又谓仇怨字作仇，述耦字作述，"盖匹耦之求，不论嘉耦怨耦，俱用从辵求声字，因嘉耦既以善相求，怨耦又以怨相求，嘉怨不同，而相求则一"。按诸说皆未能得语言之本始，《诗》中仇、述、雠、酬、魗五字俱有，义兼美恶，是仇、雠犹俦、酬，本为相当相对之义，故毛《传》于述、仇字只训匹也、合也，而不分嘉怨，得其义矣。匹、媲、妃、配、陪、倍等义同原，倍、陪又通于剖，故副为剖而有佐贰之义，判为剖而有伴侣之义，凡此等类，皆由一语挐分，当其未分时，固只一义也；当其已分后，则为二词二义，不必谓之反训也。郝《疏》："怨嘉虽异，仇妃本同，对文则两耦似分，散文则仇妃俱合。"段氏《说文注》云："仇雠本皆兼善恶言之，后乃专谓怨为雠矣。"《注》又云："仇者兼好恶之词，相等为敌，因之相角为敌。"仇、雠、敌之为匹合对，犹臭之为香，逆之为迎（例已见前），可归入"变坏式"的例中。

《尔雅》："怡、怿、悦、愉、豫，乐也。悦、怿、愉、释，服也。"

又："豫，安也。"又云："豫、射，厌也。"

戴东原《答江慎修论小学书》："即《尔雅》亦多不足据，姑以《释故》言之：如……豫盖当训厌足厌饮之厌，射训厌倦厌憎之厌，此皆掇拾之病。"《说文》："猒，饱也、足也。"段《注》："按饱足则人意倦矣，故引申为猒倦猒憎。"猒、厌古今字，猒、饜正俗字。心部愍，安也，厂部厌，筭也，土部壓，坏也，皆由一语根引申，义通于宴、晏、燕、偃、郾等字。郝《疏》："倦止与饮足义亦相成，安乐与倦怠义又相近，盖因饮足生安乐，又因安乐生厌倦，始于欢豫，终于倦怠，故厌训安又训倦，与豫训安训乐又训厌，其义正同矣。"

《诗》"甘心首疾"，《传》："甘，厌也。"《传疏》："快意谓之甘心，忧念之思满足于心亦谓之甘心。传以厌诂甘，忧思满足之意也。"（马瑞辰则以甘苦相反为义，苦心犹痛心。案毛说为长。苦之训甘，乃系声借，详后。）

《尔雅》："笃、竺，厚也。"《说文》："毒，厚也。"

段玉裁《说文注》："毒兼善恶之辞，犹祥兼吉凶，臭兼香臭也。《易》曰圣人以此毒天下而民从之，《列子》书曰亭之毒之，皆谓厚民也。毒与笃、竺同音通用，《微子》篇天毒降灾，《史记》作天笃。"（《诗》曰："天笃降丧。"）

《尔雅》："载、谟、食、诈，伪也。"又"作，为也。""载，行也。"

王引之云："盖伪有两义，载、谟者作为之义；食、诈者虚伪之义。"案《荀子·性恶》："人之性恶，其善者伪也。"又云："可学而能，可事而成之在人者，谓之伪。"又云："器生于工人之伪。"故杨倞《注》："伪，为也。"《月令》："母或作为淫巧。"郑《注》："今《月令》作为为诈伪。"是作为之极度则为诈伪也，今则判然有别。

《尔雅》："蛊、谣、贰，疑也。"又云："疑，戾也。"（注："戾，止也。"）

案疑者之心理为不定，而外貌则为凝止。故嶷、懝、儗、擬等字有未定之意，而礙、凝、癡、譺等字则有定止之意。《说文》屼训未定，疑训惑也。郝《疏》以为未字盖衍，朱骏声又谓未为衍文而二字说解互倒，疑，定也；屼，惑也；义实相反，音亦不同。殊不知许氏所说之二形即一字之异体也。

此外如颠本上端而又为自上而下（《方言笺疏》），末为尾而又为颠（《广雅》），终为竟末而又为始自，都与上例略同。祝（呪）祷（诗）之与诅詶（咀咒）亦同，字又作诪禂。

（五）虚实同词之例

《说文》："尽，器中空也。"《墨子》："尽，莫不然也。"《尔雅》："悉、空、毕，尽也。""极，至也。"《诗》毛《传》："空，大也。"诸书中至、极、绝、已、大、孔、尽、悉、毕、既等字又用为表极态和全数之副词。盖空与大义似相反，而其情况则相同也。《说文》："戬，灭也。"段《注》："尽之义兼美恶，故灭之义亦兼美恶。"《诗》云："俾尔戬谷。"戬为尽，尽善尽美也。

《尔雅》："鞠，盈也。"又云："鞠，穷也。"

《诗》"降此鞠讻"，《传》："鞠，盈也。"又"鞠为茂草"，《传》："鞠，穷也。"鞠一作鞫。郝《疏》："鞠训穷，穷训极，尽与盈满义近。又鞠有穹音。"《释诂》："穹，大也。"

《尔雅》："壑、阬阬、滕、徵、隍、潒，虚也。"

郭《注》："壑，溪谷也；阬阬，谓阬墐也；隍，城池无水者；《方言》云：潒之言空也；皆谓丘墟耳。滕徵未详。"郝《疏》："《玉篇》云：虚，丘居切，大丘也，今作墟；又许鱼切，空也；是虚有二音二义。古无墟字，其空虚丘虚并作虚。……尔雅之虚，本以空虚为义，郭云皆谓丘墟，盖失之矣。"按虚本大也，高为大，空亦为大，似相反而实相通，故《说文》："壑，阬也；一曰大也。""圹，壑穴也；一曰大也。"又："京，人所为绝高丘也。"而京又训大。《毛诗》："在彼空谷。"《韩诗》作穹谷，《尔雅》："穹，大也。"可证高大与空大之相通本由于情状之类似，而非由于虚实之相反。

亢声之字多有大义，一为高大：如亢、颃（人颈）、伉（《诗》云"高门有伉"，《韩诗》作"闶"，《说文》作"阬"。）、炕（乾也）、扛（扞也）、邟（陌也，《广雅》则云"池也"）；一为宽大：忼（慨也，一作慷）、沆（莽沆大水貌，一曰大泽貌）；一为深大：魧（大贝）、远（兽迹）、阬（阆也，阬阆犹坑窞，一作康窞，故《尔雅》云"虚也"，《苍颉篇》"銎也")。沈兼士《右文说》中有"相反义分化式",谓从亢声字有高上义,同时亦有洼下义,故沆、阮之或训高或训洼也。沈氏云:"盖高起之与洼下,方向虽异,而其容积则一也。如中央下与中央高同得云宛,阪与池同得云陂,从襄声字有退却与侵夺义(如讓与攘),皆是字义相反相成之理。"《经义杂记》疑《尔雅》之阮、阬二字相连必有一讹,或本作坑,或本作沆,沆有大义,大者多虚。此说颇有见地(又《诗》云"颉之颃之",《传》:"飞而上曰颉,飞而下曰颃。"段玉裁《毛诗小学》云:"《传》上下字互讹,颉同页,页头也,飞而下则头抢地;颃同亢,亢颈也,飞而上则亢向天。"《说文注》又引《甘泉赋》"鱼颉而鸟䀏",谓即颉颃。陈奂《传疏》引段说而又谓当是颉颃二字之互讹)。康本穅字,空也。《诗》"酌彼康爵",《笺》:"康,空也。"空犹大也。歉为饥虚,即荒声之转。漮为水虚,即沆之异文。故康宴即坑阆、犹健即康健。亢、康俱有舒缓高大之义,故又为安乐。

至于滕、徵的解说,颇不一致,钱氏《潜研堂答问》:"《说文》滕、水超涌也,《玉篇》滕,虚也,引《诗》百川沸腾;盖水涌而上有虚之义。……徵者事之虚,《春秋传》鲁人闻余出,喜于徵死;徵死者徒死也,徒死犹虚死也。"洪颐煊《读书丛录》:"水超涌则其下空虚,滕与腾通。《思玄赋》:懲洓涩而为清,注:懲,腾也,懲即徵字。"马瑞辰、郝懿行说并同。翟灏《补郭》:"徵者信实,可徵以为虚者,亦若乱之为治,故之为今,徂之为存,允之为佞,义相反而兼通也。"按徵滕犹蒸腾、升登,皆高起之意,故为虚。

《说文》:"琬,圭有宛者。"段《注》:"玉裁谓圜刓之,故曰圭首宛宛者,与丘上有丘为宛丘同义,《尔雅》又云:宛中宛丘,此与毛《传》四方高中央下曰宛丘,《释名》丘宛宛如偃器正同,谓宨其中宛宛然也。二义相反,俱得云宛。"按《尔雅》为客观的训诂书,所以兼收异说,或系后人附益求备,自不必责其自相矛盾。宛为屈曲环围,穹窿为宛,低伏亦为宛,高下不同,其为屈宛则一。郭《注》必云中央隆为宛,马瑞辰《传笺通释》又必以中央下为宛,都失之拘。这好像沆训陌又训池,阬训阆又训壑的道理相同。

《尔雅》:"窒,塞也。"《诗》"穹窒熏鼠"《传》同。

《潜研堂答问》云:《易》"阒其无人",孟喜本作"窒其",窒本塞,反训为空,犹乱之训治,徂之训存也。《列子·黄帝篇》"至人潜行不空",一本"空"作"窒",《庄子·达生篇》引此文亦作"窒",是窒有空义也。按《诗》穹窒连文,《东山》:"洒扫穹窒。"《笺》训为塞。《说文》:"窒,塞也。""竂,空貌。"窒与滞实及竂穴(掘阅)窒屋音俱近,疑非反训。至于閒为隙又为隔,乃系一义之两面,亦非反训,故《尔雅》"孔延魄虚无"及"哉之言"俱训閒也;閒又训代也,盖閒隙即隔断处,亦相交替处也。

《尔雅》:"允、展,信也。""展、允,诚也。"又云:"允、任、壬,佞也。"

郝《疏》:"允、任、壬本训为信为大,而又为佞,美恶不嫌同辞也。"按训诚信之字如允、孚、亶、展、谌、诚、亮、询等字都有大义,诚信之言深沉也,深沉为大而虚诞亦为大,故亶为信而谵为欺谩(《方言》十),诞为词诞(《说文》)而又为大(《尔雅》),为信(《韩诗章句》)。亶、延、展一声之转,《方言》:"展,信也。"《楚语》:"展而不信。"及《逸周书》:"昭信非展。""展允干信。"展又为不信,允同。《说文》:"佞,巧谄高材也。"《论语》"不有祝鮀之佞"孔《注》:"佞,口才也。"是佞谄也都是巧言欺谩之意,故允为信而又为佞,信、佞皆大也。《方言》:"齐楚谓信曰訏。"《说文》:"訏,诡讹也。"《尔雅》:"訏,大也。"訏亦兼此三义(《读书丛录》及《正郭》以允为兑之讹,兑即悦,以言悦人即是佞。又《群经平义》谓允为沇之借,《说文》沇读沇州之沇,沇者山间陷泥地,以地言为陷,以人言即为诏也。三书都不明语义相反相成之理)。

以上五类,皆语义演变的恰成相反者,自不得叫作反训。严格地讲,"反训"这个名词根本就不能成立,训诂是解释古字古言,基于相反的原则而去训释古语,才可以叫作反训;现在既知这些例子不过是语义演变现象中的一少部分,那么,就不应再名为反训而认为训诂原则了。恐以讹传讹,随流波荡,不可遏止,故特为辨正。至于本非义变而误认为反训的也很不少,这里再附带举正如下:

(1)不晓同音假借而误以为反训者

《尔雅》:"乱,治也。"《说文》:"乱,治也。"又:"𤔌,治也,读若乱同，一曰理也。"又："敵，烦也。"又："戀，乱也，一曰治也，一曰不绝也。"又："变，更也。"

郝氏《义疏》谓乱之训治，盖因与戀音义俱同，故兼有二义。段氏《注》则以乱为"不治"，转注之法乃训乱为治（《匡谬》云惟不治故治之，治之曰乱，谓不治者亦曰乱，《孟子》一治一乱是也。徐灏《笺》云：自其体言则为乱，以其用言则为治，故乱亦训治也）。按段氏于下云"此与乙部乱音义皆同。"于敵下云："与受部嫡，乙部乱，言部戀，音义皆同；烦曰敵，治其烦亦曰乱也。"于戀下云："与受部嫡，乙部乱，音义皆同。"然又分别治与不治，是前后自相矛盾也。桂馥《说文义证》则以乱字通借为敵，故有烦义。现在看来，诸说都非，方以智《通雅》云："戀有辞治變之音。"辭籀文作辝，是以台叶音也。《楚辞》每篇末多有"乱曰"之文，即辭（词诗）之借。金文嗣字多用为司，司即治也。乱之训治，犹疗理（料理）之训治，本系音借，非关反训。旧说反其义以相借或相反为训者，都大错特错了。

《说文》："扰、烦也。"《广雅》："扰，乱也。"但如周礼上的"以扰万民"，"掌养猛兽而教扰之"等句中之扰字则训安之义。盖扰音近柔，故有柔义，《书经》"柔远能迩"，《诗经》"怀柔百神"，《礼记》"柔远人也"等柔字，并是优柔安服之意，《尔雅》："柔，安也。"是扰之训安，亦为音借。

《尔雅》："康，静也。安也。乐也。"又云："康，苛也。"（同书云"苛，妎也。"《方言》："苛，怒也。"）

邢《疏》："苛名康者，以康安也，苛刻者心安之。"邵《疏》："《说文》云苛小草也，《释器》云康谓之蛊；康、苛皆细小之物，故假借以为烦琐之名。"郝《疏》："按苛为小草，故又为细也，烦也，重也，又扰也。……康亦细碎，与苛扰义近。声又相转。"俞曲园又云"康苛"为"抗荷"之借，抗举与负荷义相近。以上数家虽不以为反训，但终嫌牵强。周春《补注》始云："康之为苛，亦犹乱为治，故为今，徂为存，扰为训之类。"按经典康字无训苛者，郭《注》云："谓苛刻。"苛刻与康，声都相近。康本糠字，康之训安乐，乃由空暇宽舒引申；苛之为烦扰，则由刻酷引申；二义无相连之关系，非反训也。

《尔雅》："愉，乐也。"又云："愉，劳也。""瘉，病也。"又云："盱、繇，忧也。"又"郁陶、繇，喜也。"

按愉之为乐，盖由迁裕舒徐之义，故娱、虞、豫、预、誉、与等声近之字并可训喜。愉又为劳病，盖因郁积抑悒之意。郝《疏》："愉者（劳也）盖愈之假者。"愉音转为繇，故繇为忧又为喜。《广雅》："郁悠，思也。"王《疏》："凡一字两训而反覆旁通者，若乱之为治，故之为今，扰之为安，臭之为香，不可悉数。"《尔雅》云："郁陶繇，喜也；又云：繇，忧也；则繇字即有忧喜二义，郁陶亦犹是也。是故喜意未畅谓之郁陶。"《檀弓（人喜则斯陶，郑《注》陶，郁陶也）正义》引何氏《隐义》云："郁陶，怀喜未畅意；是也。忧思愤盈亦谓之郁陶，《孟子》（郁陶思君尔）、《楚辞》（《九辩》'岂不郁陶而思君'）、《史记》（'我思舜正郁陶'）所云是也。"暑气蕴隆亦谓之郁陶，挚虞《思游赋》云："戚溽暑之郁陶兮，余安能乎留斯？夏侯湛《大暑赋》云：何太阳之吓曦？乃郁陶以兴热是也。事虽不同，而同为郁积之义，故命名亦同。阎氏（百诗《尚书古文疏证》）谓忧喜不同名，《广雅》误训陶为忧，亦非也。"王说虽较阎氏之以一义解之者固佳，然也不免有误，因为郁陶之为喜为忧，各有语原所自，不必强以反训目之。郝氏云："二义相反。凡借声之字，不必借义，皆此例也。繇盖慆之假借，《方言》云慆忧也。"

《尔雅》"藆，大苦"，《注》："今甘草也。或云藆似地黄。"（《诗》"采苓采苓"，《传》："苓，大苦。"）

王氏《广雅疏证》："案大苦者大苄也，《尔雅》云苄地黄，苄、苦古字通，《公食大夫礼》羊苦，今文苦为苄是也。藆似地黄，故一名大苦……苦乃苄至假借，非以其味之苦也。"又《方言》三："苦，快也。"《方言》二："苦，快也。"郭《注》谓苦而为快者，犹以臭为香。马瑞辰据以训解《诗》之"甘心首疾"，甘与苦相反为义；说亦无据。

他如"知谓之党，不知亦谓之慌；解寤谓之党，昏昧亦谓之晄；光明谓之党朗，不明亦谓之慌朗"（见钱绎《方言笺疏》。犹明母字多有冥明二义）。"介训为大（介、夰、玠），又训为小（介、砎、芥、龄、扴）。"（见同上）鲸鲵皆大鱼（《左传》宣十二杜《注》），鲵鲋皆小鱼（《庄子·外物释文》引李逵《注》）。鲲为大鱼（《大庄》）而又为鱼子

（《尔雅》）。艾为耆老（《礼记》《方言》《释名》）而又为少嫩（《孟子》）。原为始（元）而又为再（《尔雅》）。愈为病（《尔雅》）而又为瘳（《说文》）。瘥为病（毛《传》）而又为愈（《说文》）。放为泛而又为傍。离为罗（罹）而又为刘（镠）。更为改（革）而又为继（赓）。诸如此类，遽数之不能终其物，并系同音相假，义偶相反；浅人拾摘皮傅，不知实无关于反训也。

（2）不达反训原理而强以为反训者

《说文》："嘆，吞欥也。一曰太息也。"又云："欥，吟也。"许氏分为两字，已属不当；段氏《注》又从而为之辩护曰："按嘆、欥二字今人通用，毛《诗》中两体错出，依《说文》则义异：欥近于喜，嘆近于哀。"按毛《传》于"于嗟"之文仅云"欥辞"，而郑《笺》则分云"美之""戒之"及"欥之"，陈氏《传疏》曰："美欥曰嗟，伤欥亦曰嗟，凡全《诗》欥词有此二义。"可见其义为喜为伤为讥为赞，都由上下文义而别。

马瑞辰《传笺通释》又谓："啸、欷二字经典通用，而其本字则音同而义别，欷者吹声悲声也……啸者吟也……。"诸如此类，都是执拘偏旁，妄生区别，有昧于心理循环，语义周流的消息。

他如《尔雅》云："茅，明也。"陈玉澍《尔雅释例》谓即《释天》之雺，雺，昧也。《尔雅》："育，长也。"又："鞠，稚也。"陈氏谓鞠、育字通，稚幼与长老义反。颇为略少之训而又为多甚之词（见刘淇《助字辨略》）。《方言》"谩台"为惧，《乐记》"慢易"为怠忽，怠忽与畏惧相反。麤为大鹿而又训似鹿而小者。容为可而又为岂可。一为决定之词而又为或词。宜为应合之词而又为计而未定之词。不可为岂，或可亦为岂。苟为诚而又为且。诚为实词而又为未定之词（均见刘师培《古书疑义举例补》"二义相反而一字之中兼具其义之例"。）犯之为败又为胜；诚信为穆，不诚为缪，缪即穆也；臭菜为荤，香草为熏，熏即荤也；扱取为引，投掷亦为引；间为隙而又为塞；塞为隔而又为通；咺为快而又为怒；呵为笑而又为怒；……诸如此类，或自矜深得不传之秘，展转求之，可至无穷；哪里知道是陷溺迷误而不自觉呢！

（3）不识古字而误以为反训者

《诗》"徒御不警，大庖不盈"，《传》："不警，警也；不盈，盈也。"

又"不戢不难，受福不那"，《传》："不戢，戢也；不难，难也；那，多也；不多，多也。"又"有周不显，帝命不时"，《传》："不显，显也；不时，时也。"又"上帝不宁，不康禋祀"，《传》："不宁，宁也；不康，康也。"又"矢诗不多"，《传》："不多，多也。"郑《笺》于此等处并以"岂不……乎"的反言方式解之。臧琳又引以为"古人语急反言"之证。不知不乃丕字，不、丕于古为一体，丕音近溥，故有大义，用为表极甚之副词，《诗》之不显不承即《书》之丕显丕承，《孟子》引《书》语赵《注》训为大，得其义矣；王引之《经传释词》则谓不、丕为声，而斥赵《注》失之，非是。

又《诗》"无念尔祖，聿修厥德"，"王之荩臣，无念尔祖"，《传》："无念，念也。"《尔雅》："勿念，勿忘也。"按此无字不必以发声或反言解之，无、聿对文，周王告戒殷士曰：勿念念不忘尔祖，惟当修明其德；用意深远，不烦曲解。至如"无竞维人"，"无竞惟烈"，《传》："无竞，竞也。"无音近于，犹"于皇""于穆"之例，并为表极甚之副词。

（4）不知句调为表意方法之一而误以为反训者

《左传》："无宁兹许公复奉其社稷"，杜《注》，又"毋宁使人谓子，子实生我而谓子浚我以生乎"，杜《注》，又"且先君而有知也，毋宁夫人而焉用老臣"服《注》，并以"无宁"为"宁也"。按宁为肯定而无宁为询问，《左传》引《书》曰："圣作则，无宁以善人为则而则人之辟乎？"《论语》："无宁死于二三子之手乎？"都有乎字可证，上引《左传》三例亦有乎字及焉字。

《鲁语》"彼无亦置其同类"，韦《注》："无亦，亦也。"《经传释词》以《国语》之"王无亦鉴于黎苗之王？""女无亦谓我老耄而舍我？"《左传》之"无亦是务乎？""无亦鉴乎若敖蚡冒至于武文？"《晋语》之"君不亦礼焉？"等句之无、不二字为发声，而斥《周语》"无亦择其嘉柔"，韦《注》"无亦，不亦也"为误，非是，不知此犹《论语》"不亦说乎？""不亦乐乎？"之例，若解为肯定，则言者委婉的口气全行失去了。

《左传》："先君若有知也，不尚取之？"服《注》："不尚，尚也。"《逸周书》"二三子不尚助不穀"，孔晁《注》、《秦策》"楚国不尚全事"，高《注》并同。又《逸周书》:"不其乱而?"《左传》:"不其馁而?"《诗》:"不尚息焉?"《孟子》:"吾不惴焉?"《礼记》:"不在此位也?"而、焉、也三字也都是询问助词。《诗》:"不裁我躬?""济盈不濡轨?"《书》:"我生不有命在天?"等句虽无助词表示句调,但由上下文义可知为反言,《史记》引作"我生不有命在天乎?"有乎字可证。王引之一律释不为语助无义,失之。顾炎武《日知录》谓《诗》之"亦不夷怿"省乎字,"我生不有命在天""吾不惴焉"省岂字,"不在此位也"上文省非字;说法虽然不得要领,但较王氏之说仍佳。

《公羊传》"母欲立之,己杀之,如勿与而已矣",《注》:"如即不如,齐人语。"《左传》:"敢辱官谤?以速官谤。"《注》:"敢,不敢也。""敢辱大馆",《注》:"敢,不敢也。"聘《礼》:"辞曰:非礼也,敢对?曰:非礼也,敢辞?"《注》:"敢言不敢。"顾炎武谓为语急而省,复广其例,如《左传》:"若爱重伤,则如勿伤?若爱二毛,则如服焉?""若知不能,则如无出?""二三子若能死亡,则如违之?以待所济;若求安定,则如与之?以济所欲。""君若爱司马,则如亡?""不能,如辞?""然则如叛之?"其实这也都是问句,《汉书·翟义传》:"欲令都尉自送,则如勿收邪?"有邪字可证。今语犹有此例,不必齐人语。

以上种种靠着句调表示的意义,因为古无问句的记载,至于淹没失解。毛《传》云:"不显,显也。"王引之本之,遂谓不无等字为发声;郑《笺》云:"岂不警乎?岂不盈乎?反其言以美之。"顾炎武本之,以为古人语急而省文。俞氏《古书疑义举例》则兼采三说,故有"语急例","反言省乎字例","助语用不字例"。近人复引之谓为反训。

(5) 不明词类活用现象而误以为反训者

《诗》:"薄污我私。"污本秽名而又为去秽之称。《孟子》:"将以衅钟。"衅本罅隙而又为弥补之词,犹隙曰缝而缀连亦曰缝也。劳为劳苦之义而又为劳来之语,《诗》"神所劳矣""召伯劳之""莫我肯劳"等劳是也,盖劬劳曰劳,慰其劳亦曰劳也,今犹有慰劳犒劳之语。皮本皮表之名而又为去皮之称,《国策》"皮面抉眼",《僮约》"落桑皮椶"是也,字亦作披。犹毛为生毛又为去毛,《诗》"毛炰豚羹",谓烂去豚毛而炮之也。以上所举,皆汉语名动同词的现象,本无足异,不得因其偶然于义相反而就认为反训也。若然，则不相反者又将何解。

上列五误，都是彰然较著者，其他尚不及焉，由这也可见目前训诂学的一斑了。设无语文之基础知识，而必于此强作解人，吾恐其不知伊于胡底？章太炎《转注假借说》论相反为义云："语言之始，义相同者多从一声而变，义相近者多从一声而变，义相对相反者亦多从一声而变。"所举相对相反之例如先言天，从声以变则为地；先言古，从声以变则为今；……先言起，从声以变则为足；先言头，从声以变则为足。……此皆以双声叠韵相转相迤者也。亦有位部皆同，训诂相反者；始为基，终为期为极；说乐为喜为僖为婴，悲痛为谆；有目为明，无目为盲；并以一语相变；既有殊文故民无眩惑。章氏这段话似是而实非，于语言缘起多所未了。至于又谓"若特为牛父，引伸训独，而《诗传》又训为匹，则是读为等夷之等也。介为分画，引伸宜训两，而《春秋传》以介特为单数，则是读为孑孓之孑也。苦徂故为快存今，亦同斯例，顾终古未制本字耳。若从双声相转之例，虽谓苦借为快，徂借为今，可也"。这也似乎不必，盖语文本为流动变化而渐形成多面，因其语境之不同，自可含有相反两义，正不必都一一分别为之造字，或旁求其通借；倘若执著固定的字形和片面的本义而刻舟胶柱以求之，恐语言文字之道由此塞。

第四节　术语

汉儒训诂之学，虽然还没有完全达到细密周备的境界，可是他们所用的术语也有一定不易的相沿习惯，我们从这上面也可以归纳出一点大概的倾向，使人一望而知其所表之训诂种类。转注用语之最简质者，莫如毛《传》，如："窈窕，幽闲也，淑善，逑匹也，言后妃有关雎之德，是幽闲贞专之善女，宜为君子之好匹。"先分释古字，后综释古言。有时句义甚明，勿烦复说者，则只训难字之义，以下不再重述，如："寤觉，寐寝也。"《诗传》而外，如康成的《诗笺》《易注》《三礼注》，赵岐的《孟子注》，王逸的《楚辞注》，何休的《公羊解诂》，以及《尔雅》《说文》《方言》《释名》，并训诂之佳作，现在姑就以上数书所言，参以《经籍纂诂凡例》所列，约为四十类如下。

（1）某，某也（某，某也、某也。）

《周书·谥法》："和，曾也。勤，劳也。"《周语》："基，始也。命，信也。"《易传》："需，须也。师，众也。元，始也。蒂，小也。"如数字连释，则前数字释语之也字可省，如《诗传》："淑，善；述，匹也。""履，禄；绥，安也。"等是。其末字释语之也字不可省，无者必系缺文，《诗传》："荒，奄。"上下俱无他文，是缺也字明甚，故《传疏》云："《传》荒奄下夺也字，今补；凡言也者，别词也，词未尽不须用也以别之，词已尽则用也以别之，今本多互乱矣。"至如《周礼》郑《注》："资，取也、操也。""典，常也、经也、法也。""诏，告也、助也。"之类，皆一字之义不足尽，或展转相释。其句式应亦属此。

（2）某者，某也（某者，某也、某也。）

《孟子》："畜君者，好君也。"《书大传》："颛者事也，禹者辅也。"又："尧者高也，饶也。舜者推也，循也。"段氏诸字下注云："白部曰：者，别事词也。诸与者音义皆同，《释鱼》：前弇诸果，后弇诸猎。诸即者。"《说文》："泣，无声出涕曰泣。"段《注》据《韵会》本订正作"无声出涕者曰泣"，云："者，别事词也，哭下曰：哀声也，其出涕不待言，其无声出涕者为泣，此哭泣之别也。"按者即今之这字，某者某也乃古人行文构句之常例，不必拘泥。

（3）某犹某也

《说文》："雠，犹譍也。"段《注》："凡汉人作注云犹者，皆义隔而通之，如《公》《穀》皆云孙犹孙也，谓此子孙字同孙遁之孙；《郑风传》：漂犹吹也，谓漂本训浮，因吹而浮，故同首章之吹。凡郑君高诱等每言犹者皆同此。许造《说文》，不比注经传，故径说字义，不言犹；惟宾字下云：窍犹齐也。此因窍之本义极巧，视之于宾从窍义隔，故通之曰犹齐。此以应释雠甚明，不当曰犹应，盖浅人但知雠为怨词，以为不切，故加之耳。然则尔字下云：丽尔犹靡丽也，此犹亦可删与？曰此则通古今之语示人，丽尔古语，靡丽今语；《魏风传》：纠纠犹缭缭，掺掺犹纤纤之例也。"又于诩下注云："《礼器》德发言诩万物，《注》：诩犹普也。按诩之本义为大言，故训为普则曰犹，凡古注言犹者视此。"按郑氏注经常好言犹，如《中庸注》："道犹道路也，出入动作由之，离之恶乎从也。"

"位犹正也。""流犹移也。""塞犹实也。"等，都和段氏所说相符。至如《天官·酒正注》："醴犹体也，成而汁滓相将。盎犹翁也，成而翁翁然葱白色。"则又言名原了。

（4）某亦某也

《天官》郑《注》："则亦法也，典法则所用异，异其名也。"按经云："六典治邦国，八法治官府，八则治都鄙。"郑《注》既云"典，常也，经也，法也"，故又云"则亦法也"，亦者言其似而实同也。又经云："以安邦国，以宁万民，以怀宾客。"《注》："怀亦安也。"凡此皆明其为变文也。《诗传》："艰亦难也。"《传疏》云："艰难合二字一义，古人属辞，一字未尽，重一字以足之，《七月序正义》亦云艰亦难也，但古人之语字重耳。凡全《诗》中叠字平列放此。"《传》言犹宜者也多此类，如《羔羊传》"革犹皮也"，《缁衣传》"好犹宜也"，皆上下章字异而义同。或言且，《中古有蓷》上章言乾，下章言修，《传》："修且乾也。"《传疏》："凡全《诗》通例，诗三章第二章与第一章同意，传于第二章即承第一章立训，如《羔羊》革犹皮也，《缁衣》好犹宜也，此通例也。此诗第二章言修与第一章言乾同意，传不云修犹乾也者，且乾不尽乾也。……传变文立训，互相足也。"

（5）某谓某某也

《诗传》："殨谓黍稷也。""豆谓内羞庶羞也。""有谓富也。""亡谓贫也。"《周礼·天官》郑《注》："长谓公卿大夫王子弟食采邑者。""两谓两卿。""爵谓公侯伯子男卿大夫士也。"凡言谓者，都是以狭义释广义，或是以直义释曲义。或是以分名释总名。

（6）某谓之某

《诗传》："南风谓之凯风。""水草交谓之麋。""衣蔽前谓之襜。""白与黑谓之黼。"凡言谓之者，皆著其异名或事物之名也。

（7）某某曰某。某某为某

《左传》："经纬天地曰文。""师众以顺为武。"《曲礼》："约信曰誓，莅牲曰盟。"《大戴记》："无患曰乐，乐义曰终。"毛《传》："正直为正，能正人之曲曰直。"为、曰二字古多通用。凡言为、曰者，都是直陈其义而定其义界也。

（8）某，今谓之某

《天官》郑《注》："奄，精气闭藏者，今谓之宦人。"又："今之筭泉，民或谓之赋，此其旧名与？"郑司农《注》云："版，名籍也，以版为之，今时乡户籍谓之版。"凡此皆明古今名称的同异。

（9）古谓某为某（今谓某为某。）

《中庸》郑《注》："古者谓之孙曰帑。"《天官》郑《注》："古者从坐男女没入县官为奴，其少才知以为奚，今之侍史官婢，或曰奚宦女。"《地官注》："郑司农云：绹，著牛鼻绳，所以牵牛者，今时谓之雉，与古者名同。"凡此也都是明古今名谓的同异。又有引证俗名取义以解古语者，如《冬官注》："弱，蒲也，今人谓蒲本在水中者为弱，是其类也。"《夏官注》："爝读如予若观火之观，今燕俗名汤热为观，则爝火谓热火与？"《春官注》："郑大夫读窆皆为穸，杜子春读窆为毚，皆谓葬穿圹也。今南阳名穿地为窆，声如腐脆之脺。"

（10）古曰某，今曰某

《春官注》："或曰：古曰名，今曰字。"《秋官注》："书名，书之字也，古曰名。"《论语》郑《注》："正名谓正书字也，古者曰名今世曰字。"《仪礼·聘礼记注》："名，书文也，今谓之字。"这是说明古今称谓的不同的。《天官注》："爨，今之竈。"义同此。

（11）某，若（如）今某

《天官注》："此民给徭役者，若今卫土矣。"贾《疏》："郑云若今卫士者，卫士亦给徭役，故举汉法况之。"又："郑司农云：官属谓六官，其属各六十，若今博士、大史、大宰、大祝、大乐属大常也。"又："闲民谓无事业者，转移为人执事，若今佣赁也。"若亦作如，"治叙，次序官中，如今侍曹伍伯传吏朝也"。又《地官注》："传，如今移过所文书。"凡言若今、如今者，都是以今制比况古制也。

（12）某，某某之称（名）

《天官注》："饔，割亨煎和之称。""嫔，妇人之美称。"《仪礼注》："子，男子之美称。""甫是丈夫之美称。""伯仲叔季，长幼之称。"称亦谓之名，《天官注》："竖，未冠者之官名。""追，治玉石之名。"或亦曰辞，《仪礼注》："吾子，相亲之辞。"

（13）某，言某某也

《诗传》："古言久也。""岂不言有是也。""不迟言疾也。""萧萧马鸣，悠悠旆旌，言不諠哗也。""清酒既载，骍牡既备，言年丰畜硕也。"凡此皆阐微著隐，指明其取义所在。

（14）某，所以某也

《说文》："聿，所以书也。"段《注》："以，用也。聿者，所用书之物也。凡言所以者，视此。"按言所以者，都是指明其功用，而被释者则必为名词。故段氏于《说文》说解，恒增所以二字以别其名为动，如竹部"籆"下云："所以收丝者也。""箹"下云："所以搔马也。""箠"下云："所以击马也。"所以二字都是今补。又于"笞，击也。"下注道："疑夺所以二字，笞所以击人者，因之谓击人为笞也。"

（15）某，某某之属（类）

《天官注》："郑司农云：别四方正君臣之位，君南面臣北面之属。""郑司农云：祀贡，牺牲包茅之属，宾贡，皮帛之属。"又："兽，牛马之类。""食有和齐，药之类。"凡言之属之类者，略言其别名也。此以别名释总名者。

（16）某，某属（别）

《说文》："秔，稻属。""秏，稻属。"段《注》："凡言属者，以属见别也；言别者，以别见属也。重其同则言属，秔为稻属是也；重其异则言别，稗为禾别是也。《周礼注》曰：州党族闾比，乡之属别；介次市亭之属别小者。属别并言，分合并见也。"有时"属别"字可略，《说文》"兖"下云"冕也"。段氏谓冕下转写夺"属"字。

（17）某，某貌

凡言貌者都是用为形容词和副词，如《诗》云"维叶莫莫"，《传》："莫莫，成就之貌。"此形容词。又"泛彼柏舟，亦泛其流"，《传》："泛泛，流貌。"此副词。有时貌字可省，如《诗》"螽斯羽诜诜兮"，《传》："诜诜，众多也。"而"駪駪征夫"，《传》则曰："駪駪，众多之貌。""桃之夭夭"，《传》"其少状也"；"棘心夭夭"，《传》则云"盛貌"。然字古用为形状词的语尾，故此类词的训释可以变言然字以表之，例见前。重言之词多为形状语，故又可变言重言以表之，如《诗》"有洸有溃"，《传》：

"洸洸，武也。溃溃，怒也。"《笺》："君子洸洸然溃溃然无温润之色。"《释文》引《韩诗》则云："溃溃，不善之貌。"可见无定式也。《说文》："墫，舞也。"段《注》改为"士舞也"，并云："也当为皃，毛《传》：'墫墫，舞皃。'古书也、皃二字多互讹。"其实也不尽然，这犹毛《传》"薨薨，众多也"，《广雅》"翿翿，飞也"之例，依段说也字都应是貌之讹。

（18）某，某声

凡言某声者也多是形容词或副词，如毛《传》的"渊渊，鼓声"，"坎坎，击鼓声"之类便是。有时探其意以立训，则曰"关关，和声"，"嗜嗜，和声。"有时仅只明其为声而不言某声，如"嘤嘤，声也"等都是。重言象声词之为副词者，有的也可以言貌，如《诗》"嘅其叹矣""条其歗矣""啜其泣矣"，《传》："啜，泣貌。""条条然歗也。"啜和条嘅都是声音。

（19）某，某辞（词）

辞者声气之谓，某辞者，表示某种意义的声气也。如《诗传》："于嗟，叹辞。""猗嗟，叹辞。""於，叹辞也。""猗，叹辞也。""今，急辞。"《诗笺》："聊，且略之辞。"《檀弓》郑《注》："且，未定之辞。"《说文》辞作词，如"吹，诠词也。""矣，语已词也。""只，语已辞。""粤，审慎之词。""宁，愿词也。"或倒言之，则云："乃，词之难也。""曾，词之舒也。"辞为声气之意，故某辞也可说某声，如《诗传》："噫，叹也。"《论语》郑《注》："噫，心不平之声。"《诗笺》："懿，有所痛伤之声也。"《檀弓》郑《注》："噫，不寤之声。"《淮南》高诱《注》："意，恚声。"《公羊》何《注》："噫，咄嗟貌。"《说文》："诶，可恶之辞。"又云："𣢪，声也。"

（20）某，辞也

虚字的意义虚到虚无可虚的时候，毛《传》则以"辞也"释之，言其仅有声而不为义。如《芣苢》之薄、《汉广》《文王》之思、《草虫》之止、《载驰》之载、《大叔于田》之忌、《山有扶苏》之且等都是。郑《笺》于"迄、期"等字亦训"辞也"，《韩诗章句》又训"将、聿"等字为"辞也"，或谓之"语助"。《易》郑《注》："居，辞也。"《檀弓》郑

《注》："居，齐鲁之间语助也。""尔，语助也。"又称"声之助"及"发声"，如《檀弓》郑《注》："畴，发声也。"《说文》："曶。词也。"《中庸注》："思，声之助。"毛《传》："思，辞也。"

（21）某，……或曰（一曰）某

凡一词有异训而义可兼通者，则并存之，故有一曰或曰之例，《公羊解诂》云："或曰者，或人辞，其义各异也。"例如《天官·内饔》"凡掌共羞、脩、刑胺、胖、骨鳙，以待共膳"，郑司农《注》："刑胺谓夹脊肉，或曰膺肉也。"或曰之文，说无所出而注亦不从，只是备异说耳。又《醢人注》："郑大夫读茆为茅，茅沮、茅初生，或曰：茆，水草。"《说文》多言一曰，如"祏，宗庙主也，《周礼》有郊宗石室；一曰：大夫以石为主"，又："祟，设绵蕝为营，以禳风雨霜水旱厉疫于日月星辰山川也。一曰：祟，卫使灾不生。"此皆字义之别说，容得两存。

（22）某，或作（为）某

《天官注》："玄谓政谓赋也，凡其字或作政，或作正，或作征，以多言之宜从征，如《孟子》交征利云。"此言诸书异文而义相同，由郑司农云："糟音声与藙相似，医与醷亦相似，文字不同，记之者各异耳，此皆一物。"有时或言某书作，如《月令》郑《注》："术，《周礼》作遂。"《少仪注》："古文《礼》，儌作遵。""《周礼》圜作瞏。"等皆是。至同书异文亦言或作或为，例如《笾人注》："故书蕡作茨；郑司农云：茨字或作蕡，谓乾饵饼之也。"《礼记注》："菹或为俎。"《少仪注》："酢或为作。"凡异文皆音读相同。《说文》"禓"下段《注》："凡云或为者，必彼此音读有相通之理。"

（23）古文某为某。今文某为某

汉儒传经，有今古文之别；今文为隶书，古文为六国时书；古文经出自孔壁鲁淹及河间中秘旧藏，《汉书·艺文志》已经著录，计有《尚书古文经》《礼古经》《春秋古经》《论语古》《孝经古孔氏》……等数种。故康成注《礼》有今文古文之语，如《士冠礼注》："古文闑为槷，闑为蹙。"贾《疏》："郑注《礼》之时，以今古二字并之，若从今文不从古文，即今文在经，闑闑之等是也，于注内叠出古文槷蹙之属是也；若从古文不从今文，则古文在经，注内叠出今文，即下文孝友时格，郑《注》

云：今文格为假，又《丧服注》：今文无冠布缨之等是也。此注不从古文褻蠶者，以褻蠶非门限之义，故从今不从古也。《仪礼》之内或从今或从古，皆逐义彊者从之；若二字俱合义者，则互挽见之，即下文云：壹揖壹让升，《注》云：古文壹皆作一，公食大夫三牲之肺不离赞者，辩取之一以授宾，《注》云：古文一为壹。是大小注皆叠今古文，二者俱合义，故两存之。"

（24）某，故书作某

《易》费氏、《诗》毛氏、《礼·周官》……等书，虽也属古文学派，但是字体方面，并非与孔壁古文为一系，而且其中的《周官》无今文，所以《周礼》郑玄《注》只称"故书作某"。《天官注》："嫔，故书作宾。"《疏》云："言故书者，郑注《周礼》时有数本，刘向未校之前，或在山岩石室有古文，考校后为今文。古今不同，郑据今文注，故云故书作宾。""傅别故书作傅辨。"作亦言为，"七事，故书为小事，杜子春云当为七事"。此亦兼存异文也。《天官庖人注》："献，古文为兽。"此古文非壁中书，大概是古本故书的意思。

（25）古字某某同。古声某某同

《天官·外府注》："郑司农云：赍或为资，今礼家定赍作资。玄谓赍、资同耳，其字以齐次为声，从贝变易，古字亦多或。"《周礼注》中或言"故书赍为资"，或言"赍或为资。"又《凼人注》读为齐，杜子春读为粢；又《典妇功注》故书赍为咨。可证齐次声同，皆从贝旁，是一字之或体。《论语》"无所取材"，郑《注》："古字材、哉同耳。"按材、哉同从才声，此云同者，言古字因声音相同而通用耳。《诗·常棣笺》："承华者曰鄂，不当作拊，拊，鄂足也。"此言不拊因声同而假借也。《诗·东山传》："烝，窴也。"《笺》："古者声窴、填、尘同也。"又《常棣传》："烝，填也。"《笺》："古声填、窴、尘同。"《释文》："窴音田，又音珍，一音陈。……亦音尘。郑云古声同，案陈完奔齐以国为氏，而《史记》谓之田氏，是古田、陈声同。"《正义》："传训烝、窴也，故传实为久，而《释诂》云尘、久也，乃作尘字，故《笺》辨之，古者窴、填、尘三字音同，可假借而用之故也。"按《桑柔·瞻仰传》并云："填，久也。"《尔雅》："烝，尘也。""尘，久也。"是烝、尘音相近，今通作陈。《诗·东山笺》："栗，析也；言君子又久见使析薪，于事尤苦也。古者声栗、裂同也。"《释文》："栗，毛如字，郑音列，《韩诗》作蓼，力菊反。"正义："析薪是分裂之义，不应作栗，故辨之云，古者声栗裂同，故得借栗为裂，不是字误，故不云误也。"凡言古字古声同者，非一字或体重文，即音同相假者也。

（26）某，古某字（某，今某字。）

《诗·鹿鸣笺》："视，古示字也。"《正义》："古之字以目示物，以物示人，同作视字，后世而作字异，目视物作示傍见，示人物作单示字，由是经传之中视与示字多相杂乱。此云视民不恌，谓以先生之德音示下民，当作小示字，而作视字，是其与古今字异义殊，故郑辨之视古示字也，言古作示字正作此视，辨古今之异于今也。《礼记》云：幼子常视无诳，《注》云：视今之示字也，言古视字之义，正与今之示字同，言今之字异于古也。《士昏礼》曰：视诸矜鬐，《注》云：示之以矜鬐者，皆托戒使识之也，视乃正字，今文作示，俗误行之。言示之以矜鬐亦宜作示，而古文《仪礼》作视字，于今文视作示字，郑以见示字合于今世示人物之字，恐人以为示是视非，故辨之云视乃正字。"按视为见之转注，从见示声，示乃祇之初文，本为祭器，引申为神名祭名。视本兼己视及使人视二义，后语义分化而字形亦有别，遂借示字代领使人视之义，犹见之与现然；《说文》云："示，天垂象见吉凶，所以示人也。"此乃以后起借义误为本义也。示视古今字。《礼记·缁衣注》："告，古文诰。"告、诰亦古今字。《考工记·弓人注》："荼，古文舒，假借字。"

（27）某某古今字

《礼记·曲礼注》："予、余古今字。"段氏《说文注》曰："《诗》《书》用予不用余，《左传》用余不用予。《曲礼下》篇：朝诸侯分职授政任功，曰予一人；《注》云：《觐礼》曰伯父实来，余一人嘉之，余、予古今字。凡言古今字者，主谓同音，而古用彼今用此，异字，若《礼经》古文用余一人，《礼记》用予一人，余、予本异字异义，非谓予、余本即一字也。"又于"谊"字下注云："《周礼·肆师注》：义读为仪，古者书仪但为义，今时所谓义为谊。按此则谊古今字，周时作谊，汉时作义，皆今之仁义字也；其威仪字则周时作义，汉时作仪。凡读经传者不可不知古今字，古今无定时，周为古则汉为今，汉为古则晋宋为今，随时异用者谓之古今字，非如今人所言古文籀文为古字，小篆隶书为今字也。"段氏《广雅疏证序》亦云："有古形有今形，有古音有今音，有古义有今义，六者互相求，举一可得其五。古今者不定之名也，三代为古则汉为今，汉魏晋为古则唐宋以下为今。"可见这里所谓古今字，和文字学上的古今字不大相同，一以造字为主，一以用字为主，前面曾说《尔雅》："诰，告也。"为以今释古之例，便是就用字言之也。

（28）某声与某相似（近）

《天官·内司服注》："郑司农云：屈者音声与阙相似，襢与展相似，皆妇人之服。玄谓……袆揄狄展声相近。"按《周礼》言阙狄展衣，《丧大记》曰屈狄襢衣，故先郑云云。后郑又以翚释袆，以摇释揄，以翟释狄，以襢释展，故云。

（29）某读为（曰）某

《说文》"读"字下段氏《注》云："拟其音曰读，凡言读如、读若，皆是也。易其字以释其义曰读，凡言读为、读曰、当为，皆是也。"又"叀"下注："凡言读若者皆拟其音也；凡传注言读为者皆易其字也；注经必兼兹二者，故有读为，有读若、读为亦言读曰，读若亦言读如。"又《周礼汉读考·序》云："汉人作注，于字发疑正读，其例有三：一曰读如，二曰读为、读曰，三曰当为。读如、读若者拟其音也，古无反语，故为比方之词；读为、读曰者，易其字也，易之以音相近之字，故为变化之词。比方主乎同，音同而义可推也；变化主乎异，字异而义憭然也。比方主乎音，变化主乎义。比方不易字，故下文仍举经之本字；变化字已易，故下文辄举所易之字。注经必兼兹二者，故有读如，有读为；字书不言变化，故有读如，无读为。有言读如某，读为某而某仍本字者，如以别其音，为以别其义。当为者，定为字之误，声之误，而改其字也；为救正之词，形近而讹，谓之字之误，声近而讹，谓之声之误；字误声误而正之，皆谓之当为。凡言读为者，不以为误；凡言当为者，直斥其误。三者分而汉注可读，而经可读，三者皆以音为用，六书之形声假借转注于是焉。"例如《天官·大宰注》："郑司农云：联读为连，古书连作联，联谓连事通职相佐助也。"盖汉人连贯字皆用连不用联，故司农以今字易古字。又传注言以某为某者，亦读为之例，如《天官·醢人注》："郑大夫杜子春皆以拍为膊，谓脅也。或曰豚拍，肩也。今河间名豚脅声如锻镈。"按以拍为膊，即读拍为膊也。又读为亦言读曰，如《曲礼注》："扱读曰吸。""缮读曰劲。"读为或误为读如，《天官·序官注》："胥读如谞，谓其有才知为什长。"此读如非拟其音，乃易其字，当作读为，《大行人注》："胥读为谞，象谞谓象之有才知者也。"可据以正此。又某读为某上下两字常误易，如《春官·司巫注》："杜子春云：薙读为钮，钮薙也，书或为薙馆，或为租饱。玄谓薙之言藉也。"案《说文》："薙，茅藉也。"与薙训藉之义正合，若经文本作薙，则勿烦读为钮而易其字始训藉也，盖钮薙互倒，因后人先据注改经，又据已改之经而易注也。他如《蝈氏注》之蝈读为蟁，《土训注》之训读为驯，皆上下两字互倒。此段氏说。

（30）某读如（若）某

例如《天官·大宰注》："利读如上思利民之利。"段氏曰："案注经之例，凡言读如者拟其音，凡言读为者易其字，此皆不用其本字，如祝读注，联读为连是也。凡有言读如读为而仍用本字者，如利读如上思利民之利，斿读为囿游之游；此盖一字有数音数义，利民之利音与财利别，囿游之游义与旗斿别，故云读如读为以别之也。利民与财利别者，如《公羊》之伐。"读如亦曰读若，如《仪礼·乡饮酒注》："如，读若今之若。"《聘礼注》："薮读若不数之数。"

（31）某当为（作）某（声误，字误。）

《天官·小宰注》："杜子春云：宫当皆为官。"段氏云："凡易字之例：于其音之同部或相近而易之曰读为，其音无关涉而改易字之误则曰当为，或音可相关义绝无关者，定为声之误，则亦曰当为。"如《天官·内饔注》："腥当为星，声之误也。"又《典妇注》："授当为受，声之误也。"都是声误。如《夏采注》："郑司农云：故书绥为緌，杜子春云当为绥，緌非是也。玄谓绥者当作緌，字之误也，《士冠礼》及《玉藻》冠緌之字故书亦多作绥者，今礼家定作蕤。"《杂记注》："绥当为緌，读为蕤宾之蕤，字之误也。"这都是字误。有时字误声误常相混，如授、受为声误亦字误，绥、緌字误亦声误。

（32）某，当言某（当从）

《地官·闾胥》"凡事掌其比，觵挞罚之事"，《注》："故书或言觵挞之罚事，杜子春云当言籲挞罚之事。"案此亦当为之例。又《师氏注》："故书中为得，杜子春云当从得。"又："故书举为与，杜子春云当从与。"当从今本作当为，段氏云："此郑君从今书作中，杜从故书作得也。当从今本作当为，误。"《地官·小司徒注》："故书屯或为臀，今书多为屯，从屯。"《冬官·弓人注》："故书燀或作朕，郑司农云：字从燀。"

（33）某之言某也（为言）

《天官·膳夫注》："膳之言善也，今时美物曰珍膳。"《庖人注》："庖之言苞也，裹肉曰苞苴。"《腊人注》："腊之言夕也。"《寺人注》："寺之言侍也。"《小宰注》："复之言报也，反也。"又："祼之言灌也。"《说文》："祼，灌祭也。"段《注》："《大宗伯》《玉人》字作果，或作祼，《注》两言祼之言灌，凡云之言者，皆通其音义以为诂训，非如读为之易其字，读如之定其音，如载师'载之言事'，族师'师之言帅'，禂衣'禂之言宣'，娶柳'柳之言聚'，副编次'副之言覆'，禋祀'禋之言煙'，朼人'朼之言矿'皆是，未尝曰禋即读煙，副即读覆也。以是言之，祼之音本读如果，朼之音本为卵，读为鲲，与灌、矿为双声，后人竟读灌读矿，全失郑意。"又《周礼汉读考》云："凡云之言者，皆就其双声叠韵以得其转注假借之用。朼本古文卵字，古音如关，亦如鲲，引伸为总角朼兮之朼，又假借为金玉蹼之矿，皆于其双声求之也，读《周礼》者径谓朼即矿字则非矣。"《祭统》"铺筵设同几"，注："同之言词也。"案此经本作词几，注云词之言同也，郑意词本不训同，于其叠韵训为同，非若马许径云共也。假今经本作同几，又何烦以难字释易字哉？转注中"某之为言某也"亦同"之言"，如《射义》曰："射之为言绎也。"此释其语根也。凡云"之言"者有两种，一种是言其假借，如朼矿、寺侍之属是也；一种是言其语根，如祼灌、禋煙、腊夕之类是也。

（34）读某长言，读某短言（内言外言。急言缓言。）

《公羊·庄二十八年传注》："伐人者为客，读伐长言之；见伐者为主，读伐短言之。"又《宣八年传注》："言乃者内而深，言而者外而浅。"又《僖廿六年传注》："弗者，不之深者也。"《淮南·本经注》："臘读近殆，缓气言之。"《地形注》："旄读近绸缪之缪，急气言乃得之。"长言短言者，声调的分别；内言外言及急言缓言者，盖系声音的有异也。

（35）衍字

《秋官·掌客注》："（车皆陈）皆陈于门内者，于公门内之陈也。言车者，衍字耳。"《疏》云："言车衍字耳者，言车载米之车不合在醯醢下言之，又按侯伯子男醯醢下皆无车字，故知衍字也。"段氏云："案因下文车字多见而误衍。"

（36）脱字

《秋官·掌客》："凡诸侯之礼，上公五积，皆眂殄牵，三问皆修，群介行人宰史皆有牢。"《注》："上公三问皆修，下句云群介行人宰史皆有牢，君用修而臣有牢，非礼也，盖著脱字失处且误耳。"《疏》云："按下文凡介行人宰史皆在飧食燕下，此特在上，有人见下文脱此语，错差著于此；更有人于下著讫，此剩不去，故云盖著脱字失处也。"《考工记·冶氏注》："杀矢与戈戟异齐而同其工，似补脱误在此也。"又《矢人注》："刃长寸，脱二字。"

（37）互文

《天官·大府注》："或言受藏，或受用，又杂言货贿，皆互文。"《疏》："言受藏谓内府，言受用谓职内，皆藏以给用，言藏亦用，言用亦藏，是互文也。杂言货贿者，言货兼有有贿，言贿亦兼有货，亦是互文。"《典枲注》："帛言待有司之政令，布言班言衣服，互文。"《疏》："帛谓典丝，布谓典枲，据成而言。知为互文者，以其典丝典枲俱不为王及后之用，皆将颁赐，故知互见为义也。"

（38）省文

《天官·内宰》"以阴礼教九嫔"，《注》："不言教夫人世妇者，举中省文。"《疏》："后郑意下文别教九御，故知此教三夫人已下，不言三夫人世妇者，举中以见上下省文。"

（39）（句读）

《天官·宫正》"春秋以木铎修火禁，凡邦之事跸"，《注》："郑司农读火绝之，云禁凡邦之事跸。"《疏》："先郑读火绝之，则火字向上为句也，其禁自与凡邦之事跸共为一句。"《地官·族师》"族师各掌其族之戒令政事，月吉则属民而读邦法"，《注》："故书上句或无事字，杜子春云当为正月吉。"《疏》："云故书上句或无事字者，则月与上政字连，政又为正字，故杜子春当为正月吉旦。"

（40）未闻（阙）

《天官·醢人注》："凡菹醢皆以气味相成，其状未闻。"《酒正注》："古之法氏，未可尽闻。"《膳夫注》："天子诸侯有其数，而物未得尽闻。"《大宰注》："司空亡，未闻其考。"许慎著《说文》，"其于所不知，盖阙如也"，全书言阙者十有四，有形音义全阙者，有三者中阙其二阙其一者。君子于其所不知，盖阙如也，此亦多闻阙疑之义。

以上共得四十例，《蘽诂·凡例》所举仅二十八，今就原例省并为二十，并增广其类目，加详其辞说，如上。虽然，古人撰著，体例未必画一，或此或彼，要使互见，学者心知其意可也。现在从事于笺注训诂的人，也不必一定要沿用汉人术语而不敢改革，何则？后来居上，今之新术语——如文法学上之名词，具体名词、抽象名词、专名、公名等，自较旧日为多且优也。

本章参考书举要：

（1）《声训与右文》，沈兼士。（《右文说》第二节）

（2）《说文双声叠韵谱》，邓廷桢。（原刻本）

（3）《释名略例》，顾广圻。（王先谦《释名疏证补》卷首附录。又《经义丛钞》十二。《思适斋集》）

（4）《释名例补》，张金吾。（《言旧录》）

（5）《释名新略例》，杨树达。（《积微居文录》）

（6）《释名音训举例及其在语言学上之贡献》，齐佩瑢。（民国三十年三月二十八日南京《中报·真知周刊》）

（7）《广雅疏证》，王念孙。

（8）《尔雅草木鸟兽同名考》，王茂才。（《经义丛钞》）

（9）《尔雅草木虫鱼鸟兽释例》，王国维。（《王静安先生遗书》）

（10）《文始》，章炳麟。

（11）《右文说在训诂学上之沿革及其推阐》，沈兼士。

（12）《转语二十章序》，戴震。（《戴东原集》）

（13）《高邮王怀祖先生训诂音韵书稿序录》，王国维。（《北京大学国学季刊》第一卷

第三号）

（14）《释大》，王念孙。（《高邮王氏父子遗书》）

（15）《果嬴转语记》，程瑶田。（《安徽丛书》第二集）

（16）《叠韵转语》，王念孙。（北京大学研究所收藏王氏手稿）

（17）《连绵字谱》，王国维。（《遗书》本）

（18）《成均图、转注假借说、古双声说》，章炳麟。（《国故论衡》）

（19）《古音系研究》，魏建功。（北京大学出版组印行）

（20）《毛诗传义类》，陈奂。（《毛诗传疏》合刻本）

（21）《墨子·经上下》，（《墨子閒诂》）

（22）《方言》，杨雄。（《方言笺疏》）

（23）《文字学形义篇·训诂举要》，朱宗莱。（北大出版组）

（24）《反训纂例》，董璠。（《燕京学报》）

（25）《尔雅释例》，陈玉澍。（东南大学排印本）

（26）《经籍纂诂凡例》，阮元等。

（27）《说文解字注》，段玉裁。

（28）《十三经注疏》。（阮刻附校勘记本。南昌局补印原刻本）

（29）《周礼汉读考》，段玉裁。（经韵楼本。《经解》本）

（30）《某读为某误易说》，段玉裁。（《经韵楼集》）

第四章　训诂的源渊流派

第一节　实用的训诂学

《诗》《书》《易》《礼》是我国古代流传下来的几部重要典籍，孔子好而信之，述之，并且用它来说教，作为教诲门徒的课本。所以《论语》说："述而不作，信而好古。"又说："子所雅言：《诗》《书》，执礼，皆雅言也。"又说："五十以学《易》，可以无大过矣。"据太史公所说："孔子晚喜《易》，韦编三绝。"不过无论他怎样的发愤忘食去为学，他的读经述古，一定不注重字句的训解和推敲，而是注重通编大义的发明和阐扬；他极力劝人学《诗》，因为《诗》是一部雅乐的经典，其音"乐而不淫，哀而不伤"，其辞"洋洋乎盈耳哉"！《诗》乐的功用，一方面在性情的陶冶和启发，一方面又可通达人情世理，政治教化，而且可以诵赋答对，增多见识，故曰："《诗》，可以兴，可以观，可以群，可以怨；迩之事父，远之事君；多识于鸟兽草木之名。"又曰："诵《诗三百》，授之以政，不达；使于四方，不能专对；虽多，亦奚以为？"人若不学《诗》，将要人情事理皆不通达，故曰："人而不为《周南》《召南》，其犹正墙面而立也与？"孔子对于《书》的态度也是如此的述古以设教，《论语》说："或谓孔子曰：子奚不为政？子曰：《书》云孝乎惟孝，友于兄弟。施于有政，是亦为政，奚其为为政？"又说："子张曰：《书》云高宗谅阴，三年不言，何谓也？子曰：何必高宗？古之人皆然，君薨，百官总己以听于冢宰，三年。"《书》末又有"尧曰：咨尔舜……"那样的一段文章，颇不类孔子语，或系子张之徒述《书》语而附益之于其后，无论如何，总为孔门所传无疑。孔子既取古昔典籍以垂训设教，当然他所述的义，不必与经义完全相合；而且去古尚近，语文变迁虽已有雅俗之分，但并不怎样悬殊太深，既是不注重字句，自然也用不着什么章句训诂的了。孟子曾主张"说《诗》者不以文害辞，不以辞害志，以意逆志，是为得之"。可是他并没有贯彻到底。他的征引《诗》《书》常好断章取义，以为辩说的佐助，例如他说："《诗》云：王赫斯怒，爰整其旅，以遏徂莒，以笃周祜，以对于天下；此文王之勇也，文王一怒而安天下之民。《书》曰：天降下民，作之君，作之师，惟曰其助上帝，宠之四方，有罪无罪，惟我在，天下曷敢有越厥志？一人衡行于天下，武王耻之，此武王之勇也，而武王亦一怒而安天下之民。"他引《诗》《书》《礼》的时候，大多不加训解，听者就可了然，大概《诗》《书》等六艺已成为当时一般士大夫的普通读物了。不过有时对于难解的古字古言，也间或加以训释，如孟子曰："《书》曰：洚水警余；洚水者，洪水也。"洚水之为洪水，文凡两见，可见若不加训故，听者是不大明白的。这个如叫训诂家译释起来，一定要说："洚，洪也。"

儒家对于经典既重在"述""说"，那么一般门徒的学习就重在"传""记"了。传者传也，记者纪也。曾子曰："传不习乎？"子夏曰："君子之道，孰先传焉？"《孟子》曰："仲尼之徒，无道桓文之事者，是以后世无传焉。"又："齐宣王问曰：文王之囿方七十里，有诸？孟子对曰：于传有之。"又曰："传曰：孔子三月无君则皇皇如也，出疆必载质。"传既是述说经义的，故汉人称引，经和传大都不别（参看崔适《春秋复始》）；而《论语》《孝经》也都被称为传（参看翟灏《四书考异》）。传复有传，《汉志》《鲁论》有《传》十九篇，《孝经》有《杂传》四篇，盖传和经乃相对之名，对经为传，对其传习者言则又为经也。《孔子世家》说孔子"序《书传》"；《荀子·大略》称"《国风传》曰"，《韩诗外传》亦屡称"《传》曰"，《史记·三代世表》褚先生曰"《诗传》曰"云云；《易》之十翼，《释文》云王肃本系辞下有"传"字，《太史公自序》引之谓之"《易大传》"，"十翼"相传为孔子所作（？）；《仪礼·丧服》有记又有传，旧题"子夏传"，虽《经典释文》、唐石经初刻皆作"《丧服经传》"，贾《疏》单行本标题亦无"子夏传"三字，但疏文云："此《传》得为子夏所作。"由此可见或口耳相传，或笔之于简，师师展转传授，均得谓之传也。记者，《说文》云"疏也"，疋下"一曰疋记也"，《广雅》曰："注纪疏记，识也。"徐氏所谓一一分别记之是也。《公羊》僖二年宫之奇谏语引"记"曰："唇亡齿寒。"《解诂》云史记也。《韩非·忠孝》引"记"曰："舜见瞽瞍，其容造焉。孔子曰：当是时也，危哉！天下岌岌。"此语亦见《孟子·万章》篇，斥为齐东野人之语。《礼记·文王世子》引世子之记，又引"记曰"之文，《祭统》亦两引"记曰"。《汉志》："《礼古经记》一百三十一篇，七十子后学者所记也。"《河间献王传》："献王所得，皆经传说记，七十子之徒所论。"今《仪礼》十七篇，除《丧服》有传又有记以外，《士冠》《士昏》《乡饮酒》《乡射》《燕》《聘》《公食大夫》《觐》《既夕》《士虞》《特牲馈食》等十一篇都有记，记皆附于篇末，详略各不同，最短者《觐礼记》只有十六字。《正义》曰："凡言记者，皆是记经不备，兼记经外远古之言，郑注《燕礼》云：后世衰微，幽厉尤甚，礼乐之书，稍稍废弃，盖自尔之后有记乎？"（《记冠义疏》）《记士昏礼疏》及《燕礼记》燕朝服于寝疏略同。又曰："记时不同，故有二记。"今案十二篇的记有补经的不足的，有与经互相发明的，也有彼此两记详略不同，文字互异的，盖记者非一人，亦非一时也。《丧服》之传曰文中多"某者何""何以""曷为""孰谓"之类语，和《公羊传》的措词惯例很相像；而记则有特为经之一条而发者，有兼为数条而发者，有于经意之外别采他礼以补经者；其旨似乎并不专为释经而作，只是普通的记礼之书而已；和传之旁推曲证，阐微扬奥，处处都与经义比附者稍微有点不同。迨后戴德、戴圣各传《礼经》（《仪礼》），又各传《礼记》，于是记之名遂为彼所独享，今所行《礼记》四十九篇，中如《学记》《乐记》《杂记》《丧大记》《丧服大记》《丧服小记》《坊记》《表记》等都名记，《大传》《间传》则以传名，《祭义》《冠义》《昏义》《乡饮酒义》《射义》《燕义》《聘义》则以义名，《经解》则以解名（犹《管子·明法解》《韩非·解老》之解），《曾子问》《哀公问》《问丧》《服问》《三年问》则以问名；其实以外不名记、传、义、解、问的那些篇原也是记也。《汉书·翟方进传》："候伺常大都授时，遣门下诸生至常所问大义疑难，因记其说如是者。"大概凡有所问答而记其所闻之言者都可叫作记，不必记远古之言或礼制之事者始可名记也。《刘歆传》："讲六艺传记，诸子诗赋数术方技无所不究。"可知六艺略中除五经外都是传记。

传记既是依附经义的产物，虽不专注于训释字句，其中也自然难免言及训诂。早于传记的记载中常有训诂之语，如《周语》记叔向之语曰："其诗曰：'昊天有成命，二后受之，成王不敢康，夙夜基命宥密，于缉熙，亶其心，肆其靖之。'是道成王之德也。……基始也，命信也，宥宽也，密宁也，缉明也，熙广也，亶厚也，肆固也，靖和也。其始也，翼上德让而敬百姓；其中也，恭俭信宽，帅归于宁；其终也，广厚其心，以固和之；……故曰成。"《左传》昭二十八年载成鱄之言曰："《诗》曰：'惟此文王，帝度其心，莫其德音，其德克明，克明克类，克长克君，王此大国，克顺克比，比于文王，其德靡悔，既受帝祉，施于孙子。'心能制义曰度，德正应和曰莫，照临四方曰明，勤施无私曰类，教诲不倦曰长，赏庆刑威曰君，慈和遍服曰顺，择善而从之曰比，经纬天地曰文；九德不愆，作事无悔，故袭天禄，子孙赖之。"又宣公十二年记楚子之言曰："夫文止戈为武，武王克商，作《颂》曰：'载戢干戈，载櫜弓矢，我求懿德，肆于时夏，允王保之。'又作《武》，其卒章曰：'耆定尔功。'其三曰：'铺时绎思，我徂维求定。'其六曰：'绥万邦，屡丰年。'夫武，禁暴、戢兵、保大、定功、安民、和众、丰财者也，故使子孙勿忘其章。"又襄公九年载穆姜之言曰："亡。是于《周易》曰《随》，元亨利贞，无咎。元、体之长也，亨、嘉之会也，利、义之和也，贞、事之干也。体仁足以长人，嘉德足以合礼，利物足以和义，贞固足以干事。"又昭公十二年载南蒯枚筮之，遇《坤》之《比》曰黄裳元吉，以为大吉，示子服惠伯，惠伯曰："黄、中之色也，裳、下之饰也，元、善之长也。"诸如此类，或释《诗》，或解《易》，不但比汉儒训故为早，而且出在孔子以前，故皮锡瑞《经学历史》说："惟是《左氏》浮夸，未必所言尽信；穆姜明《随》卦之义，何与《文言》尽符？"现在看来，这或系后来编纂的人（刘歆）随文增饰，未必在当时即需如此之详密训故也，观《孟子》之引《诗》《书》而不加训故可知。《经籍纂诂·凡例》首列"经传本文即有训诂"，所举如：

《周书·谥法》："和，会也。勤，劳也。"

《国语·周语》："基，始也。命，信也。"

《易·象上传》："需，须也。师，众也。"

《孟子·梁惠王》："畜君者，好君也。"

《大戴记·哀公问》："亲之也者，亲之也。"

《周语》："敬，文之恭也。忠，文之实也。正，德之道也。端，德之信也。"

《左氏·文元年传》："忠，德之正也。信，德之固也。"

又《成十三年传》："体，身之干也。敬，身之基也。"

又《襄九年传》："元，体之长也。亨，嘉之会也。"

又《昭九年传》："陈，水属也。火，水妃也。"

又《昭十二年传》："黄，中之色也。裳，下之饰也。"

又《昭十七年传》："汉，水祥也。水，火之牡也。"

《公羊·桓八年传》："春曰祠，夏曰礿。"

《穀梁·桓四年传》："春曰田，夏曰苗。"

《左氏·襄三年传》："师众以顺为武。"

又《昭二十八年传》："经纬天地曰文。"

《鲁语》："咨才为诹。"

《左氏·襄四年传》："咨亲为询。"

又《宣十二年传》："止戈为武。"

又《昭元年传》："皿虫为蛊。"

《大戴记·小辨》："无患曰乐，乐义曰终。"

《礼记·曲礼下》："约信曰誓，莅牲曰盟。"

《易·说卦传》："乾为天。"

《左氏·闵元年传》："震为土。"

《易·杂卦传》："乾、刚，坤、柔。"

《左氏·闵元年传》："屯、固，比、入。"

这里面除去《周书》以外，其馀如《易传》《孟子》《公羊》《穀梁》《左传》《国语》（《春秋外传》）《大戴记》《礼记》等，都不出"传记"

的范围。其中释字义之最精者，莫过《公羊传》，《易传》次之。《左传》文旨本不在于解经，故太史公《十二诸侯年表》仅名为《左氏春秋》而不言传。《汉书·司马迁传赞》："孔子因鲁史记而作《春秋》，而左丘明论辑其本事以为之《传》，又纂异同为《国语》。"韦昭《国语解叙》："丘明复采录前世穆王以来，下讫鲁悼智伯之诛，以为《国语》，其文不主于经，故号曰《外传》"。康有为《新学伪经考》以为《左传》、《国语》出于一源而为刘歆所割裂，并非完全无因。说者谓《春秋》之"传"有二义：有训诂之"传"，有载记之"传"，训诂之传主于释经，载记之传主于纪事。这种说解实是不明白《左传》来源的缘故。《汉志》云传《春秋》者凡五家，《左氏》论本事而作传，及末世口说流行，有《公羊》《穀梁》《邹》《夹》之《传》。夹氏无书，邹氏无师，所传者惟《公》《穀》而已。《公》《穀》依经立传，经所不书，则不发义，而且特别注意在一字一词的训释，前面已经举过数例，不再重复了。

自秦末至西汉，大致可以说是今文经学家的得势期间，虽然古文经学家似乎已在那里暗暗地发动萌生了。这由西汉所立经传博士的数目上可见其一斑（参看王国维《汉魏博士考》），所谓今文十四博士之学是也。今文学家以六经为孔子所作，孔子是政治家，六经即孔子致治的学说，所以解说经传偏重在微言大义，推阐发挥，其特色为功利的，而其流弊则不免近于狂妄皮傅。他们为了利禄的趋使，功利主义的束缚，一味在以己意附会经义，不求经文的本解，故重在口说，这和孔孟的"说《诗》""言《诗》"倒还相近。《墨经》也有《经说》，体制和传相同。西汉经师传经，精义都见于说。《公羊·定元传》曰："定哀多微辞，主人习其读而问其传，则未知己之有罪焉尔。"《解诂》："读谓经，传谓训诂。"可见微言大义非藉口授之传而不能明也。《汉书·蔡义传》："诏求能为《韩诗》者，征义待诏，久不进见。义上疏曰：臣山东草莱之人，行能无所比。容貌不及众，然而不弃人伦者，窃以闻道于先师，自托于经术也；愿赐清闲之燕，得尽精思于前。上召见义，说《诗》，甚说之。"又《儒林传》："儿宽初见武帝，语经学，上曰：吾始以尚书为朴学，弗好。及闻宽说，可观，乃从宽问一篇。"《匡衡传》："诸儒为之语曰：'无说《诗》，匡鼎来！'匡说《诗》解人颐。……太子太傅萧望之、少府梁丘贺问衡对

《诗》诸大义，其对深美。望之奏衡经学精习，说有师道，可观览。"说经虽尚有师承，然亦可自行润色，《儒林传》："问经数篇，式谢曰：闻之于师具是矣，自润色之。不肯复授。"又："守小夏侯说文，恭增师法至百万言。"说之箸于竹帛的或叫作记，或即名说，《儒林传》："仓说《礼》数万言，号曰《后氏曲台记》。"又："宽至雒阳从周王孙受古义，号《周氏传》。……作《易说》三万言，训故举大谊而已，今《小章句》是也。"又："刘向校书，考《易说》，以为诸《易》家说皆祖田何、杨叔、丁将军，大谊略同；惟京氏为异党；焦延寿独得隐士之说，托之孟氏，不相与同。"又："江公著《孝经说》。"《夏侯胜传》："受诏撰《尚书、论语说》。"（师古曰："解说其义，若今义疏也。"）说亦即章句，丁宽《易说》即《小章句》，《张禹传》："初禹为师，以上难数对己问经，为《论语章句》献之。始鲁扶卿及夏侯胜、王阳、萧望之、韦玄成皆说《论语》，篇第或异；禹先事王阳，后从庸生采获所安，最后出而尊贵，诸儒为之语曰：欲为《论》，念张文。"《儒林传》："无故善修章句，为广陵太傅。"其善说一端者，多无章句，《儒林传》："高相其学亦亡章句，专说阴阳灾异，自言出于丁将军。"又："费直长于卦筮，亡章句，徒以《彖》《象》《系辞》十篇《文言》解说《上、下经》。"说如无记及章句或生徒受授，就不免有绝传之虞，《儒林传》："宾持论巧慧，易家不能难。……后宾死，莫能持其说。"说之流弊，一在于琐碎繁杂，一经说至百馀万言；二在于便辞巧说，曲学阿世；是以通人耻学，羞为章句。传记说既同类，故《刘歆传》称"六艺传记"，《献王传》称"经传说记"。《汉志》所载传记之属，又有的叫外传、内传、传记、杂记、说义、略说、章句以及微等名。此外别有所谓纬书者，《隋书·经籍志》："说者又云：孔子既叙六经以明天人之道，知后世不能稽通其意，故别立纬及谶以遗来世。其书于前汉，有《河图》九篇，《洛书》六篇，云自黄帝所受本文；又别有三十篇，云自初起至于孔子，九圣之增演以广其意；又有《七经纬》三十六篇，并云孔子所作。"《王制正义》引郑玄释《春秋运斗枢》云："孔子虽有盛德，不敢显然改先王之法以教授于世，阴书于纬，以传后王。"《文选》刘歆《移太常博士书注》："《论语谶》曰：子夏六十四人，共撰仲尼微言。"《四库全书提要》："谶者诡为隐语，预决吉凶，《史记·秦本纪》称卢生奏录图书之语是其始也。纬者经之支流，衍及旁义，《史记·自序》引《易》'失之毫厘，差以千里。'《汉书·盖宽饶传》引《易》'五帝官天下，三王家天下。'注者均以为《易纬》之文是也。盖秦汉以来，去圣日远，儒者推阐论说，各自成书，与经原不相比附，如伏生《尚书大传》，董仲舒《春秋阴阳》，核其文体，即是纬书，特以显有主名，故不能托诸孔子；其他私相撰述，渐杂以术数之言，既不知作者为谁，因附会以神其说。迨弥传弥失，又益以妖妄之辞，遂与谶合而为一。"纬书今多不存，内容虽然有些狂妄，但亦时涉正经，固为今文经学家说之荟萃也。

今文家既不重训诂，而务碎义难逃，故其所说之义，非经之本义，不合于古，因此颇遭古文家之反对。刘歆移书太常博士责让之曰："往者缀学之士，不思废绝之阙，苟因陋就寡，分文析字，烦言碎辞，学者罢老且不能究其一艺，信口说而背传记，是末师而非往古。"信口说而是末师，恰好说中了今文家的通病。西汉末年，因了古文经的发现，引起了今古文两派的分立，大概古文家以为孔子是一位史学家，六经便是孔子整理古代史料书籍的定本，所以他们讲经偏重于名物训诂，其特色为考证的，信古的，其弊则流于伪拟揣度。今文家并非完全不讲训诂，只是不甚看重而已。如《鲁诗故》，"鲁申公独以《诗经》为《训故》以教，亡传疑，疑者则阙弗传"。《齐诗》后氏孙氏各作《训故》，《韩诗》亦有《训故》；《书》有大、小《夏侯解故》；这都是今文家所作的训故。但因不大注重的缘故，所以丁将军说《易》，训故仅举大谊。古文家之看重训故，主由于古文经中多古字古言的关系，他们为了发扬古文经，不得不先研究训故，那时的训故，本伏藏在"小学"之内，《后汉书·卢植传》植上疏云："古文科斗，近于为实，而厌抑流俗，降在小学，中兴以来，通儒达士——班固、贾逵、郑兴父子并敦悦之。今《毛诗》《左氏》《周礼》各有传记，其与《春秋》共相表里，宜置博士，为立学官。"这样看来，在东汉末年一般人是认古文家和小学家为一家的。其实在西汉末年业已如此，所以当时的小学家多为古文家，盖古文经多古字，解经须得小学的帮助，而古文字的字体笔意也可供小学家研讨的资料，许慎《说文叙》曰："至孔子书六经，左丘明述《春秋传》，皆以古文，厥谊可得而说。"两汉古文家之著名者如张敞（《左传》）、桑钦（《古文尚书》）、杜林（《古文尚书》)、卫宏（《毛诗》、《古文尚书》)、徐巡（《古文尚书》)、贾逵（《古文尚书》、《毛诗》、《周官》、《左传》、《国语》)、许慎（《书孔氏》、《诗毛氏》、《礼周官》、《春秋左氏》、《论语》、《孝经》)等人，也都是小学家，由《说文解字》及其所引通人说可考见其一斑。因此孔安国能以今文字读《古文尚书》，遂起其家，而司马迁为了学《古文尚书》，也常从孔氏问故；刘歆继贾谊《左氏传训故》、尹更始《左氏传章句》之后，引传文以解经，由此训故章句义理始备；杜林、扬雄又各为《苍颉篇》作《训故》；自是诸书古字古言才得大明于世。另一方面，今文家一星半点的训故却多无小学的根据，《说文序》指责那一班经生说："今虽有尉律不课，小学不修，莫达其说久矣。……诸生竞逐说字解经谊，称秦之隶书为仓颉时书云，父子相传，何得改易？乃猥曰：马头人为长，人持十为斗，虫者屈中也；……若此甚众，皆不合孔氏古文，谬于《史籀》，俗儒鄙夫，玩其所习，蔽所希闻，不见通学，未尝睹字例之条，怪旧艺而善野言，以其所知为秘妙，究洞圣人之微恉。……其迷误不谕，岂不悖哉？"大概今古文两家之争，原由于文字有古今之分，继而解说各异，家法遂别，固不仅在小学训故之讲论与否而已。当时称这一派人的学问为"古学"，如《刘歆传》云"父子俱好古"，又赞其"博物洽闻，通达古今"，《扬雄传》赞雄"实好古而乐道"。《杜邺传》称杜林"清静好古"，《后汉书·杜林传》："河南郑兴、东海卫宏，皆长于古学。"语又见《儒林传》。《贾逵传》："虽为古学。"许冲《上说文表》云："慎本从逵受古学。"段《注》云："古学者，《古文尚书》《诗毛氏》《春秋左氏传》及《仓颉》古文《史籀》大篆之学也。"是"古学"乃古文字、训诂、古史、古礼制等学之总名，别于今文家之"经学"。

古文经学家既以解说古字古言为治古学之门径，遂特别推重《尔雅》，《七略》云："《书》者古之号令，号令于众，其言不立具，则听受施行者弗晓。古文读应《尔雅》，故解古今语可知也。"《六艺略》"孝经家"有《尔雅》三卷二十篇。这是称说及著录《尔雅》之始。盖《尔雅》亦传记之流，总释五经，本为秦汉以来传经者所记，便于初学的诵习，后经古文经家之推崇和增修补益，方才大显于世，成为训诂的圭臬。

《尔雅》一书的旨趣可由其命名取义及目录学家之分类上看得出来。

考《汉志》"论语、孝经、小学"三家之附"六艺"，因为都是当时小学中所诵习的科目，《齐民要术》引崔寔《四民月令》云："正月农事未起，命成童以上入大学，学五经。"又云："十一月砚冰冻，命幼童读《孝经》《论语》、篇、章，入小学。"是六艺乃大学之科目，《论语》《孝经》、篇、章乃小学之科目，篇、章之类如《仓颉篇》《急就章》等既独占小学之名，而《论语》《孝经》遂各别为类，《论语》书多，故自成一家，《孝经》书少，故附以石渠论《五经杂议》《尔雅》《小雅》《古今字》《弟子职》诸书为一家；《论语》《孝经》汉人并谓之传记，赵岐《孟子题辞》说汉文帝立《论语》《孝经》《孟子》《尔雅》等传记博士；可见这些书都是五经总义之属，六艺入门的梯阶，幼童入学必读的要籍，故附于六艺之末。《隋志》以《尔雅》改列《论语类》，并说："《尔雅》诸书解古今之义，并五经总义，附于此篇。"其实不必改易也。郑玄《驳五经异义》云："玄之闻也，《尔雅》者，孔子门人所作，以释六艺之言，盖不误也。"王充《论衡》云："《尔雅》之书，五经之训故。"郭璞《尔雅注序》："夫《尔雅》者，所以通训诂之指归，叙诗人之兴咏，总绝代之离词，辨同实而殊号者也；诚九流之津涉，六艺之钤键，学览者之潭奥，摛翰者之华苑也；若乃可以博物不惑，多识于鸟兽草木之名，莫近于《尔雅》。"陆德明《经典释文序录》："《尔雅》所以训释五经，辨章同异，多识鸟兽草木之名，博览而不惑者也。"这些话都可以说明《尔雅》一书的旨趣。而《四库提要》则谓"今观其文，大抵采诸书训诂名物之同异，以广见闻，实自为一书，不附经义。……盖亦《方言》《急就》之流，特说经之家多资以证古义，故从其所重，列之经部耳。"自为一书不附经义的话，似乎未得其实。《尔雅》既是释古今语文的著作，其命名取义也就在此，刘熙《释名》："《尔雅》，尔，昵也，昵，近也，雅，义也，义，正也；五方之言不同，皆以近正为主也。"张晏《汉书注》及《经典释文》说略同，《释文》又说："尔，字又作迩；雅，字亦作疋。"案《释诂》："迩、几、睰，近也。"是尔、迩可通也。刘台拱《论语骈枝》："子所雅言，《诗》《书》，执礼，皆雅言也。谨案：雅言正言也，郑《注》谓正言其音者得之。……夫子生长于鲁，不能不鲁语，惟诵《诗》读《书》执礼三者，必正言其音，所以重先王之训典，谨末学之流失。……昔周公著《尔雅》一篇，以释古今之异言，通方俗之殊语，刘熙《释名》曰：尔，昵也，昵，近也，雅，义也，义，正也，五方之言不同，皆以近正为主也。张晏《汉书注》亦云：尔，近也，雅，正也。后人解近正之云，或以为近而取正（按即陆氏《释文》），或以为近于正道（按即邵氏《正义》），皆非也。上古圣人，正名百物……其后事为踵起，象数滋生，积渐增加，随时变迁，王者就一世之所宜而斟酌损益之，以为宪法，所谓雅也；然而五方之俗不能强同，或意同而言异，或言同而声异，综集谣俗，释以雅言，比物连类，使相附近，故曰《尔雅》。扬雄《方言》继《尔雅》而作，应劭《风俗通义》自谓演述《方言》，故其名书之意相表里。《诗》之有《风》、《雅》也亦然，王都之音最正，故以雅名；列国之音不尽正，故以风名。……雅之为言夏也，《荀卿·荣辱篇》云，越人安越，楚人安楚，君子安雅，是非知能材性然也，是注错习俗之节异也。又《儒效篇》云：居楚而楚，居越而越，居夏而夏，是非天性也，积靡使然也。然则雅夏古字通。"阮元《与郝兰皋户部论尔雅书》也说："古人字从音出，喉舌之间，音之所通者简，天下之大，音之所异者繁；《尔雅》者近正也，正者虞夏商周建都之地之正言也，近正者，各国近于王都之正言也。予姻家刘台拱之言曰：子所雅言《诗》《书》执礼，雅言者，诵《诗》读《书》，从周之正言，不为鲁之方言也，执礼者，诏相礼仪，亦以周音说礼仪也；《小雅》《大雅》皆周诗之正言也。刘氏此说足发千古之蒙矣。然则《尔雅》一书，皆引古今天下之异言以近于正言，夫曰近者，明乎其有异也，正言者犹今官话也，近正者各省土音近于官话者也。"案夏之为言假也、暇也、嘏也，故夏有大义远义古义，雅、夏古声近通用，雅亦古也，《吕览·士容》："趋翔闲雅。"《史记·司马相如传》："雍容闲雅。"《五帝纪》："其文不雅驯。"又："择其言尤雅者。"《汉书·扬雄传》："作赋甚弘丽温雅。"又："大司马车骑将军王音奇其文雅。"《张敞传》："博学文雅过于敞。"《叙传》："函雅故，通古今。"《方言》"至也"条下云："皆古雅之别语也。"《汉书·儒林传》："文章尔雅，训词深厚。"由这些复音词的用法看来，尔雅似乎和温雅、文雅、古雅、典雅、雅驯……等相同，都是儒雅古雅的意思，换言之，尔雅系平列的复词，尔亦雅也，雅亦尔也，尔音近儒近柔，言其为古雅温驯之语也。又近闻懋之师说："尔者近也，近者指时间言，今也；雅者远也，古也；今古者，以今语释古语也。"此说简捷爽快，郭《注》云：
"此所以释古今之异言，通方俗之殊语。"正可为上说作一注脚。总之，雅
字之解已无问题，所异者只尔字耳。《汉志》云："古文读应尔雅，故解古
今语而可知也。"这句话可作为尔雅一名之的解，尔雅犹古今字之命名取
义也。汉初通行小学要籍如《仓颉》，如《急就》，无不以篇首二字名篇，
盖缘《史籀》成例；而《尔雅》则否，或出于增订者之手也未可知。

《尔雅》自西汉末年始显于世，故其作者传测不一。《汉志》不注作者
姓名，盖阙如也。《郑志》答张逸问曰："《尔雅》之文杂，非一家之著，
则孔子门人所作，亦非一人。"（《诗·凫鹥正义》引）张揖《进广雅表》
云："昔在周公，缵述唐虞，……六年制礼，以导天下，著《尔雅》一篇，
以释其义。……《礼·三朝记》：哀公曰：寡人欲学小辨，以观于政，其
可乎？孔子曰：尔雅以观于古，足以辨言矣。《春秋元命苞》言子夏问夫
子作《春秋》不以初哉首基为始何？是以知周公所造也。……爰及帝刘，
鲁人叔孙通撰置《礼记》，文不违古；今俗所传三篇《尔雅》，或言仲尼所
增，或言子夏所益，或言叔孙通所补，或言沛郡梁文所考，皆解家所说，
先师口传，既无正谥圣人所言，是故疑不能明也。"（陆德明据此云《释
诂》一篇为周公所作，其馀十九篇为后人增益。邵晋涵云张氏所谓三篇即
《汉志》之三卷也，陆氏殆失考。）梁吴均《西京杂记》（伪托刘歆所作）
曰："郭伟字文伟，茂林人也，好读书，以谓《尔雅》周公所制，而《尔
雅》有张仲孝友，张仲宣王时人，非周公之制明矣。余尝以问扬子云，子
云曰：孔子门徒游夏之俦所记，以解释六艺者也。家君以为《外戚传》史
佚教其子以《尔雅》，《尔雅》，小学也；又《记》言孔子教鲁哀公学《尔
雅》，《尔雅》之出远矣。旧传学者皆云周公所记也，张仲孝友之类后人所
作耳。"到了宋朝以后，才有人怀疑周公、孔子、子夏等人所作的问题，
欧阳修《诗本义》说是秦汉之间学《诗》者所集；叶梦得《石林集》说
是汉人取毛氏《诗》说所作；曹粹中《放斋诗说》说其成书在毛公之后，
毛公以前其文犹略；吕南公《题尔雅后》说此书多同毛氏《诗》说，故知
出于秦汉之间；《朱子语录》说是取传注以作；《四库全书提要》曰："按
《大戴礼·孔子三朝记》称孔子教鲁哀公学《尔雅》，则《尔雅》之来远
矣，然不云《尔雅》为谁作。据张揖《进广雅表》称周公著《尔雅》一

篇，今俗所传三篇，或言仲尼所增，或言子夏所益，或言叔孙通所补，或言沛郡梁文所考，皆解家所说，疑莫能明也。于作书之人，亦无确指。其馀诸家所说，小异大同。今参互而考之：郭璞《尔雅注序》称豹鼠既辨，其业亦显，邢昺《疏》以为汉武帝时终军事；《七录》载犍为文学《尔雅注》三卷，陆德明《经典释文》以为汉武帝时人，则其书在武帝以前。曹粹中《放斋诗说》曰：《尔雅》毛公以前其文犹略，至郑康成时则加详，如学有缉熙于光明，毛公云光，广也，康成则以为学于光明者，而《尔雅》曰缉熙，光明也；又齐子岂弟，康成以为言发夕也，而《尔雅》曰岂弟，发也；薄言观者，毛公无训，振古如兹，毛公云振，自也，康成则以观为多，以振为古，其说皆本于《尔雅》；使《尔雅》成书在毛公之前，顾得为异哉？则其书在毛公以后。大抵小学家缀辑旧文，递相增益，周公孔子皆依托之词，观《释地》有鹠鹦，《释鸟》又有鹠鹦，同文复出，知非纂自一手也。其书欧阳修《诗本义》以为学《诗》者纂集博士解诂，高承《事物纪原》亦以为大抵解诂诗人之旨，然释《诗》者不及十之一，非专为《诗》作。扬雄《方言》以为孔子门徒解释六艺，王充《论衡》亦以为五经之训故，然释五经者不及十之三四，更非专为五经作。今观其文，大抵采诸书训诂名物之同异以广见闻，实自为一书，不附经义，如《释天》云暴雨谓之冻，《释草》云卷施草拔心不死，此取《楚辞》之文也；《释天》云扶摇谓之飚，《释虫》云蒺藜蝍蛆，此取《庄子》之文也；《释诂》云嫁，往也，《释水》云濆大出尾下，此取《列子》之文也；《释地》云西王母，《释兽》云小领盗骊，此取《穆天子传》之文也；《释地》云东方有比目鱼焉，不比不行，其名谓之鲽，南方有比翼鸟焉，不比不飞，其名谓之鹠鹦，此取《管子》之文也；又云邛邛岠虚负而走，其名谓之蟨，此取《吕氏春秋》之文也；又云北方有比肩民焉，迭食而迭望，《释水》云河出昆仑墟，此取《山海经》之文也；《释诂》云帝、皇、王、后、辟、公、侯，又云洪、郭、宏、溥、介、纯、夏、帆，《释天》云春为青阳……至谓之醴泉，此取《尸子》之文也；《释鸟》曰爰居杂县，此取《国语》之文也。如是之类，不可殚数，盖亦《方言》《急就》之流，特说经之家多资以证古义，故从其所重，列之经部耳。"邵晋涵《正义》曰："郭氏《释天篇注》引《离骚》云摄提贞于孟陬，以证正月为陬；又蜺为挈貳，《注》云蜺、雌虹也，见《离骚》；暴雨谓之涷，注曰《离骚》云令飘风兮先驱，使涷雨兮洒尘是也；《释草》卷施草，《注》云宿莽也，《离骚》云。俱引屈原赋之文以为证佐。……屈原赋虽杂楚音，不乖雅训，故郭氏有取焉；后人不察，转谓《尔雅》言暴雨以释《离骚》之涷雨，作《尔雅》者在《离骚》以后，岂知涷雨之名亦见《淮南王书》，将谓《尔雅》在《淮南》以后乎？"其馀诸说，都大同小异，总之不外孔子门人、周公、汉人三说。对于这个问题，可以分成下列五点来说：

（1）《大戴记》："尔雅以观于古。"卢辩《注》："尔，近也，谓依于《雅》《颂》。"王念孙曰："是卢氏不以尔雅为书名，案彼文云：循弦以观于乐，尔雅以观古，谓循乎弦，尔乎雅也，卢说为长。"又《春秋元命苞》及《西京杂记》之说，都系后人伪托，不可尽信。这样看来，周孔所作，全无根据，即使所作原仅一篇，虽可释张仲孝友诸疑，但也不能使人心服，故张揖也因无证验而疑不能明也。

（2）春秋战国的时候，读《书》诵《诗》，很少训诂；到了秦皇统一之后，虽有博士之官，然不专为经立；直至西汉初年，师师相传，仍然重在讲说大义，阐明微言，既无需训诂专著，故今文家也不大注意此道。后来传记章句渐次写成问世，闾里书师为了便利初学的读经，于是杂取五经传记中之训释字义者，集而录之，勒为专书，以教学童，犹《史籀》《仓颉》之于日用杂字也。所以《尔雅》多今文经字及其说解；臧在东云《尔雅》今文之学，徐养原云乃兼采古今文之说，非专用今文也。二说都是，然溯其初，固今文之学也。《毛诗·汉广》江之永矣，《韩诗》作羕，《释诂》："永、羕，长也。"《毛诗·皇矣》貊其德音，《韩诗》作莫，《释诂》："貊、莫，定也。"《毛诗·大雅》崧高维岳，《礼记·孔子闲居》引作嵩，《释诂》云"嵩，高也"，《释山》云"山大而高崧"。《毛诗》遵彼汝坟，《韩诗》作濆，《释邱》云"坟，大防"，《释水》云"汝有濆"。洪颐煊曰："《释训》一篇，专为释《诗》而作，其间有不在今《诗》者，盖三家传本有异同也。"治《尔雅》者必先明乎此，然后展转证明，知古文某即今文某，有今古文异而兼释者，有今古文异而只释今文或古文者，《尔雅》通而今古文训说及文字之异也就可通了。

（3）《尔雅》的被人推重，是由于古文家的重视训诂，《七略》说古文《尚书》读应《尔雅》，《隋志》云梁有汉刘歆《尔雅注》三卷，刘歆《移太常博士书》云："孝文时诸子传记立于学官。"赵岐也说："孝文皇帝欲广游学之路，《论语》《孝经》《孟子》《尔雅》皆置博士。"《太平御览》引《汉旧仪》云："武帝初置博士，取学有通修，博识多艺，晓古文、《尔雅》，能属文章者为之。"《汉书·平帝纪》："征天下通知逸经古记，天文历算钟律，小学史篇，方术本草，及五经、《论语》《孝经》、《尔雅》教授者。"《后汉书·贾逵传》："逵数为帝言古文《尚书》与经传《尔雅》训诂相应。"可见古文家特别推崇《尔雅》的原因，是为了给古文经张目。因此，《尔雅》一书既被古文家所增益，又复引用以解经，展转反覆，所以书中所录古今文说或同或异。如"流，择也"，"流，求也"，皆释"左右流之"；"剪，勤也"，"剪，齐也"，皆释"实始剪商"。

（4）古文家既用《雅》训以解经，但他们的经诂又想托之于古，故多不明言所用者为《雅》训。《毛诗故训传》为古文家训故之最著者，后出转精，自较周详，于是后人又取毛《传》训故以入《尔雅》。其书释《诗》者较多，如《释诂》："关关噰噰，音声和也。""谑浪笑敖，戏谑也。"《释言》："烝，尘也。戎，相也。饫，私也。孺，属也。"数训连见一起，此释《小雅·常棣》之诗也。《释训》引"如切如磋"，"如琢如磨"，"瑟兮僩兮"，"赫兮烜兮，有斐君子，终不可谖兮"。又引"既微且尰"，"是刈是濩"，"履武帝敏"，"张仲孝友"，"有客宿宿"，"有客信信"，"其虚其徐"，"猗嗟名兮"，"式微式微"，"徒御不惊"。《释天》引"是类是祃"，"既伯既祷"，"乃立冢土"，"戎丑攸行"，"振旅阗阗"。《释畜》引"既差我马"。这都是明引《诗》文成句而释之的例子，盖《诗经》读者最多而文易晓，故纂集者多所资取。若取毛《传》和《尔雅》来比较，有字异义同者，如揫遒之训聚，芾茀之训小，慑叠之训惧，瘅惮之训劳，愆愆之训过，枿蘖之训馀，酬酭之训报，頠定之训题，痗里之训病等都是；又有训异义同者，如《尔雅》瘅劳也，癉病也；痗病也，悝忧也；毛《传》则云瘅病也，惮劳也，里病也，忧劳病义相成相似。《尔雅》幠厖有也，毛《传》朊厖厚也，有厚义亦相近。又有字同训异者，如《尔雅》写忧也，释以写我忧，以写我心句，毛《传》则云写除也，输写其心也。《尔雅》峨峨祭也，释奉璋峨峨句，毛《传》峨峨盛壮也。两相比较，《尔雅》望文生义之处，毛《传》每每不用，可见古文家之立训必审乎声，察乎情，实较今文家为优也。

（5）《尔雅》之为后人所附益，并不是有意作伪。当时许多著述多是丛书性质，尚无一人独占作者名义的习气，而小学一类启蒙的读本，因为客观材料增加改变的缘故，所以常常随时附益。如《释山》之五岳，《释地》之八陵，都是汉制，必为汉人所增无疑，此犹《史游》《急就》之末二章（三十四章本）中有汉魏间人语也。《释诂》一篇，密静也前后两见，而假始也，假作也，骏大也，骏长也，始作一义，大长一义；《释地》有鹈鹕，《释鸟》又有鹈鹕；诸如此类，都是增益的明证。

《尔雅》的来源既是收集些客观的训诂材料分类编辑而成，那么里面就免不了有芜杂混淆的地方，戴东原曾经指责它的缺点说："《说文》所载九千馀文，当小学废失之后，固未能一一合于古；即《尔雅》亦多不足据，姑以《释故》言之：如'台、朕、赉、畀、卜、阳，予也'，台、朕、阳当训予我之予，赉、畀、卜训赐予之予，不得错见一句中。'孔魄哉延虚无之言，间也'，郭氏《注》云：孔穴延魄虚无皆有间隙，馀未详。考之《说文》，哉言也间也，言之间即词助，然则哉之言三字乃言之间，言为词助，见于《诗》《易》多矣。豫射厌也，部氏《注》云：《诗》曰服之无射，余未详。豫盖当训厌足厌饫之厌，射训厌倦厌憎之厌。此皆掇拾之病，其解释《诗》《书》缘词生训，非字义之本然者，不一而足。"案此种掇拾之病，不独上举数条为然，陆佃《尔雅新义》说予也、当也等条一名两读，郑樵《注》疑原则分两条，以二字同文故误耳。王引之《经义述闻》又广举例证，如君也条之天帝皇王后辟公侯为君上之君，林蒸为群聚之群；予也条台朕阳为予我之予，赉畀卜为赐予之予；待也条须俟徯为竣待之待，觷戾底止为止待之待，他如故有古及语词二义，伪有作及诈二义，当有当理及相当二义，息有止息及气息二义，乃有仍及语词二义，相有辅互及视三义，捷有交接、疾捷二义；凡此等类，都因其声殊途同归，故其义有条不紊，而得合而释之者，古人训诂之指本于声音六书之用，广于假借，所以二义不嫌同条也。严九能《娱亲雅言》也举了好些例子，如信有忠信及屈信二义，胜有胜负、胜任二义，数有数术、选数二义，言有好言、莠言二义，说这是古人义训尚简而通的现象，顾氏《音论》"两声各义之说不尽然"一条，以及《钟山札记》"古人之于音训并不因音读而区别"一条，都可和此互相发明。郝氏《义疏》亦云强有勉强、刚强二义，重有厚、再二义，尽有空、皆二义，虚有空虚、丘墟二义，劳有勤、勉二义，思有意思、思念二义（分两条），见、视都有看、示二义，安有静、乐二义，舍有止息、舍释二义，佞有巧谄、才美二义……诸如此类，遽数之不能终其物，现在看来，数义或相似，或相反，或相异，都不出语义引申及同音假借的范围，王氏严氏的话都说得很对，所以九能讥东原读《雅》未熟，伯申斥渔仲误以后音析古义也。如明《尔雅》一书之来历，凡其文字与经传之违合，立说与毛、许之同异，以及本书前后错出，自相矛盾，本借或异各体同条，转训又训比接相续，诸种现象皆可涣然冰释，不必强为发凡起例而释之了。

　　《尔雅》的传授，汉武以前已不可考，《七略》说古文《尚书》读应《尔雅》。今以司马迁所引《尧典》一篇考之，如协和万邦译作合和万国，钦若昊天作敬顺昊天，历象日月星辰作数法日月星辰，宅嵎夷作居嵎夷，寅宾日出作敬道日出，厥民析作其民析，允厘百工作信饬百官，庶绩咸熙作众功皆兴，共工方鸠僝功作共工旁聚布功，有能俾义作有能使治者；他如圮毁、师众、俞然、克能、谐和、格至、降下、觐见、谧静、询谋、惇厚、任佞、时是、茂勉、于於、暨与、祖始、畴谁、若驯、永长、作为，莫不和雅训相合。李斯《仓颉》佚文，散见群书，如廷直也，革戒也，赦舍也，乐喜也，戢聚也，阬壑也等类，也都与《雅》义相符。虽未明言引用，但必与《尔雅》有关。此外汉人传注之可见者，如河间所上之《乐记》，毛公之《诗传》，马融之《书注》《礼注》，杜子春、郑兴、郑众之《周官注》，贾逵之《左传注》，以及郑玄说经，许慎《解字》，都禀承《尔雅》，古训是式。而郑许已明言《尔雅》曰云云了，如《周礼注·天官冢宰》下引《尔雅》曰：冢大也，《说文》"旡"部引《尔雅》寇薄也，都是其例。其他象扬子云之作《方言》，应劭的著《风俗通》，也都是雅学的支流。

　　西汉经师重师法，东汉古学重家法；今文家专明微言大义，古文家多详礼制名物训故；分门别户，相视若仇。自《雅》训是式，古学盛行以来，平帝在位时，古文经曾一度立于学官，元始五年，并下诏征求天下通知《尔雅》、小学、《史篇》者，遣诣京师，因是诸儒解经，都尊《雅》说。郑玄先通今文，复受古学，杂糅今古，巍然一代大师，故其笺《诗》，多据《尔雅》以补毛。本传说："造太学受业，归事京兆第五元先，始通《京氏易》《公羊春秋》《三统历》《九章算术》，又从东郡张恭祖受《周官》《礼记》《左氏春秋》《韩诗》、古文《尚书》，以山东无足问者，乃西入关，因涿郡卢植事扶风马融。"因为他的博学多师，闳通广大，打破门户之见而参合众家，也是必然的趋势，故他虽以古学为宗，实亦兼采今学，本传说："凡玄所注《周易》《尚书》《毛诗》《仪礼》《礼记》《论语》《孝经》《尚书大传》《中候》《乾象历》，又著《七政论》《鲁礼禘祫义》《六艺论》《毛诗谱》《驳许慎五经异义》《答临孝存周礼难》，凡百余万言。"其注《尚书》用古文而多异于马融，或马从古而郑从今，或马从今而郑从古（可参考陈乔枞《今文尚书经说考》）；笺《诗》以毛为主，然间易字，所易者多本三家说（参考陈奂《郑氏笺考徵》）；注《仪礼》并存今古文，从今文则《注》内出"古文某为某"从古文则《注》内出"今文某作某"。贾《疏》云："郑注《礼》之时……或从今，或从古，皆逐义强者从之；若二字俱合义者，则互换见之。"（见《士冠礼》"布席于门中"句下）；《周礼》《礼记》没有古今的不同，其注可以不论；其注《论语》就《鲁论》篇章，而校以《齐论》《古论》，故《注》内多云："《鲁》读某为某，今从《古》。"王国维《书论语郑氏注残卷后》谓其正《论语》读都是以《古》改《鲁》，无以《鲁》改《古》者，可知篇章虽今，而字句实古。郑氏《六艺论》说他自己笺《诗》的态度是："注《诗》宗毛为主，毛义若隐略，则更表明，如有不同，即下己意，使可识别。"又《周礼序》云："玄窃观二三君子之文章，顾省竹帛之浮辞，其所变易，灼然如晦之见明，其所弥缝，奄然如合符复析，斯可谓雅达广揽者也；然犹有参错，同事相违，则就其原文字之声类，考训诂，捃祕逸；谓二郑者同宗之大儒，明理于典籍，犆识皇祖大经，《周官》之义存，古字发疑正读，亦信多善，徒寡且约用，不显传于世，今赞而辨之，庶成此家世所训也。"这种不拘泥家法而以是非为准的解经态度，可以说是合理的、正确的、科学的、伟大的态度，他考训诂的根本依据能着眼在"文字之声

类"，缘声以求义，不为字形所拘束，也是很对的。至于诸本互校，择善
而从，发疑正读，改讹补脱，凡此种种，都已超出正名物、考字义的训故
范围了。或谓郑氏好引纬书，是其一短，《欧阳修集》有《请校正五经劄
子》，主张删削其书，然纬书也并非不可尽信也；又或谓康成好改经字，
也是一短，然所注但曰某当作某，明其为声误或字误，并非迳加改削也。
汉代古文家的注经还有一个特点，王国维《书尔雅郭注》后曰：

> 汉人注经，不独以汉制说古制，亦以今语释古语，杜子春郑大夫
> 郑司农说《周礼》已用其法，后郑司农注三礼，复推而广之。然古语
> 者有字而无音者也，由古语之字以求其音与义，于是有读如读若之例
> 焉，有读为之例焉；今语者有音无字者也，由其音以求其字，或可
> 得，或不可得，凡云今谓厶为厶者，上厶其义，下厶其音也。其音如
> 此，其字未必如此，（如《周礼·夏官序官司爟注》：今燕俗名汤热为
> 观，字当作涫；《考工·轮人注》：今人谓蒲本在水中者为弱，字当作
> 蒻；《礼记·内则注》：音或从拭物之巾今齐人有言帉者，字当作帗；
> 而作观弱帉者，但取其经字也。）吾但取其字以表其音，使与古厶字
> 之音相比附而已矣；故以今语释古语，虽举其字，犹或拟其音，如
> 《周礼·天官·醢人（豚拍）注》云：郑大夫杜子春皆以拍为膊，谓
> 胁也，今河间名豚胁声如锻镈；又《春官·小宗伯（甫竁）注》：郑
> 大夫读竁皆为穿，杜子春读竁为毳，皆谓葬穿圹也，今南阳名穿地为
> 竁，声如腐脆之脆；又《考工记·轮人（察其菑蚤不龋）注》：郑司
> 农菑读如杂厕之厕，谓建辐也，泰山平原所树立物为菑，声如戴，博
> 立枭棋亦为菑。盖河间之言锻镈，南阳之言竁，泰山平原之言菑，初
> 未有此字也，以其言胁之音如镈而知其当为膊，以其言穿地之音如腐
> 脆之脆而知其当为竁，以其言所立之音如戴而知其当为菑，此言语学
> 之事也。由锻镈之为豚胁而知豚拍之为豚膊，由脆之为穿地而知竁之
> 为穿圹，以戴之为树立而知菑之为建辐，此训诂之事也。不必问其字
> 之如何，但使古今两语音义相释古会足矣，故与其求其字也，宁存其
> 音，此郑君以今语语之法也。郭景纯注《尔雅》从之，故《注》中往
> 往有音。

其实这种方法，扬子云先已用过，大概他们都是模取《方言》的遗意吧。

第二节　理论的训诂学

周秦两汉的重要字书，约可分为两派：记载文字形体的，如《史籀》《仓颉》《训纂》之属是也；记载语言变迁的，如《尔雅》《方言》《释名》之属是也。前一派是属于文字学的范围，可以不论。后一派的性质也略有不同，《尔雅》是纯客观的辑集些训诂的材料，只是明其当然而不能明其所以然，换言之，只是胪列许多古今转语、同义词、正假字，却不能说明他们的所以然，示人以训诂之途径。《方言》虽是有意模仿《尔雅》，但是它的态度已由客观而进入主观，它的取材已由纸面而进入口头，它的目的不仅为了实用而且重在研究，示人以训诂之途径。《尔雅》如果是训诂的材料，《方言》则是训诂的学术了。这在训诂学史上不能不说是一个新纪元。

《方言》的作者是扬雄，《汉书》本传说他"少而好学，不为章句，训诂通而已，博览无所不见……默而好深湛之思，清静无为少嗜欲……自有大度，非圣哲之书不好也，非其意虽富贵不事也"。又赞曰："实好古而乐道，其意欲求文章成名于后世，以为经莫大于《易》，故作《太玄》；传莫大于《论语》，作《法言》；史篇莫善于《仓颉》，作《训纂》。"常璩《华阳国志》又续云："典莫正于《尔雅》，作《方言》。"可见他自以《方言》拟之于《尔雅》也，然其性质并不同。其著书之动机及经过，在他和刘歆往返的信中说得很明白，歆与雄书云："三代周秦轩车使者、遒人使者以岁八月巡路，求代语、僮谣、歌戏。欲得其最目，因从事郝隆求之日，篇中但有其目，无见文者。歆先君数为孝成皇帝言：常使诸儒共集训诂《尔雅》所及，五经所诂不合《尔雅》者，诂籀为病，及诸经氏之属，皆无证验，博士至以穷世之博，学者偶有所见，非徒无主而生是也。……属闻子云独采集先代绝言，异国殊语，以为十五卷，其所解略多矣；而不知其目。"雄答书云："雄少不师章句，亦于五经之训所不解。常闻先代辄轩之使奏籍之书，皆藏于周秦之室，及其破也，遗弃无见之者；独蜀人有严君平临邛林闾翁孺者，深好训诂，犹见𫐐轩之使所奏言……君平财有千言耳，翁孺梗概之法略有。……雄为郎之岁，自奏少不得学，而心好沈博绝丽之文，愿不受三岁之奉，且休脱直事之繇，得肆心广意以自克就；有诏可不夺奉，令尚书赐笔墨钱六万，得观书于石室；……遂得尽意，故天下上计孝廉及内郡卫卒会者，雄常把三寸弱翰，赍油素四尺，以问其异语，归即以铅摘次之于椠，二十七岁于今矣。而语言或交错相反，方覆论思，详悉集之，燕其疑。"由他俩来往的信里，我们可以知道他的不屑于为章句训诂之学，正是好自肆心广意的创造而不好为人作注脚的缘故，恰好他认识的亲朋中有保存着𫐐轩使者的奏籍之书，代语梗概之法略有，又适遇官中岁月优悠，得以亲自采集各地方言异语。这种工作虽然是他的好胜心所驱使，然而于语言交错相反之中方覆论思，正是担负起训诂家的担子。所以刘歆认为这十五卷书，一定会给《尔雅》所诂的古言增添不少的证验，较诸博士穷年累月的钻研之所解，当然要多多了。书中"大也"条下云："皆古今语也。初别国不相往来之言也，今或同，而旧书雅记故俗语不失其方，而后人不知，故为之作释也。"可知他是想从方言俗语里寻觅古语的遗迹；大概汉代训诂之学多半是经师口耳相传下来的，《荀子·劝学》提倡"学近其人"而轻视诵经，而一般经师又只重在解说大义，不究训诂；古文经师虽然重视《尔雅》，可是仍然有许多不大了解的地方；如果只抱残守缺，不另辟研究的蹊径，恐怕是要束手无策，甚至于妄生臆解的；相对的，言语自然递变之迹存留在方言俗语之中的反倒不被人注意。子云既作《训纂》以拟《仓颉》，复继君平、翁孺之后，脱离章句，采集四方异语，于《尔雅》五经训诂之外独竖一帜，这是他作书的主要动机。他著述的经过可以说是一种"标题罗语"的方法，先依照《雅》训或当时通行的经诂标立题目，然后再按着这标题去向那些孝廉卫卒探问其异语而罗列其下。例如卷一"咺唏忨怛，痛也。凡哀泣而不止曰咺，哀而不泣曰唏"。这是标题，下文又接着说："于方，则楚言哀曰唏；燕之外鄙，朝鲜洌水之间，少儿泣而不止曰咺；自关而西，秦晋之间，凡大人小儿泣而不止谓之唴，哭极音绝亦谓之唴；平原谓唴极无声谓之唴哴；楚谓之噭咷，齐宋之间谓之喑，或谓之惄。"这是罗语，故罗语和标题当不完全一致相符，或多或少；还有的有目无文，如卷三"呡，民也"等条都是。至如"党晓哲，知也"条，大概是先有"晓哲，知也"
的题目，后来调查的结果，才知道楚谓之党，于是又以党字补入，上下始
完全相符。标题的依据上面说是《雅》训经诂，这可以在比较上看得出
来，如：

> （《尔雅》）如、适、之、嫁、徂、逝，往也。
>
> （《方言》）嫁、逝、徂、适，往也。自家而出谓之嫁，由女而出为
> 嫁也；逝，秦晋语也；徂，齐语也；适，宋鲁语也；往，凡语也。
>
> （《尔雅》）迓、臻、极、到、赴、来、吊、艐、格、戾、怀、摧、
> 詹，至也。
>
> （《方言》）假、洛、怀、摧、詹、戾、艐，至也。邠唐冀兖之间曰
> 假或曰洛；齐楚之会郊或曰怀；摧、詹、戾，楚语也；艐，宋语也；
> 皆古雅之别语也，今则或同。

卷六"杼柚，作也。东齐土作谓之杼，木作谓之柚"，戴震《疏》曰：
"盖释《诗》小东大东，杼柚其空之义。"又卷七"发税，舍车也"，戴
《疏》："盖释《诗》齐子发夕之义。"又卷三"敝，数也"下无方语，《毛
诗传》："丽，数也。"《尔雅》："历，数也。"《论语》引尧曰："天之历数
在尔躬。"《说文》："敝，数也。"又："褛裂，败也。南楚凡人贫衣被丑
弊或谓之褛裂，或谓之褴褛，故《左传》曰：筚路褴褛以启山林，殆谓此
也。"这都是解释经传之较然可见者。他的工作大部分固在搜集，然而也
间有语原声转的研究解释，如卷三："铤空也，语之转也。"卷十一："蝙
蝓者，侏儒语之转也。"其记音求字之经过，也大费苦心，不得其正字者。
或直音之，如怜谓之无写和人兮等是；或自造字，如救仇也，狨盛多也，
凡人语而过谓之遍等是；或既得其正字而仍存其音之轻重疾徐者，如"大
也"条下云或谓之弩，弩犹怒也；弩怒音近；凡人大谓之奘，或谓之壮，
奘壮音近；"丰也"条下云楚谓之仔，燕谓之杼；仔杼音近；"视也"条下
云凡相窃视南楚谓之贴，或谓之占，自江而北谓之贴，凡相候谓之占，占
犹瞻也；占贴瞻音俱相近。其所释词义也较《尔雅》为细密，如"思也"
条之惟凡思也，虑谋思也，愿欲思也，念常思也；又"大也"条之物大貌

曰丰，探大曰厖，物壮大曰殷曰夏，人大曰奘曰壮，物盛多曰寇曰夥，地大曰坟，张小使大曰廓曰摸……等皆是。

由上面的著作动机及经过里，可以知道他研究的目的是因为古书中所存留的已死的语言，后人不易懂得，而方言中反而有好些古语的保留，于是就想拿活语言的声音来和古书中的字两相对照着寻一个相当可靠的解释；换言之，今语有音有义而无字，古字古言有字有音而多不知其义，拿当时各地表示方言的声音和意义来推寻古典里面相当的文字（不得其相当之字者，则假借譬况直音之）。这实是研究古语的一个新方法。郭璞"少玩雅训，旁昧方言"，"沈研钻极，二九载矣"，其注《尔雅》多考诸方国之语，时引方言以为证验，这可说是能够两相贯串证法了；其序《雅》云："总绝代之离词，辨同实而殊号。"其序《方言》则云："考九服之逸言，标六代之绝语；类离词之指韵，明乖途而同致。"盖言其不但由纵的方面观其蝉变之迹，且能由横的方面明其推衍之势，以方言释古语，以通语释方言，纵横两面兼贯会通，实开时地综合研究的先声。书中所收集语言的种类，按照纵横两面可以分为下列五种：

（1）不含地域性的普通话

通语——卷一："娥嬴，好也。……好其通语也。"又："怃俺怜牟，爱也。……怜通语也。"

通名——卷十一："蛥蚗，……西楚与秦，通名也。"

凡语——卷一："嫁逝徂适，往也。……往凡语也。"

凡通语——卷二："釙嫽，好也。……好凡通语也。"

（2）通行区域较广的方言

四方之通语——卷三："庸恣比侾更佚，代也。齐曰佚，江淮陈楚之间曰侾，馀四方之通语也。"

四方异语而通者——卷十一："蟒蟠谓之蟥……秦晋之间谓之蠹，或谓之天蝼，四方异语而通者也。"

△△之间通语——卷四："覆结谓之帻巾……皆赵魏之间通语也。"（卷六："拭摸，去也，齐赵之总语也。"）

△地通语——卷三："撲翕翕叶，聚也。楚谓之撲，或谓之翕，叶、楚通语也。"

（3）纵方面语言新旧生灭交替之际所残留的古今语

古今语——卷一："敦丰……大也。……皆古今语也，初别国不相往来之言也，今或同。"

古雅之别语——卷一："假俗……至也……皆古雅之别语也，今则或同。"

（4）横方面语言因地域的差别而发生变异的各地方言

△地语

△△之间语。（全书中大多是这两种，从略。）

（5）兼包纵横两面因音声转变而发生的方国殊语

转语——卷三："庸谓之伀，转语也。"卷十："煤，火也，楚转语也。"

语之转——卷三："撲铤渐，尽也。……铤赐也，铤赐撲渐尽也，铤空也，语之转也。"

代语——卷十："惎鳃乾都耆耇，老也。皆南楚江湘之间代语也。"（注："凡以异语相异谓之代也。"）

其书之所以标名为《輶轩使者绝代语释别国方言》，用意也正在此——标绝语，考逸言，不仅释古今语，而且尤重方言。礼失而求诸野，不也比妄肆揣测为佳吗？

关于《方言》和扬雄的关系，旧来也有怀疑的人。《汉志》备列扬子云所著书，独无《方言》之目（或疑《别字》即《方言》，恐非）。盖刘歆虽闻有此作，但终究未见其目，故《七略》不及著录，《汉志》亦不载。又因终雄之世，《方言》之作仍未完成，书中前后重出（如卷一儇慧也，卷十二儇虔谩也。卷六爱嗳恚也，卷十二爱嗳哀也。卷一眉梨老也，卷十二麋梨老也。卷一虔刘惨掠杀也，卷二叨掠残也，卷三虔散杀也，卷六参蠡分也，卷十三劀剺解也。……等），以及有标题而无方语者（卷十二以下多如是，全书约得三百三十余条），不一而足，故雄不言己作，而他人也多不知为雄所作也。许慎作《说文》，引扬雄说解凡十二见，皆系《仓颉》《训纂》中语，而说解之与方言相合的也很多，如口部喧、唴、咺、喑四字下云："朝鲜谓儿泣不止曰喧。""秦晋谓儿泣不止曰唴。""楚谓儿泣不止曰嗷咺。""宋齐谓儿泣不止曰喑。"都与《方言》合，但不标扬雄

或《方言》字；马郑诸儒的说解经文，也有时称某为某地人语，然亦不引
《方言》或扬雄说；直到东汉末年应劭作《风俗通义》，《序》中始称扬雄
作《方言》，所说的著作情形和雄的答书约略相同，且自道其窃取《方言》
之意，加以演述，比隆斯人。迨后孙炎注《尔雅》莫蟪螳螂蚲，杜预注
《左传》授师子焉，薛综述《二京解》，张载刘逵注《三都赋》，都递相征
引；而张揖作《广雅》，几乎完全采入；郭璞又"触事广之，演其未及，
摘其谬漏"为之注解，其馀如《西京杂记》《华阳国志》也都曾道及；
《隋志》始正式著录。自魏晋沿及隋唐，诸儒于《方言》作者均无异词，
到宋以后，才有人疑其非真，洪迈《容斋随笔》就《汉书·扬雄传》及
《方言》末附歆与雄往返书，列举五大证据，断非雄作，必为汉魏之际好
事者为之云云。戴震《方言疏证》已经逐条驳正，是洪氏的话也不足
信也。

　　扬氏的方言学所给与当时训诂学上的影响，第一是使人知道语言的殊
异因乎地域的关系者也很大，故何休《公羊传注》云"△齐人语也"，
"△鲁人语也"；王逸《楚辞注》云"△楚人语也"。许慎《说文》及《淮
南子注》，郑康成《礼记注》《周礼注》《仪礼注》，以及刘熙《释名》诸
作，并知异国殊域音转声异之理。第二是使人知道今语俗言中有不少的古
语绝言之遗留，故上节所言诸家注《周礼》并知以今时方言的音义释古语
之字也。

　　汉人训诂的著作于《尔雅》《方言》之外，又能自辟新途径者厥惟刘
熙的《释名》。《后汉书·文苑传》曰："刘珍字秋孙，一名宝，南阳蔡阳
人也，少好学，永初中为谒者仆射，邓太后诏使与校书刘騊验、马融及五
经博士，校定东观五经诸子传记百家艺术，整齐脱误，是正文字。……著
诔颂连珠凡七篇，又撰《释名》三十篇，以辨万物之称号。"其书久佚，
后世未见著录。汉末又别有刘熙者也作《释名》，两人姓既相同，书名亦
一，于是有人疑刘熙即刘珍者，非也。熙字成国，北海人也。《后汉书》
无传，然其事迹亦有可考，钱大昕《释名跋》云："《吴志·程秉传》：避
乱交州，与刘熙考论大义，遂博通五经；《薛综传》：少依族人，避地交
州，从刘熙学；《韦曜传》：曜因狱吏上书，见刘熙所作《释名》，信多佳
者。据此三文推之，则刘君汉末名士，建安中避地交州，故其书行于吴，

而韦宏嗣因有《辨释名》之作也。"《隋志》录有《释名》八卷，刘熙撰，即《吴志》所说之书也。或疑范蔚宗误记于刘珍名下，亦非，二刘都是当时有名的经学家啊！成国著书的动机及目的，《自序》说："熙以为自古造化，制器立象，有物以来，迄于近代，或典礼所制，或出自民庶，名号雅俗，各方名殊……夫名之于实，各有义类，百姓日称而不知其所以之意；故撰天地、阴阳、四时、邦国、都鄙、车服、丧纪、下及民庶应用之器，论叙指归，谓之《释名》，凡二十七篇。"这种推求名实间的义类，命名的指归，实是一种推寻语原的工作。什么是义类？王念孙《广雅疏证》说："又案辇者对举也，故所以举棺者谓之轊轴，《士丧礼》下篇：迁于祖用轴，郑《注》云，轴，轊轴也，轊状如长床，穿程，前后著金而关轴焉。是也；杠者，横关对举也，故床前横木谓之桭，《说文》：杠，床前横木也，《徐锴传》云：今人谓之床桯。是也；暴者亦对举也，故舆床谓之桐，舆者共举也，故车所以举物者谓之舆。《释名》云：自古制器立象，名之于实，各有义类；斯之谓矣。"因此书中的训释字和被释之名，词性大都不同，以动释名者，因功业而名也；以形容疏状释名者，因德性而名也；以名释名者，因实质而名或比拟之而名也；例已见上章所举，这里不再重述了。他所用的方法是音训，音训之法，汉代传记训诂都已经广加应用，刘熙不过是集其大成而已。《四库提要》虽讥其"以同声相谐推论称名辨物之意，中间颇伤于穿凿"，然也称赞"可因以考见古音；又去古未远，所释器物亦可因以推求古人制度之遗"。毕沅《疏证序》又誉为"参校方俗，考合古今，晰名物之殊，辨典礼之异，洵为《尔雅》《说文》以后不可少之书"。不过我觉得这些称誉并不能够恰中肯切，前乎此者，像《春秋繁露》《白虎通》《风俗通义》诸书，虽然也都是《释名》的前导，目的在乎正名辨物，但是《释名》的精义还在于探求语原的工作，有资考证，尚其小焉者耳。盖训诂的最极目的，不仅在明其当然，还要明其所以然。《尔雅》者，明其当然之书也；《释名》者，明其所以然之书也。训诂必兼具这两件事才算完备，《方言》《释名》，虽都是补足《尔雅》的缺陷之作，但与《尔雅》并不相同。

训诂的方法有主观与客观，有理论与实用的区别，前者如《尔雅》《方言》之属（《方言》是介乎二者之间的产物），只是客观的以通语译释古语方言；后者如《白虎通》《释名》之属，纯是训诂家本个人的观察，应用音训之法，以音近音同之字去细绎一事一物命名的取义所象，即使有时出于偶合，其独能阐明音原的理论而推广之，也就很难能可贵，独具灼眼为当人所不及了。它于训诂学上的影响，自然是很重要的（参看“音训”节）。

《释名》在训诂学上的价值，除去上章所说的推论事物命名之因以及探求语根与语词词性的关系等要点以外，还有一点可以注意的，就是他的解释名原常以当时方言方音为证是也，如：“天，豫司兖冀以舌腹言之，天，显也，在上高显也。青徐以舌头言之，天，坦也，坦然高而远也。”“风，兖豫司冀横口合唇言之，风，泛也，其气博泛而动物也。青徐言风踧口开唇推气言之，风，放也，气放散也。”此皆以方音证其命名取义也，音虽小异而义仍同。又“女，如也，妇人外成如人也，故三从之义少如父教，嫁如父命，老如子言。青徐州曰娪，娪，忤也，始生时人意不喜忤忤然也。”此方言有异而取义亦异也。又：“水泆出所为泽曰掌，水停处如手掌中也，今兖州人谓泽曰掌。”“兄，荒也，荒，大也，故青徐人谓兄为荒也。”“厚，后也，有终后也，故青徐人言厚如后也。”此皆以方言证其命名取义也。至如“事，傳也，傳，立也，凡所立之功也，故青徐人言立曰傳也”之类，和《考工记·轮人》郑司农《注》“泰山平原所树立物曰菑，声如蔵”的取材相同（《管子·轻重篇》春有以剚耕，又傳戟十万；《汉书·蒯通传》不敢事刃公之腹者，《注》引李奇曰：东方人以物臿地中为事。事傳剚菑栽……并声近义通。管仲齐人，泰山平原齐地，正与青徐合）。然一以之证古语，一以之明语原，要在训诂家善于利用之而已。

第三节　训诂学的中衰

《尔雅》《方言》《说文》《释名》四书，可说是汉人开创的文字学、训诂学方面四个重大的端绪，可惜到魏晋以来，一般经师以及好古之士，大都不能克绍箕裘，发扬光大，以致雅学式微，古学沦亡，令人惋惜之极！甚至于一般人都误解《尔雅》的意义，只拿它当作多识博见的獭祭，认为知道一些草木鸟兽虫鱼之名是很博雅的，反忽略了它的语学价值。例如《窦氏家传》说："窦攸治《尔雅》，举孝廉，为郎，世祖与百寮游于灵台，得鼠身如豹文，莹有光辉，群臣莫有知者，惟攸对曰：此名鼮鼠，事见《尔雅》。乃赐绢百匹。"（见《艺文类聚》引，是光武时事也。郭璞《注》则以为武帝时孝廉郎终军事。）又《晋书·蔡谟传》："谟初渡江，见蟛蜞大喜曰：蟹有八足，加以二螯，令烹之。既食，吐下委顿，方知非蟹。后诣谢尚而说之，尚曰：卿读《尔雅》不熟，几为劝学死。"由这些人治《尔雅》的目的可见当时风尚之一斑了，故郭璞《序》云："诚九流之津涉，六艺之钤键，学览者之潭奥，摛翰者之华苑也。若乃可以博物不惑，多识于鸟兽草木之名者，莫近于《尔雅》。《尔雅》者盖兴于中古，隆子汉氏，豹鼠既辨，其业亦显，英儒瞻闻之士，洪笔丽藻之客，靡不钦玩耽味，为之义训。"这时在雅学方面所可称道的，只有张揖的《广雅》和郭璞的《尔雅注》了。

注《尔雅》的人，前乎郭氏者，据《隋志》及《释文》所录有犍为文学《注》、刘歆《注》、樊光《注》、李巡《注》、孙炎《注》等数家；郭璞少好经术，博学高才，精古文奇字，阴阳历算（见《晋书》本传）。他自己也说："少玩《雅》训，旁味《方言》。""璞不揆梼昧，少而习焉，沈研钻极，二九载矣。"（《方言、尔雅序》）。功夫既深，对于旧注自多不满，"虽注者十馀，然犹未详备，并多纷谬，有所漏略"。于是踵事增华，广征博引，重为作注，"是以复缀集异闻，会粹旧说；考方国之语，采谣俗之志；错综奕孙，博关群言，剟其瑕砾，搴其萧稂；事有隐滞，爰据征之；其所易了，阙而不论；别为音图，用祛未寤。"可见他的注《雅》也只是荟萃旧说，取长补短，犹之乎后人之为集解了。郭《注》的特色甚多，第一是引《方言》以证《尔雅》，如"至也"条下引《方言》云：齐楚之会郊曰怀，宋曰届，詹摧皆楚语。"往也"条下引《方言》云：自家而出谓之嫁，犹女出为嫁。"信也"条下引《方言》曰：荆吴淮泗之间曰展，燕岱东齐曰谌，宋卫曰询。……等例都是；扬子《方言》原是为《尔雅》所诂求证验，郭氏精研两书，窥其遗意，知《尔雅》之作，所以释古今之异言，通方俗之殊语，故引《方言》以释《雅》，明一语的转变不同或系乎时或因乎地，所谓"考方国之语，采谣俗之志"是也。第二是引今语以广《雅》，郭氏既知汉时方言可以注《雅》，又悟晋时俗语也未尝不可以注《雅》，于是《注》中言当时俗语者很多，如"那于也"下云：那犹今人云那那也。"余身也"下云：今人亦自呼为身；"阳予也"下云：今巴濮之人自呼阿阳。"殼忽馨尽也"下云：殼今直语耳（直语犹他条言常语通语），忽然、尽貌，今江东呼厌极为馨。"恙忧也"下云：今人云无恙，谓无忧也。"徯待也"下云：《书》曰徯我后，今河北人语亦然。"行言也"下云：今江东通谓语为行。而《释草》一篇，言今言、俗言、今江东……等者尤多，几于逐条都是；且有为当时方言作音者，如"嗟咨蹉也"下云：今河北人云蹉叹，音兔置。又"恀怙恃也"下云：今江东呼母为恀，音是。又"逮遝也"下云：今荆楚人皆云遝，音沓。王国维曰："夫景纯于《尔雅》既别有《音义》矣，此《注》中复有音何也？曰：非为古语作，实为释古语之今语作也。为今语作音何也？曰：今语有音无字，吾但取今语之音，以与古厶字之音相比附，而古字之义见矣。如……；谓河北云蹉如置音，江东呼母如是音，荆楚呼遝如沓音，本但有其音，其定为蹉恀遝三字者，则景纯自于古语中得之，而转以证古语之义，故举其字而复存其音，以示定其为某字之所由，并示古今语之相合云尔。馀如……。郭意若曰：今有厶音与古厶字之音相近，有厶物之名之音与古厶物之名相近，吾姑以古厶字及古厶物称之，而所以用此字当此物者，由其音如厶故，犹杜郑诸儒注《礼》之旨也。"其实这都是窃取《方言》的遗意。第三是明语言之通转，《注》中言转语者甚夥，如"卬，我也"，《注》：卬犹姎也，语之转耳。"夫之兄为兄公"，《注》：今俗呼兄鐘，语之转耳。"不律谓之笔"，《注》：蜀人呼笔为不律也，语之变转。"赉、畀、卜，予也"，《注》：赉畀卜皆赐与也，与犹予也，因通其名耳。凡此皆明言其为通转者。又有言△犹△也，亦通转之例，如硕犹陨也，方俗语有轻重耳。骏犹迅，速亦疾也。憎即慴也。蒂离即弥离，弥离犹蒙茏耳。俌犹辅也。迺即乃。漍《书序》作汨，音同耳。犹即繇也，古今字耳。壬犹任也。存即在。齐亦疾。驵犹麤也。途即道也。旻犹愍也。成犹重也。……等都是。他如荐进也，挚至也，臻至也，袝付也等，莫不依据音理，以通古今方俗之异言。第四是明语义之演变，如"徂、在，存也"，《注》：以徂为存，犹以乱为治，以曩为曏，以故为今，此皆训诂义有反覆旁通，美恶不嫌同名。此发明反训之理也。又"允、孚、亶、展、谌、诚、亮、询，信也"、

"展、谌、允、慎、亶，诚也"，《注》：转相训也。"永、悠、迥、遐，远也"、永、悠、迥、远，遐也"，《注》：遐亦远也，转相训。此明训异义同也。又"悦、怿、愉、释、宾、协，服也"，《注》：皆谓喜而服从。又"愉，劳也"，《注》：劳苦者多惰愉，今字或作瘉同。此言义相展转引申也。第五是取证丰富，《尔雅》固主于释经，然语言本系天成，举凡同时同地之作，无论经史子集，九流百家，都可以附翼《雅》训，取证古语，邵氏《正义》说："礼失而求诸野，方今去圣久远，道术缺废，无所更索，彼九家者，不犹愈于野乎？若能修六艺之术而观此九家之言，舍短取长，则可以通万方之略矣。"郭《注》所引，如《易》《书》《诗》《鲁诗》《礼》《礼记》《大戴记》《周礼》《公羊》《穀梁》《左传》《论语》《孟子》《谥法》《诗传》、郑《笺》、《诗序》《仓颉》《埤苍》《方言》《广雅》《离骚》《山海经》《管子》《晏子》《尸子》《庄子》《吕览》《淮南》《本草》《家语》……诸书之中颇有溢出轻传小学范围之外者，然不能因此即云《尔雅》出于诸书之后。盖去雅未远，自多相合者。第六是态度谨慎，郭氏于义之常行常见而易了者，既已阙而不论，或只说"见《诗》《书》""义之常行者""常语"等以概其馀；盖省繁文费辞也。其于所不知，亦付阙如，则云"未闻""未详"以识之，全书计约百有八十馀事（翟灏《补郭》云凡百四十二科）。书中如"载、漠，伪也"，下注云：载者言而不信，漠者谋而不忠之类，虽郑樵等指为臆说，但瑕不掩瑜，不必过为苛求。第七是正旧注之失，郭氏《注》多取孙炎之说，然亦不尽盲从，如"萧，离也"下注："孙叔然字别为义，失矣。""病也"条下注："尫癙、玄黄皆人病之通名，而说者便谓之马病，失其义也。"（邢《疏》云："盖指孙炎不能弘通。"）《序》所谓"错综樊孙，博关群言；剟其瑕砾，搴其萧稂"是也。陆德明曰："先儒于《尔雅》多亿必之说，乖盖阙之义，惟郭景纯洽闻强识，详悉古今，作《尔雅注》，为世所重。"故其书一出而旧注几完全废弃，并不是无因的。至于注中之发明"转训""反训"，也是其他训诂家所未曾提过的。郭氏所注书如《方言注》《三仓解诂》《山海经注》《穆天子传注》等，并称闳博，可与《雅注》媲美。其别为《尔雅音》及《尔雅图讚》者，盖亦本樊光、孙炎等旧规也（樊《注》中已有反切，如"尸，寀也""寀，七在反"，"明明、斤斤，察也"

"斤，居亲反"两条，都确为《注》文。孙炎别有《尔雅音》二卷，《颜氏家训》谓叔然独知反语本此）。郭氏之后，又有梁沈旋《集注》（兼音），陈施乾《音》，谢峤《音》，顾野王《音》，唐裴瑜《注》……等数家，陆氏《释文》则以郭《注》为主，犍为文学以下数十家，并加采择。

广续《尔雅》者，这时有《小尔雅》和《广雅》。《小尔雅》的作者，旧说不一，《汉志》有《小雅》一篇，次《尔雅》《古今字》之间，无作者姓名；《隋志》有《小尔雅》一卷，李轨《略解》，亦无作者姓名；旧、新《唐志》并与此同；至《中兴书目》始题《小尔雅》一卷孔鲋撰，是自宋以来才相传如此，故晁公武《读书志》，陈振孙《书录解题》，王应麟《玉海》并同。清代小学家论《小尔雅》者，大致可分为两派：戴东原《书小尔雅后》《四库提要》谢启昆《小学考》都以为是晋人伪作；宋翔凤《小尔雅训纂》胡承珙《小尔雅义证》王煦《小尔雅疏》则以为是《汉志》原书，王氏并信其为孔鲋真作。戴东原说："《小尔雅》一卷，大致后人皮傅掇拾而成，非古小学遗书也。……其解释字义不胜枚数以为之驳正，故汉世大儒不取以说经，独王肃杜预及东晋枚赜奏上之《古文尚书孔传》，颇涉乎此。……或曰《小尔雅》者，后人采王肃、杜预之说为之也。"《四库提要》本之以为说曰："其书久佚，今所传本则《孔丛子》第十一篇钞出别行者也。……汉儒说经皆不援及，迨杜预注《左传》始稍见称引，明是书汉末晚出，至晋始行，非《汉志》所称之旧本。"宋翔凤则曰："《七略》有《小尔雅》一篇，盖《尔雅》之流别、经学之馀裔也。说《诗》者毛氏，说《礼》者郑仲师氏、马季常氏，往往合焉。晋李轨作《小尔雅略解》，传于唐世，书并单行，故《隋》《唐》诸志并著李轨《解》而不著撰《小尔雅》者名氏，颜注《汉书》，此亦盖阙。盖是书出西京之初，儒者相传，以求占毕之正名，辅奇觚之绝谊，则其来已古矣。迭更五季，兹书遂佚；晚晋之人，伪造《孔丛》，尝刺取以入其书，宋人写馆阁书者，又就《孔丛》以录出之，当代书目，遂题为孔鲋所撰；而李轨之《解》不传，则唐以前之元本不可复见；今既采自伪书，定多窜乱，根株粗究，泾渭易明。若夫条分缕析，举此证彼，两汉诸儒，门户不隔，乌可不知其同异，考斯雅训乎？"宋氏所说，大致不误，惟以《孔丛》第十一篇即刺取汉人《小雅》而成，《孔丛》虽伪，而《小尔雅》不伪，其说虽本诸陈振孙及钱大昕等人，但未足认为定论。还是戴氏之说比较近理，大概是汉魏以来补续《尔雅》之作耳。故全书十三章，《广故》《广言》《广训》仍依《尔雅》旧题，泛释经传古今异语；《广义》《广名》则专言人事，推广训之未及，补《释亲》之不备；其余《广服》《广器》皆《释器》之遗事；《广物》兼广《草》《木》，《广鸟》《广兽》兼广《鸟》《兽》《畜》《鱼》《虫》等篇；至《广度、量、衡》三章，则为《尔雅》所无。其中解说训诂，颇能闳阐经义，补续《尔雅》的未备，例如《广诂》首条"渊、懿、邃、赜、深也"，次条"封、巨、莫、莽、艾、祁，大也"，三条"颂、赋、铺、敷，布也"，都可补续《尔雅》"大也"条的不足，而渊、懿、封、祁的训释，也都与毛《传》相合。又所释字义，往往也是一训兼该二义，和《尔雅》相类，如《广诂》"经、屑、省，过也"，经为经过，省为过失等是也。又其解说制度，多与郑康成相违，故戴氏指为王肃辈所伪作；又嫌其"两法杂施，显相刺谬"，斥为皮傅掇拾；其实这类客观的训诂书大多是纂集众家而成，所以《尔雅》兼具今古文之说，《尔雅》《广雅》二书，戴氏固亦责其掇拾之病了。总之，此书今本，固然不必强说其即为《汉志》所载之《小雅》原书，但观其所载多是古训，也可以补足《尔雅》的遗阙。故唐人注疏、音义、索隐以及《文选注》等书，并都称引。

《广雅》的作者是魏张揖，《魏书·江式传》记式上表曰："魏初博士清河张揖，著《埤苍》《广雅》《古今字诂》，究诸埤广，掇拾遗漏，增长事类，抑亦于文为益者。"《四库提要》说："今《埤苍》《字诂》皆久佚，惟《广雅》存其书，因《尔雅》旧目，博采汉儒笺注，及《三苍》《说文》诸书以增广之，于扬雄《方言》亦备载无遗。隋秘书学士曹宪为之音释，避炀帝讳改名《博雅》，故至今二名并称，实一书也。"其著书的经过及动机，在他的上书表中说得很明白，其文曰："博士臣揖言：……夫《尔雅》之为书也，文约而义固，其陈道也，精研而无误，真七经之检度，学问之阶路，儒林之楷素也。若其包罗天地，纲纪人事，权揆制度，发百家之训诂，未能悉备也。臣揖体质蒙蔽，学浅词顽，言无足取，窃以所识，择撢群艺，文同义异，音转失读，八方殊语，庶物易名，不在《尔雅》者，详录品核，以著于篇，凡万八千一百五十文。"其书既为广续

《尔雅》而作，故篇目一仍其旧。王念孙《疏证序》说："至于旧书雅记诂训，未能悉备，网罗放失，将有待于来者，魏太和中博士张君稚让，继两汉诸儒后，参考往籍，遍记所闻，分别部居，依乎《尔雅》，凡所不载，悉著于篇，其自《易》《书》《诗》、三《礼》、三《传》经师之训，《论语》《孟子》《鸿烈》《法言》之注，《楚辞》、汉赋之解，谶纬之记，《仓颉》《训纂》《滂熹》《方言》《说文》之说，靡不兼载。盖周秦两汉古义之存者，可据以证得失，其散逸不传者，可藉以窥其端绪，则其书之为功于训诂也大矣。"臧琳《经义杂记》论《尔雅》《广雅》异同云："魏张稚让《上广雅表》云：不在《尔雅》者，详录品covered，以著于篇；然则《广雅》所载皆《尔雅》所无。余参读二书，有《尔雅》有而《广雅》重见者，有《尔雅》有而《广雅》申明者，有《广雅》以《尔雅》展转相训者。今纂录《释诂》《释言》两篇，上列《尔雅》，下列《广雅》，以考同异……。怃，有也；抚，有也。格，至也；假，至也。祥，善也；祥，善也。从，自也；自，从也。诚，信也；信，诚也。邈，远也；（同）。齐，疾也；（同）。雠、敌，匹也；匹、敌、雠，辈也。使、从也；（同）。探，取也；（同）。偻，举也；（同）。降，下也；（同）。荐、晋，进也；（同）。餋，食也；（同）。啜，茹也；啜、茹，食也。卒，终也；殄、瘁，竟也。燠、煖也；燠、煖，煗也。班、赋也；班、赋，布也。图、虑，谋也；图、谋、虑，议也。戾、定，止也；戾，定也。般，还也；（同）。遹、率，循也；循、率，述也。亮、相，导也；亮，相也。迁、徙也；迁、徙，移也。陶，喜也；（同）。鞠，稚也；毓，稚也。盖、割，裂也；害，割也。奘，驵也；将，且也。寇，薄也（《说文》引《尔雅》，今本阙）；寇，襮也。"案张揖所采诸书训诂，自然多与《尔雅》相同相因者，非有意使之重复也。王念孙说："凡字训已见《尔雅》而此复载人者，盖偶未检也。后皆放此。"（见"讦大也"下）。这大概是引《方言》之文而偶有未照，故仍存其字。其掇拾之病也和《尔雅》同，如《释诂》："仁、儦、或、员、虞、方、云、抚，有也。"仁、虞、抚为相亲有，其他为有无。"乃、昔、遂、迈、行、徂、归、违，往也。"乃、昔之往为时间副词，其余之往则为动词，遂则介于二者之间，可实可虚。这种广续的工作，在治雅学方面看来，并没有什么多大价值，盖《尔雅》之兴，本在于笺注未行之前，经师口说讲授之时；等到笺注既行之后，也就用不着客观的再加以集辑了。所需要的还是训诂方法的推陈出新吧。

这时期的经学，古文经既被独尊，也就没有什么竞争和进步了。郑玄既杂糅今古，兼通群书，著作等身，蕴合为一，于是经生都趋郑门受学，不必再求诸家。故范蔚宗论郑氏曰："括囊大典，网罗众家，删裁繁芜，刊改漏失，自是学者略知所归。"郑氏门人几遍天下，本传云"齐鲁间宗之"，不独齐鲁为然，即远至蜀地，也多好郑学，姜维即其一也。同时也有不满于郑学者，荀爽注《易》本古文费氏，虞翻注《易》则本今文孟氏；而虞氏奏《易注》说："若乃北海郑玄，南阳宋忠，虽各立注，忠小差玄，而皆未得其门，难以示世。"又奏玄解《尚书》违失事云："故北海征士郑玄所注《尚书》，以《顾命》康王执瑁，古月似同，从误作同，既不觉定，复训为杯，谓之酒杯。成王疾困凭几，洮颒为濯，以为浣衣成事，洮字虚更作濯，以从其非。又古大篆卯字当读为柳，古柳卯同字，而以为昧。分北三苗，北古别字，又训北，言北犹别也。……于此数事，误莫大焉。"（见《吴志》本传《注》）王粲也曾"难郑玄《尚书》事"，事见《家训·勉学篇》。何晏集《论语》孔安国、包咸、周氏、马融、郑玄、王肃、周生烈之说，并下己意，为《集解》一书，虽采郑氏，也不尽全从郑氏。而反对郑学最烈者莫如王肃，肃善贾马之学，不好郑氏，曾为《书》《诗》《论语》、三《礼》、《左传》解，又撰定父朗《易传》，晋时都立于学官。考王肃也兼通今古文，故其驳郑，或以今文说驳郑氏的古文说，如《诗·小雅·车辖》"以慰我心"，毛《传》："慰，安也。"郑《笺》申毛氏之古文说曰："我得见女之新昏如是，则以慰除我心之忧也。"王肃则从《韩诗》今文说，改慰为愊云："《韩诗》以愊我心，愊，恚也。"即其一例；或以古文说驳郑氏之今文说，此《诗·大雅·生民》："厥初生民，时维姜嫄。生民如何？克禋克祀，以弗无子，履武帝敏歆，攸介攸止，载震载夙，载生载育，时维后稷。"毛《传》："履，践也；帝，高辛氏之帝也；武，迹；敏，疾也，从于帝而见于天，将事齐敏也；歆，飨；介，大也；止，福禄所止也。"郑《笺》："帝，上帝也；敏，拇也；介，左右也；夙之言肃也。祀郊禖之时，时则有大神之迹，姜嫄履之，足不能满，履其拇指之处，心体歆歆然其左右所止住，如有人道感己者也，于是遂有身，而肃戒不复御，后则生子而养，长名之曰弃。"是毛氏以后稷为帝喾之子，姜嫄配帝高辛氏而生，故云帝为高辛氏。《大戴记·帝系篇》、司马迁《五帝本纪》、以及刘歆、班固、贾逵、马融、服虔等皆信此说。郑氏信谶纬，《春秋命历序》云少昊传八世，颛顼传九世，帝喾传十世，则尧非喾子，稷年又小于尧，则姜嫄不得为帝喾之妃，故云当尧之时为高辛氏之世妃，谓其为喾后世子孙之妃也。于是《笺》又取今文说，以为后稷无父感天而生，犹《商颂》之"天命玄鸟，降而生商"也，故云帝为上帝。王肃从古文说以驳之云："帝喾有四妃，上妃姜嫄生后稷……帝喾崩后，十月而后稷生，盖遗腹也。虽为天所安，然寡居而生子，为众所疑，不可申说；姜嫄知后稷之神奇，必不可害，故弃之以著其神，因以自明。"这样看来，王之攻郑，纯是故意相难以自标奇立异，又伪造孔安国《书传》《论语注》《孝经注》《孔子家语》《孔丛子》五书，以互相证明，《家语》是他立说的根据，其注《家语》如五帝、七庙、郊丘之类，都是专为驳诘郑氏而发；又作《圣证论》，依据《家语》以攻击郑氏。故郑氏门人马昭说："家语，王肃所增加。"当时郑王两派互相驳难，如孔晁及孙毓之《毛诗异同评》，都是王学的首选；而孙炎之《毛诗》《礼记》、三《传》、《国语》《尔雅》诸注及马昭之驳《圣证论》诸语，则郑学之健将也。诸人只斤斤于两家之是非，而训诂之术反无多少发明了。

这时在训诂方面的一个新趋势，即注家兼为经字作音是也。字音源于语音，两者原来是相谐合的，后来因为语言声音的转变，语音和字音就发生了分歧的现象，于是就需要表示音读的方法，描写字音的开始，最初是"读若"和譬况为音二者并用，"读若"如杜郑诸家之解《礼》，许氏之作《说文》；譬况为音如高诱注《淮南》《吕览》之"急气""缓气"，"闭口""笼口"；何休注《公羊》之"长言""短言"，"内言""外言"，刘熙《释名》之"舌腹""舌头"，"合唇""开唇"等都是。后来因为这种方法不能够得其真实而只得其仿佛，使人难知，同时又受到佛教译经的影响，于是汉末训诂者如服虔、应劭之《汉书注》，魏孙炎之《尔雅音义》都已知用反切的方法来作音了。魏晋南北朝以来，音义之学，独盛一时，于是声随义变，一字可有数音；地分南北，诸家又有不同；颜之推本南人，晚归北，其《家训》论字书音训，经史字读，多引江南河北诸本，然常以南本为是，如《书证篇》说："《诗》云有杕之杜，江南本并木旁施大，《传》曰：杕，独貌也。徐仙民音徒计反。《说文》曰：杕，树貌也，在木部。《韵集》音次第之第。而河北本皆作夷狄之狄，此大误也。"又讥河北江南学士强为分别经读说："夫物体有精粗，精粗谓之好恶；人心有所去取，去取谓之好恶（上呼号，下乌故反）；此音见于葛洪、徐邈。而河北学士读《尚书》云：好（呼号反）生恶（於谷反）杀，是为一论物体，一就人情，殊不通矣。"又说："江南学士读《左传》，口相传述，自为凡例，军自败曰败，打破人军曰败（补败反），诸记传未见补败反，徐仙民读《左传》惟一处有此音，又不言自败败人之别，此为穿凿耳。"魏晋诸儒音注，今多亡佚，据《经典释文》所录，为《易音》者三人：王肃、李轨、徐邈。为《尚书音》者四人：孔安国、郑玄、李轨、徐邈。为《诗音》者九人：郑玄、徐邈、蔡氏、孔氏、阮侃、王肃、江惇、干宝、李轨。为《周礼音》者六人：郑玄、王肃、李轨、刘昌宗、徐邈、王晓；近有戚衮、沈重。《仪礼音》者四人：郑玄、王肃、李轨、刘昌宗。《礼记音》者十四人：郑玄、王肃、李轨、刘昌宗、徐邈、射慈、谢桢、孙毓、缪炳、曹耽、尹毅、蔡谟、范宣、徐爰；近有沈重。为《左传音》者七人：服虔、曹髦、嵇康、杜预、李轨、荀讷、徐邈。为《公羊音》者二人：李轨、江惇。为《论语音》者一人：徐邈。为《老子音》者一人：戴逵。为《庄子音》者二人：李轨、徐邈。为《尔雅音》者六人：孙炎、郭璞、沈旋、施乾、谢峤、顾野王。前后几及五十余家，可谓盛矣。陆德明本系南人，其作《释文》也属南学，考其书创始于陈后主元年，成书亦在未入隋以前，观其征引几全为南方学者之作，于王晓《周礼音注》云"江南无此书，不详何人。"于《论语注》云："北学有杜弼《注》，世颇行之。"又书中引北音，止一再见。而徐遵明北方大儒，书中未尝一引，由此也可见其一斑了。其著书之动机及目的，一为"承乏上庠，循省旧音，苦其太简，况微言久绝，大义愈乖，攻乎异端，竞生穿凿，不在其位，不谋其政，既职司其忧，宁可视成而已？遂因暇景，救其不逮。"二为"书音之作，作者多矣。……汉魏迄今，遗文可见，或专出己意，或祖述旧音，各师成心，制作如面；加以楚夏声异，南北语殊，是非信其所闻，轻重因其所习；后学钻仰，罕逢指要。"于是"研精六籍，采摭九流，搜访异同，校之《苍》《雅》，辄撰集五典、《孝经》《论语》及《老》《庄》《尔雅》等音，合为三袟三十卷，号曰《经典释文》。古今并录，括其枢要，经注毕详，训义兼辩，质而不野，繁而非芜，示传一家之学"。其著书条例，约十数端：（一）经注兼音。（二）摘字为音。（三）旧音多不依注作，今微加斟酌，首标典籍常用合时者，次列音义可并行互用者；至义乖于经者，则不悉记。（四）古人作音先用譬况，后有反语，魏朝以来，蔓衍实繁，世变人移，音讹字替，今亦存之音内，不敢遗旧。（五）旧音或用借字，令人疑昧，今从易识。援引众训但取大意，不全写旧文。（六）经文异读，自昔已然：仓卒假借，趣于近似；人用其乡，言字互异；加之秦燔典籍，汉分今古，一经数家，章句不同；今撰音书，须定纰缪，若两本俱用兼通者，并出其文，以明同异；其泾渭朱紫者，亦悉书刊正。间存他经别本，词反义乖者，示博异闻耳。（七）经籍文字，相承已久；至如悦作说，闲作閒，智作知，汝作女之类，依旧音之。然音书之体，当辨正借，或反音正字以辩借音，或两音之，务在易了不惑。（八）隶古定《尚书》，本不全为古字。旧本古字无几，穿凿之徒，依傍字部，妄造改易，多不可从；今依旧为音，字有别体，见之音内。（九）《春秋》名字氏族地名，前后互出，经传更见，文字正假，相去辽远，今皆斟酌折衷。（十）《尔雅》字读须逐五经，后人好生异见，改音易字，采摭杂书，不考本末，鸟鱼虫草，妄增偏旁；今并校量，不从流俗。（十一）方言差别，南北最巨，或失清浮，或滞沉浊，今之去取，冀祛兹弊。夫质有精粗，谓之好恶_{并如字}，心有爱憎，称为好恶_{上呼报反，下乌故反}，当体则云名誉_{音预}，论情则曰毁誉_{音馀}；及夫自败_{蒲迈反}败他_{蒲败反}之殊，自坏_{呼怪反}坏撤之异；此等或近代始分，或古已为别，相仍积习，有自来矣。余承师说，皆辩析之。比人言者，多为一例。如而靡异，邪_{不定之词也}助句之词弗殊，莫辩复_{扶又反，重也}复音服，反也，宁论过_{古禾反}，经过过_{古卧反，超过}；又以登升共为一韵，攻公分作两音，如此之侔，恐为非得；（十二）五经字体，乖替者多。至如鼋鼍从龟，乱辞从舌，席下为带，恶上安西，析旁著片，离边作禹，直是字讹。如宠为宠，锡为钖，攴代文，无混旡，便成两失。又救字俗以为约救字，《说文》以为劳俫字，渴字俗以为饥渴字，字书以为水竭字，如此之类，改便惊俗，不能悉改。总而言之，陆氏之意不外一在订旧音之利病，二在辨俗字之是非。其书不但为训故音义之总汇，也是校勘版本之惟一凭借。考音读义训，往往相关，如《易·晋卦》"蕃庶"之庶注："如字，众也；郑止奢反，谓蕃遮禽也。"又接字下注："如字。郑音捷，胜也。"此皆音随义变之例。《周礼·天官·冢宰》"以扰万民"之扰，"而小反。郑而昭反；徐李寻伦反"。扰音为驯，即缘驯治之义，盖古书音读以文义为主，故义通之字不妨换读，字有某义，即读某音，并不像后世字书之拘泥也。吴承仕《经籍旧音辨正》不明此理，遂谓"音扰为驯，声类不近，字书韵书亦不收此音"。至一字数读而分别四声者，前面曾已讨论，这里不再重加驳正了。

魏晋以来，学官所立，群经传注，渐定于一。《释文》所录，《易注》凡三十三人，而以王弼、韩伯为主；《书注》九家，而以孔安国、王肃为正；《诗注》八家，而独遵毛、郑；《周礼注》四家，《仪礼注》十一人，《礼记注》六家，而三《礼注》则俱以郑为主；《左传注》八家，而用杜预；《公羊注》四家，而用何休；《穀梁注》九家，而用范宁；《孝经注》二十三家，随俗从郑注十八章本；《论语注》二十家，而以何晏《集解》为主；《尔雅注》六家，而依郭本为正。凡所取舍，都以通行及立于学官者为主，实开唐人义疏之前导。当时一般通人学者，除去别为新注之外，集解及义疏之学很为盛行，盖古今不同，南北又异，诸说纷纭，学者茫然；又时迁代移，经既难明，注也不了，而经师传经，颇有意模仿释者之讲唱。考讲经在汉已然，六朝隋唐又受释者俗讲之影响，想方式必有变更。今就唐代俗讲所遗文词观之，其讲唱经文之本都先引经文，继以说唱，形式略如五经之讲疏，可见二者之间互有牵涉也；于是集解及义疏之学兴盛一时。今就《释文》可考见的，《易》有张璠《集解》十二卷（集二十二家解，《七录》云二十八家），荀爽《九家集注》十卷（不知何人所集）；《书》有范宁《集解》十卷，姜道盛《集解》十卷；《诗》有崔灵恩《集注》二十四卷；《公羊》有孔衍《集解》十四卷；《穀梁》有孔衍《集解》十四卷，范宁《集注》十二卷，胡讷《集解》十卷；《论语》有何晏《集解》十卷，李充《集注》十卷，孙绰《集注》十卷，江熙《集解》十二卷；《尔雅》有沈旋《集注》。为义疏者较少，《书》有夏费觑

《义疏》。《礼记》有皇侃《义疏》《丧服义疏》，《春秋》有沈文何《义疏》，《孝经》有皇侃《义疏》，《论语》有皇侃《义疏》。

义疏也名讲疏，如陆氏于《易》下注云："陈周弘正作《老庄义疏》"，而《老子》下又云："近代有梁武帝父子及周弘正《讲疏》。"《陈书》本传则仅称疏。《梁书·皇侃传》云撰《礼记讲疏》《论语义》，是义疏亦可只称义或疏，亦或称义记。

迨唐孔颖达等义疏出，而前此诸家义疏多废。夫汉学重明经，唐学重疏注，当汉唐交替之间，诸儒竞为义疏讲章之学，虽然有意和释者相争，而其功也不可磨灭也。其见于《南、北史·儒林传》的，南学如崔灵恩的《三礼义宗》《左氏经传义》，沈文何的《春秋、礼记、孝经、论语义记》，皇侃的《论语、礼记义》，戚衮的《三礼义记》及《礼记义》，张讥的《周易、尚书、毛诗、孝经、论语义》，顾越的《丧服、毛诗、孝经、论语义》，王元规的《春秋、孝经义记》，北学如刘献之的《三礼大义》，徐遵明的《春秋义章》，李铉的撰定《孝经、论语、毛诗、三礼义疏》，沈重的《周礼、仪礼、礼记、毛诗、丧服经义》，熊安生的《周礼、礼记义疏》《孝经义》，都先后并出，好像雨后春笋，可惜都已亡失。皇侃之《论语义疏》是其仅存者，观其略于名物制度，只以老庄之义旨，发为四六之文章，和汉代古文经学家的说经相去甚远，惟稍近于今文经学家章句之学耳，这也是南学崇尚玄谈浮夸的结果。此外为经传义疏者还有许多人。唐太宗以儒学纷歧，章句繁杂，诏国子祭酒孔颖达与诸儒撰定五经义疏，凡一百八十卷，名曰《五经正义》。所定经疏，《易》主王《注》，《书》主孔《传》，《诗》主毛郑，《礼记》主郑《注》，《左传》主杜《解》。这大概是当时风尚使然，魏晋相沿如此也。既以一家传注为主，故只有引申和曲傅，而无驳诘和疑难，故其书后改名"正义"者，即以所用之注为正也。其书初名"义赞"，又题"兼义"，盖本为删定江南诸家义疏而成者。惜疏中称引旧疏多不著其名，或仅称某氏。《序》中评论旧疏得失云：

《易正义序》："其江南义疏十有馀家，皆辞尚虚玄，义多浮诞……斯乃义涉于释氏，非为教于孔门也，既背其本，又违于注。"

《书正义序》："其为正义者，蔡大宝、巢猗、费甝、顾彪、刘焯、刘炫等，其诸公旨趣，多或因循，帖释注文，义皆浅略，惟刘焯、刘炫最为详雅。然焯织综经文，穿凿孔穴，诡其新见，异彼前儒，非险而更为险，无义而更生义；……炫嫌焯之烦杂，就而删焉，虽复微稍省要，又好改张前义，义更太略，辞又过华；……今奉明敕，考定是非，谨竭庸愚，竭所闻见。览古人之传记，质近代之异同，存其是而去其非，削其烦而增其简。"

《诗正义序》："其近代为义疏者，有全缓、何胤、舒瑷、刘轨思、刘丑、刘焯、刘炫等，然焯、炫并聪颖特达，文而又儒，……于其所作疏内，特为殊绝，今奉敕删定，故据以为本。然焯、炫等负恃才气，轻鄙先达，同其所异，异其所同，或应略而反详，或宜详而更略，……今则削其所烦，增其所简。"

《礼记正义序》："其为义疏者，南人有贺循、贺玚、庾蔚、崔灵恩、沈重宜、皇甫侃等，北人有徐道明、李业兴、李宝鼎、侯聪、熊安生等，其见于世者，惟皇、熊二家而已。熊则违背本经，多引外义，犹之楚而北行……皇氏虽章句详正，微稍繁广，又既遵郑氏，乃时乖郑义，此是木落不归其本……今奉敕删理，仍据皇氏以为本，其有不备，以熊氏补焉。必取文证详悉，义理精审，剪其繁芜，撮其机要。"

《左传正义序》："其为义疏者，则有沈文何、苏宽、刘炫，然沈氏于义例粗可，于经传极疏；苏氏则全不体本文，惟旁攻贾服……刘炫于数君之内，实为翘楚；然聪惠辩博，固亦罕俦……又意在矜伐，性好非毁，规杜氏之失，凡一百五十馀条，习杜氏而攻杜氏，犹蠹生于木而还食其木，非其理也；……然比诸义疏，犹有可观，今奉敕删定，据以为本，其有疏漏，以沈氏补焉，若两义俱违，则特申短见。"

从这些序言里可以看出《正义》多以二刘旧疏为据，其删烦增简之处亦即旧疏改注之处也。《正义》虽就注推衍，然亦多能发明经文及传注词言之例，如：

倒文。《葛覃》"施于中谷"，《传》："中谷，谷中。"《正义》："倒其言者，古人之语皆然，《诗》文多此类也。"又《谷风》"不我遐弃"，《笺》："不远弃我而死亡。"《正义》："不我遐弃，犹云不遐弃我，古人之语多倒，《诗》之此类众矣。"（此为语法之倒）

《柏舟》"母也天只"，《正义》："《序》云父母欲夺而嫁之，知天为父也，先母后天者，取其韵句耳。"（此因叶韵而倒）

《采蘩》"夙夜在公"，《传》："夙，早也。"《笺》："早夜在事，谓视濯溉馈爨之事。"《正义》："早谓祭日之晨，夜谓祭祀之先夕之期也，先夙后夜，便文耳。"（此因成语而倒）

婉文。《七月》"七月在野，八月在宇，九月在户，十月蟋蟀入我床下"，《笺》："自七月在野至十月入我床下，皆谓蟋蟀也。"《正义》："以入我床下是自外而入，在野在宇在户从远而至于近，故知皆谓蟋蟀也。退蟋蟀之文在十月之下者，以人之床下非虫所当入，故以虫名附蟋蟀之下，所以婉其文也。"（此因修辞而倒）

变文。《桃夭》"宜其室家"，二章作"宜其家室"，三章作"宜其家人"，《笺》："家人犹室家也。"《正义》："以异章而变文耳，故云家人犹室家也。"

异文。《定之方中》"作于楚宫""作于楚室"，《正义》："别言宫室，异其文耳。"

互文。《楚茨》："楚楚者茨，言抽其棘"，《笺》："茨言楚楚，棘言抽，互辞也。"又"我仓既盈，我庾维亿"，《笺》："仓言盈，庾言亿，亦互辞，喻多也。"《旄丘》"何其处也？必有与也"，"何其久也？必有以也"，《正义》："言与言以者互文，以者自己于彼之辞，与者从彼于我之称。"

便文。《出车》"设此旐矣，建彼旄矣"，《正义》："言此旐彼旄者，凡两事一言彼一言此，便文耳。于彼新田，于此菑亩，皆此类也。"

连言。《宾之初筵》"弓矢斯张"，《正义》："弓可言张，而并言矢者，矢配弓之物，连言之耳。"又《定之方中序》"始建城市而营宫室"，《正义》："建城市经无其事，因徙居而始筑城立市，故连言之。"

协句。《谷风笺》"何暇忧我后所生子孙也"，《正义》："时未必有孙，言之协句耳。"《硕人笺》"兄弟皆正大"，《正义》："经无弟而言弟者，协句也。"

逆言。《礼记》"其登馂献受爵"，《正义》："以特牲言之，则先受爵而后献，献而后馂；今此经先云馂者，以馂为重，举重者从后以向先逆言之，故云其登馂献受爵也。"又有发明注文立训之所以然者，如：

文势。《周易》"言天下之至赜而不可乱也"，韩《注》本作"至动"，《正义》："以文势上下言之，宜云至动而不可乱也。"

对文。《书·顾命》"一人冕执刘，立于东堂；一人冕执钺，立于西堂"，《传》："刘，钺属。"《正义》："刘钺属者，以刘与钺相对，故言属，以似之而别，又不知何以为异。"又《诗·葛覃》"薄污我私，薄浣我衣"，《传》："污，烦也。"《正义》："污浣相对，则污亦浣名，以衣污垢者浣而用功深，故因以污为浣私服之名耳。言污烦者，谓浣垢衣用功烦多，亦以烦为浣名。"

总之，《正义》既非成于一手，而注又只主一家，但取旧疏增删更定，不事创获，故箴孔疏之失者，一曰曲狥注文，二曰彼此互异，三曰杂引谶纬；如果知道了他成书的经过，三失也正是意中事耳。《朱子语类》说孔疏《诗》《礼记》为上，《书》《易》为下。这种优劣的差异，完全是因为所宗之传注已有优劣的缘故。清人如臧庸之《拜经日记》极恶其繁芜，而陈澧之《读书记》又甚赞其详洽，见仁见智，各有是非，然其依据闳深，存古之功是永远不能埋没的。迨后贾公彦疏《周礼》《仪礼》，杨士勋疏《穀梁》，徐彦疏《公羊》，宋邢昺等疏《论语》《孝经》《尔雅》，孙奭疏《孟子》，都沿孔氏成例，专守一家。贾疏最好，杨徐次之，邢疏尚有可取，而孙疏则只以空言相衍，缠绕注文，纯是讲章之体了。

自西汉以迄隋唐，经学凡数变，有今文家解说微言大义的经学，因而有古文家训诂名物的古学；有郑康成杂糅今古的郑学，因而有王肃伪托复古的王学；相沿而历南北朝，因受释者翻译及说唱佛经的影响，于是又有隋唐诸儒的音义之学及义疏之学；又因解者纷歧，写本不一，于是又有集解及刊正之学；迨颜师古《五经定本》出而后经典无异文，孔冲远《五经正文》出而后经书无异说。学术既随政权分合而归于统一，以锢塞人民的思想，那么一二才智聪明的人，就不得不以己意说经，渐开穿凿附会之习，盖信古太过，即易招蔑古逞奇之说，于是有宋明人高谈义理，缘词生训的宋学及王学。训诂学便在这经学附庸的寄托之下随波起伏，受到一时一代人的注意与卑弃。

宋人于《尔雅》之解说，邢昺等的《正义》尚不无可取，如补郭《注》之未详，引旧籍以证郭，都可以说是郭《注》的功臣，至如以声近通借及音义相同说哉、怡、漠、谌、亮、询、蕌迥、蒿、茂……诸字，虽不能全备，亦可谓达训诂之理了。其余如王秀的《尔雅》，陆佃的《尔雅新义》，都不脱安石妄生新义之弊。郑樵的《尔雅注》，《四库提要》颇为辩护，谓为《尔雅》家的善本，然考其《自序》及《后序》，首先攻击《尔雅》之昧于言理，不达物情；其"一言本一义，馔自馔，飺自飺，不得谓飺为馔"的说法，固颇合乎语言学的见解，可是他不知道同义词的来源不同，而训诂中翻译的义训，好些只是言其相当，自不得谓其以数十言而总一义之为昧于言理也。罗愿的《尔雅翼》，引证浩博，诚较陆佃《埤雅》为优，然以鹑为淳，及鸠为九，皆不脱王安石《字说》的恶习；而"略其训诂，山川星原，研究动植"，是亦仅雅学之支流，不足以当训诂也。王安石等的《三经新义》，根本谈不到训诂，只以己意说经耳。朱熹集宋学的大成，但仍不废传注正义，《论语训蒙口义序》云："本之注疏，以通其训诂，参之《释文》，以正其音读，然后会之于诸老先生之说，以发其精微。"《语类》云："祖宗以来，学者但守注疏，其后便论道；如二苏直是要论道，但注疏如何弃得？"又云："某寻常解经，只要依训诂说字。"可知朱子一反苏欧妄谈义理的恶习，先研训诂章句而后始论道。不过他主张训诂贵乎简捷了当，使人有玩味馀地，不当一气说尽，反喧宾夺主。《答张敬夫书》云："汉儒可谓善说经者，不过只说训诂，使人以此训诂，玩索经文，训诂经文，不相离异，只作一道看了，直是意味深长也。"

《语类》云："汉初诸儒专治训诂，如教人亦只言某字训某字，自寻义理而已。"又云："自晋以来解经者，却改变得不同，王弼、郭象辈是也；汉儒解经，依经演绎；晋人则不然，舍经而自作文。"又云："传注惟古注不作文，却好看，疏亦然。今人解书，且图要作文，又如辨说，百般生疑，故其文虽可读，而经意殊远。程子《易传》亦成作文，说了又说，故今人观者更不看本经，只读传，亦非所以使人思也。"又云："某集注《论语》只是发明其辞，使人玩味经文，理皆在经文内。"这样看来，宋学虽一反汉人之说，但到朱子的说经，则兼取二者之长，深得毛、孔传经之旨，是朱学与程、苏等人也不完全相同也。故其《诗集传序》云："于是乎章句以纲之，训诂以纪之，讽咏以昌之，涵濡以体之。"他作的《诗经集传》《四书集注》诸书，都能深入浅出，脱去隋唐义疏及宋初经说的繁冗之弊。惜其稍疏于声音通转之理，训诂终不免被字面所拘束，如释"左右流之"的"流"为"顺水之流而取之"，释"薄汗我私"的"薄"为"少也"等都是。然如释"言告师氏"之"言"为"辞也"等，也间有是处。

第四节　训诂学的复兴

元明尊朱学，惜多未得朱学之旨。其能独树一帜而脱去宋学以释老说经之拘挛，一反于平易近情者，则为金朝的遗老王若虚，他极力反对宋儒的"妄"，攻击汉儒的"陋"，认为求之太过和穿凿附会都是不合"人情义理"。他不但说圣人之经是人情之书，而且提出以"文势""语法"为解经的辅助，这实是语言学的事业，也是科学读经的开始。例如他说：

子曰："十室之邑，必有忠信如丘者焉，不如丘之好学也。"或训焉为何而属之下句。"厩焚，子退朝，曰：伤人乎？不问马。"或读不为否而属之上句。意谓圣人至谦，必不肯言人之莫己若；圣人至仁，必不至贱畜而无所恤也。义理之是非姑置勿论，且道世之为文者有如此语法乎？故凡解经，其论虽高，而于文势语法不顺者，亦未可遽从，况未高乎？（《论语辨惑》）

子曰："视其所以，观其所由，察其所安，人焉廋哉！"曰视，曰

观，曰察，文之变耳。晦庵曰："观详于视，察又详于观。"此几王氏之凿矣，虽若有理，然圣人之意恐不若是。(《论语辨惑》)

晦庵解"食不语，寝不言"，云："答述曰语，自言曰言。"此何可分而妄为注释？只是变文耳。(《论语辨惑》)

他的著作，除去《五经论孟辨惑》之外，又有《史记辨惑》《诸史辨惑》《新唐书辨惑》等书，在里面他指出司马迁的"《史记》用而字多不安"，"用于是乃遂等字冗而不当者十有七八"。这虽然有点吹毛求疵，但都能从文法着眼。元人株守宋儒经说而忽略注疏，故于古音义多所牴牾，如熊朋来《五经说》以郑氏《周礼注》读《乐师》"诏来瞽皋舞"之皋为告（号），又读《大祝》"来瞽令皋舞"之皋为嗥，是前后异读，而不知告、皋、嗥、号四字同音同义也。刘瑾的《诗传通释》，陈栎的《尚书集传纂疏》，陈师凯的《书蔡传旁通》等书，于朱学尚能旁征博引，疏通补苴；明胡广等奉敕修定《五经大全》，则杂取上列诸家而饾饤成编，盖士人自元以来都为科举所牢笼，训诂名物之学益不堪问矣，此由张萱之《汇雅》，可见其荒谬之一斑。明末有志之士，痛"八股"之为害，于是极力主张复古，弃虚尚实；前如朱谋㙔之《骈雅》，杨慎之《古音骈字》《古音复字》，方以智之《通雅》等书，实开清儒考证之先河；而且都能明乎声近义通的道理，脱去文字形骸的拘牵，在明代空疏浅陋的风气中，不可不谓为特出者也。其后王夫之、顾炎武诸人继起，于汉唐注疏及宋元明人之说，择善而从，虽兼采汉宋，实欲摆脱朱学藩篱而上追唐汉者也；王氏之《周易稗疏》《诗经稗疏》《四书稗疏》诸书的解说名物制度都能上溯《尔雅》《毛传》；顾氏之《日知录》《诗本音》等书于古音古义多所发明。至陈启源之《毛诗稽古编》、毛奇龄之《续诗传鸟名》、白鹭洲《主客说诗》诸作，始专尊汉学而诋宋学。

雍乾以后，古书渐出，经义大明，惠、戴诸儒为汉学元宗。惠栋之《九经古义》诸书，都能就古音以说古义，发明毛郑传注之旨。戴震作《毛郑诗考正》《孟子字义疏证》《尔雅文字考》《方言疏证》诸书，皆称精审。他主张通经必以小学为入门，而文字声韵故训三者又相因。其攻击宋人不明故训之言曰：

言者辄曰：有汉儒经学，有宋儒经学，一主于故训，一主于理义，此诚震之大不解也者。夫所谓理义，苟可以舍经而空凭胸臆，将人人凿空得之，奚有于经学之云乎哉？惟空凭胸臆之卒无当于贤人圣人之理义，然后求之古经；求之古经而遗文垂绝，今古县隔也，然后求之故训；故训明则古经明，古经明则贤人圣人之理义明，而我心之所同然者乃因之而明。……彼歧故训理义二之，是故训非以明理义，而故训胡为？（《题惠定宇先生授经图》）

治经先考字义，次通文理。志存闻道，必空所依傍。汉儒故训有师承，亦有时傅会；晋人傅会凿空益多；宋人则恃胸臆为断，故其袭取者多谬，而不谬者在其所弃。我辈读书，原非与后儒竞立说，宜平心体会经文，有一字非其的解，则于所言之意必差，而道从此失。……宋以来，儒者以己之见，硬坐为古圣贤立言之意，而语言文字实未之知。（《与某书》）

呜呼！经之至者，道也，所以明道者，其词也，所以成词者，未有能外小学文字者也。由文字以通乎语言，由语言以通乎古圣贤之心志，譬之适堂坛之必循其阶而不可以躐等。是故凿空之弊有二：其一缘词生训也，其一守讹传谬也；缘词生训者，所释之义非其本义，守讹传谬者，所据之经非其本经。（《古经解钩沉序》）

他不但独树汉帜，特标故训，而且更进一步提出研究文字故训的理论，因小学虽分为三，"而字学、故训、音声未始相离"（《与是仲明论学书》）。义由音出，音随义变的道理，至此始大明于世。他又主张解《诗》者只训释字义名物，《诗》意则留待诵者的玩味，《毛诗补传序》："今就全《诗》，考其字义名物于各章之下，不能作《诗》之意衍其说。盖字义名物前人或失之者，可以详核而知，古籍具在，有明证也；作《诗》之意，前人既失其传者，非论其世，知其人，固难以臆见定也。"这和朱子的"章句以纲之，训诂以纪之，讽咏以昌之，涵濡以体之"的方法，所差也很几希了。所以他说："先儒为《诗》者，莫明于汉之毛郑，宋之朱子。"可见他所指责的宋人非朱子也；《诗经补注》中也多采用《集传》说。《毛郑诗考正》多能订正汉人之误，如：

《宾之初筵》三章"有壬有林"，《传》："壬，大，林，君也。"
震按《传》本《尔雅》，然《诗》中如有赍有莺之类，并形容之辞；
此以形容百礼既至，礼无不备，而行之既尽其善，壬壬然盛大，林林
然多而不乱。（此以全书句法为证之例）

《常棣》四章"每有良朋，烝也无戎。"《传》："烝，填。"《笺》
云："古声填、真声同。"震按烝众也，语之转耳。朋友虽众犹无助，
以甚言兄弟之共御侮也。又《云汉》首章"宁莫我听"，震按宁乃也，
语之转。（此以古音通转为证之例）

《唐·蟋蟀》首章《传》："聿，遂。"震按《文选注》引《韩诗》
薛君《章句》云："聿，辞也。"《春秋传》引《诗》"聿怀多福"，杜
《注》云："聿，惟也。"皆以为辞助。《诗》中聿、曰、遹三字互用，
《尔雅》："遹，自也，述也。"《礼记》引《诗》聿追来孝，今诗作
遹；《七月》篇曰为改岁，《释文》云《汉书》作聿；《角弓》篇见晛
曰消，《释文》云《韩诗》作聿，刘向同。《传》于岁聿其莫释之为
遂，于聿修厥德释之为述；笺于聿来胥宇释之为自，于我征聿至、聿
怀多福、遹骏有声、遹求厥宁、遹观厥成、遹追来孝并释之为述。今
考之，皆承明上文之辞耳，非空为辞助，亦非发语辞；而为遂为述为
自，缘辞生训，皆非也。《说文》有欥字，注云："诠词也。从欠从
曰，曰亦声。"引《诗》"欥求厥宁"，然则欥盖本文，省作曰，同声
假借用聿与遹。诠词者，承上文所发端，诠而释之也。（此通假借本
字为证之例）

《出其东门》首章"聊乐我员"，震按员，旋也，言聊乐于与我周
旋，下章又言聊可与之欢娱，娱对员为义。古字云员通，《小雅·正
月》篇"昏姻孔云"，《释文》谓本又作员；《春秋传》曰："其谁云
之。"云与员皆周旋相亲之意。（此以同篇对文为证之例）

《齐·载驱》首章《传》："发夕，自夕发至旦。"震按发又有发
卸之义，《方言》云："发，舍车也。"……又郭璞云：今通言发写。
写即卸字，古音夕似略切。发夕与发卸，语之转耳，不必作朝夕之夕
解。发夕谓解息车徒，与岂弟、翱翔、游敖、尤语意相迻，一章言车
徒休解，二章言安行乐易，三章言翱翔以往，四章言游敖自纵，皆在

道路指目之。（此以上下意近为证之例）

《桑扈》三章"不戢不难，受福不那。"《传》："不戢，戢也，不难，难也，那，多也，不多，多也。"震按古字丕通作不，大也。那如"有那其居"之那，安也。……凡《诗》不显、不承、不时、不宁、不康，皆当读为丕。《诗》之不显不承，即《书》之丕显丕承也；《书·立政》篇丕丕基，汉石经作不不其。（此以他书同语异字为证之例）

《七月》三章"猗彼女桑"，《传》："角而束之曰猗。"震按猗如"有实其猗"之猗，猗然长茂也。（此以本书同词训同为证之例）

《汉广》首章"南有乔木，不可休思。"《传》："思，辞也。"震按经文思或作息者，转写之讹。《尔雅》："休，荫也。"休求泳方各为韵，思皆句末辞助。……凡《诗》中用韵之句，韵下有一字或二字为辞助者必连用之，数句并同，不得有异。惟不可休思思讹作息，及歌以讯止止讹作之，遂乱其例。（此以全书韵例订正讹文之例）

以上数例，皆求训诂之准则，约言之，不外通古音、晓古字、明归纳、重证据而已。自顾戴而后，《说文》及古韵之学，几为人人必知之学，小学明而后经义明，一时名家群起，由兼主毛郑而专宗毛氏，疏通证明，各有颛门。

当时治雅学者，以高邮王氏父子为最精，郝懿行等次之。王氏之学本出于戴氏。戴氏《尔雅文字考序》曰："夫援《尔雅》以释《诗》《书》，据《诗》《书》以证《尔雅》，由是旁及先秦以上，凡古籍之存者，综覈条贯，而又本之六书音声，确然于故训之原，庶几可与于是学。"又《尔雅注疏笺补序》："《尔雅》，六经之通释也。援《尔雅》附经而经明，证《尔雅》以经而《尔雅》明；然或义具《尔雅》而不得其经，殆《尔雅》之作，其时六经未残阙欤？为之旁摭百氏，下及汉代，凡载籍去古未遥者，咸资证实，亦势所必至。曩阅庄周书'已而为知者''已而不知其然'，语意不可识，偶检《释故》：'已，此也'始豁然通其词。至若言近而异趣，往往虽读应《尔雅》而莫之或知，如《周南》'不可休思'，《释言》：'庥，荫也。'即其义。《豳》诗'蚕月条桑'，《释木》'桑柳丑条'，即其义。《小雅》'悠悠我里'，《释故》：'悝，忧也。'即其义。说《诗》者，不取《尔雅》也。外此转写讹舛，汉人传注，足为据证，如《释言》：'阋，恨也。'郭氏云：'相怨恨。'《小雅》'兄弟阋于墙'，毛公《传》：'阋，很也。'郑康成注《曲礼》'很毋求胜'：'很，阋也。'二字转注，义出《尔雅》。又'苛，妎也'，郭氏云：'烦苛者多嫉妎。'康成注《内则》'疾痛苛痒'；'苛，疥也。'义出《尔雅》。凡此遽数之不能终其物，用是知经之难明，《尔雅》亦不易读矣。"又《与王内翰凤喈书》论《尔雅》"桄"字即《尧典》"光被四表"之光，亦即《乐记》"号以立横，横以立武"、《孔子闲居》"以横于天下"之横。故《礼记》郑《注》："横，充也。"《书》孔《传》："光，充也。"《尔雅》："桄，充也。"《释文》："孙作光。"盖横转写为恍，脱误为光。《尧典》古本必有作横被四表者。若本为光字，虽不解无不晓者，解之为充转令人疑。由此一字可见考古之难，亦可见欲考一字，当贯串群经，以形义古音相互证发，然后始知《尔雅》其字即《书》之某，《礼记》之某也。郝《疏》虽非出于戴氏之门，然治《雅》的成就却很足以绍继其业。

郝、邵二《疏》都是为改补邢《疏》而成之作，邵晋涵的《尔雅正义》先出，故稍逊于郝。其撰书之例有六：一曰校补讹脱，二曰广采旧注，三曰补郭未详，四曰引经为证，五曰推明音义，六曰辨别名物。清儒治《尔雅》者有如雨后春笋，分门别类，各有专精，然其规模法度，大抵不出邵氏的范围。惜仍墨守疏不破注之例，坚遵郭义，未能脱去旧日枷锁，旁推交通声近之字于郭注之外，故终不及郝氏也。郝氏之学出于阮元，阮氏《释且》《释门》诸作，颇能发明因声求义，声近义通之理。阮氏《与郝氏论尔雅书》云："今子为《尔雅》之学以声音为主，而通其训诂，余亟许之，以为得其简矣。以简通繁，古今天下之言皆有部居而不越乎喉舌之地。"又《尔雅校勘记序》："《尔雅》经文之字有不与经典合者，转写多歧之故也；有不与《说文解字》合者，《说文》于形得义，皆本字本义，《尔雅》释经则假借特多，其用本字本义少也。此必治经者深思而得其意。固非校勘之馀所能尽载矣。"阮氏于《尔雅》虽未有专书，然其释字的零篇散简之作，却很能得到"以简通繁"的枢要，如《释盖》一文，谓《尔雅》"盖割，裂也"，郭《注》未详，今学者皆以盖割同声假借，元更谓害、曷、盍、末、未古音皆相近，每加偏旁互相假借，若以为正字则失之，盖之通于害、割，犹昧之训割，盖、害之为盍、曷、何也。又《与宋定之论尔雅书》云："要当以精义古音贯串证发，多其辞说为第一义，引经传以证释为第二义也。"郝兰皋承阮氏之启发，治《雅》尚能守此二义；其《再奉阮云台先生论尔雅书》云："懿行比来修整《尔雅》，窃谓诂训以声为主，以义为辅。古之作者，《释名》以声代声，声近而义通，故《释名》一部为《尔雅》二部也；《广雅》以义阐义，义博而文贱，故《广雅》一部为《尔雅》二三部也。今之所述，盖主《释名》之声而推《广雅》之义，一声通转至十馀声，是得《尔雅》十馀部也；一义旁推至四五义，是得《尔雅》四五部也。以此证发，触类而通。不似旧人疏义，但钞撮古书，以为通经，守定死本子，不能动转。……又适购得《经籍纂诂》一书，绝无检书之劳，而有引书之乐。"又《与王伯申学使书》云："某近为《尔雅义疏·释诂》一篇，尚未了毕。窃谓诂训之学，以声音文字为本，转注假借各有部居，疏通证明存乎了悟。前人疏义，但取博引经典以为籍征，不知已落第二义矣。鄙意欲就古音古义中博其恉趣，要其会归，大抵不外同、近、通、转四科，以相统系；先从许叔重书得其本字，而后知其孰为假借；触类旁通，不避繁碎，仍自条理分明，不相杂厕。其中亦多佳处，为前人所未发。"这两封书信中的语，可以说是他治《尔雅》之道的自白；也可见第一义、第二义之与旧疏轻重不同，完全是受阮氏的影响。《尔雅义疏》中于每字之下，先列本字，转注假借，依次以声音同近通转四科相统系。如《释诂》："哉，始也。"郝《疏》云："哉者才之假音，《说文》云：才，草木之初也。经典通作哉，《尚书大传》云仪伯之乐舞鼗哉，《诗》云陈锡哉周，郑俱以哉为始也。郭《注》下文茂勉引《大传》茂哉茂哉，《释文》：或作茂才；《书》云往哉汝谐，《张平子碑》作往才汝谐；哉生魄，《晋书·夏侯湛传》作才生魄；是才、哉古字通。又通作载，陈锡哉周，《左氏·宣十五年传》作陈锡载周；《书》载采采，《史记·夏纪》作始事事；《诗》载见辟王，《传》亦云载始也；是载、哉通。《尔雅释文》哉亦作栽，《中庸》栽者培之，郑《注》栽读如文王初载之载；栽或为兹；兹、栽、哉古皆音同字通也。"是郝氏以才为本字，哉、载、栽、兹四字皆声同假借也。近人黄侃又取此说以才为其馀诸字之语根。案清人治训故者约有两派，一则必求本字，一则不求本字，若以语言学之见地言之，"只有语源，并无本字"（钱玄同语）。如论本字，是仍跳不出文字形体的魔障也。再说好些语言根本就未造本字，而且又有许多本字反较假借为后起，如必每个语词都求本字，不但不合于古，而且也有些求不出来也。故曰：求本字反不如求语根为胜，虽然他们的关系是那样的密切。还有一点令人不能已于言者，求本字者必以《说文》为准，许氏说解不少误谬，如以误谬的解说为本字，还不如不求本字之为佳也。例如《尔雅》："廓，大也。"郝《疏》未明言本字，只说："《方言》云张小使大谓之廓。"郭、廓、扩、恢皆音同义同。严元照《尔雅匡名》引《说文》"霩，雨止云罢貌"，以为本字，引臣铉等曰："今别作廓，非是。"以廓为俗字。近人《尔雅正名》又以廓当作郭；又有人谓《说文》："彉、弩满也，读若郭。"孙《注》："廓、张之使大也。"是正字当作彉。这样看来，本字究应以哪个为是呢？其实语言的兴起，绝非先为弓满或城郭或云罢一义而造一专词；文字由形得义，可有本字；语言由音得义，不必有本字；郭廓椁鞹霩、彉彊擴廣曠廬壙獷潢横、光桄晃洸駽、狂汪皇煌鍠隍……等字之训大，都可说是本字本义也。又例如《说文》以才为草木之初，不知才字乃巜字之省体；巜字或释为灾，或释为栽（在），并非草木之初。巜之为灾（菑）为栽，本为裁制植作之义，始乃由制作倳立之义引申而成者。呜呼！清人过信《说文》，始有此弊；今之治语文学者如章黄诸人，犹以初文为语根，动辄讲求本字，亦为不善变矣。至郝氏之引经传旧注以疏《尔雅》，仅采以为佐助，不谕古训之是非，较之王氏父子之就《雅》训以明经，引经文以证《雅》，左右逢源，摘发独多者，又逊一步了。郝《疏》《经解》本不全，所删四分之一，或云出自石臞之手，以今观之，所删去者多立说未安处，凡百十三则，恐非石臞不能下笔也。

其他雅学要籍，《尔雅》方面：辑佚者有臧镛堂之《尔雅汉注》，黄奭之《尔雅古义》，余萧客之《尔雅古经解钩沈》。校勘者有阮元之《尔雅注疏校勘记》，张宗泰之《尔雅注疏本正误》，王树枬之《尔雅郭注佚存补订》，龙启瑞之《尔雅经注集证》，卢文弨之《尔雅音义考证》。正名者有严元照之《尔雅匡名》，钱坫之《尔雅古义》，江藩之《尔雅小笺》，王树枒之《郭氏尔雅订经》。补郭者有翟灏之《尔雅补郭》，周春之《尔雅补注》，刘玉麟之《尔雅补注残本》。笺正者有胡承珙之《尔雅古义》，王引之之《经义述闻》，钱大昕之《潜研堂答问》，俞樾之《群经平义》，严元照之《娱亲雅言》等。释例者有王国维之《尔雅草木虫鱼鸟兽释例》，陈玉澍之《尔雅释例》。考释名物者有戴震《释车》，程瑶田之《释宫》《释草》《释虫小记》，钱坫之《尔雅释地四篇注》，宋翔凤之《释服》，任大椿之《释缯》，刘宝楠之《释谷》，孙星衍之《释人》……等。广续《尔雅》者有吴玉搢之《别雅》，洪亮吉之《比雅》，程际盛之《骈字分笺》，史梦兰之《叠雅》，刘灿之《支雅》，夏味堂之《拾雅》。辅翼《尔雅》者有陈奂之《毛诗传义类》，朱骏声之《说雅》，俞曲园之《韵雅》，程先甲之《选雅》。《小尔推》方面，有胡承珙之《小尔雅义证》，宋翔凤之《小尔雅训纂》，王煦之《小尔雅疏》，葛其仁之《小尔雅疏证》，朱骏声之《小尔雅约注》。

以上诸家，各有所长，然就雅学而言，其成就都不及王氏父子之精而博也。王念孙《广雅疏证》之特色有六：

一、考究古音，以求古义。古音不同于今音，古义不同于今义，于古义之散佚不传者，则就古音以求之。《疏》中言某与某古音义相同者甚多，如降有大义，洪、降古声相同也；临有大义，临与隆古声相同也。沈古音长含反，读若罩，故沈、眈、谭并有大义。

二、引申触类，不限形体。训诂之旨，本于声音，故原声以求义，有声同义同者，如夸、讦、芌并从于声而义同，颙、魋、魁古并同声同义；有声近义同者，如祜与胡声近义同，并有大义，隐与殷声近而义同，并训为大。又有字异而义同者，如牣为满，充牣或作充仞，或作充忍，并字异而义同；有字亦或作者，如浩训大，字亦作灏，又作皓。

三、只求语根，不言本字。王氏虽用《说文》，然并不为本字本义所拘。如《广雅·释诂》"鼻，始也"，《疏》云："鼻之言自也，《说文》：自，始也，读若鼻，今俗以初生子为鼻子是。"不言自本字，鼻借字。又"临，大也"疏："临之言隆也，《说文》：隆，丰大也。"不言临为隆之假音（王引之《经义述闻》中"论经文假借"条，亦言借字本字；不过他所说的本字和《说文》中的本字并不一样，只是正字耳）。

四、申明转语，比类旁通。王氏推明转语，并不只空言一声之转，便算了事，多能旁推互证，申明其音转之理。有语义相因相近者，其音转之方多比之而同，如有与大义相近，故有谓之庬、方、荒、怃、虞，大亦谓之庬、方、荒、怃、吴；又大则无所不覆，无所不有，大、覆、有义相因，故大谓之怃、奄，覆亦谓之奄、怃，有亦谓之怃（抚）、奄；矜怜与覆有义又相因，故矜怜亦谓之抚掩。有事虽不同，而声之相转可比之而同者，如长谓之修、梢、擢，臭汁亦谓之潃、渧、濯。

五、张君误采，博考证失。张揖纂集群书而作《广雅》，以一人之力，采万卷之富，当然难免互有得失，疏之者自不必为之傅会，牵强证明。如《广雅·释诂》："比，乐也。"《疏》云："比者，《杂卦传》：比乐师忧，言亲比则乐，动众则忧，非训比为乐，师为忧也，此云比乐也，下云师忧也，皆失其义耳。"此皆明言张君误采而正其失者。

六、先儒误说，参酌明非。为《广雅》作疏，目的不仅在使《广雅》之义明，而且还在使群经之义皆因之而明，此所以《读书杂志》及《经义述闻》中多引《广雅》为据以改正旧注，《序》所谓"周秦两汉古义之存者，可据以证其得失；其散逸不传者，可借以窥其端绪"是也。如《广雅·释诂》"拱救，法也"，《疏》云："《商颂·长发》受小球大球，受小共大共，《传》云：球，玉也，共，法也。案球、共皆法也，球读为救，共读为拱，《广雅》：拱救，法也。……然则小球大球，小共大共，谓所受法制有小大之差耳。《传》解球为玉，已与共字殊义，《笺》复谓共为执玉，迂回而难通矣。"又"戚咨，惭也"，《疏》："倒言之则曰资戚，《太玄·亲》初一云：其志龃龉，次二曰：其志资戚，资戚犹龃龉，谓志不伸也。范望《注》训资为用，戚为亲，皆失之。"

以上六端，都是荦荦大者，遽数之不能终其例，姑略举数则以发其凡。至于校补讹文脱字，勘正衍名错策，均详举所由，虽超出训诂之外，然由音义以校勘讹误，也仍然不出训诂之外也。桂馥于钱大昭之《广雅疏义》，尝叹其精审，但与王氏较，实不可以道里计。段玉裁称王氏能以古音得精义，天下一人而已；阮元《与宋定之书》亦云："怀祖先生之于《广雅》，若膺先生之于《说文》，皆注《尔雅》之炬爝。"诚非虚誉。章太炎评论道："凡治小学，非专辨章形体，要于推寻故言，得其经脉，不明音韵，不知一字数义所由生，此段氏所以为桀。旁有王氏《广雅疏证》、郝氏《尔雅义疏》，咸与段书相次，郝于声变，犹多亿必之言；段于雅训，又不逮郝；文理密察，王氏为优，然不推《说文》本字，是其瑕适。"此论可谓一偏之见。王氏后又有《疏证补正》，俞樾复为之作《疏证拾遗》，王树枏又作《广雅补疏》，要皆弥缝小道耳。续《广雅》者则有刘灿一家。

《方言》之学，亦戴氏开其端，所作《方言疏证》一书，虽重在参订校补，然"宋元以来，六书故训不讲，故鲜能知其精覈，加以讹舛相承，几不可通"，是戴氏筚路蓝缕之功不可没也。迨后有卢文弨之《重校方言》，刘台拱之《方言补校》，顾震福之《方言校补》（附佚文），孙诒让之《札迻》中校郭《注》，郭庆藩之《方言校注》，然后本子始稍稍可读。注释之者，有钱绎之《方言笺疏》，广征博引，也颇能得声义贯串以互相证发之妙，其言某某声义并同，某某声并相近者，不一而足。惟于相反为义之理不了，致多误说王念孙尝作《方言疏证补》，惜未完稿。其实张揖已尽卷《方言》中的材料以广续《尔雅》，是王氏《疏证》一部可抵两部书看也。朱士端又有《方言补义》。自子云以后，《方言》之学可称绝响，郭璞之《注》，尚能广续于万一，其注汉时《方言》全以晋时方言为据，故时有补正音义及广地广语之处（参看王国维《书郭注方言后》）。迨后研究方言者可分为两派：一为广续《方言》之作，如戴震之《续方言》（手稿），杭世骏之《续方言》，程际盛之《续方言补》，徐乃昌之《续方言又补》，程先甲之《广续方言》及《拾遗》，张慎仪之《续方言新校补》，沈龄之《续方言疏证》都是采取经史子集传注，小学字书，以及音义类书之流，以补遗漏。馀如淳于鸿恩之《公羊方言笺疏》，李翘之《屈宋方言考》，虽系考释齐楚之语，亦补遗一类之作。二为考证常语之作，如王应麟之《困学纪闻》，陶宗义之《辍耕录》，杨慎之《丹铅总录》，胡应麟之《庄岳委谈》，郎瑛之《七修类稿》，方以智《通雅》中之"谚原"，翟灏之《通俗编》，钱大昕之《恒言录》，赵翼之《陔馀丛考》诸书，皆采辑后世之熟语常言之见于故书者（此外考释及纪载方言俗语之见于笔记及专著者，如欧阳修之《归田录》，毛奇龄之《越语肯綮录》，范寅之《越谚》，孙锦标之《南通方言疏证》，胡文英之《吴下方言考》等书，与上列诸书性质又不相同，这里可以不论）。两派的方法虽不同，却都是目治的古典的方言学，前者是辑补古书，后者是考证故实。章太炎《新方言序》评论得失说："自扬子云纂《方言》，近世杭程二家皆广其文，撮录字书，勿能为疏通证明，又不丽于今语；钱晓征盖志軿轩之官守者也，知古今方音不相远，及其作《恒言录》，沾沾独取史传为征，亡由知声音文字之本柢；仁和翟灏为《通俗编》，虽略及训诂，亦多本唐宋以后传记杂书，于古训藐然亡丽，俄而撮其一二，又楛不理析也。考方言者在求其难通之语，笔札常文所不能悉，因以察其声音条贯，上稽《尔雅》《方言》《说文》诸书，敫然如析符之复合，斯为贵也。乃若儒先常语，如不中用、不了了诸文，虽亡古籍，其文义自可直解，抑安用博引为？"章氏以为古今语言，其源本同，殊语绝言，尚有存者；今世笔札常文所不能知的话，只是因为声音有流变耳，倘能以古今音转的规律，推见国语的本始，都可以在《说文》《尔雅》《方言》中得其根柢。这样不仅可以考明方言，也可以研究训故。盖研究方俗语之目的有二：一为语言学的，一为训故学的；虽为一事，实不相同。郭氏以晋时方言注《尔雅》方言，我们何尝不可用现在的方言以注《尔雅》《方言》？不过不要像章氏那样的过分拘泥于本字，甚至每语都必求其出处而致牵强皮傅。因为语言是随时随地变迁的，不但音有变迁，语义和语法也都有变迁及增减的。

《释名》之学似乎不大受人注意。广续者有张金吾《广释名》，博采经传记注，子史谶纬，讫于东汉，约有五十种书中之音训材料，依类广之，补其未备。惜未能疏释其同异，只见汉人音训之无定及穿凿耳。其书旧本讹错不能卒读，毕沅作《释名疏证》（江声代作），详加校雠，又辑《补遗》及《续释名》二种附刊于后，自此始有善本可读。后顾千里亦有校本，成蓉镜有《补证》，吴翊寅有《校议》，顾震福有《校补》（附佚文），孙诒让《札迻》亦及斯书。王先谦又与王启原、叶德炯、孙楷、皮锡瑞、苏舆、王先慎，覆加诠释，决疑通滞，因合毕氏元本，参酌顾校及成氏、吴氏、孙氏诸书，甄录尤雅，集为《释名疏证补》；又得胡玉搢、许克勤二君所校，于是为删去重复，别卷附末，名曰《疏证补附》。可惜这些人大多疏于古音训故，是以校订文字之功多，考释语原之功少。王氏之《广雅疏证》于《释诂》三篇，多言其语原，而《释亲》《释宫》以下，亦屡解物名取义的所由；如能以王氏为主，旁采段、郝诸书，参之汉人音训，证以古音古义，为之取去是非，其于《释名》之学必有很大的裨益（详见音训节）。

戴氏谓："昔人既作《尔雅》《方言》《释名》，余以谓犹阙一卷书，创为是篇，用补其阙。俾疑于义者，以声求之，疑于声者，以义正之。"此《转语》二十章之所由作也。转语之学可以说是清儒的一大发明，还有待于今人之补苴完成也（详见音训节）。

清儒还有一个发端，就是释词之学。文法学在过去本附庸在训诂之内，因为只要讲字义，每字的词性自然就都明白了，所以我国只有章句训诂以及修辞炼字之学，而无所谓文法；故汉人传注有"辞也""叹辞""语助""语辞""发声"以及"聊，且略之辞""且，未定之辞"等名，《尔雅》采"粤于爰，曰也""爰粤于，於也""哉之言，间也""伊维，侯也"等条，至于《说文》，或言"某词"，如欨为诠词，者为别事词，皆为俱词之属是也；或言"词之某也"，如曾为词之舒，乃为词之难，尔为词之必然之属是也；或言"词也"，如暑等字是；或言"声也"，如颣等字是。下逮魏晋隋唐义疏，于此类字续有发明。《广雅》录"曰惟每虽兮者其各而乌岂也乎些只，词也"之训，《家训·音辞》暨《文心·章句》也都曾谈到之乎哉也，宋人尤多创见。清刘灿著《支雅》，首列"释词"之篇，分词为三十六类；刘淇作《助字辨略》，专辨助字之义。盖字类之义，不尽相同，有有实义可说者，有无实义而有用可指者，甚有实义与用俱无者；因此训释字义就感到"实字易训，虚字难释"了。虚字之义用既不易确指，旧来的注疏家就多把虚字误解为实字实义，以致经文晦涩，扦格难通。王引之于训释经义时有见于是，《经义述闻·通说下》"语词误解以实义"条特论其非，别为《经传释词》一书，专释语词，其《序》曰："语词之释，肇于《尔雅》，粤于为曰，兹斯为此，每有为虽，谁昔为昔，若斯之类，皆约举一隅，以待三隅之反；盖古今异语，别国方言，类多助语之文，凡其散见于经传者，皆可比例而知，触类长之，斯善式古训者也。自汉以来，说经者宗尚雅训，凡实义所在，既明著之矣，而语词之例，则略而不究；或即以实义释之，遂使其文扦格，而意亦不明。如由，用也，猷，道也，而又为词之于；若皆以用与道释之，则《尚书》之'别求闻由古先哲王''猷大告尔多邦'，皆文义不安矣。"可见他是以训诂学的见地来研究虚字的。于是训诂学中支出一个别派，就是释词之学。他的书在现在看来，固然离文法学尚远，但是在训诂学上乃是很重要的一大发明。方东澍的《汉学商兑》虽极力攻击汉学，但他对于王氏不能不大事佩服说："实足令郑、朱俯首，自汉唐以后，未有其比。"他作书的方法，完全是应用归纳法和演绎法，《序》所谓"比例而知，触类长之""引而申之，以尽其义类""揆之本文而协，验之他卷而通"是也。不过在研究的时候，也并非全靠归纳，还借着文义、辞例、句法、以及异文或写等等的帮助。钱熙祚跋语中说他的释词之法有六：

一、有举同文以互证者：如据隐六年《左传》"晋郑焉依"，《周语》作"晋郑是依"，证焉之犹是。据庄二十八年《左传》"则可以威民而惧戎"，《晋语》作"乃可以威民而惧戎"，证乃之犹则。

二、有举两文以比例者：如据《赵策》"与秦城何如不与"，以证《齐策》"救赵孰与勿救"孰与之犹何如。

三、有因互文而知其同训者：如据《檀弓》"古者冠缩缝"、《孟子》"无不知爱其亲者，无不知敬其兄也"，证也之犹者。

四、有即别本以见例者：如据《庄子》"莫然有间"《释文》"本亦作为间"，证为之犹有。

五、有因古注以互推者：如据宣六年《公羊传》何《注》："焉者，于也。"证《孟子》"人莫大焉无亲戚君臣上下"之焉当训于。据《孟子》"将为君子焉，将为小人焉"，赵《注》："为，有也。"证《左传》"何福之为""何臣之为""何卫之为""何国之为""何免之为"诸为字皆当训有。

六、有采后人所引以相证者：如据《庄子》引《老子》"故贵以身于天下则可以托天下，爱以身于天下则可以寄天下"，证以之犹为。据颜师古引"鄙夫可以事君也与哉"、李善引"鄙夫不可以事君"，证《论语》与之当训以。在这六法之外，还可以增添四种方法：

七、对文：如据《禹贡》多以既、攸二字相对为文，遂释"彭蠡既猪，阳鸟攸居""漆沮既从，丰水攸同""九州攸同，四隩既宅"诸攸字为词之用。

八、连文：如据"越若"连言，知越与若皆训"及"。据"其殆"连文，知其犹殆也。

九、声转：如据由、用一声之转，知用可训为"由"，由亦可训为"用"。据用、以、为一声之转，知"何以"即"何用"，亦即"何为"。据爱、于、粤一声之转，知皆可训为"与""於"。

十、字通：如据于与於古字通，知两字皆可训"为"，训"如"。

这十种方法既可用于虚字的训释，当然也可以用于实字的训释，在《经义述闻》里可以找到同样的例子。后来有孙经世的《经传释词补》，又有吴昌莹的《经词衍释》，都是广续之作。马建忠在《文通》里屡次指斥《释词》所说的"互文""同文""连文"之非，约十馀见；又谓："古书中为字有难解者，《释词》诸书，只疏解其句义耳，而为字之真解未得。"现在看来，《文通》固为经生家所未梦见之书，但马氏也未必梦见今日之文法学也；马氏云："古人用字各有各义，不可牵混。"（卷八）又云："不知古人用字不苟，其异用者，正各有其义耳。"这种严密的看法的确比王氏为进步，要亦是时代使然耳。

《经义述闻》多同《广雅疏证》，又多补足《经传释词》之语。其"通说下"十二条，皆训诂之准则，兹约录之于左：

经文假借。

经典古字，声近而通，则有不限于无字之假借者，往往本字见存，而古本则不用本字而用同声之字；学者改本字读之，则怡然理顺，依借字解之，则以文害辞。是以汉世经师作注，有读为之例，有当作之条，皆由声同声近者，以意逆之而得其本字，所谓好学深思，心知其意也。然亦有改之不尽者，迄今考之文义，参之古音，犹得更而正之，以求一心之安，而补前人之阙。如借光为广，而解者误以为光明之光（说见"易光亨""书光被四表""国语少光王室""光远宣朗"）；借有为又，而解者误以为有无之有（说见"迟有悔"）。

语词误解以实义。

经典之文，字各有义，而字之为语词者，则无义之可言，但以足句耳。语词而以实义解之，则扞格难通。余曩作《经传释词》十卷，已详著之矣，兹复约略言之：如与，以也，《论语·阳货》篇："鄙夫可与事君也与哉?"言不可以事君也;而解者云:"不可与之事君。"则失之矣。以,及也,《复》上六曰:"用行师,终有大败,以其国君凶。"言及其国君凶也;而解者训以为用,云"用之于国,则反乎君道";则失之矣。……善学者不以语词为实义,是依文作解,较然易明。何至展转迁就,而卒非立言之意乎?

经义不同不可强为之说。

讲论六艺,稽合同异,名儒之盛事也;述先圣之元意,整百家之不齐,经师之隆轨也。然不齐之说,亦有终不可齐者,作者既所闻异辞,学者亦弟两存其说;必欲牵就而泯其参差,反致混淆而失其本指,所谓离之则两美,合之则两伤也。

经传平列二字上下同义。

古人训诂,不避重复,往往有平列二字,上下同义者,解者分为二义,反失其指。如《泰象传》:"后以裁成天地之道,辅相天地之宜。"解者训裁为节,或以为坤富称财;不知裁之言载也,成也,裁与成同义而曰裁成,犹辅与相同义而曰辅相也。《随象传》:"君子以向晦入宴息。"解者以为退入宴寝而休息;不知宴之言安,安与息同义也。

经文数句平列,上下不当歧异。

经文数句平列,义多相类,如其类以解之,则较若画一,否则上下参差而失其本指矣。如《洪范》"聪作谋",与"恭作肃,从作义,明作哲,睿作圣"并列,则谋当为敏;解者以为下进其谋,则文义不伦矣。

经文上下两义不可合解。

经文上下两义者,分之则各得其所,合之则扞格难通。如《屯》六二"匪寇昏媾",谓昏媾也,"女子贞不字,十年乃字",谓妊娠也;而解者误以为女子贞不字承昏媾言之,则云许嫁笄而字矣。……

其有平列二字,字各为义,而误合之者,《大雅·棫朴》篇"芃芃棫朴",棫,白桵也,朴,棗也;而解者误合为一,则以朴为棫之丛生者矣。……凡此皆宜分而合者也,说经者各如其本指,则明辨皙矣。

衍文。

经之衍文，有至唐开成石经始衍者，有自唐初作疏时已衍者。亦有自汉儒作注时已衍者，如《无逸》："先知稼穑之艰难，乃逸，则知小人之依。"乃逸二字，衍字也，家大人曰：文义上下相承，中间不得有乃逸二字，且周公戒王以无逸，何得又言乃逸乎？乃逸二字盖涉下文"厥子乃不知稼穑之艰难，乃逸乃谚"而衍；而某氏传曰："先知之，乃谋逸豫。"则已衍乃逸二字矣。……

又有旁记之字误入正文者，《祭义》："燔燎羶芗，见以萧光，又见闻以侠甒，加以郁鬯。"郑注曰："见及见闻，皆当为觊，字之误也。觊以萧光，光犹气也，觊以侠甒，谓杂之两甒醴酒也。"……引之谨案：见以萧光，见乃间之借字也，古见间同声，故借见为间，间杂厕也；见间以侠甒，当作见以侠甒，亦借见为间也；后人因见为间之假借，而旁记间字，传写者不知而并存之，遂成见间以侠甒耳。

形讹。

经典之字，往往形近而讹，仍之则义不可通，改之则怡然理顺。如夫与矢相似而误为矢（见《春官·乐师注》）……四字古文与三相似而误为三（《觐礼注》）……若斯之类，先儒既已宣之矣。他如行与衍相似而误为衍，笑字隶书与先相似而误为先，人字篆文与九相似而误为九，民字下半与比相似而误为比，其字古文与六相似而误为六，靳字草书与靷相似而误为靷……我与义相似而误为义，《孟子·公孙丑》篇："是集义所生者，非义袭而取之也。"下义字文义难通，疑当作我；言在外者，我可以袭而取之，浩然之气从内而出，非我所能袭取也。我与义相似，又涉上文两义字而误耳。……寻究文理，皆各有本字，不通篆隶之体，不可得而更正也。

上下相因而误。

经典之字，多有因上下文而误写偏旁者。如《尧典》"在璇玑玉衡"，机字本从木，因璇字而从王作玑。《大雅·绵》篇"自土沮漆"，沮字本从彳，因漆字而从水作沮。……此本有偏旁而误易之者也。《盘庚》"乌呼"，乌字因呼字而误加口；《周南·关雎》"展转反侧"，展字因转字而误加车。《魏风·伐檀》"河水清且涟猗"，猗字因涟字而误加水。……此本无偏旁而误加之者也。

上文因下文而省。

古人之文，有下文因上而省者，亦有上文因下而省者。《尧典》"朞三百有六旬有六日"，三百者三百日也，因下六日而省日字。《小雅·天保》篇"禴祠烝尝，于公先王"，公者，先公也，因下先王而省先字。

增字解经。

经典之文，自有本训，得其本训，则文义适相符合，不烦言而已解；失其本训而强为之说，则阢陧不安，乃于文句之间增字以足之，多方迁就而后得申其说，此强经以就我，而究非经之本义也。如《蹇》六二"王臣蹇蹇，匪躬之故"，故，事也，言王臣不避艰难者，皆国家之事，而非其身之事也；而解者曰"尽忠于君，匪以私身之故而不往济君"（《正义》），则于躬上增以字私字，故下增不往济君字矣。……此皆不得其正解而增字以迁就之，治经者苟三复文义而心有未安，虽舍旧说以求之可也。

后人改注疏释文。

经典讹误之文，有注疏释文已误者，亦有注疏释文未误而后人据已误之正文改之者，学者但见已改之本，以为注疏释文所据之经已与今本同，而不知其未尝同也。如《易·系辞传》"莫善乎蓍龟"，唐石经善误为大而诸本因之，后人又改《正义》之善为大矣。

以上所列十二条，不但通论训诂及古人属词之例，而且更由训诂以及于校勘学了。

俞曲园承二王之后，于古人行文之法，立言之例，研究发明，益为精密。他在《群经平议序》里说："尝以为治经之道大要有三：正句读，审字义，通古文假借；……三者之中，通假借为尤要。诸老先生惟高邮王氏父子发明故训，是正文字，至为精审，所著《经义述闻》用汉人读为读曰之例者居半焉。……余之此书，窃附王氏《经义述闻》之后。"又以"诸子之书，文词奥衍，且多古文假借字，注家不能尽通，而儒者又屏置弗道，传写苟且，莫或订正，颠倒错乱，读者难之。"于是又为《诸子平议》

一书，以附《读书杂志》之后。又以"周秦两汉至于今远矣，执今人寻行数墨之文法，而以读周秦两汉之书，譬犹执山野之夫，而与言甘泉建章之巨丽也。夫自大小篆而隶书而真书，自竹简而缣素而纸，其为变也屡矣，执今日传刻之书，而以为是古人之真本。譬如闻人言笋，归而煎其箨也。嗟乎！此古书疑义所以日滋也。窃不自揆，刺取九经诸子为《古书疑义举例》七卷，使童蒙之子习知其例，有所依据，或亦读书之一助乎？若夫大雅君子，固无取乎此。"是《举例》一书又可与《经传释词》并驾齐驱了。《自序》中虽然自歉着说为了使童蒙习知其例，其实一般大雅君子也未尝不可以作为参考的，这种深入浅出，条理详明的入门读物，在清人的著作中尚属罕见。刘师培叹为绝作，发千古未有之奇；马叙伦推为县之日月而不刊，发蒙百代，梯梁来学的著作。书中所包括的内容，非常广泛，举凡训诂、文法、修辞、校勘等诸方面的学问，差不多都曾论及。兹择录四十五则以见例：

（1）上下文异字同义例：《论语》："臧文仲其窃位者与？知柳下惠之贤而不与立也。"古文位立同字，此章立字当读为位。

（2）上下文同字异义例：《论语》："子路有闻，未之能行，惟恐有闻。"上有字乃有无之有，下有字乃又字也。

（3）倒句例：《墨子》："启乃淫溢康乐，野于饮食。"按野于饮食即下文所谓渝食于野也，与《左传》："室于怒，市于色。"句法正同。诗人之词必用韵，故倒句尤多，《节南山》："弗闻弗仕，勿罔君子；式夷式已，无小人殆。"言勿罔君子，勿殆小人也。又《孟子》："若崩厥角稽首。"厥者顿也，角者额角也，稽首，首至地也，若崩二字乃形容厥角稽角之状，盖纣众闻武王之言，一时顿首至地若山冢之崒崩也。

（4）倒序例：《周官》大宗伯职"以肆献祼享先王"，若以次第而言，则祼最在先，献次之，肆又次之也。

（5）错综成文例：《论语》："迅雷风烈。"《楚辞》："吉日兮辰良。"《夏小正》："剥枣栗零。"《周礼·大宗伯》："荐豆笾彻。"

（6）参互见义例：《礼记·文王世子》："诸父守贵宫贵室，诸子诸孙守下宫下室。"又云："诸父诸兄守贵室，子弟守下室。"郑《注》曰："上言父子孙，此言兄弟，互相备也。"又《杂记》上篇："有三年之练冠，则以大功之麻易之。"郑《注》曰："言练冠易麻，互言之也。"郑《注》有云通异语者：《文王世子》："庶子以公族之无事者守于公宫，正室守太庙。"《注》云："或言宫，或言庙，通异语。"又有云文相变者：《丧大记》："浴水用盆，沃水用枓，沐用瓦盘。"《注》曰："浴沃用枓，沐于盘中，文相变也。"

（7）两事连类而并称例：《少牢·馈食礼》："日用丁巳。"言或用丁，或用巳也。《士虞礼》："幂用绤布。"言或用绤，或用布也。《日知录》曰："《孟子》云禹稷当平世，三过其门而不入，考之《书》曰：启呱呱而泣，予弗子；此禹事也，而稷亦因之受名。华周杞梁之妻善哭其夫而变国俗，考之《列女传》曰：哭于城下七日而城为之崩；此杞梁妻事也，而华周妻亦因之以受名。"愚谓此皆连类而及之例也。

（8）两义传疑而并存例：《仪礼·士虞礼》："死三日而殡，三月而葬，遂卒哭。"郑《注》曰："此记更从死起，异人之闻，其义或殊。"《穀梁传》之解经，多有并存两说者：隐二年《传》："或曰纪子伯莒子而与之盟，或曰年同爵同，故纪子以伯先也。"又文十八年《传》："侄娣者，不孤子之意也，一人有子，三人缓带；一曰就贤也。"凡著书者博采异文附之简策，如《管子·明法》篇之"一曰"，《大匡》篇之"或曰"，皆为管氏学者传闻不同而并记之也。《韩非子》书如此者尤多。《尚书》每有"又曰"之文，愚谓亦当以是解之。

（9）两语似平而实侧例：《縣》篇"曰止曰时"，《笺》云："时，是也，曰：可止居于是。"《正义》曰："如《笺》之言，则上曰为辞，下曰为于也。"《荡》篇："侯作侯祝。"《传》曰："作祝诅也。"段玉裁曰："作祝诅也，四字一句。侯作侯祝，与乃宣乃亩，爰始爰谋，句法同。"

（10）两句似异而实同例：《礼记·表记》："仁有数，义有长短小大。"郑《注》曰："数与长短小大，互言之耳。"《仪礼·特牲馈食礼》："簋有以也，酳有与也。"两句义同，变文以成辞耳。《尚书·尧典》："流共工于幽州，放驩兜于崇山，窜三苗于三危，殛鲧于羽山。"《枚赜传》曰："殛、窜、放、流，皆诛也，异其文，述作之体。"至诗人之词，此类犹多。《关雎》："参差荇菜，左右流之；窈窕淑女，寤寐求之。"《传》曰："流，求也。"则流之求之一也。《兔爰》首章"我生之初，尚无为"，次章"我生之初，尚无造"，《传》曰："造，为也。"则无为无造一也。

（11）以重言释一言例：《礼记·乐记》："肃肃敬也，雍雍和也。"顾氏《日知录》曰："《诗》本肃雍一字，而引之二字者，长言之也。《诗》云：有洸有溃，毛公传之曰：洸洸武也，溃溃怒也，即其例也。"钱大昕《养新录》："《诗》亦汎其流，《传》云：泛泛流貌。硕人其颀，《笺》云：长丽俊好颀颀然。……并以一言释重言。"

（12）以一字作两读例：古书遇重字多省不书，但于本字下作二画识之；亦或并不作二画，但就本字重读之者。《考工记·辀人》曰："辀注则利准，利准则久，和则安。"郑《注》曰："故书准作水，郑司农云：注则利水，调辕脊上雨注，令水去利也。玄谓利水重读似非。"据此则故书利水二字本无重文，先郑特就此二字重读之，故后郑可以不从也。

（13）倒文协韵例：《诗·既醉》："其仆维何？厘尔女士。厘尔女士，从以孙子。"按女士者，士女也，孙子者，子孙也，皆倒文以协韵，犹衣裳恒言，而《诗》则曰制彼裳衣；琴瑟恒言，而《诗》则曰如鼓瑟琴也。《庄子·山木》："一上一下，以和为量。"按此本作"一下一上，以和为量"，上与量为韵。《秋水》："无东无西，始于玄冥，反于大通。"亦后人所改，原文本作"无西无东"，东与通为韵也，王氏念孙已订正。

（14）变文协韵例：《诗·邶风·柏舟》："母也天只，不谅人只！"《传》曰："天谓父也。"《正义》曰："先母后天者，取其韵句耳。"

（15）古人行文不嫌疏略例：《仪礼·聘礼》："上介出请入告。"郑《注》曰："于此言之者，宾弥尊，事弥录。"据《注》知聘宾所至，上介皆有出请入告之事，而上文不言，是古人行文不嫌疏略也。必一一载之简策，则累牍而不能尽矣。襄二年《左传》："以索马牛皆百匹。"《正义》曰："《司马法》丘出马一匹，牛三头。"则牛当称头，而亦云匹者，因马而名牛曰匹，并言之耳。经传之文，此类多矣。

（16）古人行文不避繁复例：《孟子》："故王之不王，非挟太山以超北海之类也；王之不王，是折枝之类也。"《离娄》篇："瞽瞍底豫而天下化，瞽瞍底豫而天下之为父子者定。"两"王之不王"两"瞽瞍底豫"，若省其一，读之便索然矣。

（17）语急例：古人语急，故有以如为不如者，隐元年《公羊传》"如勿与而已矣"，《注》曰"如即不如"是也。有以敢为不敢者，庄二十二年《左传》"敢辱高位"，《注》曰："敢，不敢也"是也（详见《日知录》）。《诗·君子偕老》"是袘袆也"，毛《传》曰："是当暑袆延之服也。"然则袆即袆延也。《论语》"由也喭"，郑《注》曰："子路之行，失于畔喭。"然则喭即畔喭也。并古人语急而省也。

（18）语缓例：古人语急，则二字可缩为一字；语缓则一字可引为数字。襄三十一年《左传》："缮完葺墙，以待宾客。"急言之，则止是葺墙以待宾客耳。

（19）一人之辞而加曰字例：凡问答之辞必用曰字纪载之，恒例也，乃有一人之辞中加曰字自为问答者，此则变例矣。《论语》："怀其宝而迷其邦，可谓仁乎？曰：不可；好从事而亟失时，可谓知乎？曰：不可。"两曰字仍是阳货语，直至"孔子曰诺"，始为孔子语。说本阎氏《四书释地》。按记人于下文特著孔子曰，则上文两曰不可，非孔子语明矣。亦有非自问自答之辞，而中间又用曰字，以别更端之语者。《礼记·檀弓》："公罹然失席曰：是寡人之罪也。曰：寡人尝学断斯狱矣。"哀十六年《左传》："乞曰：不可得也。曰：市南有熊宜僚者，若得之，可以当五百人矣。"

（20）两人之辞而省曰字例：有两人问答，因语气相承，诵之易晓，而曰字从省不书者。《论语》："子曰：由也，女闻六言六蔽矣乎？对曰：未也。居，吾语女。"又："子曰：食夫稻，衣夫锦，于女安乎？曰：安。女安则为之。"居吾语女、及女安则为之，皆夫子之言。

（21）文具于前而略于后例：《诗·大叔于田》："叔善射忌，又良御忌。"其下云："抑磬控忌，抑纵送忌。"则专承良御而言。"叔马慢忌，叔发罕忌。"其下云："抑释掤忌，抑鬯弓忌。"则专承叔发罕忌而言，文具于前而略于后也。夫诗人之词限于字句，具前略后，固所宜也；乃有行文之体，初无限制，而前所罗陈，后从省略，乃知古人只取意足，辞不必备也。斯例也，孔子传《易》即已有之，《同人象传》："同人之先，以中直也。"王引之曰："同人之先，谓同人之先号咷而后笑也，先者有后之辞也，言先而后见矣。"

（22）文没于前而见于后例：《诗·生民》："诞置之隘巷，牛羊腓字之；诞置之平林，会伐平林；诞置之寒冰，鸟覆翼之；鸟乃去矣，后稷呱矣。"按后稷所以见弃之故，千古一大疑，而不知诗人固明言之，盖在后稷呱矣一句。夫至鸟去之后，后稷始呱，则前此者未尝呱也。凡人始生，无不呱呱而泣，后稷生而不呱，是其异也，于是人情骇怪，金欲弃之于巷隘，于平林……而后稷亦既呱矣，遂收而养之，命之曰弃，志异也。诗人歌咏其事，初不言见弃之由，盖没其文于前，而著其义于后，此正古人文字之奇也。

（23）蒙上文而省例：《禹贡》："终南惇物，至于鸟鼠。"《正义》曰："三山空举山名，不言治意，蒙上既旅之文也。"定四年《左传》："楚人为食，吴人及之；奔；食而从之。"奔上当有楚人字，食而从之上当有吴人字，蒙上而省也。

（24）探下文而省例：夫两文相承，蒙上而省，此行文之恒也；乃有逆探下文而预省上字，此则为例更变，而古书亦往有之。《舜典》："舜生三十征庸，三十在位，五十载。"因下句有载字，而上二句皆不言载。《孟子·滕文公》："夏后氏五十而贡，殷人七十而助，周人百亩而彻。"因下句有亩字，而上二句皆不言亩。

（25）举此以见彼例：《礼记·王制》："大国之卿，不过三命，下卿再命；小国之卿与下大夫，一命。"郑《注》曰："不著次国之卿者，以大国之下互明之。"又《丧大记》："复者朝服，君以卷，夫人以屈狄。"郑《注》曰："君以卷，谓上公也；夫人以屈狄，互言耳。"又《祭法》："燔柴于泰坛，祭天也；瘗埋于泰折，祭地也，用骍犊。"郑《注》曰："地阴祀用黝牲，与天俱用犊，连言尔。"凡此之类，皆是举此以见彼。

（26）因此以及彼例：古人之文，省者极省，繁者极繁，省则有举此见彼者矣，繁则有因此及彼者矣。《日知录》曰："古人之辞宽缓不迫，得失，失也，《史记·刺客传》：多人不能无生得失。利害，害也，《吴王濞传》：擅兵而多佗利害。缓急，急也，《仓公传》：缓急无可使者。"按此皆因此及彼之辞，古书往往有之：《礼记·文王世子》："养老幼于东序。"因老而及幼，非谓养老兼养幼也。《玉藻》："大夫不得造车马。"因车而及马，非谓造车兼造马也。《礼记·杂记》："为妻，父母在，不在不稽颡。"《正义》曰："按《丧服》云：大夫为适妇，为丧主。父为己妇之主，故父在不敢为妇杖；若父没母在，不为适妇之主；所以母在不杖者，以父母尊同，因父而连言母。"

（27）古书传述亦有异同例：阎氏若璩《四书释地》曰："《论语》杞宋并不足征，《中庸》易其文曰：有宋存。……《中庸》既作于宋，殆为宋讳乎？且尔时杞既亡而宋独存，易之亦与事实合。"按阎氏此论，可谓入微，蓄疑十年，为之冰释。

（28）古人引书每有增减例：《日知录》曰："《书·泰誓》：受有亿兆夷人，离心离德；予有乱臣十人，同心同德。"《左传》引之则曰："《太誓》所谓商兆民离，周十人同者，众也。……此皆略其文而用其意也。"按《管子·法禁篇》引《泰誓》曰："纣有臣亿万人，亦有亿万之心；武王有臣三千而一心。"盖古人引书，原不必规规然求合也。《说文》引《诗》往往有合两句为一句者，如《齐风·鸡鸣》："东方明矣，朝既昌矣。"日部引作"东方昌矣"。《礼记·中麻》："锦衣尚䌹。"《正义》曰："《诗》本文云：衣锦䌹衣，此云尚䌹者，断绝《诗》文也。又俗本云：衣锦䌹裳。"

（29）称谓例：古人称谓，或与今人不同。有以父名子者，《左传》成十六年："潘尪之党。"襄二十三年："申鲜虞之傅挚。"有以夫名妻者，《左传》昭元年"武王邑姜"是也（并见《日知录》）。又有以母名女者：襄十九年《左传》："齐侯娶于鲁曰颜懿姬，其侄鬷声姬。"杜《注》曰："颜鬷皆二姬母姓，因以为号。"是也。又有以子名母者：隐元年"惠公仲子"是也。至于《礼》经所称，则有以事目其人者：《特牲馈食礼》："三献作止爵。"郑《注》曰："宾也，谓三献者，以事名之。"是也。

（30）寓名例：《史记·万石君传》："长子建，次子甲，次子乙，次子庆。"甲乙非名也，失其名而假以名之也。《汉书·魏相传》："中谒者赵尧举春，李舜举夏，儿汤举秋，贡禹举冬。"不应一时四人，同以尧舜禹汤为名，皆假以名之也（说详《日知录》）。《庄》《列》之书多寓名，读者以为悠谬之谈，不可为典要；不知古立言者自有此体也。虽《论语》亦有之：长沮桀溺是也。夫二子者，问津且不告，岂复以姓名通于吾徒哉？特以下文各有问答，故为假设之名以别之，以为二人之真姓名则泥矣。

（31）以大名冠小名例：古人之文，有举大名而合之小名，使二字成文者：如《礼记》言"鱼鲔"，《左传》言"鸟乌"，《孟子》言"草芥"，《荀子》言"禽犊"，皆其例也。《礼记·月令》："孟夏行春令，则蝗虫为灾；仲冬行春令，则蝗虫为败。"王引之曰："蝗虫皆当为虫蝗，此言虫蝗，犹上言虫螟，后人不知而改为蝗虫，谬矣。"

（32）以大名代小名例：《仪礼·既夕》："乃行祷于五祀。"郑《注》曰："五祀博言之，士二祀，曰门，曰行。"五祀其大名也，曰门曰行，其小名也。

（33）以小名代大名例：《诗·采葛》："一日不见，如三秋兮。"三秋即三岁也。《汉书·东方朔传》："年十三，学书三冬，文史足用。"三冬亦即三岁也。

（34）以双声叠韵字代本字例：《夏小正》："黑鸟浴。"《传》曰："浴也者，飞乍高乍下也。"浴者俗之误字，《说文》："俗，习也。"又："习，数飞也。"俗习双声。《尚书·多方》"天惟五年须暇之子孙。"暇即夏字，《诗·皇矣》篇郑《注》引此经正作"须夏之子孙"。夏与暇叠韵。古书多假借，双声叠韵字之通用者，不可胜举。

（35）以读若字代本字例：钱氏《潜研堂集》曰："汉人言读若者，皆文字假借之例，不特寓其音，兼可通其字。即以《说文》言之：珣读若宜，《尔雅》：璧大六寸谓之宣；不必从玉从旬也。趪读若匐，《诗》：匍匐救之；不必从走从音也。"

（36）美恶同辞例：如："退食自公，委蛇委蛇。"诗人之所美也；而《左传》云："衡而委蛇必折。"则委蛇又为不美矣。"岂弟君子，民之父母。"诗人之所美也，而《齐风》云："鲁道有荡，齐子岂弟。"则岂弟又为不美矣。学者当各依本文体会，未可徒泥其辞也。

（37）高下相形例：《孟子》："曾子养曾皙，必有酒肉；将彻，必请所与，问有馀，必曰有。曾皙死，曾元养曾子，必有酒肉，将彻，不请所与，问有馀，曰亡矣。将以复进也。"此举曾元之养口体，以形曾子之养志，学者不可泥乎其词。

（38）实字活用例：宣六年《公羊传》："勇士入其门，则无人门焉者。"上门字，实字也，下门字则为守是门者矣。襄九年《左传》："门其三门。"下门字，实字也，上门字则为攻是门者矣。以女妻人，即谓之女，以食饮人，即谓之食；古人用字类然，经师口授，恐其疑误，异其音读，以示区别，于是何休注公羊有长言短言之分，高诱注淮南有缓言急言之别。《诗》"兴雨祁祁，雨我公田。"《释文》曰："兴雨如字，雨我，于付反。"《左传》："如百谷之仰膏雨也，若常膏之。"《释文》曰："膏雨如之，膏之，古报反。"苟知古人有实字活用之例，则皆可以不必矣。

（39）语词复用例：古人用助语词，有两字同义而复用者：《左传》："一薰一莸，十年尚犹有臭。"尚即犹也。《礼记》："人喜则斯陶。"斯即则也。此顾炎武说。文十八年《左传》："人夺汝妻而不怒，一抶汝，庸何伤？"庸亦何也。《庄子·齐物论》："庸讵知吾所谓知之非不知邪？"庸亦讵也。《荀子·宥坐》："女庸安知吾不得之桑落之下？"庸亦安也。《大戴记·曾子制言》："庸孰能亲汝乎？"庸亦孰也。此王引之说。《礼记·三年问》："然后乃能去之。"言然后又言乃。《庄子·逍遥游》"而后乃今将图南"，言而后又言乃。《汉书·食货志》："天下大氏无虑皆铸金钱矣。"言大氏又言无虑。

（40）上下文变换虚字例：《尚书·洪范》："水曰润下，火曰炎上，木曰曲直，金曰从革，土爰稼穑。"爰即曰也。《论语》："富而可求也，虽执鞭之士，吾亦为之；如不可求，从吾所好。"而即如也。《礼记·文王世子》："文王九十七乃终，武王九十三而终。"而即乃也。

（41）反言省乎字例：古文简质，往往有省乎字者，《尚书·西伯勘黎》："我生不有命在天？"《吕刑》篇："何择非人？何敬非刑？何度非及？"据《史记》引皆当有乎字。读者毋以反言为正言，致与古人意旨刺谬也。

（42）助语用不字例：古人有用不字作语词者，不善读之，则以正言为反言，而于作者之旨大谬矣。斯例也，诗人之词尤多。《车攻》："徒御不警，大庖不盈。"《传》曰："不警，警也，不盈，盈也。"……凡若此类，《传》义已明且晢矣；乃毛公亦偶有不照者：如《思齐》："肆戎疾不殄，"不，语词也。……王氏引之作《经传释词》始一一辨正之，真空前绝后之学。今姑举数事，以补王氏所未及。

（43）不达古语而误解例：古人之语，传之至今，往往不能通晓，于是失其解者，十而八九，今略举数事示例：究度，古语也，《诗·皇矣》：

"爰究爰度。"是也。亦或作鸠度，襄二十五年《左传》："度山林，鸠薮泽。"是也（说本王氏《经义述闻》）。亦或作轨度，二十一年传："轨度其信。"是也。究、鸠、轨，并从九声，故得通假。刘炫曰："轨，法也，行依法度而言有信也。"未达古语。

（44）两字一义而误解例：《尚书·无逸》："用咸和万民。"按咸和一义也，咸读为諴，《说文》言部："諴，和也。"枚《传》以为皆和万民，则不辞矣。

（45）两字对文而误解例：凡大小、长短、是非、美恶之类，两字对文，人所易晓也；然亦有其义稍晦，致失其解者，如《尚书·洪范》："木曰曲直，金曰从革。"曲直对文，从革亦对文，从，因也，由也，从革即因革也。人知因革，莫知从革，斯失其解矣。

以上所举四十五则，虽然有些在郑《注》、孔《疏》以及顾王之书里都已开其端，然都不及俞氏的完密周备，于古人行文之法，立言之例，可谓体会入微了。现在看来，固然还有些需要我们的修正，如倒句、语急、语缓、美恶同辞、实字活用、助语用不字、反言省乎字……等例，都解释得不大正确。这在本书里差不多都已随文举正，兹处不必再为重复了。

总之，清儒的训诂学在经学的隆盛下，已经有突飞猛进的发展，几乎人人皆然，不独王俞两家。他们都能以"就古音以求古义，不限形体"（古韵、文字）作训诂的机枢，以"比例而知，触类长之"（归纳、比较、演绎）作训诂的方法，以"搜考异文，广览笺注"、"古人行文之法，立言之例"（辑佚、校勘、古训、文法、修辞）作训诂的辅佐；每立一训，必"以精义古音，贯串证发"，"一字之义，当贯群经，本六书，然后为定"。所以"揆之本文而协，验之他卷而通"，"发明意旨，涣然冰释"。凡前人注疏之"扞格难通，诂籍为病"者，莫不"怡然理顺"了。

现在，我们的语音学、声韵学、语言学、文法学、修辞学、文字学、校勘学……等各方面，都较从前进步了很多；而归纳、比较、演绎……等等的研究法，也都能彻底的了解，有意的去运用；至于从前所看不到的古本，现在我们看到了，从前所没有梦见的卜辞铭辞，现在我们差不多都弄明白了，在比较和归纳上又多了不少的材料；段玉裁曾用金文铭辞中"攸勒"去释《诗》，到了孙诒让、王国维，更扩大的利用卜辞铭辞的材料,去比较研究古书中的字义和成语。现在我们应当不要辜负时代的赐与,要继承着戴、段、王、俞诸儒启发的遗绪,作古语言学的独立研究,注意语根的探讨,补苴转语的规律,调查全国的方言,来完成训诂学上的伟业!

本章参考书举要:

(1)《经籍纂诂·凡例》,阮元等。(原刻本、淮南局补印本。石印本。)

(2)《经学历史》,皮锡端。(思贤书局原刊本、商务影印本、又《万有文库》本。)

(3)《汉书》艺文志、儒林传。

(4)《两汉古文学家多小学家说》,王国维。(《观堂集林》卷七。商务《王静安先生遗书》本。)

(5)《小学考》,谢启昆。("训诂""音义"两类。)

(6)《中国文字形义学》,沈兼士。("尔雅""方言"两节。北大讲义本。)

(7)《东塾读书记》,("郑学""朱子")陈澧。

(8)《书尔雅郭注后》《书方言郭注后》,王国维。

(9)《方音研究·第二讲:研究方言之代表著作》,魏建功。(北大讲义本。)

(10)《方言疏证序》,戴震。(《戴氏遗书》本。)

(11)《雅学考》,胡元玉。(北大出版组排印本。)

(12)《经典释文》,陆德明。(抱经堂本、附卢文弨《考证》。武昌局翻本。《四部丛刊》影印通志堂本。)

(13)《十三经注疏》。(阮元刻附《校勘记》本最善;有南昌局补印原刻本,湖南翻刻本,上海石印本。)

(14)《滹南辨惑》,王若虚。(大东书局标点翻印本易得。)

(15)《毛郑诗考正》,戴震。(《戴氏遗书》本、《经解》本。)

(16)《尔雅文字考序》,戴震。(《戴东原集》。)

(17)《揅经室集》,阮元。(《经解》本即可。)

(18)《尔雅义疏》,郝懿行。(《经解》本不全。孙郝联薇校刻足本。)

(19)《尔雅郝注刊误》,王念孙。(罗氏刻《殷礼在斯堂丛书》本。)

(20)《广雅疏证》,王念孙。(《经解》本,淮南局本。)

(21)《广雅疏证补正》,王念孙。(《殷礼在斯堂丛书》本。)

(22)《方言笺疏》,钱绎。(红蝠山房本、徐氏《积学斋丛书》本。)

（23）《今后研究方言之新趋势》，沈兼士。（北大《歌谣周刊》增刊。）

（24）《释名疏证补》，王先谦。（思贤书局本。）

（25）《经传释词跋》，钱熙祚。（守山阁本附。）

（26）《经义述闻·通说下》，王引之。（自刻本、江西局本、《经解》本。）

（27）《古书疑义举例》，俞樾。（《第一楼丛书》《春在堂全书》。大东书局标点本易得便读。）

（28）《与友人论诗书中成语书》，王国维。（《观堂集林》二。古之成语有可由《诗》《书》本文比校知之者，有可由经传子史相互比校而求其相沿之意义者，有不经见于古书而旁见彝器者，亦得比校而定其意义。）

第二部分

文字卷:《中国文字学概要》选编

第一章　绪论

第一节　文字学的义界

凡是一种学问，都有它的含义与领域；文字学既是学问的一种，当然也不能出乎例外。所以我们在这开宗明义的第一节内，首先揭出文字学的义界来，不过，我们心想明白"文字学"是什么，应当先从"文字"讲起。

"文·字"二字的含义，在本质上，时代上，语源上，是都有分别的。在本质上说起来，独体"文"，合体是"字"。汉许慎的《说文解字序》上说："仓颉之初作书，盖依类象形，故谓之文；其后形声相益，即谓之字。文者物象之本，字者言孳乳而浸多也。"（段玉裁《说文注》本）。象形字是独体的，故谓之"文"；形声字是合体的，故谓之"字"。但是许氏的话，颇为含混，我们可以用后来的人的话来说明这个问题。宋郑樵的《六书略》上说："象形、指事，文也；会意、谐声、转注，字也；假借，文字俱也。"又说："独体为文，合体为字。"清段玉裁的《说文解字注》上说："析言之，独体曰文，合体曰字。统言之，则文字可互称。"章太炎的《文始》上说："独体者，仓颉之文；合体者，后王之字。"在时代上讲起来，"文"比"字"的名称发生较早。在先秦的典籍里是称"文"不称"字"的，例如：

　　《论语》："吾犹及史之阙文也。"

《中庸》："书同文。"

《左传》宣十二年："夫文，止戈为武。"

又宣十五年《传》："故文，反正为乏。"

又昭元年《传》："于文，皿虫为蛊。"

即令有称"字"的，但不作"文字"之义解，例如：

《易·屯卦》："女子贞，不字，十年乃字"。

《诗·生民》："牛羊腓字之。"

《左传》昭十一年："其僚无子，使字敬叔。"

这四个"字"的意思，或是生子，或是孳乳，或是爱养；都不是指"文字"说的。盖"字"字的本义是生子，引申为爱养，及孳乳的意义。"文字"的得名，便是从孳乳的引申义而来的。所以"名字"的"字"意义和"文字"的"字"相近。如：

《礼记·曲礼》："男子二十，冠而字，父前子名，君前臣名。女子许嫁，笄而字。"

又《檀弓》："幼名，冠字，五十以伯仲，死谥，周道也。"

《公羊》隐元年传："何以名？字也。曷为称字？褒之也。"

以古人之"字"多从"名"生的惯例看起来，如子赣名赐，《说文》："赣、赐也。"颜回字子渊，《说文》："渊、回水也。"其他若仲由字子路，宰予字子我，都"名"和"字"有关。这样，"名字"的"字"仍然是孳乳的意思，和"文字"的"字"含义相近。"名字"的"字"是从"名"孳乳而生的，"文字"的"字"是从"文"孳乳而来的。所指不同，含义却是一样的。虽说如此，但古人从未混用。不过近人章炳麟根据这点含义相同的情形作为"书契称字，周世有之"的理由。他在《小学略说》里说："郑康成注《礼》曰：'古曰名，今曰字。'寻讨旧籍，书契称字，虑非始于李斯，何者？人生幼而有名，冠为之字，名字者，一言之殊号，名不可二，孳乳浸多谓之字。足明周世有其称矣。"

但正式称"文字"的记载却始见于秦，《史记·秦本纪》记载《秦琅琊石刻文》云："同书文字。"相对的，在《中庸》上却是只说"书同文"的。

在语源上讲起来，"文"和"字"的不同，是由于古今语言的分别。"文"是上古近于图画的形符及意符文字，随体诘屈，画法无定，繁文缛饰，独体而不可分析，所以命名曰"文"，《说文》上说："文，错画也，象交文。""字"是后期近于符号的音符文字，取譬相成，写法有定，诸形相并，合体而可以分析。命之曰"字"者，言其"形声相益"，"孳乳而浸多也"（《说文序》）。《周礼·外史疏》亦说："字者滋也，滋益而名，故更称曰字。"

由上看来，"文"和"字"两个名称，在时代上，本质上，语源上，都有分别。混用不别，连在一起，是秦以后的事，到现在又多称"字"而少称"文"了。许慎在《说文解字》一书里，为了要表示"文"和"字"的区别，在每部的后面注明"文若干"，在每篇的末尾又注明"文若干，凡若干字。""文"指篆文，"字"指自己用隶书写的说解语而言。可见汉人的分别已不能严格区画了。所以与其强分六书中的"象形，指事"为"文"，"会意，形声，转注"为"字"，"假借"文字俱有，还不如说"独体"是"文"，"合体"是"字"，较为简捷近实。

"文"与"字"的区别，在上边已经说清楚了。但古人对于"文字"还有两个别名，是不可不知道的。第一个别名就是"名"，如：

《论语》："必也正名乎？"郑玄注："正名谓正书字也。古曰名，今曰字。"

《仪礼·聘礼》："百名以上书于策，不及百名书于方。"（陆德明《经典释文》说："名谓文字也。"）

《周礼·大行人》："九岁属瞽史，论书名。"郑注："书名书文字也，古曰名。"

又外史："掌达书名于四方。"郑注："古曰名，今曰字。"

因为"名"是事物的名称，是以声音代表实物的符号。从前论"名""实"关系的说法，如：

《庄子》："名者，实之宾也。"（《逍遥游》）

《墨子》："以名举实。"（《小取》）

《荀子》："制名以指实。"（《正名》）

而事物的"名"，也就是语言中的"词"，如：

《论语》："名不正则言不顺。"

《墨子》："言者，诸口能出之名也。"（《经说中》）

"字"是"词"的代表，"词"是事物的"名"，所以"字"也就叫作"名"。清陈澧说："未有文字，以声为事物之名；既有文字，以文字为事物之名。故文字谓之名也。"（《东塾读书记》）

换句话说，语言中的词类，无论是名词、动词、形容词、副词等，都是事物的名称，都是"名"。写下来就是字。因此代表语言的符号——"文字"，也就享有"名"的称号了。"文字"的第二个别名就是"书"。如：

《易》："后世圣人易之以书契"。（《系辞下》）

《书序》："书契"。（《释文》："书者，文字。"）

《说文序》："仓颉之初作书。"

"书"本是"书写"的意思，如：

《论语》："子张书诸绅。"

《说文》："书，箸也，从聿者声。"

《文心雕龙》："书者舒也，舒布其言、陈之简牍。"（《书记篇》

"书"是外动词，依文法学上的原则：外动词所产生的结果的名词常和动词同名。因此，"书"（写）的"书"（字）也就叫作"书"了。如：

《说文序》："箸于竹帛谓之书。书者如也。"

唐张怀瓘《书断》："题于竹帛谓之书。书者如也，舒也，纪也。"这就跟我们现在说"画画儿"一样，上一字是动词，下一字是名词，名词动词的名称都一样。这种例子在中国语言里多得很。后来凡是书写的东西都叫作"书"，所以又成为"书籍"的意思。古人又把文字称为"书契"，其实，"书契"的"契"，只是无文字时的一种记事工具，与文字不是一种东西，这留待后面再详细讨论吧。

总之，"文""字""名""书"四个名称，语源不一，所指的对象也有分别，时代的前后也有不同。我们不能因为现在他们常混用在一起，就认为完全一样。

"文"与"字"的区别以及它的别名，既然弄明白了。我们就可以进而讲文字学的含义与领域了。"文字学"，当然是研究文字种种现象的学问，究竟是怎样一种学问？我们还得从古时说起。古时叫作"小学"的，便是后来"文字学"的萌芽。其实"小学"本是中国教育制度上的名称，这在礼书中说得很明白：

《大戴礼记·保傅篇》："及太子少长，知妃色，则入于小学；小学者，所学之宫也。……古者八岁而出就外舍，学小艺焉，履小节焉。"

《周礼》："保氏掌谏王恶，而养国子以道，乃教之六艺：一曰五礼，二曰六乐，三曰五射，四曰五驭，五曰六书，六曰九数。"

"六艺"就是上文的"小艺"。而"六艺"中的第五项，便是"六书"。"六书"的内容是什么？

《说文序》："《周礼》八岁入小学，保氏教国子，先以六书：一曰指事，指事者，视而可识，察而见意，上下是也；二曰象形，象形者，画成其物，随体诘诎，日月是也；三曰形声，形声者，以事为名，取譬相成，江河是也；四曰会意，会意者，比类合谊，以见指㧑，

武信是也；五曰转注，转注者，建类一首，同意相受，考老是也；六
曰假借，假借者，本无其字，依声托事，令长是也。”

汉代的制度和周时约略相似，而且入学的资格更为普遍，小学的课程中也
有六书一类的文字课程。贾思勰《齐民要术杂说》引崔实《四民月令》中
记一年行事说：（正月），“农事未起，命成童以上入太学，学五经。砚冰
释，命幼童入小学，学《篇章》。”（注：谓九岁以上，十四以下；《篇章》
谓六甲、九九、《急就》、《三苍》之属。）（八月），“暑退，命幼童入小
学，如正月焉。”（十月），“农事毕，命成童入太学，如正月焉。”（十一
月），“砚冰冻，命幼童读《孝经》，《论语》，《篇章》，入小学”。《篇章》
所指之《苍颉篇》和《急就章》等书，都是一种认字学书的教本，和上面
所说的“六书”是小学中一脉相传的课程。而且小学中所教，不止《篇
章》一类，《孝经》《论语》等类，也应属于小学。

后来，“小学”的名称，又由制度而变为图书分类及学术上的专名，
因此，小学里所用的教本也叫“小学”，研究这种学问的人就叫“小学
家”。例如《汉书·杜邺传》说张竦：“尤长小学。”唐颜师古注曰：“小
学谓文字之学也。”又《说文序》说：“小学不修。”段玉裁注曰：“《汉
志》自《史籀》十五篇，下至杜林《苍颉故》一篇，总之为小学十家四
十五篇。谓之小学者，八岁入小学所教也。”再看《汉志·六艺略》的
《小学家》中，所列数目计为：

《史籀》十五篇。周宣王太史作大篆十五篇，建武时亡六篇矣。

《八体六技》。《苍颉》一篇上七章，秦丞相李斯作；爰历六章，中车府令赵高
作；《博学》七章，太史令胡毋敬作。

《凡将》一篇。司马相如作。

《急救》一篇。元帝时黄门令史游作。

《元尚》一篇。成帝时将作大匠李长作。

《训纂》一篇。杨雄作。

《别字》十三篇。

《苍颉传》一篇。

杨雄《苍颉训纂》一篇。

杜林《仓颉训纂》一篇。

杜林《仓颉故》一篇。

凡小学十家，四十五篇。入扬雄、杜林二家三篇。

现在仅能见到的急就章，只是一种"分别部居不杂厕"，句多叶韵的字书。《汉志》又说："《史籀篇》者，周时史官教学童书也"。又说："至元始中，征天下通小学者以百数，各令记字于庭中，扬雄取其有用者以作《训纂篇》"。又说："《仓颉》多古字，俗师失其读，宣帝时，征齐人能正读者，张敞从受之，传至外孙之子杜林，为作训故，并列焉。"可知这类书的性质只是史官教学童的千字文；而作书的方法，只是搜集日常有用的字类，加以分别部居的排列整理而已。至于通人学者的研究古字，也仅是知道古字的音读和义训。这样我们可以说当时的"小学"有两种特色：

（一）字形字音的记认。

（二）字义的了解。

所谓"小学"的真意便在此，这由《汉志》的分类上可以知道的。

这里还有一个问题附带提出的，就是在上面《四民月令》里明白地说出那小学中的课本有三类：第一个是《论语》，第二个是《孝经》，第三个是《篇章》。可是《汉志》却把《论语》独立为类，《孝经》也独立为类，剩下的《篇章》一类独称之为"小学"，这似乎有点与原来"小学"之所以为"小学"的来由不符。《汉志·孝经家》有《尔雅》三卷二十篇、《小雅》一篇、《古今字》一卷，这大概因为《尔雅》是辅翼五经的字书，已经超出日常应用的千字文的范围了。《尔雅》解说古今字义，古今字带有历史的意味，比篇章一类的书是相当艰深的。不过，讲字义的《尔雅》也是应该归在"小学"里面的。清王鸣盛在《蛾术编》里说：

> 《论语》《孝经》皆记夫子之言，宜附于经，而其文简易，可启童蒙，故虽别为两门，其实与文字同为小学。小学者，经之始基，故附经也。

王鸣盛的话在前面所引《四民月令》的记载里已经证实了，《论语》《孝经》《小学》三家的书籍，都是小学中幼童的课本。合字形、字音、字义三者，方能称"小学"。

由《汉志》的分类，可以看出偏重字形方面的讽诵及书写工作，便是汉人"小学"的真义，一般小学家也自然只向这方面去研究了。"椎轮为大辂之始"，后来的文字学便是从这浅陋的"小学"中潜生滋长出来的。

上面的"小学"，后来又有个专名，叫"苍学"。属于训诂章句一方面的也有个专名，叫"雅学"。苍学重文字，雅学重语言，然而他们"形"和"义"的研究都是以实用为目的，详于今而略于古。因此随着古文经的抬头，研究古文字的风气盛行起来了。许慎的《说文解字》的产生，实是古文经学家中一部有力的著作，而奠定了文字学的基础。他研究的对象，是当时已衰歇了的文字——小篆、籀文、古文。他研究的态度，是主观的就字形说明造字的本义。其书虽以形为主，形义相贯，分别部居，然其说六书，解字义，释字音，实贯串形、音义、三者而成，具有独立的理论的系统，和后来其他的字书仅系客观的排列形义者不同，已经够上"文字学"的资格了。

自《汉志》把小学、孝经、论语三家附于六艺之末，历代志录都相沿不改。《隋书·经籍志》的小学类里包括"体势"及"音韵"，存佚凡一百三十五部，五百六十九卷，"苍学"就是属于这体势一方面的。而"雅学"中的《尔雅》《广雅》《小尔雅》《方言》《释名》等书，则移附于《论语》之后。《唐书·经籍志》的小学类，字体声韵，一百零五部，《尔雅》《广雅》十八家，偏旁音韵杂字八十六家，凡七百九十七卷。才把《尔雅》一类的"诂训"，并入"小学"里面，体例最为允当。于是"体势""音韵""诂训"三者，改组成为"形、音、义"三者大混合的"小学"了。《宋史·艺文志》小学类二百零六部，一千五百七十二卷。其中又兼收金石（如《鼎录》《博古图录》《隶释》《隶续》《集古录跋尾》等），艺术（如《法书要录》《笔法》，《法帖刊误》等）诸书。清《四库全书总目》小学类仍分诂训、字书、韵书三类。谢启昆的《小学考》，又分训诂、文字、声韵、音义四类：训诂为《尔雅》《方言》之属，文字为《史籀》《说文》之属，声韵为《声类》《韵集》《切韵》之属，音义为《经典释文》《群经音辨》之属。

这"小学"类里所收的书籍，大半是"文字"书而非"文字学"的书。尤其是自来即以"小学"为六艺之附庸，目的在通经，直到清朝的小学家，仍然没有跳出经学的范围。许多学者都死守着一部《说文》，在那里拼命钻研，不想改进研究的方法，扩大研究的范围，所以很少有进步，只能称之为"说文学"和"经学"。沈兼士先生在《影印元至治本郑樵六书略序》中说：

窃尝谓自唐末以来小学家之研究，约可区画为三阶段：一、六书分类之说文学、后汉许慎创作《说文》，魏晋字学，师承尚异。唐宋而后，始定一尊。阳冰刊定，原书已佚。小徐《系传》，重在通释。若以六书隐括《说文》全书，其法盖创自郑氏，自尔戴侗之《六书故》，周伯琦之《六书正讹》，杨恒之《六书统》，魏校之《六书精蕴》，赵古则之《六书本义》，赵宧光之《六书长笺》演之，遂成六书分类之学。余韵流风，迄清犹盛。致令一般治《说文》者，以为舍六书分类之外，别无他法，而此研究之结果，复不能利用之以治其他学问，是之谓孤立的研究。二、实用之小学、章太炎先生《国学讲习会略说》云："以古韵读《说文》，然后知此之本字，即彼引申假借之字。以古韵读《尔雅》《方言》，然后知此引申假借之字，必以彼为本字，能解此者，称为小学，若专解形体及本义者，如王筠友所作《说文释例》《说文句读》，只可称为《说文》之学，不得称为小学。若专解训诂而不知假借引申之条例者，如李巡、孙炎之说《尔雅》，郭璞之注《尔雅》《方言》，只可称《尔雅》《方言》之学，不得称为小学。若专解音声而不能应用于引申假借者，如郑庠之《古音辨》，顾宁人之《唐韵正》，只可称为古韵唐韵之学，不得称为小学，兼此三者，得其条贯，始于休宁戴东原氏。"戴氏主张以古韵为治小学之工具，以通经为治小学之目的，其弟子王念孙、段玉裁辈踵之。益宏其业，遂成有清一代之朴学。三、理论之语言文字学、章氏又曰："自许叔重创作《说文解字》，专以字形为主而音韵属焉。前乎此者则有《尔雅》《小尔雅》《方言》，后乎此者，则有《释名》《广雅》，皆以训诂为主，而与字形无涉。《释名》专以声音为训，其他则否。又自李登作《声类》，韦昭、孙炎作反切，至陆法言乃有《切韵》之作，凡二百六韵，今之《广韵》即就《切韵》增润者。此皆以音为主而训诂属焉，其于字形则略不一道。合此三种，乃成语言文字之学。此故非儿童占毕所能尽者，然犹名为小学，则以袭用古称，便于指示。其实当名语言文字之学，方为碻切。"章氏倡此正名之议，颇具时代之精神，足以促小学之进步。其著作有《语言缘起说》《新方言》《文始》等，不愧为原始要终独具体系者矣。近三十年来，文字学之名已为学人所习知，更当推广范围，于中国旧日小学现代方言之外，进而涉及东方语言及西方比较语言学，多面综合，以完成语言文字学之理论的研究，此我辈今日所当取之途径也。

这样，由儿童占毕的"小学"，而孤立的六书分类学，而《说文》之学，而古韵唐韵之学，而《尔雅》《方言》之学，变为清代的"经学"——实用的小学，再变而为现在的语言文字学。和上面所引历代志录书目里的分类恰成对照：由专任"八体六技"的小学，而为"体势音韵"兼具的小学，再变为"体势、音韵、训诂"三者混合的小学。从这演变里，可以知道目前的文字学的研究范围、目的和方法了。

所以说：文字学是一种科学，是研究语言符号的发生、演变及构造，并说明字形和音义间的关系和法则的科学。

我国文字，偏于目治，形和音分离。形为文字所独有，音义乃文字语言的所共。必定站在语言的立场，以音贯串形义，然后才能得到文字的奥妙。自三代以来，文字的变迁很大，论字形，则自契文、金文、古籀、篆文、隶书、正书、草书、行书。论字义则自象形、指事、会意、转注、假借、形声而历代训诂诸书。论字音，则自周秦古音、《切韵》《中原音韵》而注音字母，各地方音。这种种的变迁，形义音三方面的演变都应属于文字学研究的范围。

本节参考书的举要：

（1）清王引之《经义述闻》第二十二——三《春秋名字解诂》。其叙曰："名字者，自昔相承之诂言也。《白虎通》曰：闻名即知其字，闻字即知其名。盖名之于字，义相比附，故叔重《说文》屡引古人名字。发明古训，莫箸于此。"

（2）民国章炳麟《国故论衡》上卷《小学略说》。

（3）钱夏《小学讲义》一《论小学之名称》，三《论小学分三大纲》。

（4）魏建功《中国声韵学史纲》第三章《中国声韵学性质的演变》。（北京大学讲义本）

第二节　文字学的略史

文字的本身是形体，形体是由图画来的。后来文字与语言结合，声音和形体，最初本是谐合的，见了形体就可以明了他们所代表的语言，日子一多，时过境迁，可就不然了。语言是始终在演变着，新的增加了，旧的也变音了，文字既是记录语言的符号，就得跟着语言往前跑，因为形体的拘束，不能自由运转增加，于是互相假借，本义引申，闹得一塌糊涂。而且文字的本身也在由繁而简的变化着，更演成了莫大的混乱。每个文字所代表的意义和声音，往往不是原来的意义和声音，而从他们的新形体里，也看不出制字的本义。于是古今语义及古今字体的对照记载及讲授就发生了。接着，每个文字为什么要这样写的研究也发生了。这便是文字学的萌芽，现在我们将历代的文字学进展状况叙述于后。

（一）周秦两汉的文字学

《尔雅》据说是周公所作，虽无确证，但大概不会晚到秦后，其中的材料自然也有后人附益增加的。《史籀篇》是周宣王时的太史所作，王国维虽以为是六国时西方通行的文字（见《观堂集林》卷七《战国时秦用籀文六国用古说》），但由所存的遗字看来，这种好重复的文字，至迟也当在春秋的前期。所以说文字学的萌芽约在周代。

春秋时，解说文字的风气很盛，《左传》上记载着：楚庄王为了证明他尚德不尚武的主张，便说："夫文，止戈为武。……夫武，禁暴、戢兵、保大、定功、安民、和众、丰财者也。"（宣十二年）晋伯宗劝晋侯伐狄时，也藉着造文的本义来说明狄人必亡的理由："天反时为灾，地反物为妖，民反德为乱，乱则妖灾生，故文反正为乏。"（宣十五年）晋侯有疾，医和说是内热惑蛊之疾。赵孟曰："何谓蛊?"对曰："于文，皿虫为蛊。谷之飞亦为蛊。在《周易》，女惑男，风落山，谓之蛊。皆同物也。"（昭元年）这三个人的解说已都能由文字的形体构造方面去剖析了。到六国时，学者间对文字都很注意，因为那时文字混乱太甚，就引起了"书同文"的思想，《中庸》子曰："今天下车同轨，书同文，行同伦。"但这是反面的讽刺，恰可表示当时的混乱。那时的人喜欢把推想中的上古历史认作真实的史事，苍颉造字的传说颇为盛行。造字的时候当然得有根据，所以韩子《五蠹》说："古者仓颉之作书也，自环者谓之私，背私谓之公。"此类解说，在那时一定很多，因而文字构造的理论也就成立了。《周礼》有"六书"一名，《周礼》非周公的著作，至迟当是西汉初年的作品。而刘向《七略》中已有"六书"的分名，其发生当在刘氏之前。可见在六国时的解说文字，已经有了系统的理论了。

秦并天下，统一中国，学者们"书同文，车同轨"的理想，居然随着政治势力实现了。他们规定用小篆代替大篆，李斯等人作的《苍颉篇》，便是用小篆写的，字体上稍较省改，不过民间所通行的文字不是小篆而是另外的一种新字体——隶书。所以秦书有八体，除大篆、小篆、隶书纵的变革外，还有横的各种不同器物上的字体。《八体六技》一书大概是属于这方面的。

汉初，通行的字书是《苍颉篇》，不过字数屡有增益兴废，于是便有《凡将》《急就》《元尚》《训纂》等书的编集，都是摹仿《苍颉篇》的产物，《杨雄传》："史篇莫善于《苍颉》，作《训纂》。"可见此类课本到东汉时犹很流行。这种字书的编集，都是把日用的文字，编成三字四字或七字的文句，句多协韵，以便记忆。很像后来私塾里的《千字文》《百家姓》《杂字》等书一样，自然是不能称为文字学的，但文字学发生的基础却在这里。换言之，设无这些材料，文字学的研究是无法着手的。

因为古文经的发现，引起了古文字的研究。宣帝时因为"《苍颉》多古字，俗师失其读，征齐人能正读者，张敞从受之"。敞传子吉，吉传敞的外孙杜邺，邺传子林和张吉的儿子竦。杜林作《苍颉故》和《苍颉训纂》，《汉书杜邺传》说："其正文字，过于邺竦。故世言小学者自杜公。"张敞又释过尸臣鼎上的铭文，于是开了研究古文字的风气。平帝时，著名的小学家，如杜邺、爰礼、秦近、扬雄等，已有百余人，大都乐道好古，"古学"成了一时的风尚。恰好刘向校中祕书，发现了不少的古文经，在字句方面，较之当时通行的今文经，优点很多。他的儿子刘歆又特好古文《春秋左氏传》，及《周礼》《毛诗》等，替古文经学创立了家法，并且一度利于学官。由此，古文经学大盛，小学也随着发展起来了。所以王国维说两汉古文家多是小学家（见《观堂集林》卷七《两汉古文学家多小学家说》）。

古文经是用六国文字写的，处于孔子宅屋的壁中，也称"壁中书"。杜林"于西州得漆书古文《尚书》一卷，常宝爱之，虽遭艰困，握持不离其身"（《汉书》本传）。他的弟子卫宏据以作《诏定古文官书》，六国古文成为那时小学家必须研究的材料了。而"郡国亦往于山川得鼎彝，其铭即前代之古文，皆自相似"（《说文序》）。这样两相印证，更增加了古文的价值。所以新莽时的六书（六体），便以古文、奇字为首。

同时，今文经学的末流，所谓俗儒鄙夫，瞧见古文经的盛行，也有点不自在起来，于是伪造了许多谶纬，托名孔子，用以抵抗古文家的崛起。纬书里几乎包括尽当时今文家的学识，天文地理、律吕历数，以至小学等，无所不有，在小学方面学他们解释的根据只是当时通行的隶书，甚为卑陋可笑，如：

> 刑字从刀从井，井以饮人，人入井争水，陷于泉，以刀守之，割其情，欲人畏慎以全命也。
>
> 两人交，一以中出者为水，两人譬男女，言阴阳交物以一起也。
>
> 土力于乙者为地。（以上见《春秋元命苞》）
>
> 西米为粟，西者金所立，米者阳精，故西字合米而为粟。（以上见《春秋说题辞》）
>
> 虫之为言屈中也。（以上见《春秋考异邮》）

这样，"诡更正文，乡壁虚造不可知之书"（《说文序》），荒谬浅陋的巧说邪辞，恐怕"若此者甚众"而不可胜数哩。其实，只见得今文家所根据的材料不合于古罢了。

　　那时一般通人达士，如扬雄、刘歆、杜林、卫宏、徐巡、贾逵、桑钦、班固等人都通晓古文奇字。有人以为这般小学家只是以多认识古字著名，然而实不止此，除去正文字，辟俗谬以外，阐明"字例之条"，发挥六书之理，也是古文家的大功。可见他们的认识古字是以六书为利器的。六书的分名见于刘歆《七略》，而郑众《周礼注》、许慎《说文解字叙》所说略同。郑众是郑兴子，许慎是贾逵的再传弟子，兴逵同是刘歆的弟子。可见六书的理论虽古已有之，而应用光大却是到古文家才开始的。他们既有了六书做理论的根据，又有《史篇》《苍颉》《凡将》以及壁中书、漆书、鼎彝等作研究的材料，目睹俗说的流行狂妄，自然逼得不能不去设法矫正了，于是五经无双的许叔重采叙篆文，合以古籀，博采通人，考于贾逵，至于小大，信而有证，稽撰其说，作《说文解字》十四篇，分五百四十部，录九千三百五十三文，重一千一百六十三文，说解凡十三万三千四十一字。《自序》说：

　　　　其建首也，立一为端。方以类聚，物以群分。同条牵属，共理相贯。杂而不越，据形系联。引而申之，以究万原。毕终于亥，知化穷冥。

　　这是他的条例，也是他的贡献。本来以前的《凡将》《急就》等书，都把义类相同的字聚在一起，因之偏旁相近的字自然靠近在一块儿，所以《急就》说："急就奇觚与众异，罗列诸物名姓字，分别部居不杂厕。"许君从这里悟出此理，便扩大应用，严格的分析字体，穷流溯源，把所有的文字找出五百四十个单位来立作部首，每部首下统率若干相同偏旁的字，《自序》所谓"分别部居，不相杂厕"者便是，这样一万来字就有驾驭的方法了。部首与部首之间，又据形系联，始一终亥，自成体系。每部次字的先后，也都有定序。每篆下的解说，先训其义，次释其形，次释其音，合三者以完一篆。立说本于经传，就形及音以求每字的本义，明其于六书为某书。自有六书以来，这实是一部空前的伟大无比的成功著作，也是自古及今的最有权威的著作。

　　《说文》以前的字书，像《尔雅》《史籀》《苍颉故》《方言》等，都属于文字训诂方面，重语言而忽于字形，随字敷演，不得字形的本始，字音字义的所以然。只有《说文》是主形的。段玉裁在《说文注》里说："许君以为音生于义，义箸于形；圣人之造字，有义以有音，有音以有形；学者之识字，必审形以知音，审形以知义。……故合所有之字，分别其部为五百四十，每部各建一首……于是形立而音义明。"

然许君也并非完全注重形体，所谓"主形"只是从形体上说明形、义、音、三者的关系罢了。许君以九千三百五十三文，当《史籀》《苍颉》《凡将》等的字形；以每字之说解本义（非本义者自为假借引申义），当《尔雅》《苍颉传》《苍颉故》等的训释，又以"从某声"，"读若某"来说字音，补前人的不及。所以《说文》一书实贯串每字之形音义三者而成。其就音说义，引证俗语的地方也很多，可以说兼语言文字两系著作的大成。

在现在看来，《说文》固有不少可指摘的地方，但这也是因材料所限，时代所使，不足为许君病。假使我们现在没有宋以来的金石学，近代的考古学、社会学、语言学等作帮助，甲骨钟鼎作材料，外语方言作比较，恐怕见解也高不出许君多少吧。在文字学史上，他是一部伟大的著作，直到现在，还没有较他更好的独立著作。而且他保存的材料，是研究篆书以前商周文字的梯阶而必须参考的东西，在文字学上，有永远不灭的重要价值。

（二）魏晋六朝的文字学

魏晋以来，小学方面分为形、音、义三科：训诂方面的"雅学"，只有少数人在研究，张揖作《广雅》，郭璞作《方言注》，又继樊光、李巡、孙炎、犍为舍人等之后而作《尔雅注》。张郭以后，雅学式微，这大概是一般人忽略语言的缘故。声韵方面，以前本附藏在"小学"之内，后来因为语言文字的分歧，表音的方法成功一个独立体系，描写字音在"读若"里已经开始，分析字音的结果又产生了"反切"。反切的初见，相传起于魏孙炎的《尔雅音义》，章炳麟才引《汉书音义》应劭注已用反切，证明在魏以前。赵荫棠又引《汉书音义》中服虔的反切，以及《一切经音义》景审序，日本安然《悉昙藏》引武元之《韵诠反音例》的话证明服虔已知反切。服较应略前，都在东汉的末年，多半是受了佛经传入，和梵文音符文字比较的影响（见《等韵源流》第一编二节《梵文与反切》）。自此便有以音为纲的韵书，如魏李登作《声类》，晋吕静撰《韵集》，一时音义的书和韵书都很多。到隋时有陆德明的《经典释文》和陆法言的《切韵》。音义两方面后来都渐成为独立的学问。

字书方面，晋吕忱作《字林》，其书已佚，清任大椿有《字林考逸》。《魏书江氏传》论《字林》说："寻其况趣，附托许慎《说文》，而按偶章句，隐别古籀奇惑之字，文得正隶，不差篆意也。"唐张怀瓘《书断》说："晋吕忱字伯雍，博识能文，撰《字林》五篇，万二千八百余字。《字林》则说文之流，小篆之工，亦叔重之亚也。"封演《闻见记》说："晋有吕忱，更按群典，搜求异字，复撰《字林》七卷。亦五百四十部，凡一万二千八百二十四字，诸部皆依《说文》。《说文》所无者，皆吕忱所益。"由这三人的评论可以知道《字林》的大概了。梁顾野王作《玉篇》三十卷，凡一万六千九百一十七字（据封氏《闻见记》所载。今本《玉篇》二万二千五百六十一字，非旧。），五百四十二部，较《说文》多"父""床"两部。而部目次序则和《说文》完全不同，似乎以字义为准，此书以隶书为主，虽以形体分部，但于字形则不大注意，依日本所藏的《玉篇》零卷看来，每字之下只是广征传注和字书的解释，附加案语，于字形毫不相涉。所以面貌上虽属于形体的，实际上却只是训诂书而已。后魏阳承庆作《字统》二十卷，一万三千七百三十四字，其书已佚，由《一切经音义》《九经字样》《广韵》《集韵》《龙龛手鉴》诸书所引遗文看来，和许吕的书还相近。不过有些地方臆改《说文》解说，如"窳"字下云："懒人不能自起，瓜瓠在地，不能自立，故字从瓜，又懒人恒在室中，故从穴。"又"笑"字下云："从竹从夭，竹为乐器，君子乐然后笑。"又"袾"字下云："朱衣曰袾。"诸如此类，都已经开后代王安石《字说》的先声了。其他的字书还有好些，大抵非摹仿《说文》，即妄肆胸臆，既不足裨益学童，更不能算是文字学的著作了。

另一方面，隶书盛行的结果，俗体很多，六朝的碑志里，更处处都是。北魏江氏撰有《古今文字》四十卷，他曾上表给皇帝，指摘当时的谬误说："世易风移，文字改变，篆形谬错，隶体失真。俗学鄙习，复加虚造，巧谈辨士，以意为疑，炫惑于时，难以釐改。乃曰追来为归，巧言为辩，小兔为虤，神虫为蚕，如斯甚众。皆不合孔氏古书，《史籀》大篆，许氏《说文》《石经》三字也。凡所关古，莫不惆怅焉。"北齐颜之推在《家训书证篇》里也曾匡正俗谬，他说："案弥亘字从二间舟，《诗》云亘之秬秠是也，今之隶书，转舟为曰，而何法盛《中兴书》乃以舟在二间为舟航字，谬也，《春秋说》以人十四心为德，《诗说》以二在天下为酉，《汉书》以货泉为白水真人，《新论》以金昆为银，《国志》以天上有口为吴，《晋书》以黄头小人为恭，《宋书》以召刀为邵，《参同契》以人负吉为造。如此之类，盖数术谬语，假借依附，杂以戏笑耳。如犹转贡为项，以叱为七，安可用此定文字音读乎？"除去这些隶变的错误，和以隶书为主的解说外，新文字的增加也很多。把《说文》《字林》《玉篇》三书的字数一比就可知道了。社会事物日增，人类思想日进，语言不能无演变，替代语言之符号自当随之演变，所以文字的增加是极自然的趋势。不过也有凭着政治势力自造新字的，如魏世祖始光元年曾颁行新字千余，在这种环境里，文字书当然受到影响，葛洪《字苑》收"影"字，王义《小学》收"阵"字。于是一般好古的人，像李铉（《北史》本传）、颜之推、赵文深（《周书》本传）等，只有依傍《说文》《字林》来纠正俗谬了。

从魏到六朝的期间里，在文字学方面，除去《字林》于《说文》稍有增益外，可以说没有什么成就。鄙俗的人固然只知道眼前的隶书，就是有志好古的学者也不能绍述许氏的遗业，致令许学无光，黯然生尘。虽然魏初有邯郸淳的传写《古文尚书》，正始《三体石经》中有《尚书》和《春秋》的古文，晋时又有汲冢竹简古书的发见，南齐时雍州亦发见竹简，而古器还时常出土，可惜大家不知保存利用，任其湮灭！所可称的，也只是佛教影响下声韵学的发展了。

（三）唐至宋初的文字学

唐初承六朝的遗风，武后有《字海》百卷。《唐书》纪武后自造十二字，《集韵》载则天自制者十八字，此外见于他书及当时墓志碑铭者尚多，不止十八字之数。郑樵《六书略》虽谓其多和古籀相合，并非完全无根，但新字的增加，旧字的改造，应该是大众的事，至于复古开倒车，恐怕会被时代淘汰的。

自秦汉以后，隶书盛行，解散篆体，误谬很多。中间又经过南北朝的俗书，字体益加混乱。唐代虽立书学博士，以《石经》《说文》《字林》来教学生，又用以考试（见张参《五经文字序例》及《唐六典》诸书），但这只是历史的研究。当时大家所苦的，是隶体的不定，所以学者多致力在这方面。唐初颜师古作《字样》，杜延业稍事增加，作《群书新定字样》，师古的孙儿颜元孙作《干禄字书》，把字体分为"正通俗"三体，自序说"例皆浅近，唯籍帐文案卷契药方，非涉雅言，用亦无爽"的为俗体，如"衷"作"衺"，"兒"作"児"等是，"相承久远，可以施表奏笺启尺牍判状，固免诋诃"者为通体，若"采""採"通，"阪""坂"通等是。"并有凭据，可以施著述文章对策碑碣，将为允当"者为正体，如"泒"正作"派"，"苐"正作"第""等"是。他的态度也很中庸，自序又说："字书原流，起于上古，自改篆行隶，渐失本真。若总据《说文》，便下笔多碍、当去泰去甚，使轻重合宜。"可以说是酌古准今，双方兼顾了。唐玄宗撰《开元文字音义》，自序说："古文字唯《说文》《字林》最有品式。因备所遗缺，首定隶书，次存篆字，凡三百二十部，合为三十卷。"隶体自此始定。后张参的《五经文字》、唐元度的《九经字样》，都是为正经字的隶体而作的书。

《说文》独尊，虽自唐后，但是反对和修改《说文》的也起自此时。唐李阳冰便是刊正《说文》的首领，著有《刊定说文》三十卷。宋徐铉等《进说文表》说："唐大历中李阳冰篆迹殊绝，独冠古今，自云斯翁之后，直至小生。此言为不安矣，于是刊定《说文》，修正笔法，学者师慕，篆籀中兴。然颇排斥许氏，自为臆说。……今之为字学者，亦多从阳冰之新义，所谓贵耳贱目也。"书已不传，唯见于徐锴《系传》的《祛妄篇》中，就其所祛李氏之妄看来，也很有能刊正许说的地方，如：

龠、从亼册，亼古集字，品象众管如册之形而置窍尔。（《说文》："乐竹管以和众声，从品龠，龠，理也。"）

隹、鸟之总称尔，雅长尾而从隹，知非短尾之称。（《说文》："鸟之短尾总名也。"）

刃、刀面曰刃，一示其处所也。此会意。(《说文》："刀坚也，象刀有刃之形。")

日、古人正圆象日形，其中一点象鸟，非口一。盖籀方其外，引其点尔。(《说文》："实也，太阳之精不亏。从口一，象形。")

仌，象冰裂之形。(《说文》："象水凝之形。")

这几处都不能说是妄，可惜如此者甚少，然千虑一得，亦可稍供参考哩。李氏是许慎的后继者，又是二徐的前驱，当时"传写《说文》者，皆非其人，错乱遗脱，不可尽究"(徐铉表中语)。他以篆书家的资格来校正刊讹，于《说文》学的复兴，不无功绩。又"自《切韵》《玉篇》之兴，《说文》之学湮废泯没，能省读者不能二三"(《祛妄篇叙语》)，但从李氏刊定之后，《说文》又颇流行，宋以前的学者多从其说。其侄李腾本之作《说文字原》，五代时蜀林罕又为阳冰书作《集解》。并取偏旁五百四十一字，作《字原偏旁小说》。

五代时的文字学者，为二徐郭林四家，林氏承阳冰一派，喜创新说，稍涉怪诞。郭忠恕有《汗简》《佩觿》二书，都很博杂，所录古文不可全信，而正文字尚有可取。只有二徐专治《说文》，很有功于《说文》之学。南唐徐锴作《说文解字系传》四十卷。钱曾《敏求记》说："今观此书《通释》三十卷，《部叙》二卷，《通论》三卷，《祛妄》《类聚》《错综》《疑义》《系述》各一卷，而总名之《系传》者，盖尊叔重之书为经，而自比于丘明之为《春秋》作传也。《部叙》究竟始一终亥之义，《祛妄》直指阳冰之惑，参而观之，字学于焉集大成。楚金真许氏之功臣矣。"可知徐氏的态度，专为阐明许旨，和武断臆改者不同，清卢文弨虽讥其繁称侈说，牵强征引(见《与翁覃溪论说文系传书》)，但是于阳冰改乱《说文》之后，居然能绍述许学，功劳也算不小了。

"小徐"的老兄便是"大徐"，徐铉"精小学，好李斯小篆，臻其妙。隶书亦工，尝受诏与句中正葛湍王惟恭等同校《说文》"(《宋史》本传)。他的校订方法及条例，在《进表》中说："盖篆书堙替，为日已久，凡传写《说文》者皆非其人，故错乱遗脱，不可尽究。今以集书正副本及群臣家藏者，备加详考。有许慎注义序例中所载而诸部不见者，审知漏落，悉从补录。复有经典相承传写及时俗要用而《说文》不载者，承诏皆附益之，以广篆籀之路，亦皆形声相从，不违六书之义者。其间《说文》具有正体而时俗讹变者，则具于注中；其有义理乖舛，违戾六书者，并序列于后，俾夫学者无或致疑。大抵此书务援古以正今，不徇今而违古。……又许慎注解，词简义奥，不可周知，阳冰之后，诸儒笺述有可取者，亦从附益。犹有未尽，则臣等粗为训释，以成一家之书。《说文》之时，未有翻切，后人附益，互有异同，孙愐《唐韵》，形之已久，今并以孙愐音切为定，庶夫学者有所适从。"在文字学的史料上，大徐校订整理《说文》的六件大功：（一）补漏略，（二）附新体，（三）刊俗讹，（四）引笺述，（五）增训释，（六）正反切，是怎么也不能磨灭的。虽然钱大昕在跋文里讥笑他不能悉通形声相从之例，妄以意说（见《潜研堂文集》），但也不足为病。

宋以后，文字学方面更尊崇许氏，要明文字源流，只有读徐铉等校订的《说文》了。于是又引起了一种革新的解说。王安石晚年居金陵："读许慎《说文》而于书之意时有所悟，因序录其说为二十卷，以与门人所推经义附之。"（《自序》）其书依韵编次，文字形体虽依《说文》，解说则全出杜撰。书佚已久，杂见于各家笔记所引的还很多。如：

> 人为之谓伪。位者人之所立。讼者言之于公。五人为伍。十人为什。歃血自明而为盟。
>
> 二户相合而为门。以兆鼓鼗。与邑交则曰郊。同田为富。分贝为贫。中心为忠。如心为恕。（见叶大庆《考古质疑》）
>
> 伶非能自乐也，非能与众乐乐也，为人所令而已。戍则操戈。役则执殳。穜，物生必蒙，故从童。草木亦或种之，然必穜而生之者禾也，故从禾字。（袁文《瓮牖闲评》）

他把一切文字都归之会意，自然有些勉强。然亦间有会心的地方，颇能使人微笑，这大概是宋人竞心得、重眼学、空逞奇想的毛病所致。当时会凭着政治势力，把书颁行天下，主司用以取士，学子莫敢不习，而且新奇巧妙，能助谈笑，所以竟盛行一时。唐耜作《字说解》一百二十卷，陆佃、罗愿等所著的书里也都引用新说。但反对他们的人骂他"杂糅释老，穿凿破碎，聋瞽学者"（晁公武《读书志》）。杨时作《字说辨》一卷，攻击最力。东坡尤为切齿，时常在谈笑中以儿戏玩弄他。荆公尝问东坡："鸠是何以从九？"东坡曰："鸤鸠在桑，其子七兮，连娘带爷，恰是九个。"又荆公自言波者水之皮，坡公笑曰："然则滑是水之骨也。"这些笑话也许是后人故意附会取笑的。

同时在这种空气下王圣美倡"右文说"，所谓"右文"，是指形声字的右旁声母而言，以其常在右，故曰右文。如戋小也，水之小者曰浅，金之小者曰钱，贝之小者曰贱，皆以戋为义（见《梦溪笔谈》）。但未成书，说亦未行。不过这种方法—声中有义——去研究中国文字中居最多数的形声字，确比荆公完全以会意解形声字为优。本来在《易传》《白虎通》《说文》等书里已经创始了"声训"的方法，东汉末年，刘熙作《释名》，专以声音相同，相近之字，展转训释，于是声近义通的道理昭然大明。可惜后人不加注意。而王圣美的说法，尚有待于清儒及当今学者的光大。

由《字说》的反响，引起复古运动，张有作《复古编》，根据《说文》以辨楷书之讹。南渡初，李焘继小徐《说文韵谱》之后，扩充内容，依韵编次，为《说文解字五音韵谱》一书，始东终甲，尽改《说文》之旧。一般人因其翻检便捷，竟盛行一时，原本反湮没无闻，一直到明末的顾炎武，还以此为徐铉的校本呢。

这一时期里，可以说是文字学的中兴期，不但是客观的集录字体，而且能主观的研究字体，有阳冰之刊定擅改，始有二徐之校订笺述，有二徐之墨守，始有荆公之武断。有荆公之革新，始有张有之复古。两种潮流相反而恰相成，学术之推陈出新，专赖反正两力之相激相璗。有今文家的鄙妄，才有古文家的好古。有《字林》，才有《字统》。而今文家的纬书，阳承庆的《字统》，王安石的《字说》，也正是一派相沿的东西。先有革新，才有复古，一切潮流都是如此。

（四）宋元明的文字学

从汉到宋这一千年里，文字学史上的两大潮流在交替变动着，然而无论是今文家也好，古文家也好；俗谬者或复古者，都逃不出籀篆和隶楷的范围。无论是刊正《说文》的武断派，或是笺述许书的墨守派，都逃不出《说文》的牢笼。没有新材料是很难产出新见解的。对于古文字的材料，汉魏六朝人只知注意竹简，后来拓墨方法发明了，唐人才渐注意石刻。铜器文字的注意，是到宋时才开始的。虽然态度有点鉴赏古董的意味，但古文字的研究是从此萌芽的。

在宋初，所谓古文字，除了《说文》，只有汗简一类的材料，《汗简》集七十一家古文，根据传写，很多是讹体和后人假造的。夏竦本之作《古文四声韵》，所录凡九十八家，他本意是集录这些材料以备研究钟鼎文字，但结果不能利用，因其多无出处，只云某人集字，且与三代的款识很多不合。

当时搜求古器成为风尚，钟鼎款识既多，相互比较，便可认出一部分字体。皇祐以后，像杨南仲、章友直、刘原父、蔡君谟等都好释钟鼎文字，中以杨氏为最，多有创见。赵九成的《考古图释文》引杨说很多，《释文》说：

> 古文……其传于今者，有古《尚书》《孝经》，陈仓石鼓及郭氏《汗简》，夏氏《集韵》等书，尚可参考。然以今所图古器铭识考其文义，不独于小篆有异，而有同是一器，同是一字，而笔画多寡，偏旁位置左右上下，不一者，如伯百父敦之百字，一作□，一作□；宝字一作□，一作□；薪字一作□，一作□。叔高父簠盖底皆有铭，其簠字一作□，一作□；晋姜鼎之作字，一作□，一作□。其异器者，如彝尊寿万等字，器器笔画，皆有小异，乃知古字未必同文，至秦既有省改，以就一律，故古文笔画，非小篆所能该也。然则古文有传于今者，既可考其三四，其余或以形象得之，如□魏射，□为丁，□为壶，□为鬲，□为车之类。或以义得之，如□为鹿，□为妯之类。或笔画省于小篆，如□作惟，□作位之类。或笔画多于小篆，如□作万（小篆乃迈字），□作受，□作秦。□作郐之类。或左右反正，上下不同，如□□皆作永，□□皆作福，□□皆作姜，□□皆作姬之类。有部居可别而音读无传者，如□作□，□作□之类。又可考其六七。

对于古文字的认识方法，说得非常清楚，而且对于小篆的比较，也说得很是，这确是文字学的一大进步。可惜后来的学者，只会集《篆韵》，而南渡以后，又因为地域的限制，获得古物的机会渐少，士大夫也不很注意这个了。

宋人对文字学的贡献，一是古文字的研究，二是六书说的讨论。六书的解释和应用，自许叔重后，可称绝学。唐裴务齐《切韵》中，于转注创考字左回，老字右转之说，为郭忠恕、徐锴所驳斥。《说文系传》在上字下面的传里，对六书解释的很详细，但并没有把每一个字都用六书分析过，说他是某一书。而《说文》里每字下虽有明言象形、会意、形声之例，然于指事、转注，并未说明，假借又见于言外，所以还只是空洞的理论。脱离《说文》部次的束缚，专由六书说去研究，创始于郑樵，他曾做过一本《象类书》和一本《六书证篇》，惜皆不传。在《六书略》里还可知道这两书的大概，《六书略》里很有些新见解，如《六书序》的论每书的分类，《论子母篇》的并五百四十部为三百三十母，《论一二之所生》的说象形之体的音义随字变动始能得其生……等等说法，都很有眼光。又多刊定许君旧注，上承阳冰，下启元明诸家，所以拥有不少信徒，大家纷纷去研究六书。清代的《说文》学者，虽因他訾毁许慎而不愿意称道他，但象形、指事、会意、形声的说法，很多是采用他的。

这种学说流行很快，元时有杨桓的《六书统》，戴侗的《六书故》，周伯琦的《六书正讹》，明初有赵撝谦的《六书本义》，大抵都本于郑氏。戴氏用金文改正小篆，杨氏推翻以小篆为主的系统而代以古文大篆，这是前人所没有的。

明代的文字学最衰微，整个的风气都陷于空疏。魏校的《六书精蕴》，不过推行杨桓之说；杨慎的《六书索隐》，摭拾古文字而未备；赵宧光的《说文长笺》尤多荒谬。

这种革新运动，确比李阳冰、王安石又进一步了。

（五）清代的文字学

桂馥批评唐宋以来的文字学说："唐宋以来，小学分为两派，遵守点画者，《五经文字》《九经字样》《干禄字书》《佩觿》《复古编》《字鉴》，是也。私逞臆说者，王氏《字说》、周氏《六书正讹》、杨氏《六书统》、戴氏《六书故》、赵氏《长笺》是也。"（见《说文解字附说》）

沈兼士氏谓唐宋迄今的《说文》学，可分为三派（见《训诂学史纲笔记》）：

（一）墨守派——徐锴、徐铉等。

（二）独断派——李阳冰、王安石、戴侗、周伯奇、杨桓、魏校、赵古则等。

（三）实证派——分前后两期。

（甲）前期——以音韵为治小学之工具，如段玉裁、朱骏声等。

（乙）后期——以卜辞金文与《说文》比较研究，如孙诒让、罗振玉、王国维等。

由此可知清儒小学的特点了。清代朴学重实证，讲考据，一反明人空疏的积习和宋人的玄谈义理。讲经学则推重毛郑，论文字则信仰许慎，一以汉学为依归；当时大家以小学为治经的必需工具，《说文》之学曾盛极一时，王鸣盛在《说文正义序》里说："《说文》为天下第一种书，读遍天下书不读《说文》，犹不可读也。但能通《说文》，余书皆未读，不可谓非通儒也。"这可以代表当时一般学者的狂热心理。

胡适氏谓清朝的经学有四个特点：一历史的眼光，二工具的发明，三归纳的研究，四证据的注意。而小学是经学的第一步。大抵清儒的治学，可分为三方面：一为校勘学，二为考据学，三为训诂学。对于《说文》，也是如此，诸家于搜求《说文》古本以外，大都先从校勘入手，采辑逸文，稽考篇目，校雠异同，订正衍夺，然后定句度，通训诂，援旁证，征故实。自顾炎武戴东原开其端，段王诸家继其后，于是造成有清一代的朴学。戴氏说：

> 仆自少时家贫，不获亲师，闻圣人之中有孔子者，定六经示后之人，求其一经，启而读之，茫茫然无觉。寻思之久，计于心曰：经之至者道也，所以明道者其词也，所以成词者字也，由字以通其词，由词以通其道，必有渐。求所谓字，考诸篆书，得许氏《说文解字》，三年知其节目，渐睹古圣人制作本始。又疑许氏于故训未能尽，从友

人假《十三经注疏》读之，则知一字之义当贯群经，本六书，然后为定。（《与是仲明论学书》）

又说："字书、故训、音声、未始相离。"（同前）

字书主于故训，韵书主于音声，然二者恒相因。音声有不随故训变者，则一音或数义；音声有随故训变者，则一字或数音。大致一字既定其本义，则外此音义引申，咸六书之假借。其例或义由声出：如胡字，惟《诗》狼跋其胡，与《考工记》戈胡戟胡用本义，至于永受胡福，义同降尔遐福，则因胡遐一声之转，而胡亦从遐为远。胡不万年，遐不眉寿，又因胡遐何一声之转，而胡遐皆从为何。……凡故训之失传者，于此亦可因声而知义矣。或声同义别：如蜥易之易，借为变易之易，象犀之象，借为象形之象。或声义各别：如户关之关为关弓之关，燕燕之燕为燕国之燕。六书假借之法，举例可推。（《论韵书字义答秦尚书蕙田》）

这种把形音义三者打成一片的文字学，可以说是戴氏的特见，他曾作《转语二十章》，想"各从乎声以原其义"把"人口始喉，下底唇末"的音声，"按位以谱之"，"凡同位则同声，同声则可以通乎其义。位同则声变而同，声变而同，则其义亦可以比之而通"。这样便"其用至博，操之至约"，可以"俾疑于义者，以声求之，疑于声者，以义正之"。如"尔女而戎若"谓人之词，"而如若然"义又交通，义虽为二，音理相转则同。这以音为中心的小学，的确已进到语言文字学的范围了。他的弟子段玉裁说：

小学有形有音有义，三者互相求，举一可得其二。有古形，有今形；有古音，有今音；有古义，有今义；六者互相求，举一可得其五。……圣人之制字，有义而后有音，有音而后有形。学者之考字，因形以得其音，因音以得其义。治经莫重于得义，得义莫切于得音。……形失，则谓《说文》之外字皆可废；音失，则惑于字母七音，犹治丝棼之；义失，则梏于《说文》所说之本义而废其假借，又或言假借而昧其古音。是皆无与于小学者也。（《广雅疏证序》）

清以前的小学家，大都就苍学雅学、韵学、许学三者之中的一门作孤立的研究，结果形自形，义自义，音自音，各不相涉，不独无益于实用，而且连文字的本身也弄不明白。盖文字虽是以形表义，然除去少数形符意符文字之本义外，其借义及多数音符文字之义，全都义存于音，因为文字本是语言的符号，语言之义存于声音，"言者未终，闻者已解，辨于口不繁，则耳治不惑"（戴震《转语二十章》序中语），等到录为目治的衍形文字时，反多一层障碍，欲打破这种"文字障"，必得"就古音以求古义，引申触类，不限形体"（王念孙《广雅疏证序》中语），然后始可抓住语言的灵魂。欲明借义则自明音声始，欲明本义则自明形体始。此所以语言文字学之贵乎声音，而形体亦不可偏废者也。

清人关于《说文》的著作很多，分门别类，无微不至，有校勘版本的，有笺注训释的，又有研究重文的、逸字的、新附的、部首的、阙文的、引经的、六书的、古语的、读若的、谐声的、双声叠韵的、古韵的、音训的、几乎无一不可成为专著，前后不下四百种之多，其中最著者，首推段、桂、王、朱四家，尤以段氏为最。

段玉裁注《说文》，誉之者谓其博大精深，议之者谓其过于武断。案段氏的征引审订，诚不愧"博大精深"四个字，但有些删改增添的地方，稍不免有武断的嫌疑。不过他的武断删改，都有根据，几经斟酌，并不是轻心就下笔的，所以也不算什么错误。书中于许氏作书之例，多所推阐，又发明若干条例，以补许氏的缺漏。

> 江沅《后叙》说："许书之要，在明文字之本义而已；先生发明许书之要，在善推许书每字之本义而已矣。经史百家，字多假借，许书以说解名，不得不专言本义者也。本义明而余义明，引申之义亦明，假借之义亦明。形以经之，声以纬之。凡引古以证者，于本义、于余义、于引申、于假借、于形、于声，各指所之，罔不就理。荟谊之讹衍，羼祒之讹夺，罔不灼知。列字之次第，后人之坿益，罔不毕见。形声义三者，皆得其杂而不越之故焉。"
>
> 陈焕跋曰："焕闻诸先生曰：昔东原师之言，仆之学，不外以字考经，以经考字。余之注《说文》解字也，盖窃取此二语而已。"

可知段氏以校勘为工具，以群经为参证，然后贯串形音义三者以相证发，本义明，而他义也没有不明的了。段氏治小学的方法纯以音韵为中心，所以他作注之前，先成《六书音均表》，王念孙序曰："吾友段氏若膺，于古音之条理，察之精，剖之密，尝为《六书音均表》，立十七部以综核之，因是为《说文注》。形声读若，一以十七部之远近分和求之，而声音之道大明，于许氏之说正义借义，知其典要，观其会通，而引经与今本异者，不以本字废借字，不以借字易本字，揆诸经义，例以本书，若合符节，而训诂之道大明，训诂声音明而小学明，小学明而经学明，盖千七百年来无此作矣。"

其他如桂氏《义证》的取证群书，不下己意。王氏《释例》的推明条例，解释六书。朱氏《通训定声》的阐明声义相关之理。都可补正段书的不足。此外如严可均的《校议》，章行孚的《说文发疑》等书，也颇有启发后人之处。

清代小学家大都喜欢研究金石学，桂馥本是金石家，严可均对于金文很有研究，段玉裁也曾用过金文的"收勒"去释诗，王筠更常用金文来比较《说文》的字体，但是都没想去推翻小篆的系统。在许学盛行的风气下，庄述祖首先用金文来校正《说文》，想另建设出个古籀系统来，遂作《说文古籀疏证》（今存残稿），可惜材料太少，认识不足。乾嘉以后，金石学虽盛，但辨识文字方面，进步很少。直到吴大澂的《说文古籀补》和《字说》，才稍有点较好的见解。这大都由于小学家不能深通金文，而金石家又不治小学，所以对认识古文字的条理和方法都不注意。和吴氏同时的孙诒让，是个小学金文兼通的学者，著有《古籀拾遗》《古籀余论》，《契文举例》《名原》等书，条理清晰，方法精密，都出前人之上，金文而外，更及于甲骨契文。他已能打破《说文》的牢笼，想"以商周文字展转变更之迹，上推书契之初轨"，这是何等远大的见识呵，现在的古文字学的盛行，还不是照着这两句话的方向去努力的吗？

自甲骨发现以后，文字学又超越《说文》之学而到了一个新的时期。从前人的治金文，不过是因为周器文字与籀篆相近，可以补正许书，而《说文叙》亦明言钟鼎彝器为古文，尚在家法之内。等到甲骨文出土了，离开籀篆太远，许书的系统不得不打破了，孙怡让的《名原》可以说是先驱，继之有罗振玉和王国维，对于古文字研究的贡献都很大。虽然还有人反对他，但古文字学的研究，已成为目前一种新风气了。

总观二千五百年中文字学的演变，由周至汉为创始期，魏晋以后日渐衰微，唐至宋初为中兴期，宋元为革新期，明代又衰落。至清代始重振起来而集《说文》学之大成，清末至现在又是个新时期。文字学的性质，由"小学"而"形学"，而孤立的《说文》学，而以音为中心的经学，而语言文字学，而古文字学。各有不同，究其原因，多由于材料的发现，和外来学术的影响。所以研究学术不可不注重材料、工具和方法。

本节参考书举要：

(1) 清谢启昆《小学考》卷九——二十八。

(2) 黎经诰《许学考》二十六卷。

(3) 沈兼士《文字形义学》上篇第三《文字形义学之沿革》一——导源时期、第四《文字形义学之沿革》二——成立时期。（北京大学讲义本）

(4) 唐兰《古文字学导论》上编三，《古文字学小史》。

第三节　文字学的重要

文字是记录语言的符号，双方本来是相符的。日子多了，语言在不断的变化着，于是文字也随着新陈代谢，而且有许多不谐和的地方。这对于读古书及应用文字上，都发生很大的障碍。我们既是读书人，每天对它目视口诵，手写心维，论理应该知道的很清楚了。但是试问现在能有几个人原原本本的了解我们的文字？恐怕十中不得一二。其实文字学的不发达，自汉已然。许慎在《说文序》中说："今虽有尉律不课，小学不修，莫达其说久矣。"又说"诸生竞说字解经，喧称秦之隶书为仓颉时书，父子相传，何得改易？乃猥曰：马头人为长，人持十为斗，虫者屈中也。廷尉说律，至以字断法，苛人受钱，苛之字止句也。若此者甚众，皆不合孔氏古文，谬于《史籀》。俗儒鄙夫，玩其所习，蔽所希闻，不见通学，未尝睹字例之条，怪旧艺而善野言，以其所知为秘妙，究洞圣人之微旨。……其迷误不谕，岂不悖哉！"

　　字体的讹误还是小事，而以讹误的俗字，去解释古代的圣人之言，那才是最大的不敬和荒谬，不但侮辱古人，而且也误己误人，许慎说："人用己私，是非无正，巧说邪辞，使天下学者疑。"文字的重要还不止此，解说的正误，可以关系天下的安危。许慎说："盖文字者，经艺之本，王政之始，前人所以垂后，后人所以识古。故曰本立而道生，知天下之至啧而不可乱也。"（《说文序》）许君著《说文》的目的，便在针砭当时的狂妄，改正一般人的谬误。明晓文字之真意，以通经籍的义旨。他说："将以理群类，解谬误，晓学者，达神恉。分别部居，不相杂厕。万物咸睹，靡不兼载。"许君的目的专在明经，一直到清人，仍然是如此。我们看历代的目录分类，小学都附在经部之后，便可以知道了。现在研究我国旧日的学术，当然不限制于经的范围，而经也只是古书的一部分。

　　研究文字的目的在于"识字"，所谓"识字"，必定对于一字的形音义三方面的原始及演变，都有彻底的认识，然后读书、治学、建设中国的语言学，以及改革旧文字，创造新文字等工作，才能事半功倍，可有最大的收获，兹分述如下。

（一）读书（研究中国古代文学、哲学等书）

　　戴震说："夫今人读书，尚未识字，辄目故训之学不足爲。其究也，文字之鲜能通，妄谓通其语言；语言之鲜能通，妄谓通其心志；而曰传合不谬，吾不敢知也。"（《尔雅注疏笺补序》）又说："经之至者，道也，所以明道者，其词也。所以成词者，未有能外小学文字者也，由文字以通乎语言，由语言以通乎古圣贤之心志。譬之适堂坛之必循其阶，而不可以躐等。是故凿空之弊有二：其一缘词生训也，其一守讹传谬也。缘词生训者，所释之义非其本义。守讹传谬者，所据之经并非其本经。"（《古经解钩沉序》）又说："宋已来，儒者以己之见，硬坐为古圣贤立言之意，而语言文字亦未之知。"（《与某书》）戴氏指斥宋儒之不识字，并非过甚，以其所著《孟子字义疏证》和宋人讲《孟子》的著作一比，就可知道凿空之弊了。读古书尤当识字，古书之难读约有五因：

　　（1）多古字——孙诒让说："尝谓秦汉文籍，谊旨奥博，字例文例，多与后世殊异。"（《札迻序》）如《老子》"夫佳兵者不祥之器"，"佳"就是后来的"惟"字，金文中即用"佳"作"唯"，《书》用"惟"，诗又用"维"。他如卜辞以"正"为"征"，金文又以"正"为"政"。凡此等例，都是文字的分化孳乳。前人有不识古字而误改古书的，俞曲园说："学者少见多怪，遇有古字而不能识，以形似之字改之，往往失其本真矣。"（《古书疑义举例》）如"其"古文作"亓"，人多不识，遂改为"无"，改为"示"，改为"元"。"服"古文作"𠬝"，或改为"及"，这样就都改错了。又如"影"字古书都作"景"，后来分为"景""影"两字，高诱注《淮南》已有之，至葛洪《字苑》始收"影"字。这更是较后而显见的了。

（2）多借字——王引之说："字之声同声近者，经传往往假借，学者以声求义，破其假借之字而读以本字，则涣然冰释；如其假借之字而强为解，则诘鞠为病矣。"（《经义述闻序》）又说："至于经典古字，声近而通，则有不限于无字之假借者，往往本字见存，而古本则不用本字而用同声之字，学者改本字读之，则怡然理顺，依借字解之，则以文害辞。是以汉世经师作注，有读为之例，有当作之例，皆由声同声近者，以意逆之而得其本字，所谓好学深思心知其意也。然亦有改之不尽者，迄今考之文义，参之古音，犹得更而正之。……如……借能为而，而解者误以为才能之能，<small>说见能不我知</small>。……借纪为杞，借堂为棠，而解者误以纪为基，堂为毕道平如堂，<small>说见有纪有堂</small>。……借誉为豫，而解者误以为名誉，<small>说见有誉处分</small>。……借芋为宇，而解者误以芋为大，<small>说见君子攸芋</small>。……借猗为阿，而解者误以猗为旁倚，<small>说见有实其猗</small>。"（《经义述闻·经文假借》）。像这样的例子，举不胜举，现在只举了几条明而易知的例子如上。至于本无其字的假借，如卜辞借"凡鳯"为"風"，金文借"商"为"赏"。愈古的书中假借愈多，大概因为古人字少和方音不同的关系。

（3）多误字——孙诒让说："复以竹帛梨枣，钞刊屡易，则有三代文字之通假，有秦汉篆隶之变迁，有魏晋正草之混淆，有六朝唐人俗书之流失，有宋元明校椠之羼改，逵径百出，多歧亡羊，非覃思精勘，深究本原，未易得其正也。"（《札迻序》语）其形近而讹者，如《论语》："子钓而不網。"網与綱形似而误；《孟子》："齐饥，陈臻曰：国人皆以夫子将复为发棠。"稟字隶书作案，与棠相似而误。其因上下文而误加偏旁者，如《魏风·伐檀》："河水清且涟漪。" 猗为语助，不当从水，因涟字而误加水旁。《周南》："辗转反侧。" 展因转字而误加车旁。其一字误为二字者，如《史记·蔡泽传》："吾持粱刺齿肥。" 刺齿肥为齧肥之误。又有二字误为一字者，如《淮南·说林》："贼心峇。" 峇为亡它之误。其他因误字而后人误改者，如《荀子非相篇》："传者久则論略，近则論详。""論" 皆 "俞" 字之误，"俞" 先误作 "侖"，校者又改作 "論"。所以俞曲园说："《国语》夫字误分为二人二字，《檀弓》二人字，误合为夫字，甚矣古书之难读也！"

（4）多古义——语义因时地的不同，词面仍旧，而含义却有变迁，每个时代，每个地方，都有特别的用字惯例。如颇字本为 "头偏" 的意思，引申作 "少略" 而用如副词，汉人行文，都是如此，《史记·儒林传》："延颇能，未善也。"《说文序》："或颇省改。" 或颇连用，其义可知；现在却用作 "多很" 的意思，恰正相反。《尔雅》中有相反为训的例子，如以徂为存，以故为今，以落为始……等例都是。郑玄注《礼》，又有以臭为香的话，《诗·生民》："胡臭亶时。"《笺》云："何芳臭之诚得其时乎？" 以臭为香，现在看来，似乎好笑，但是一加考察，原来臭字从犬鼻，因 "禽走，臭而知其迹者犬也"，故从犬自会意。名动同字，闻臭曰臭，所闻的气味也叫臭，原无好坏的区别，只是指其强烈四布而已。后来以臭字专属腐臭，便和香味分家了，所以就有殠字齅嗅字的区别。《论语》："色恶臭恶不食。" 臭与色对文，即指味气说。可见古今用字，各有惯例，不可不知。

（5）多古音——吴省钦说："古今语言不同，古音不明，不独三代秦汉有韵之文，不能以读，其无韵之文，假借转注，音义不能知。"（《六书音均表》释例）戴震说："至若经之难明，尚有若干事……诵《周南·召南》，自关雎而往，不知古音，徒强以协韵，则龃龉失读。"（《与是仲明论学书》）。如今本《诗经·卫风》的《竹竿》，"淇水在右" 与下文 "远父母兄弟" 为韵，段玉裁读而疑之，一加考察，《唐石经》正作《远兄弟父母》，右母二字于古为一部，本属同韵，自然用不着再 "叶韵" 了。至于古多假借，前边已经说过。要明晓某字为何者之假，必定知道某字的古音不可。今音也许两不相同，但于古却是同音的。如不明古无舌头舌上之分，就不知道《毛诗》"实为我特"，《韩诗》为什么又作"直"。不明古无轻重唇之分，就不知道"庖牺"为何又作"伏牺"了。王国维在《与友人论诗书中成语书》里说："《诗书》为人人诵习之书，然于六艺中最难读。以弟之愚暗，于《书》所不能解者殆十之五，于《诗》亦十之一二。此非独弟所不能解也，汉魏以来诸大师未尝不强为之说，然其说终不可通，以是知先儒亦不能解也。其难解之故有三：讹缺一也（此以《尚书》为甚），古语与今语不同二也。古人颇用成语，其成语之意义与其中单语分别之意义又不同三也。"（《观堂集林二》）。像王氏那样的精于文字训诂，尚且不能尽通古语，旁人就更不足道了。不过，这三大难关的解决，到语言文字学发达成熟之后，也可以完全成功的。

（二）治史（研究中国历史学，考古学等）

一个治学的人当然得通晓文字，而治史的人尤应如此。古史渺远，记载不详，自须依赖记载以外的材料，如地下发现的陶器石器铜器等都可供后人参证。文字是人类思想的表现，于社会实况的探索更为重要。如《说文》："妇，服也，从女持帚洒扫也"；"婚，妇家也，礼娶妇以昏时……故曰婚"。又如人字作𠂉𠂉，是席地为商周古俗。为字是以手服象之状，是象在古时会供人使用，其他如耒田者为男，敛手跽伏者为女。凡此种种，无一不与社会制度、文化礼俗、宗教道德有关。而甲骨钟鼎上之文字，于古史考索之关系尤大。宋以来，殷周铜器，出土日多，其有铭辞者已在三四千具以上，铭辞之长，有及四五百字者，如小盂鼎、毛公鼎，皆其著者。说者每谓可抵《尚书》一篇，然除少数伪器外，一字一句，皆古人的真迹，其史料之价值，较今文《尚书》之简册错乱，文辞讹夺，其可贵之处殆不可以道里计。至清光绪时，河南安阳又掘出了大批的甲骨，据许多学者的证明，确为殷庚迁殷以后至帝乙时物，于三千余年后，得见殷太卜手泽所及之契龟卜辞，其于殷商史献之贡献，是如何的重大。王国维说："光宣之间，我国新出之史料凡四：一曰殷虚之甲骨，二曰汉晋之简牍，三曰六朝唐五代之卷轴，而内阁大库之元明及国朝文书，实居其四。"（《库书楼记》）此四者中，尤以甲骨为可贵。不但可以订正许氏，而与殷周

金文相印证，且可考索古史。王国维所著之《殷卜辞中所见先公先王考》
及《续考》《殷周制度论》《古史新证》等书，于殷之先公先王，政治文
物，研讨很详。例如王亥一名，不见于《殷本纪》及《三代世表》，而甲
骨中有之，可补史乘之遗佚。又如王恒为殷世先祖，惟见于《楚辞·天
问》，经王氏考定，知王亥与上甲微的中间，实有王恒一世。因此，那
《世本》《史记》所不载的史料，《山海经》《竹书纪年》所不详的记载，
而今于《卜辞》得之，《天问》之辞，千古不能通者，而今亦由卜辞通之。
这真是令人拍案称快的事。然而试问王氏何以能此而他人不能呢？罗振玉
序《观堂集林》说："君撰《殷卜辞所见先公先王考》及《殷周制度论》，
义据精深，方法缜密，极考证家之能事。而于周代立制之源，及成王周公
所以治天下之意，言之尤为真切，自来说诸经大义，未有如此之贯串者。
盖君之学实由文字声韵以考古代之制度文物，并其立制之所以然。其术在
由博以返约，由疑而得信，务在不悖不惑，当于理而止。"可见王氏小学
之精髓了。其他就甲骨金文，以考殷周古代社会、史地文化、宗教礼制
者，所在多有，不胜枚举。

（三）建设语学（研究语言学、语音学、声韵学、训诂学、文法学等）

汉语学的建立，是受了西方语学影响以后的事，过去的中国语言学虽
没有成熟的系统，可是已有了粗疏的骨干。而且中国语学的萌芽，实比西
洋为早，如《尔雅》《方言》《释名》及《说文》诸书，时代很古，不过
他们单为考校名物的异同，推究文字形体音义的变迁，只可供给古代语言
研究上一部分的材料。汉后，佛教传入，梵文的文法、音韵，随之输入中
国，而学习的人，拿他做一种谈经论道的辅助，虽然促进了中国音韵学的
进步，可是一般学者的心力，只注重文字音读的变迁，忽略了语言实际的
现象。清代的经学家考证古音，研究字义，也不过是作校读古书的工具，
和语学相距尚远；但如《释大》《叠韵转语》（王念孙），及《果蠃转语
记》（程瑶田）等著作，确已进到语言学的范围了。可惜缺乏新的语学眼
光，被"经学"所拘制，不能独立演为法则，自成系统，具有理论的贯
串。今后应继往开来，发挥充实，建设科学的中国语言学！近来研究语言

学的人，常不注意文字学；而研究文字学的人，又往往忽略了西方语学的理论，这是极大的错误。因为语源的研讨，有赖于文字之存留，而文字之推求，亦赖于语言的互证；其实语言文字在后来已成了一件东西的两面，自无须使之分离，何况汉字非系纯音标而是衍形的呢。那么，汉语学的建立，非有赖于文字学的研究不可。瑞典汉学家高本汉的《中国语言学研究》，近人批评他说："然其中亦不能谓全无可商之点，其最甚者，莫如对于文字方面之意见。高君对于我族文字之认识，固已胜于已往。J. Edkins、L. Weiger 诸人，然终不如其对于语音之莹彻。……至于凭借文字推求语原，在原则上自亦可以接受，然高君须知汉字之真相，并不如其想象中之简单而明显。自甲骨刻辞以至说文所录，皆高君所宝之古文也。而其性质即已繁复，有最古之 Pictographs，有较晚之 Ideagraphs，更有二者与 Phono-graphs 之合体，其递嬗迁衍之迹，已有先难为言者。如甲文戈多从丫，非声符也，其后乃讹变而为才声；行必作屮，非合体也，其后乃讹变而为彳亍。此其所以改变之由来既未明，则语义之层序即难索。而甲骨刻辞之在今日，其明白可仞者又极有限，彼沾沾自矜为定论者，固皆去事实千万里也。《说文》虽尽人所习，而二徐传本既有异同，各家增损，尤极错杂，往往一单位之出入，所关于语源之解释者至钜，而言之多未为定论。"（贺昌群译高书前闻宥序）但是高氏在《中国音韵学》一书里，对于我国学术上的贡献，恐怕是任何人都首肯的。此外如声韵学、训诂学、文法学，也都是语言的一方面，要想研究古代语言的语音语义及语法，只有靠着文字的记录了，所以要研究古代的汉语学，是必先从文字学着手不可。

（四）改革汉字

自清末以来，国势凌替，民智低下，一般人想推进中国的文化，普及国民教育，于是引起了改革文字的运动。虽然有人还在大肆反对，但是我们看到文字史上的几次大变革，由甲骨金文，而籀篆，而隶楷，那么再演为将来的新文字，也是意料中的事。改革的途径有三个：一个主张就原有汉字，减少笔画，创造一种以形为主的"简体字"（亦称简字）。这叫做"汉字改良"。第二个主张于汉字之旁，加上"注音符号"，渐渐地再取而代之。这叫做"汉字改换"。第三个主张根本废弃偏重字形的汉字，代以音标"国语罗马字"。这叫做"汉字改革"。事实上，简体字只是一种自然趋势，从古代到现在，历代的老百姓都有他们的简字，不过文人学士认为他是破体，俗体罢了。这种改良于汉字的艰深难识，究竟也没有多少，反而增添种种麻烦，不如音标文字来得彻底直截。无论谁是谁非，然而任何改革文字的主张，必定是站在语言文字的立场，而后主张才有价值，才可成功，不然，只是闭门杜撰而已，例如只就注音符号的演进来说，有卢戆章、王照、劳乃宣等九人之假名式，有蔡锡勇等九人之速记式，有吴稚晖、章炳麟之篆文式，有美人传教师李莿雅之草书式，有杨琼等四人之象数式，有左赞平等五人之音义式，其他尚有八九种，前后不下四十人。吴稚晖说："读音统一会开会的时节，征集及调查来的音符，有西洋字母的、偏旁的、缩写的、图画的，各种花样都有。而且都具匠心，或依据经典，依据韵学，依据万国发音学，依据科学，无非个个想做仓颉，人人自算佉卢，终着意在音字。"（《三十五年来之音符运动》）现在通行的注音符号，便是根据章炳麟的篆文式而加以变更者。至于韵母声母的数目应该有多少，更非精通中国语言声韵的人所不能知了。

以上所举五端，皆荦荦大者。然而最要者还在读书治学，而终极于语学的建立。至于什么《康熙字典》，什么《字学举隅》，对于文字的一点一画，一挑一剔，都分别得很清楚，这样写是正体，那样写是俗体，猖猖不休，倒行逆施，其实他们全不识古字，不明文字演进的历史，这不能算作"文字学"，连"实用的"也不配，就是一般文字学家的著作里，认为不合六书的俗字，都在排斥不用之列，也有些太过。最好能像颜之推的态度也就可以了。他说："吾昔初看《说文》，蚩薄世字，从正则惧人不识，随俗则意嫌其非，略是不得下笔也。所见渐广，更知通变，救前之执，将欲半焉，若文章著述，犹择微相影响者行之；官曹文书，世间尺牍，幸不违俗也。"（《家训书证篇》）。许慎著《说文》，在说解中本来是不废今字的，我们又何必以古字奇文去傲人呢？

本节参考书举要：

（1）沈兼士《文字形义学》上篇一《叙说》论《研究文字形义学的三种目的》，（一）

研究中国古代哲学文学等书，（二）研究中国考古学历史学，（三）研究中国国语，文法等学。

（2）钱夏《小学讲义》二《论小学为一切学问之本》：（一）籀读古书，（二）撰作诗文，（三）统一语言，（四）迻译两籍。

（3）又钱夏《文字学总论》。

第四节　文字学的方法

研究文字学，应该与其他的科学研究一样，中国文字学在我们手里，应该和生物学一样看待，分析个体，归纳全部，考察他们的兴衰生死及变化，以及和语言的关系，然后才能真正把握住文字的精髓。这里在未说方法以前，先谈一下研究的大方针。过去清代学者研究古学有三个大缺点，小学是古学的一种，自然也具有这三大缺点：

（1）研究的范围太狭窄了——古韵的研究，古词典的研究，古书旧注的研究，子书的研究，都不是为这些材料的本身价值而研究的。一切古学都只是经学的丫头！况且在这个狭小的范围里——经学，还有许多更狭小的门户界限，有汉学和宋学的分家，有今文和古文的分家。专攻本是学术进步的一个条件，但清儒狭小研究的范围，却不是没有成见的分工。他们脱不了儒书一尊的成见，脱不了汉儒去古未远的成见，故用全力去治经学，迷信汉人而排除晚代的学者。他们不知道材料固是愈古愈可信，而见解则后人往往胜过前人，结果落到西汉的圈子里。这是清儒不能大发展的一个绝大原因。三五部古书，无论怎样绞来挤去，只有那点精华和糟粕。现在我们要脱离经学的羁勒，打破门户的成见，使语言文字学独立成为一门科学。

（2）太注重了功力而忽略了理解——学问的进步有两个重要方面：一是材料的积聚与剖解，一是材料的组织与贯通。前者须靠精勤与功力，后者全靠综合的理解。清儒有鉴于宋明学者专靠理解的危险，所以努力做朴实的功力而力避主观的见解。这三百年之中，几乎只有经师而无思想家，只有校史者而无史家，只有校注而无著作，章学诚生当乾隆时大声疾呼说："近日学者风气，徵实太多，发挥太少，有如蚕食叶而不能抽丝。"

（《与汪辉祖书》）又说："今之博雅君子，疲精劳神于经传子史，而终身无得于学者，正坐……误执求知之功力，以为学即在是尔。学与功力实相似而不同。学不可以骤几，人当致攻乎功力则可耳。指功力以为学，是犹指秫黍以为酒也。"（《文史通义博约篇》）这把清儒的通病说得最中肯切。大概也是时代所使然吧。

（3）缺乏参考比较的材料——他们排斥异端，只向那几部儒书里兜圈子，兜来兜去，始终脱不了一个"陋"字。打破这个"陋"字，只有旁搜博采，多寻参考比较的材料。有了这种材料，就像一个近视眼的人戴上近视眼镜一样，从前看不见的，现在都看见了，从前不明白的，现在都明白了。宋明的理学家所以富于理解，全因为在六朝唐以后佛家与道士的学说弥漫空气中，宋明的理学家全都受了他们的影响，用他们的学说作一种参考比较的资料。所以说："胸中先有问题，眼下才有材料。"一种新的眼光的养成是很需要的。

我们借鉴于先辈学者的成功与失败，然后可以决定现在研究的方针：

（1）扩大研究的范围——要扩充文字学的领域，须先打破一切的门户成见，拿历史的眼光来整统一切。固然上下三四千年的过去文化，其中有精华，也就有渣滓，但是若不了解国渣，如何懂得国粹？所谓历史眼光，就是寻源溯流，认清时代的关系，《说文》固然在文字学上占有重要的位置，可是一部荒谬不经的《字说》也应该给他个历史上的地位。唐以前字旨之学，传授不一，《三苍》仍有相当势力，《说文》尚未独尊。自唐宋以后，始定于一，现在如果仍死守一部《说文》而鄙弃其他的材料，以为俚俗不足道，情伪不可知，那就是故步自封，限于陋的境地了。所以无论是"《苍》学"，无论是"《雅》学"，都与"许学"有同样的价值。宋人的《六书略》与汉人的《说文》，也有同等的重要。释家的等韵与隋唐的切韵，并无丝毫的轩轾，反而有些后来居上呢。在历史的眼光里，上自高文典册之钜，下至一字半语之微；无论是正统也好，无论是旁门也好，他们的价值是一样的。都足供我们的研究。我们必须以汉还汉，以魏晋还魏晋，以唐还唐，以宋还宋，以明还明，以清还清，各还他一个本来面目，然后评判各代各家各人的是非，这样才不诬古人，不误今人，一宗一派，一人一家，绝不能代表整个过去的历史。

（2）注意系统的整理——学问的进步，不单靠材料的积聚，还得有系统的整理。有索引式的整理，然后古书才人人能用。有结账式的整理，然后古书才人人能读。这样方可节省有用的才力与精力，用到旁的方面去，不至被翻检记忆之劳先销磨了精力的大半。例如一部《说文》，是最无组织上的条理系统，向来的学者差不多全靠记忆的苦功夫，方才能用他，但是这种苦工是不经济的，有了一个检字索引如《说文通检》或《说文易检》之类，就省去许多无谓的时间与精力了。阮元得势的时候，集合许多学者合力做了一部《经籍纂诂》，然后才能"展一韵而众字毕备，检一字而诸训皆存，寻一训而原书可识"（王引之《序》）。至于结账的用处有两层：一是把已经不成问题的部分整理出来交给社会，二是把那不能解决的部分特别提出来，引起学者的注意和研究。一面结束过去的成绩，一面预备将来的努力新方向。清人研究《说文》的书，据马叙伦《清人所著说文之部书目》一文中的统计，已有三百六十六种之多（又附录廿五种），此外尚有遗漏未收者，假如想知道某一字的诸家解说意见，恐怕非遍查四百部书不可。可是有一种汇集比次众说的书如《说文解字诂林》之类，就可展卷毕备，与《纂诂》前后媲美了。经过上面这两种预备的工作，然后才能归宿到专史式的整理上面。中国语言文字史，应该是中国文化史中的一项。而"语言文字学史"也是研究语文者所必知。我们可采取分工合作的办法，每人专攻一个子目，如文字学可分为形、音、义三大类，又可分时代，分地域，分一家，分一派，然后再结合起来成为这一方面的专史。

（3）博采参考比较的资料——一切的现象都不是孤立的，非互相参考比较，不能彻底了解。譬如"在河之洲"的"之"字，《经传释词》说"言之闲也"，说来说去，总不好明白，现在知道了西洋文法学上的术语，说它是"介词"，比"闲也"明白多了。又如用广东音可以考《侵覃》各韵的古音，可以考古代入声各韵的区别。近时西洋汉学者高本汉，用梵文原本来对照汉文译音的文字，很可以帮助解决古音学上的许多困难问题。不但如此，日本、朝鲜、安南的语言里，都保存有中国的古音，可以供我们的参考比较。西藏文自唐以来，音读虽变了，而文字的拼法不曾变，更可以供我们的参考。例如《说文》里的"臚"字，重文为"膚"，两个字的音读在中古时代，一为"Liwo"，一为"Piu"。自来久不得其解，然一检藏语之"Skin"，读为"Plags"，则此两单位之成立，正为复补音离散以后之现象（闻宥说，见《中国语言学研究序》）。至于西方语言学的理论，更是我们应该接受的。例如明白了西方语言学的通则以后，就可以知道章氏的《成均图》及对转旁转之说的不科学了。明白了语言上的时地限制，就可以知道清人古韵研究之笼统疏汎了。

研究的方针既已确定了，那么，就应该进而讨论方法了。研究文字学的方法，应该是科学的。中国旧有的学术，只有清代的"朴学"确有科学的精神。他们用的方法的根本观念可以分开来说：

（1）研究古书，并不是不许人有独立的见解，但是每立一种新见解，必须有物观的证据。

（2）汉学家的证据完全是例证，例证就是举例为证。

（3）举例作证是归纳的方法。举的例不多，便是类推的证法。举的例多了，便是正当的归纳法。类推与归纳，不过是程度的区别，其实他们的性质是根本相同的。

（4）汉学家的归纳手续不是完全被动的，是很能用假设的。他们所以能举例作证，正因为他们观察了一些个体的例之后，脑中先已有了一种假设的通则，然后用这通则所包涵的例来证同类的例。他们实际上是用个体的例来证个体的例，精神上实在是把这些个体的例所代表的通则演绎出来。故他们的方法是归纳和演绎同时并用的科学方法。例如唐明皇乙夜观书，每读《尚书洪范》"无偏无颇，遵王之义"，三复兹句，常有所疑，觉得下文并皆协韵，何以惟"颇"一字不伦而不协韵，于是下敕宜改"颇"为"陂"，使与"义"字协韵。清初顾炎武研究古音，才根据这条例子先假设"义"字古音读如"我"，又归纳《易象传》的例、《礼记表记》的例，证明"义"字本读为"我"，然后知道"义"字与"颇"字古音本协（见《音学五书》首附录《答李子德书》），不烦改经就己了。而且还可知道其他"义"字的古音也是如此。又如陈第作《毛诗古音考》，考"服"字古音"逼"，共举出本证十四条，旁证十条。顾炎武作《诗本音》，于"服"字下举出本证十七条，旁证十五条，于《唐韵正》中又举出一百六十条。这都是先由一两条的例引起疑问和假设，然后再搜求例证，证明假说的成立。

所以说：假设和证验都是科学方法所不可少的主要分子，科学方法不单是归纳法，是演绎和归纳相互为用的。时而由个体事物到全称的通则，时而由全称的假设到个体的事实，忽而归纳，忽而演绎，忽而又归纳。都是不可少的。总括起来，他们用的方法，只是两点：（1）大胆的假设；（2）小心的求证。然后才能有新发明，才能使人赞服。

除去上述（1）归纳的研究，（2）证据的注意以外，还得有（3）历史的眼光，（4）工具的发明。所谓历史眼光，是无论一字之微，一派之巨，都得寻源溯流，认清时代，一字有一字的历史，一派一家有一派一家的时代背景。前后因革损益，一切都是向前演变的：字形因时代而有古籀篆隶楷草的不同，字音因古今南北而有方俗的转变，字义因音变而亦有变易或不变。所谓工具发明者，任何一种学问都不是孤立的，文字学与其他科学亦有关系，如校勘学、考古学、社会学、历史学、语言学、语音学、声韵学、训诂学、文法学等等，都是文字学者所不可不知的，王国维说：

> 自周初迄今，垂三千年，其迄秦汉，亦且千年。此千年中文字之变化，脉络不可尽寻，故古器文字有不可尽识者势也。古代文字，假借至多；自周至汉，音亦屡变。假借之字，不能一一求其本字，故古器文义有不可强通者，亦势也。……谓其字之不可识，义之不可通，而遂置之者亦非也。文无古今，未有不文从字顺者。今日通行文字，人人能读之，能解之。《诗》《书》彝器，亦古之通行文字，今日所以难读者，由今人之知古代不如知现代之深故也。苟考之史事与制度文物以知其时代之情状，本之《诗》《书》以求其文字之义例，考之古音以通其义之假借，参之彝器以验其文字之变化，由此而之彼，即甲以推乙，则于字之不可释，义之不可通者，必间有获焉。（《毛公鼎考释序》）

可知认识一字并不是容易的事情。认识古文字的方法，在唐兰的《古文字学导论》里说得很详细，有比较法、推勘法、偏旁分析法、历史考证法等，都有细密的规律可循，已经达到科学的研究境地了，文长不便征引。

字义的解释，大抵可分为三部：（一）本义，凡文字都有本义，就是最初写这个字时候所表示的意义，这是属于文字学的。（二）语义，没有适当的文字形式（本字）可以代表语言的时候，就取同音的借字来代表，所表的意义和字形无关，这是属于语言学的，语言文字本是一回事，也可以说是属于文字学的。（三）词义，因语言的分化和文学的兴起，在意义相同的词里，又生出许多区别。就是同一个词，因语境的不同，也生出不同的意象，这是属于文法学和修辞学的，其实亦是语言的范围。研究本义，象形象事象意可由其图形上看出所象的事物，形声可由其所从之形旁上知道所属的义类，由声旁上知道他的语原。研究借义，可由其借时的声音上知道他的语义。至于词义则非由整个的语言组织上着眼不可。中国文字中形声占十之八九，而借字又到处都是，所以必定以音韵为中心，站在语言的立场来研究文字学，然后才能把握住文字的真精神。

关于文字本义的解释，需要许多考证：（一）字形方面，应找出最古的形式，其演变或错误为今形应有详细可信的理由。（二）字音方面，应有证据。有本字虽失本义，但尚保存在所孳乳的谐声字里；或本字被借为别义，而本义却又另造别字。例如："天"字金文作天，甲骨文作🧍，象人形而特指其颠，《说文云》："天，颠也。"又如"父"字古作🪓，象手持石斧形，今"父"之本义虽失，还可从其孳乳字里找出来。又如西字本作🔲，《说文》："西读若三年導服之導"，"導"即"襌"之假，是西即后起之簟字，《广雅》云"西席也"可证。西之本义虽失，可从其音上知簟为西之后起本字。至于打破形体的拘束，就音以求义，引申触类，贯串会通，究其演变分化孳乳之迹，明瞭何者为语根，何者为语族，前人能此者尚少，唯王念孙的《释大》，程瑶田的《果臝转语记》，章太炎的《文始》，可以当之无愧！此外，关于六书每一"书"的详细研究方法，在第四章的六书分论里再仔细讨论，这里不必再空泛的列举了。

方法固然不可不讲求，但材料也得留意。同样的材料，无方法便无成绩。反言之，同样的方法，用在不相同的材料上，成绩也便有绝大的不同。从戴东原到章太炎，从《说文解字注》到《文始》，方法虽是科学的，材料却始终是文字的。换言之，只是在故纸堆里兜圈子而已。汉朝的扬子云，是一个"少不师章句，亦于五经之训所不解"的人，居然能知道"常把三寸弱翰，赍油素四尺，以问其异语，归即以铅摘次之於椠，二十七岁于今矣"，终究成功了一部空前的著作——《方言》。他这样以实地调查所得的口头活材料，作为五经《尔雅》训诂的证验，实是一个新途径。高本汉研究《切韵》，把二百零六韵的古音弄得清清楚楚，发明之大，远胜于古今中外过去的学者。他何以能如此？因为他有西洋的语音学原理作工具，又充分运用中国方言的材料，以广东话作底子，以日语的汉音吴音作参证，所以他几年的成绩便可推倒顾炎武以来三百年的成绩。近年来在安阳发现的甲骨文，在文字学上的贡献，可以推倒许慎以来二千年的《说文》学。假若没有新材料，新见解就很难产生。所以在材料方面，不但看重过去的书本记载，还要去实地调查口头上的活材料，发掘地下的真材料。许叔重虽提过鼎彝上的文字，可惜他并未用过，大概是眼中只有六经的拘束。

材料大致可分为两大类：（一）古书里的材料，如历代的小学书以及当时活语言的记载。（二）古器物铭刻里的材料，如甲骨、钟鼎、石刻、货布、玺印、陶器等。有了材料，而材料的搜集和整理，以及辨别真伪，也都需要专门的知识。辑集材料的方法，过去有两种：（一）是原料的搜集，把有文字的器物聚在一起，态度是客观的。（二）是经过整理的工作，以文字为主体去分类编集，态度是主观的。事实上客观里也常有主观在，两者的关系是几乎不可分的。不过搜集材料和编辑字书两种工作，最重要的是应该注意时代和地域的区别，然后才有贯串的系统，才不至凌乱无序而不能利用。这会与研究者以莫大的方便的。

总起来说，学问要想进步，下面四个条件是必须注意的。

（1）直接研究材料。

（2）扩大研究的范围。

（3）扩充研究的工具。

（4）注意研究的方法。

本节参考书举要：

（1）胡适《国学季刊发刊宣言》。（《文存》二集卷一）

（2）又胡适《几个反理学的思想家》二顾炎武的科学治学方法（《文存》三集卷二、

一一六页）

（3）又胡适《治学的方法与材料》。（《文存》三集卷二）

（4）沈兼士《文字形义学》上篇一《叙说》，论研究文字形义学的方法，可分作四层：
（一）声韵学之预备。（二）文字形义学材料之选定。（三）整理材料的方法。
（四）研究的精神：（甲）独立，（乙）祛妄，（丙）实验。

（5）钱夏《小学讲义》四《论治小学当先音而后形义》。

（6）容庚《中国文字学行篇》第一章《叙说》第三节《研究之方法》，列举确定之文
字演变程序之规律八条：一在探究字源之先，宜确定一字之最古形式及意义，并
注意其年代。二比较甲乙二字，其愈近于图画者愈古。三比较甲乙二字，其独体
之字较合体之字为古。四甲乙二形声字，可从其得声之文而定其先后。五同训而
异名者，宜考察其历史及地理之关系。六同一声母或韵母之字，宜考察其辗转引
申之义。七形声之字，宜并考察其声中所含之义。八凡一种解释，只能适用于一
字而不能适用于与之有相关之字者，不宜采用。

（7）唐兰《古文字学导论》下册。

第二章　文字的起源

第一节　语言和文字

依照人类的进化程序，大都是先有语言而后有文字。人类自有团体生活起，即有语言，恐怕比文字要早到很多年。普通人谈到文字，多以为文字生来就是语言的记号，是附属于语言而跟着语言变动的东西。《书序正义》说："言者意之声，书者言之记。"这就现在的音符文字而论，事实确是如此，而且在象意象形文字时代，也与事实相符。但若追源溯流，从现代的形声文字而象意文字，而象形文字，再到最古的图画文字，我们便明白文字与语言，在起初并非一而二，二而一之物。他们在表达思想的作用上，是平行并列的而非相合一致的。用听觉所得之意象为语言，其媒介为声音；用视觉所得的意象为文字，其媒介为图形。决非文字本来就是语言的记号，二者的结合乃是后来的事情。

原人未发明语言之先，亦用本身的器官——手足头口眉眼之类的姿态，装腔作势，用为表达思想的工具。例如搔首踟蹰，俯首默许，摆手不行，招手使来，以至捶胸顿足，努嘴切齿，无一姿势动作不可以代替语言。所以古人诗词中常有"眉语"的话，而史乘上又有"眼语"的记载，教育聋哑的人便有"手语"的创立。因此苏东坡就说海外有"形语"之国，口不能言而相喻以形，这或许是根据哑巴说话而想像，但现在的野蛮民族，仍有用姿势来作表情达意之具的，北美士人及南非之布西曼人（Bushmen）便是。但这种姿势语是诉之于视觉的，常受环境的限制，同一姿势在不同的情境下即代表不同的意义。如遇有障碍物的阻隔，或在黑暗的夜里，姿势语即失其作用；而且姿势变化有限，不如语言之变化无穷，运用上也笨重笼统，不如语言之轻易分明，于是人类便采用语言作为互相交通意思的主要工具了。

语言是什么？关于语言的定义，许多语言学者说法不一。不过我们可简要的从语言的本质、功用及特性三方面说一说：语言的本质，可以分为内外两面，思想是他的内容，声音做他的外貌。这音义间的联系——以某音代表某物的约定，虽然间有模仿自然界之声音及精神感应发音等现象，但大部都是纯粹的偶然武断，并无丝毫必然因果的关系，所以语言有集团民族的不同。又因为音义是随时随地都会演变的，所以又有古今语及方言的分别。这样看来：语言是适应共同劳动生活的一种产物，人类利用本身发音器的声音变化，配置结合，作为人与人交通思想感情的符号。其目的在表达说者之情意，影响及唤起听者的行为。

兹为明晰起见，可列如下表：

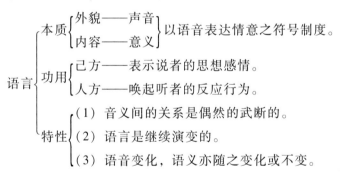

语言的起源，有种种分歧的说法：

（1）神力说——神为人类造的。

（2）人造说——古时有个聪明人发明创造的。

（3）态势说——先有态势语而声音辅之，后来语言又代替了态势。

（4）叹词说——人类的声音，原始只有叹词。

（5）刺激说——外界刺激呼吸器官发生的反应行为便是声音。

（6）模仿说——人类模仿事物的声音以为事物的名称。

（7）经验说——人类的经验，把外界事物总括分类，每类事物再用声音表示出来。

（8）劳动说——由于共同劳动的需要，用声音来整齐动作。

以上八种说法，除第一、第二两种有些荒唐外，余皆有片面的理由，不过也都是以今测古，大半是一种推理的想像。这种猜谜式的探讨，与文字无大关系，故略而不论。

口头语言虽较姿势语效用广大，而且也不妨害手足的操作，但是语言也有时间和空间的限制，因为声音的效用，过而不留（现在有了留声机是例外），不能及于久远，传于异时异地之人；而且社会进化，人事增繁，人类经验亦随之发达，一切事物不能单靠口头的传述，直接的记忆，于是便于耳治的语言之外，想出种种记事的方法，利用外界事物作为目治的标志，以补救这种耳治的缺陷。这里面最主要的一种方法，便是文字。

文字的前身原为图画，这个问题到下节再为详细讨论。这里要注意的是文字与语言间的关系。

从古代到近代的文字，约略可分作四期：

（1）史前期——与文字有同等功用的记认工具：结绳、刻契、图画等。

（2）原始期——由绘画到图画文字。

（3）上古期——由象形到象意文字。

（4）近古期——形声文字的发达。

史前期的记认工具，根本不算文字。由绘画到象形文字的中间过渡时期，还有些图画文字，这种繁复的写意图形，与语言尚未连合。就是象形和象意文字，也多是直接表意，与语言也并未完全密合。一直到形声文字时代，文字才投降了语言，跟着语言跑。因为它已成为语音的记录符号了，所以这时的表意是间接由音声上传达的。换言之，从前是义存于字形，现在是义寄于字音了。语文分合的几个阶段可列如下表：

文字原是诉诸视觉的帮助记忆和表意的记号，从记认的记号，表意的图形，直到象形、象意文字，都是视觉方面目治的衍形文字，直接以形表意，不与语言连合，他的表音作用不过是附带为之罢了。等到与语言结合起来，就完全改变了本来面目，而成为诉诸听觉的语音符号，直接以形表音，表意反成了间接的从语言声音上而发生的作用，完全是耳治的衍音文字了。

陈澧说："盖天下事物之象，人目见之，则心有意，意欲达之，则口有声。意者象乎事物而构之者也，声者象乎意而宣之者也。声不能传于异地，留于异时，于是乎书之为文字。文字者，所以为意与声之迹也。"（《东塾读书记》）

这"意与声之迹"的话，恰好说明了文字的功用。为了明晰起见，它们的表意历程可对照列表如下：

（1）语言表意的历程：

说者→意思→声音意象→发音 ┐
　　　　　　　　　　　　　　声音
听者←意思←声音意象←听音 ┘

（2）图象文字表意的历程（未与语言结合之前）：

写者→意思→事物形状→画图 ┐
　　　　　　　　　　　　　　图形
看者←意思←事物形状←看图 ┘

（3）符号文字表意的历程（既与语言结合之后）：

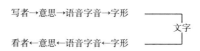

写者→意思→语音字音→字形 ┐
　　　　　　　　　　　　　　文字
看者←意思←语音字音←字形 ┘

普通都认为文字具有三要素：形、音、义是也。"形"为文字所独具，"音""义"乃文字语言所共有。但这只是语文既结合之后才如此的，在未结合时原是不可诵读的。

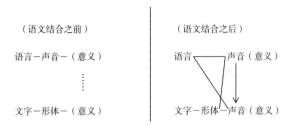

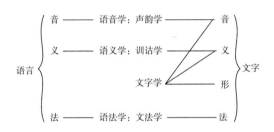

观上列数表，文字和语言的种种关系，便可一目了然了。

有人以为中国语是单音缀语，是孤立语，有如何之语言，则必有如何之文字，孤立语一音多义，故非象形文字不便；而其他各国之屈折语及接合语，一义多音，故非标音文字不便。且从而断言曰：中国之语言不变，其文字难变也。这种说法实在是不明白我国语言之特质，而昧于文字演进之大势。

谬拉（Müller）谓我国语果为单节与否尚不可知，即今为单节而从前曾为多节与否，抑将来能为单节与否，皆属疑问（见胡以鲁《国语学草创》引）。他这种疑问，确有道理。一般人认为单音节语的缘故，是上了现在一字一音的当。古时的汉字音节，是有辅音群的，不但字尾的辅音较现在的方言中为多，而且还有现在方言中所已经失去了的字首辅音。后来这种辅音群渐渐分化变简而成为单音，字尾辅音也多半消失，继之而起的是词汇中增加了许多复音词，如"国"为"国家"，"扰"为"扰乱"，"依"为"猗傩"之类。这能说是单音节吗？何况古今语言里还有许多文法上的附加成分呢。

至于中国语之是否孤立语，胡以鲁在《国语学草创》里辩论得很详细，他说："取语词而观，诚哉其似无机物；然此非仅吾国语如是，大抵语言然也。论语言之发达，岂可但以语词为根据？语词生存于句中，惟在句中方为有机之关系，而亦不得不有机者也。一切语言表思想于语句，皆有一定之机制，语词之于语句犹元素分子之于有机化合体，不成其为孤立也。吾国语亦有如三段分类法所谓屈折所谓附添者。纵语有孤立，吾国语亦非是类。况孤立之名，非语言学理之所取乎？吾国语语词分立时得保其独立，加入于句之化合体联合而尽其职者也。"又说："个个语词各有独立之意义，实词更完全摄有之。且其内容如立体然，得多方指示，而区别之准，厥惟位置。位置之配赋又自由自在，不失独立，无所屈折，但就习用之法则配置之，即瞭然矣。盖语言形式固不惟音而已，位置前后关系亦形式之一也。"

中国语既非单音，亦非孤立。那么，文字是否受语言的影响，方块字是否便于记录语言，恐怕都无庸词费了。

本节参考书举要：

(1) 沈兼士《文字形义学》上篇二《文字之起源及其形式和作用》，论文字不纯由语言所产出的两个证据：

 （甲）绘画之发生，与语言之发生，系并行的而非相生的。文字之形式，直接与绘画成为一个系统，证之于埃及的文字画，巴比伦亚叙利亚的楔形文字，中国古代钟鼎款识中留存之图案化的文字画，及六书中之象形文字，莫不皆然，这是文字不纯由语言所产出的一个证据。

 （乙）倘使文字仅为描写语言的声音而作，则音符的文字应该发生于意符的文字之先。然考诸世界文字，音字都是由意字变化成功的。这也是文字不纯由语言所产出的一个证据。

(2) E. Sapir：Language. （1921）Chapter Ⅰ. L. R. Palmer：An Introduction to Modern Linguistics. （1936）. Chapter Ⅰ.

第二节　结绳刻契和八卦

语言既不便于记忆，于是乎发明了文字。但与图画同时而作为记认工具的东西，还有很多。大概在未有文字的时候，凡关于个人或一族之大事及经验等，都赖谣谚、标识、绘画等以传之。传说谣谚，是语言方面的事。而标识绘画，则有赖于外物。标识为文字的先驱，绘画乃文字的前身。说者多以为标识在前，绘画次之，而文字又在其后，大体上是不错的。然其中的错综参差，也未尝没有，依据进化程序看来，标识和绘画也许同时并有的。现在就其方法及工具的不同，可列如下表：

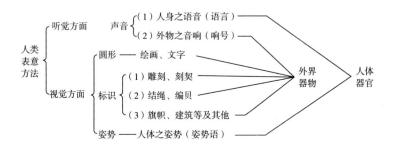

我国古代所用的标识之实迹，地下材料的发掘尚无多发现，今只就结绳和刻契的传说述之如下。

（一）结绳

结绳的起源很古，大概在包牺氏时代已经就很盛行了。

《易·系辞下》："上古结绳而治，后世圣人易之以书契，百官以治，万民以察。盖取诸夬。"这里只说上古，未言明确出何代。但我们按上下全文看来，《系辞》作者的心目中是有大概的指定的。这一章共说了十三件事物的创造，或言包牺，或言神农，或言黄帝尧舜，或言后世圣人，发明的事物及时代，照全文列作下表：

包牺：八卦、罔罟

神农：耜耒、（市）

黄帝、尧舜：（尊卑）、舟楫、服牛乘马、重门击柝、杵臼、弧矢

（上古：穴居野处）——后世圣人：宫室

（古：衣薪野葬）——后世圣人：棺椁

（上古：结绳而治）——后世圣人：书契

这"后世圣人"究竟在什么时代？《易正义》以为都是黄帝至尧舜时的事，因上黄帝一句直贯下文，故云："自此以下凡有九事，皆黄帝尧舜

取易卦以制象。后世圣人既指黄帝以后，那么，上古当然指黄帝以前了。"再看《系辞下》又说："（包牺）作结绳而为罔罟，以佃以渔。"（《说文》网字下同）可见结绳记事的背景与渔猎社会的结绳佃渔很有密切的关系。不仅包牺时代结绳而治，其他部落亦相效用，直到神农黄帝时仍沿用不辍。《庄子·胠箧篇》上说：

> 昔者容成氏、大庭氏、伯皇氏、中央氏、栗陆氏、骊畜氏、轩辕氏、赫胥氏、尊庐氏、祝融氏、伏羲氏、神农氏，当是时也，民结绳而用之。

容成氏即庸成氏，《穆天子传》说："群玉之山，庸成氏之所守。"（《淮南修务训》云："容成造历。"注云："黄帝臣。"）大庭氏亦见于《左传》，昭十八年《传》曰："宋卫陈郑皆火，梓慎登大庭氏之库以望之。"旧说皆云："炎帝号神农氏，一曰大庭氏。"服虔云："大庭氏古亡国之君，在黄帝前。"这十二氏中也许有两名重复及前后错出的地方，大概都是古时的部落酋长。可证上古结绳记事，不但时间上很长，而且地域上也很广泛。直到神农黄帝时仍然盛行不废。所以许慎就把结绳独归之神农，《说文序》中说：

> 古者包牺氏之王天下也……于是始作易八卦以垂宪象。及神农氏结绳为治而统其事，庶业其繁，饰伪萌生。黄帝之史仓颉，见鸟兽蹄迒之迹，知分理之可相别异也，初造书契。

这虽然把八卦归之包牺，结绳归之神农，书契归之黄帝之史仓颉，看来很有次序条理，但这种历史眼光并不见得合乎历史实际。所以段玉裁在注子里替许君补缺弥缝的说："谓自包牺以前及包牺及神农，皆结绳为治而统其事也。《系辞》曰：易之兴也，其于中古乎？虞曰：兴易者谓包牺也，包牺为中古，则包牺以前为上古，黄帝尧舜为后世圣人。按依虞说，则《传》云上古结绳而治者，神农以前皆是。云后世圣人易之以书契者谓黄帝。"

包牺氏是我国古代渔猎社会的代表。当时结网的技术究竟到如何程度，现在已不可考。不过就甲骨文里的狩猎工具看来，网多用于猎兽罗鸟，形式上的分别有二：一种是从四围圈窘的网，可以网兔，网麋鹿；一种是带柄罩捕的畢，可以畢豕、畢鸟。各随物性而施用。到《说文》里网部的凡网之属的字就很多了，鱼纲、鸟罗、兽罟，不下三十余文。结绳的起源在渔猎时代是不很错的，以后进化到农业社会虽已有了文字，而民间仍沿用不废，文字本来是贵族阶级的御用品。因此包牺神农的说法就不很一致了。

结绳的时代既明，进而论其结的方法。不过据现在所见到的记载，结法已经不可考了，虽有解说，多出测度。

郑玄说："事大，大结其绳；事小，小结其绳。"（《易正义》引）《周易正义》引郑注而案曰："义或然也。"或然者不定之辞，可见唐人已经有点怀疑其真实性了。《虞郑九家易》也说："古者无文字，其有誓约之事，事大大其绳，事小小其绳，结之多少，随物众寡，各执以相考，亦足以相治也。"（《周易集解》引）大小多少的花样，都是想当然耳。其功用在作誓约以助记忆。至后世野蛮民族中犹有用之者：

> 刘勰《文心雕龙·书记》篇说："契者，结也。上古纯质，结绳执契，今羌胡征数，负贩记缗，其遗风欤？"
>
> 朱熹说："结绳，今溪洞诸蛮犹有此俗。"（《图书集成》引）
>
> 严如煜《苗疆风俗考》："苗民不知文字，父子递传，以鼠牛马记年月，暗与历书合。有所控告，必倩土人代书。性善记，惧有忘，则结于绳。"
>
> 若林胜邦《涉史余录》："琉球所行之结绳，分指示及会意两类：凡物品交换，租税赋纳，用以计数者为指示类；使役人夫，防护田园，用以示意者则为会意类。其材料多用藤蔓草茎或木叶等。今其民尚有用此法者。"

至今俚俗叮嘱勿忘，犹有在带上打结的拙笨方法。绍兴一带的乡下人，碰到明天要作一件要紧的事，恐怕忘记时也常常说："裤带上打一个结！"内地促儿童记忆某事者，亦用此法。

秘鲁土人从前曾用一种最完全而进步的结绳方法：名为结子。凡人民的统计，土地的界域，各种族及兵卒的标号，命令的宣布，刑法的制定，以及死者的墓志，莫不用他。甚至由远省来的人，无论观风进贡或宣战等，必须带结子以为通告的符信。其法用一主绳，上系有定距离的各色绳子，在各色小绳上，因事情种类的不同，结子也就有分别。而且又用各种颜色代表各种事情，如红色代表军队，黄色表示黄金，白色指明白银及和平，绿色象征禾谷树木。又单结表十，双结表二十，重结为百，二重结为二百，其余数目类推。古秘鲁各城中皆有专门讲结子之官吏，名为"结子官"，他们对于讲解之技术很娴熟，差不多和学校的文字教师一样。现今秘鲁南方的印第安人尚有精通古代所遗留的结子者。此外其他美洲土人及非洲土人、澳洲土人、台湾生番，亦有用这种方法的。

不过，结绳之用虽近于文字，然终非文字，而且与文字之祖先——绘画，相去也很远。只在进化上有前后及功用相同的关系罢了。

过去研究文字学的人，不能实地去寻找结绳的材料，只在故纸堆里求消息，于是刘师培在他作的《中国文学教科书》及《小学发微》一文里，以为三代之时，以结绳合体之字，用为实词。以结绳独体之字，用为虚词。举凡圈点横直之形，皆结绳时代之独体字也。这种说法，实在可笑得很，《说文解字》里对文字的分析有时已经太过，如丨为"上下通"♦为主等类，虽嫌已甚，究属少数。至宋郑樵作《六书略》，汎流扬波，兴风作浪，又为《起一成文图》：

衡为一，从为丨。邪丨为丿，反丿为乀。至乀而穷。

折一为⌐，反⌐为⌐，转⌐为└，反└为⌐，至⌐而穷。

折一为⌐者侧也，有侧有正，正折为∧，转∧为∨，侧∨为＜，反＜为＞，至＞而穷。

一再折为⊓，转⊓为⊔，侧⊔为⊏，反⊏为⊐，至⊐而穷。

引一而绕合之，方则为▢，圆则为◯。至◯则环转无异势，一之道尽矣。

♦与一偶，一能生，♦不能生，以不可屈曲，又不可引，引则成丨。然♦与一偶，一能生而♦不能生，天地之道，阴阳之理也。

普通人都以为中国的文字是由波磔点横等最小的单位构成的。其实古人造字并不如此，愈古的文字愈近于图画而不可分析，何况一笔一画原来也并不是字。例如 ⟨ 字是 巛 巜 二形的简笔，本是水流的形状，并非从一正折，又倒侧而后才成功的。这些形体之间，根本是风马牛不相及的。而刘师培不明白古代文字的来源，硬附会为结绳之法，文字之源，其愚更较郑樵为荒唐可笑。

和结绳相似的几种记事方法，尚有编贝及贝带。其构造系用人造小珠或穿孔贝壳，在树皮织维、大麻、鹿皮条或鹿筋上，穿成各种花纹，两端用鹿筋或麻丝之类结之。这种花纹系代表本族历史、领土、个人财产、两族照约等之象形徽识，有时并作货币之用。从前印第安人中多用这种方法，现在犹可考见。在中国古代是否有此，旧无记载，亦没有实物可征。不过作货币及装饰用则有之。例如古文字的珏字作 𤤄，贝若干朋作 拜 或 𢑌，贯字作 𩵋，又作 𣃓（见《南宫中鼎》），象人头带贝串之形。至于以串贝作标识，则无可考。这种方法和上面说过的结绳颇有近似之处。

（二）刻契

结绳之外，古代尚有一种"刻契"，亦记事工具之一。"刻契"之时代约在结绳之后。

《易·系辞下》："上古结绳而治，后世圣人易之以书契。"

孔安国《尚书序》："古者伏羲氏之王天下也，始画八卦，造书契，以代结绳之政。"（《史记》补《三皇本纪》亦云："太昊伏羲氏造书契，以代结绳之政。"）

《说文序》："黄帝之史仓颉……初造书契。"无论"书契"为何人所造，其在结绳后的主张则皆一致。惟前人多以"书契"为文字，偏重"书"而略"契"。《周礼》称"书契"又多指"契约"而言。这完全因为最早的"契"只是刻木，后来的"契"又是书上了文字，是以一名就兼有二义了。"书契"一名应该分开看，未有文字时的"契"与后来的"书契"不同。

《周易集解》引《九家易》曰："夬者决也；取百官以书治职，万民以契明其事。"

《尚书序·释文》："书者文字，契者刻木而书其侧，故曰书契也。"这样各别解释是很对的。不过仍未分别清楚。我们可以分开来说，未有文字时的"契"与已有文字以后的"契"是绝对不相同的。无文字时的"契"只是刻木以记数记事。

刘熙《释名》："契，刻也，刻识其数也。"（《释书契》）

颜师古《汉书注》："契谓刻木以记事。"（《古今人物表》）

戴侗《六书通释》："书始于契，契以纪数。"数的多寡，以木齿计，故言齿以指契。

《墨子·公孟篇》："是数人之齿而以为富。"俞樾《诸子平议》说："齿者，契之齿也。古者刻竹木以记数，其刻处如齿，故谓之齿。《易林》所谓符左契右，相与合齿，是也。《列子·说符》篇：宋人有游于道，得人遗契者，归而藏之，密数其齿，曰：吾富可待矣。此正数人之齿以为富者，盖古有此喻。"

《管子·轻重》篇："子大夫有五谷菽粟者，勿敢左右，请以平贾取之。子与之定其券契之齿，釜钟之数，不得为侈夺焉。"至今苗民习俗犹存遗风，还可以征验往事。

诸匡鼎《猺獞传》："刻木为齿，与人交易，谓之打木格。"

陆次云《峒谿纎志》："木契者，刻木为符，以志事也。苗人虽有文字，不能皆习，故每有事，刻木记之，以为约信之验。"

方亨咸《苗俗纪闻》："俗无文契，凡称贷交易，刻木为信，未尝有渝者。木即常木，或一刻，或数刻，以多寡远近不同。分为二，各执一，如约时合之若符节也。"

严如煜《苗疆风俗考》："为契券，刻木以为信。"

非洲及澳洲的土人，现还有用竹竿或木桿，上刻九条横痕，别加一条纵痕，代表十的数目。从前英国国库所用的公债筹符，系以柳木或榛木作成，于符之一端，刻不同距离之条痕，用以记人民借给政府的钱数。条痕距离的远近，代表镑、先令、辨士的不同。反面刻所借的总数、年月日、债权人姓名。分符筹为两半，一半给债权者收执，一半存于国库，以为将来偿还时之凭证。数十年前，苏格兰送面包的小童，送面包时即以刻筹计数目。现今美国盆斯庐维尼亚州的送牛奶者亦用刻筹计牛奶之分量。我国北方乡下的染缸，直到现在仍用"印子"以作取布时的凭对。所谓"印子"是二寸见方的厚竹板，上烙种种花纹图样，中分为二，一半给主顾，一半缀在布端上，取领时两半对核无误始行付给。这在不识字的乡下人是最方便不过的。

契既是刻木的意思，字应该写为"栔"。

> 《说文》："栔、刻也。从㓞木。"《段注》："按古经多作契，假借字也。"《大雅》："爰契我龟，毛曰：契开也。《周礼》亦作契。《左传》尽借邑人之车契其轴，《尔雅音义》所引如是。今《左传》《荀子》作锲。《汉书注》引《绵诗》作挈。《大戴礼》楔而舍之，朽木不折。皆假借字也。《晋书·虞溥传》作剢，俗字也。"

按栔即㓞之累增字。《说文》："㓞，巧㓞也。从刀丰声。"疑丰即刻木之本字，象中剖而两旁有齿者。

> 《尔雅·释诂》："契，绝也。"郭璞注："今江东呼刻断物为契断。"
>
> 《汉书注》："契，缺也。"（《毌将隆传》注引李奇）
>
> 《说文》㓞部有契字，云："断契，刮也。从㓞夬声。"

绝缺即断契，栔之为物正为绝缺的东西。

及有文字之后，契之制度仍存，性质功用亦仍相同，只是上面所刻的不仅是木齿而两侧还有文字，这样才符合"书契"之名。

> 郑玄说："以书书木边，言其事；刻其木，谓之书契也。"（《书序》《释文》引）《释文》亦云："书者文字，契者刻木而书其侧，故曰书契也。"
>
> 又说："书之于木，刻其侧为契，各持其一，后以相考。"（《易·系辞》注）
>
> 又说："书契，取予市物之券也。其券之象，书两札，刻其侧。"

（《周礼·质人》"掌稽市之书契"注）

　　又说："书契，谓出予受人之凡要。凡簿书之最目，狱讼之要辞，皆曰契。"（《周礼·小宰》"听取予以书契"注）

　　又说："书谓簿书，契其最凡也。"（《周礼·司会注》）

大概在有文字以后，契可以分成三种：一种是无字只刻齿的契，是契原来的本形；第二种是有文字兼刻齿的契，以文字为主，刻齿只是古俗的遗迹；第三种便是纯粹使用文字的契，仅剩下契的大体形状而已。安特生在甘肃所发现的骨契里，似乎有两组记数法：一种是刻齿的方法，一种是刻字的方法所刻是八和五字。如图所示：

甘肃仰韶期骨契
出西宁县周家寨
（采自《甘肃考古记》第三图）

　　总起来说："书契"的名称，旧日的用法有两个意义，一个指契约，一个指文字。不过这并不冲突，《易》曰"上古结绳而治，后世圣人易之以书契"者，言古时人间誓约多用结绳记之，到后来圣人发明了文字，遂用刻木而书其两侧的"书契"来替代结绳以为誓约了，所以"书契"就含有"文字"的意义。刻契的方法，无文时代只刻齿数，有文以后就兼刻文字。不过也不能一概而论，不识字的人仍然是不书文字而专重刻数的。

　　上面所说的结绳和刻契，虽在文字之前，但到有文字以后，民间也许用的还很多。大概一种新发明，起初都是少数人为之，从发明，完成，以至普及应用，到处通行，都需要很长的时间。而且凡是一种旧习俗，旧制度，多数人的保守性最大，虽有较为便利的新工具也不能立刻摧毁旧势力。再说中国的文字也是相当困难繁重的东西啊！因此我们可以想象，结绳、刻契、图画，也许是同时并行的三种方法，即便结绳早一点，也早不到哪里去。而由图画进到文字以后，结绳刻契的方法在偏僻的地方，不开化的平民中，仍然续用不辍的。

（三）八卦

旧时许多人都说河图洛书、八卦，也是古人记事的工具，而且是文字的祖先，简直就是文字。这是不对的。以为八卦发生在文字之后，即在文字之前，他本身也无文字的功用，根本不能算文字。

我们要讨论这个问题，可从八卦的来源、性质、时代等方面来研究：河图洛书为祥瑞的征兆，本与八卦无关。

> 《论语》："凤鸟不至，河不出图，吾已矣夫！"
>
> 《易·系辞上》："河出图，洛出书，圣人则之。"
>
> 《礼记·礼运》："天降膏露，地出醴泉，山出器车，河出马图，凤皇麒麟，皆在郊棷。"
>
> 《墨子·非攻下》："天命周文王，伐殷有国，泰颠来宾，河出录图，地出乘黄。"
>
> 《淮南·俶真训》："至德之世，洛出丹书，河出录图。"
>
> 《书·顾命》郑玄注："河图，图出于河，帝王圣者之所受。"

河图的时代，依照上边所说，好像历代圣王在位时都有，不一定专在某一代某一人，所以孔子才有那样的叹息。但最早见于何代何人，有说是黄帝的，有说是伏羲的，并且以河图和八卦合而为一说八卦是根据河图画的。

> 《竹书纪年》："黄帝轩辕氏五十年秋七月，龙图出河，龟书出洛，赤文篆字，以授轩辕。"
>
> 郦道元《水经注》："黄帝东巡河，过洛，修坛沉璧，受龙图于河，龟书于洛，赤文篆字。"
>
> 《书·顾命》某氏传："河图，八卦。伏羲氏王天下，龙马出河，遂则其文以画八卦，谓之河图。"
>
> 《汉书·五行志》："刘歆以为虙羲氏继天而王，受河图则而画之，八卦是也。禹治洪水，赐洛书法而陈之，《洪范》是也。"
>
> 《论语》孔安国注："河图，八卦是也。"

但也有怀疑河图不完全是八卦的。

王鸣盛《尚书后案》："盖八卦是伏羲说受河图而河图，不止是八卦。书传所载古帝王，如黄帝尧舜禹汤，皆受河图，亦不独一伏羲。"

王氏说河图不止是八卦，而且不仅伏羲独受，的确很对，我们看了以上各家的说法就可知道了。洛书既是书，这书无论是赤文篆字，或是《洪范》一篇，已是文字，那我们就不必再讨论他了。现在要注意的，究竟河图是什么东西，与八卦有无关系。

《礼运疏》引《中候握河纪》："尧时受河图，龙衔赤文绿色。"

元俞炎说："《书顾命》有河图，与大玉夷玉天球，并列东序，当是玉石之类，自然成文。"

（《论语正义》引而案曰："最近事理者也。"《书·顾命》："赤刀大训，宏璧琬琰，在东序；大玉夷玉，天球河图，在西序。"）

河图之本来面目，今已不得而知，依《顾命》所记看来，说是一种自然成文的玉石，也颇有道理，无论如何，我们可以断定绝非八卦。而《易·系辞上》说："河出图，洛出书，圣人则之。"只是说明"天生神物，圣人则之；天地变化，圣人效之；天垂象见吉凶，圣人象之"的道理，并未说圣人是谁，进化是渐变的，历代都有圣人，后人以为包牺作八卦，遂神其说，于是八卦和河图就连在一起了。其实《系辞下》说得明白："古者包牺氏之王天下也，仰则观象于天，俯则观法于地，观鸟兽之文，与地之宜，近取诸身，远取诸物，于是始作八卦。"八卦的由来只是象法自然，何尝与河图有关？

总之，河图是实有东西，当时仅以为祥瑞兴衰之征兆。不但文字与河图毫无瓜葛，而且八卦也非河图的子孙，他只是一种神秘的神物啊！至于后来伪造的河图洛书的图形，更陷于乌烟瘴气的道士味儿里了。但是居然有人根据这种图形而妄加推测，以为是一种简单的算筹，犹如现在的算盘。

八卦的由来只是一种"法象"作用，他的目的在"以通神明之德，以类万物之情"。古时的圣人观察天文地理，动植万物，人身生活的结果，以为万物的变化都起于一个动字。何以会有"动"呢？这都是因为天地之间，本有两种原力：一种是刚性的，叫作"阳"；一种是柔性的，叫作"阴"。刚柔阴阳两种力互相冲突推挤，于是便生出运动变化。《易经》里用"━ ╍"两种符号代表阳刚阴柔两种原力，叫作"两仪"。两仪生四象："━ ╍ ╍ ═ ╍"，四象生八卦："☰ ☷ ☳ ☵ ☶ ☱"。由八卦再变为六十四卦便可代表天下由简而繁，至繁赜中的极简要的道理。故曰："其称名也小，其取类也大。"又曰："易简而天下之理得矣。"又曰："是以立天之道，曰阴与阳；立地之道，曰柔与刚，立人之道，曰仁与义。"把这种归纳而得的原理，再演绎应用，推而广之，无论是天地、尊卑、贵贱、动静、吉凶、雷霆、风雨、日月、寒暑、男女、奇偶……等等，无一非是阴阳刚柔的道理。《说卦》又说："乾为天，为圆，为君，为父，为玉，为金，为寒，为冰，为大赤，为良马，为老马，为瘠马，为驳马，为木果。坤为地，为母，为布，为釜，为吝啬，为均，为子母牛，为大舆，为文，为众，为柄，其于地也为黑。"又以父子之道来比喻八卦：乾父坤母，震长男，巽长女。坎中男，离中女。艮少男，兑少女。

《易经》有三个基本观念，一易二象三辞。不过这种"象"，只是"象征"其理，并不是模仿其形。换言之，只是万事万物的普遍原则的代表符号，不是每事每物的个别形体的图像。包牺"仰则观象于天，俯则观法于地，观鸟兽之文，与地之宜，近取诸身，远取物"，归纳分析，抽绎事物变化之原则，"于是始作八卦，以通神明之德，以类万物之情"。所以这种法象只是象征其理，类效其情。故曰："圣人有以见天下之赜，而拟诸其形容，象其物宜，是故谓之象。"与图画的象，象形、象事、象意、象声等文字的象，绝不相同。八卦象征宇宙间的变化原则，而后来的一切制作变化，又都与八卦之理相合。"是故法象莫大乎天地，变通莫大乎四时……备物致用，立成器以为天下利，莫大乎圣人。"包牺法天地之象而作八卦，自然与万物之情理相合，而后世圣人之制作耒耜、舟楫、杵臼、弧矢、宫室、棺椁、书契，又自与六十四卦之卦象合。所以说八卦只是说明宇宙哲理的一种符号而已。

后来的人以为八卦在前，结绳次之，书契最后，于是把这三种各不相干的东西连在一起，便生出了血统关系。再后来又有人根据旧说，强事附会,《易纬乾凿度》说:"☰古文天字,☷古地字,☴古风字,☶古山字,☵古水字,☲古火字,☳古雷字,☱古泽字。"这书本为伪书,近来一般人都已不相信。然而还有人强指八卦包有六书之义法:阳奇为—,阴偶为——,指其事也。坎离二卦为水火二篆之变形,象其形也。八卦因而重之,则为会意转注,每卦一声多义,则为形声假借;更窃取外人之唾余,相信"八卦即巴比伦尼亚楔形文字之变形,而《易经》一书即来自加尔底亚之语汇"的谬说,狂傲喜奇,不足以语天也。至于有人折衷旧说,以为☰☷等画,代表天地等现象,为一切思想事物之符号,初用以记寒暑水旱等一年间所经过之天时,或记牛马犬豕谷贝等一己所有之财产。虽非古文,亦系符号,大概是文字的权舆。结绳之后有八卦,八卦不给于用,文字才继之而起。这种自命新的合理的见解,其实一点也不合理,仍旧脱不了旧说的迷笼。

以上从八卦的来源,性质两方面,已经说的不少了。至于八卦的时代,也绝早不到包牺时代,这种深奥的哲理,精微的宇宙观,恐怕是渔猎畜牧社会时代的人所不能办到的。《易经》的时代,约在周初。《系辞下》说:"《易》之兴也,其于中古乎?"现在发现的甲骨文中,也无"卦""筮""蓍"等字,商人用龟卜,周人始有筮法蓍法。龟卜所用之物为渔猎社会日常的东西,筮蓍所用之物为农业社会常用的东西。《商书》但言卜,《周书》始连言卜筮,《诗经》《左传》中亦皆先卜后筮。筮法即卜法的变象。而且卦爻辞中的故事,都在周时。由此可以证明《易经》的为周初之作。那么,八卦的时代也决不会再早。

综上所说,八卦非文字的理由有五:

(一)八卦为普遍事物原理的象征符号,非个别事物形状之图像写画。不能够记认事物,无文字之用。八卦与绘画的画法、目的,都绝不相同,非文字之源,更非文字。

(二)古人造字,目的在乎实用,应先造数目、日月、鸟兽、宫室、人身等与人类生活、日常工具有关之字。不该先造这不关紧要的八卦符号,象征深奥玄妙的道理。

(三)《易系辞》先说包牺作八卦以类万物之情理,其下叙述神农黄帝尧舜时代各种事物的起原,说他与某卦的卦象相合。最后说到上古结绳而治，后世圣人易之以书契，盖取诸夬。只说书契与夬卦的卦象相符，并未牵涉到八卦。自孔安国《书序》说伏羲画八卦，造书契。于是后人遂混为一谈。

（四）《说文叙》仅说包牺作《易》八卦，以垂宪象。《易》与八卦连言，可以知道是卜筮的符号而非文字，其功用只在垂示天象地法，不是记认某事某物。下文又说神农结绳，苍颉造书契，不过认为三者稍有相似的地方罢了。也并未说八卦为文字之始。许君之所以先八卦而后结绳者，认为八卦是神物而结绳是人物，其为治统事尚较近于书契也。换言之，八卦与书契远，结绳与书契近。有人不明白许君的用意，反以结绳在前，八卦在后而为文字之权舆。案八卦诚在后，但和文字论关系，反不如结绳为近。

（五）八卦的时代不会太早，因为不是原始野人所能作的玩艺。大概比《易经》的时代稍前，《易经》约作成于周初。而商人的甲骨文字已经是很进步的文字了。

本节参考书举要：

(1) 蒋善国《中国文字之原始及其构造》第一编第二节《未有文字以前替代文字之工具》。

(2) 胡适之《中国哲学史大纲》第四篇《易》。

(3) 钱玄同《中国文字变迁新论》（《北大月刊》第一号），列举八卦非文字的理由有五：

（一）《说文序》抄自《易传》的话，前后次序颠倒，以致混淆是非。

（二）《易传》中先说伏羲造八卦，其下叙述各种器物的起原，说他与某卦的卦象相合。讲到文字，只说后世圣人易以书契，书契之前为结绳，并未牵涉到八卦。

（三）《易纬》《乾坤凿度》一书，纯为阴阳家的谣言，不能认为信史，所以以"天地风山坎火雷泽"来证明八卦是文字，是不足说服人的。

（四）造字的缘起，是为了人同人有关系和交际，初造的字总该和人有密切的关系，应当是"门""户""舟""车""耳""目"等名词。

（五）法人 Laconperie 说八卦相当于巴比伦的楔形文字。按楔形文字也是一种象形字，不过因为三角锥雕刻，不能圆转如意，所以变为一直一横的形状；正如龟甲文里的日字刻成六角形，秦权里的篆文笔笔都断的一样。八卦与之不同。

第三节　绘画和文字

一切事物的发生，都是渐渐演变的，绝没有突然从天空降下或自地中生出的事物。文字的产生，本是很自然的。旧石器时代的人类，已经有了很精美的绘画，大都是动物和人的形像，这已是文字的先驱了。画一只鹿或象，别人看见了就认识，就得到和文字一样的效用了。但还不能称为文字，因为只能抒写美感，或记示某物某事，而不能完全表现出作者的意思。假使画一个较为复杂的故事，让十个人看，就许有十种解释。例如洞壁上刻画一只野猪，这个图形代表的意义，或表猎功，或纪获数，或表禁咒，或示侵害，或仅系颂武尚美而出于游戏动机，与文字之有固定意义者不同。后来社会生活由佃猎而进为畜牧农业，一般文化均有很大的进步，绘画雕刻等艺术也有相当的发展，人事增繁，国家形态愈形强化，社会关系愈形密切，迫于环境的需要，文化受刺激而有更速的飞跃，于是由绘画进为图画文字，画与字便从此分道扬镳了。

图画的功用亦在表示意思：

《左传·宣公三年》："昔夏之方有德也，远方图物，贡金九牧。铸鼎象物，百物而为之备，使民知神奸。故民入川泽山林，禁御不若，魑魅罔两，莫能逢之。"

《后汉书》："是时郡尉府舍，皆有雕饰，画山神海灵，奇禽异兽，以眩耀之，夷人益畏惮焉。"（《西南夷传》记朱辅治益州时事）

顾炎武《日知录》："古人图画，皆指事为之，使观者可法可戒。上自三代之时则周明堂之四门墉，有尧舜之容，桀纣之象，有周公相成王，负斧扆南面以朝诸侯之图（《孔子家语》）。楚有先王之庙及公卿祠堂，图画天地山川神灵，琦瑰僪佹，及古圣贤怪物行事（王逸《楚辞章句》）。秦汉以下，见于史者，如周公负成王图（《霍光传》）、成庆画（《景十三王传》，犹言成庆图，非成庆所画也）、纣醉踞妲己图（《叙传》），屏风图画列女（《宋宏传》）、戴逵画南都赋图（《世说》）之类，未有无因而作。逮乎隋唐，尚沿其意：《唐艺文志》所列

汉王元昌画汉贤王图，阎立德画文成公主降蕃图，……皆指事象物之作。"（卷七画条）

是图画虽非文字，已兼有文字之用了。及后图画刻省，简其笔画，缀属成文，以配语言，就成了文字。章炳麟论此甚详，兹节录如下：

《訄书》："吾闻斯宾塞尔有言，有语言然后有文字，文字与绘画，故非有二也，皆昉乎营造宫室而有斯制，营造之始则昉乎神治，有神治然后有王治，故曰五世之庙，可以观怪。禹之铸鼎而为离魅，屈原之观楚寝庙而作《天问》，古之中国，尝有是矣。澳大利亚与南亚非利加之野人，尝垩涅其地，形漆其壁，以为画图。其图则生人战斗，与上古之异事，以敬鬼神。埃及小亚细亚之法，自祠庙宫寝而外，不得画壁，其名器愈隘。当是时，布政之堂与祠为一，故以图为夬之政，以扬于王庭，其朝觐仪式绘诸此，其战胜奏凯绘诸此，其民志驯服，壶箪以迎绘诸此，其顽梗方命终为俘馘绘诸此。其于图也，史视之，且六典视之，而民震动恪恭，乃不专于神，而流弛于国，见图则爽然师保隶其前矣。君人者藉此以相临制，使驯扰，于事益便。"

"顷之，以图画过繁，稍稍刻省，则牛马兔鹜，多以尾足相别而已，于是有墨西哥之象形字，其后愈省，凡数十画者，杀而成一画，于是有埃及之象形字。凡象形字其沟陌又为二：一以写体貌，一以借形为象。所谓人希见生象，而按其图以得仿佛者也。"

（奥杰布哇女子之情书）

图画的起源，本由于实用，最初尚简单，只绘狩猎所获之物，如西班牙亚勒米拉洞里所画的野牛等都是。再进，图画取材的范围渐渐扩大，而所表之意也渐渐复杂，过去曾有用绘画以代书柬的如北美印第安语族中的奥杰布哇（Ojibwa）人之女子于赤杨皮上绘上情书，送给住在迷纳苏答白地（White Earth, Minnesotu）地方的爱人。图的左上角为熊，系女子的图腾，左下一条泥鳅，是男子的图腾，表明发信人和收信人的族徽。两条线代表路径，三角尖顶是相会的帐幕，幕中有人先在那里等待着。幕旁三个十字架，表示四周居民都是天主教徒，不会有什么恶意。右方为三个大小湖沼，表示帐幕所在的方向位置，怕男子走错了路而寻不到帐幕。

以上数例，都是用象形、指事、会意的手法，表明作者的意思。虽有文字的功用，但终究不是文字。由图画变到文字，中间经过一个酝酿的时期，便是图画文字。即文字的最早而近于图画者。文字的本质是图画，所代表的是语言。国家产生后，许多部落的方言，逐渐同化，而许多大同小异富有地方性的图形，也渐趋划一。因此每一图形的音读渐有标准的读法。用许多图形按照语言的顺序来记载一件故事，而这记载是可诵读的，就成为正式的文字了。所以绘画和图画文字的分家是由于和语言结合的原故。

绘画的独体单位和绘画文字，除了可诵读与否一点外，有时简直不能分别，如图画中的古象，与后代图画文字中的象字，象且辛鼎、象尊、甚至象形文字中的象字（骨文），大体上无甚分别。不过时代较后，绘画和文字分歧太久，差别就显著了。

象 且 辛 鼎　　　　　象 尊

甲 骨 文　　　　　石 鼓 文

但文字虽独立，一时不能脱离了本来的性质，仍然逃不出绘画的手法，于是每一个字的写法就无定式了。因为地域部落不同，习惯风尚各异，而作者的性情技术又都有差别，所以点画繁省，偏旁增减，文饰工拙，形状起伏，都毫无标准，只要所描写的对象大致不错就够了。

（图画文字）	（象形及象意文字）
（1）诸形联合	（1）诸形独立
（2）形象复杂	（2）形象简单
（3）画法无定	（3）写法固定
（4）绘画手法	（4）符号记录
（5）不可诵读	（5）可以读音

我国殷商彝器的上面，尚存有许多图画文字，铭文末尾的签署，以及作器的主名，大都是奇形怪状的字，例如最常见的一个字，若金文的"羴"和"羹"二字，从前的人认为不是字，是"子抱孙"形及"析子孙"形，但若和旁的铭文比较研究，就可知道这一定是字，不过大家不确切认识罢了（近来有人说左一形是冀字的，但不甚可靠）。

此外，这样不认识确为何字的图形还很多，如尸卣（殷文存上三七），屯殷、句觚（《续殷文存》上四七、下四七）等器上的图形都是。

屯　殷	尸　卣	句　觚
（《续殷文存》上四七）	（《殷文存》上三七）	（《续殷文存》下四七）

但此外的图形也有比较容易认识的，如辇卣（《续殷文存》上八一）的辇字，父乙卣（《鄴中片羽》）的韦典二文合书，簸鼎（《殷文存》上五）的疋字，等等都是。这样一比，那些不认识的当然也是字了。商代铜器上的文字，大多数保持着这种绘画的作风，可惜从前的学者，都认为是图画而不是文字，因而被字汇家遗漏或入于附录。

| 辇　卣 | 父　乙　卣 | 簸　鼎 |
| （《续殷文存》上八一） | （《鄴中片羽》） | （《殷文存》上五） |

商代文字里虽保存着多量的图画文字，但那时离文字的起源已经很远了。关于文字发生的时代，可以由他的本身和中国历史两方面来推考出个大概。第一，从文字的本身说，现在所能见到的最古的文字材料，便是商代的甲骨卜辞和铜器铭文。这里面有好些字还存留着绘画的色彩，但是另一面形声文字已大量的制造应用了。形声字的产生远比图画文字为迟，是各国文字史上的通例。我们把形声文字称为近古期，那么，图画文字就应该属于上古期。商代文字已入于近古期的范围，离文字起源已很辽远的了。安特生的《甘肃考古记》里面所载辛店期的陶器，上面有些他认为是花纹和图案的东西，实是一种较古的图画文字。如书中第五图所绘，除丙图的人着衣形较为奇特外，其余甲图的马形，乙图的轮形，丁图的鸟形，在商代金文中颇有类似的文字，如甲$_2$乙$_2$丁$_2$所示。由此比较，可证陶瓷所绘确为文字。据安特生的假定，辛店期离现在大概有四千五百年左右，这时期所知道的文字仅有这一点儿，但大体上可以断定和商周文字是同一系统。这时或者还没有形声文字，而商代文字里却早已很多了。如果假定形声文字的产生在三千五百年至四千年以前，那么我国文字的起源总在六七千年前吧！第二，由历史方面说，历史记

载是文字很完备以后才产生的，我国上古的史事，虽没有完好的记载流传后世，但相信从孔子诞生前一千五百年左右（距今约四千年），已进入了历史时期。卜辞里所记先公先王，由王亥到示癸，正当夏时。古本《竹书纪年》《世本》《史记》等书对夏商两代，有世系、年数和史事的记载，从商系先公王的可信程度上，可证同时夏系的历史，也可以相信了。古代神话的传说题材，到夏以后很衰微。反之，详细的历史就从夏代开始了，彝器刻辞里称述禹的功绩，孔子称述尧舜和禹的勋业，有些夏代文化在周时还保存着，如夏礼，夏时，夏祝之类。都可以证明由夏代起已有历史了。前面所说的四千年前文字已入了近古期的形声文字阶段，一点也不夸大。

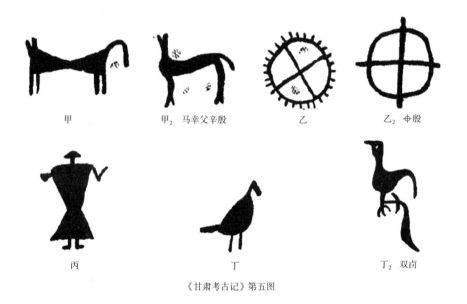

甲　　　　甲₂ 马辛父辛殷　　　　乙　　　　乙₂ 中殷

丙　　　　　　丁　　　　　　丁₂ 双卣

《甘肃考古记》第五图

总之，文字起源于绘画，由绘画而渐进为图画文字。这个酝酿期是相当的长。到国家出现后，图画文字和语言结合，为了应付急剧的变化和需要，于是一面改造旧材料，把图画文字省略为象形及象意字，一面又发明了一种新方法，假借象形文字作为标音的符号，渐变形声文字。这个过渡期是较为浅短的。至于形声文字盛行后，一直到现在还应用着这种方法。

从前的人对于中国原始文字的推测约可分为三派：（一）以六书中象

形指事之独体为初文者，如许氏《说文》、唐李腾《说文字原》，以至章太炎的《文始》都是。（二）以金文中之象形字为原始象形字，以《说文》中之象形字为后定者，如王筠《说文释例补正》，吴大澂《说文古籀补》，以及孙诒让《名原》等都是。（三）以殷商钟鼎中之图形为六书文字的导源者，如沈兼士的主张是也。我们如果明了文字的历史，沈先生的见解是很对的。

文字的前身是绘画，绘画是以各种事物的全体为对象的，绝对不可分析太过。有些人想把文字的起源一元化，说一画是文字的起源，像郑樵的《起一成文图》《因文成象图》之类。其实文字的点画，如果分析作若干单位，每个单位并不止表示一种意义。如商承祚《殷虚文字用点之研究》一文，历举甲骨文中用点诸字，求其义例，谓甲骨用点，有表水，表雪，表雹，表火，表酒，表血，表粥汁，表粟米，表尘土，表光芒，表残靡，表细小，表众多之别。其数由一点至十一点，殊无定例。这种分别大有分不胜分之势，如果再有新发现的字，恐怕还可表示其他意义。因为在造字者的眼里，根本没有把他当作"点"看待，并不是先有点画而后始拼合成字，他们只是画图而已。

本节参考书举要：

（1）沈兼士《文字形义学》上篇二《文字之起原及其形式和作用》。

（2）沈兼士《从古器款识上推寻六书以前之文字画》（《辅仁学志》第一卷）。

（3）蒋善国《中国文字之原始及其构造》第一编第三《最初之象形文字》。

（4）唐兰《古文字学导论》总编一《中国文字的起源》。

第四节　造字的传说

文字的发生，完全是自然的趋势，渐渐演变而成的，绝非一时一人之力所能造。从前的传说及记载，都以文字由一人所作，层累的造成了奇怪的神话，更增加了文字的神秘，这些都是不足相信的。不过为了彻底辨明起见，旧来的记载也自有研究的价值。最初的记载，只说是"后世圣人"易结绳为书契，并未说出姓名。

《系辞下》："上古结绳而治，后世圣人易之以书契。"

这种说法好像有点笼统，但尚不失为不知则阙，以疑传疑的态度，到底还算忠实。后来的人感觉不大满意，于是便把造字的功劳归到黄帝时期的史官们身上，而且说不止是一人所作。

《世本》："苍颉作书。"

又云："沮诵苍颉，黄帝之史官。"

卫恒《四体书势》："昔在黄帝，创制造物，有沮诵苍颉者，始造书契。"

这大概是因为《易系辞下》"后世圣人"的上文有"黄帝尧舜氏作"一句，后人遂据之附会为黄帝时代。既非黄帝自造，当然是他的掌书的史官，而史官自不能无姓名，即苍颉沮诵便是。我国古代各种事物的创造，大都归之于黄帝的臣吏，黄帝也许是最初统一各部落而建立国家的一个北方有力的酋长。

《世本》的作者及内容，《汉志》有《世本》十五篇，说是"古史官记黄帝以来讫春秋时诸侯大夫"。所以上面两种说法，可以代表战国时人的见解。战国以后，始独传苍颉一人。

《韩非子》："古者苍颉之作书也，自环者谓之私，背私谓之公。公私之相背也，乃苍颉固以知之矣。"（《五蠹篇》）

《吕氏春秋》："奚仲作车，苍颉作书，后稷作稼。"（《君守》）

又说："大桡作甲子……史皇作图，巫彭作医……此二十官者，圣人之所以治天下也。"（《勿躬》）（案文中明言二十官，可知史皇之皇，非皇帝之意，是指史官之祖而言，盖即黄帝之史官，图和书相同，都指文字。）

《淮南子》："昔者苍颉作书，容成造历。"（《修务训》）

又说："史皇产而能书，羿左臂修而善射。若此九贤者，千岁而一出。"（《修务训》）高诱注："史皇苍颉生而见鸟迹，知著书，故曰史皇，或曰颉皇。"

《鹖冠子》："苍颉作法，书从甲子。"（《近迭篇》）又说："士史苍颉作书。"（《王铁篇》）

同时亦有对这种一人独创的说法不满意的，如：

《荀子》："故好书者众矣，而苍颉独传者，壹也。好稼者众矣，而后稷独传者，壹也。……自古及今，未尝有两而能精通者也。"（《解蔽篇》）

这也可以说是对苍颉独传的一种解释，好书的人很多，不过苍颉特别精于此道，用心专一，所以旁人都不及他。那么，造字之名，自然应该归苍颉一人专利了。《说文序》也说是"黄帝之史苍颉……初造书契"，而段玉裁却说："诸书多言苍颉，少言沮诵者，文略也。"究竟为什么文略？恐怕段氏也不知道吧。

苍颉造字之说已定，后人又有不满意的，以为时代太晚，于是把造字的功劳移归于黄帝神农之前的伏羲。

孔安国《尚书序》："古者伏羲氏之王天下也，始画八卦，造书契，以代结绳之政，由是文籍生焉。伏羲神农黄帝之书，谓之《三坟》，言大道也。少昊颛顼高辛唐虞之书谓之《五典》，言常道也。"（《史记》补《三皇本纪》说同此）

这样往前一移，然后才可以安插《三坟》《五典》的主名。因此，也就有人把苍颉的时代往前提。

《尚书序正义》："苍颉，说者不同：古《世本》云'苍颉作书'，司马迁、班固、韦诞、宋忠、傅玄皆云'苍颉，黄帝之史官也'。崔瑷、曹植、蔡邕、索靖皆直云'古之王也'徐整云'在神农黄帝之间'。谯周云'在炎帝之世'。卫氏云'当在包牺苍帝之世'。慎到云'在包牺之前'。张揖云'苍颉为帝王，生于禅通之纪'。其年代莫能有定。"

《淮南子》说："世俗之人，多尊古而贱近，故为道者必托之于神农黄帝而后能入说。"所以顾颉刚谓我国古史是层累造成的，时代越后，传说之古史期越长，其中心人物也越大。东周以前，人的心目中最古的帝王是禹，孔子时有尧舜，战国时有黄帝神农，秦有三皇，汉以后又有盘古。造字的传说也是如此，大概托古以自重已成了习气。至于后世纬书，把苍颉说得非人非鬼，简直是天神了。

> 《春秋演孔图》及《春秋元命苞》："苍颉四目，是谓并明。"
>
> 《苍颉庙碑》："苍颉天生德于大圣，四目灵光，为百王作书，以传万嗣。"
>
> 《路史禅通记》："苍帝史皇氏名颉，姓侯冈。龙颜侈哆，四目灵光，上天作令，为百王宪。"

不但生得相貌非凡，而且造字出自天授，当时还有许多灵异。

> 《河图玉版》："苍颉为帝，南巡狩，登阳虚之山，临于玄扈洛汭之水，灵龟负书，丹甲青文以授之。"
>
> 《春秋元命苞》："苍帝史皇氏，名颉，姓侯冈，生而能书。及受河图录字，于是穷天地之变，仰观奎星圆曲之势，俯察龟文鸟羽，山川指掌，而创文字。"
>
> 《淮南子》："昔者苍颉作书，而天雨粟，鬼夜哭。伯益作井，而龙登玄云，神栖昆仑。能愈多而德愈薄矣。"

这种灵怪的显示，是文字那广大的神通所使然。直到现在，文字不但是士大夫的御用品，可以笔诛墨伐，而且还是天师法士的武器，可以画符焚章，邀神驱鬼。世界上其他民族都常有佩经（土耳其人及亚拉伯人挂于马上之《可兰经》，欧洲人所佩之《圣经》或《祈祷文》，犹太人也有佩经）及系带护符（如阿比西尼亚人之驱邪符）的举动。而各民族造字的传说，多半主张一元，或说是神造，或以为英雄及圣人所作而得自神授者。我国亦是如此。

仓颉也许根本无此人。日本的学者，有说仓颉是"创契"的转音，后世因无从考究为何人所作，便以"创契"名之，以代表创造书契的祖先。这种说法也有可信的理由，征之于庖牺是"养牺牲以庖厨"的代表，神农是作耒教耕的代表，当然仓颉可以是创契时代的代表。《荀子》："乘杜作乘马。"注云："以其作乘马之法，故曰乘杜。"可见发明造物的人名，大半与所作之物名有关。"仓颉"二字，根本是借音标名，写作"苍"（如《荀子》《韩非子》《鹖冠子》《吕氏春秋》《淮南子》《汉志》《世本》《四体书势》等书），或写作"仓"（《说文》《论衡感虚篇》《骨相篇》），可以说都是不错的。即使真有其人，二字也可相通，分别原是后来的事。例如《通志氏族略》有苍姓，注云"《风俗通》云八凯苍舒之后"。然《汉书古今人表》则作"仓舒"。此其一。《广韵》下平声仓字下注："又姓，黄帝史官仓颉之后。"但《汉书食货志》注云"仓官之子孙，以仓为姓"。《氏族略》兼载二说。此其二（《流沙坠简》卷二第十九简上有"苍颉作"三字，于《汉志》合。可见作苍为古）。

仓颉也许是实有的人物，但并非创字之祖，顶多不过是个"好书者"而已。古代创制造物的人常常附会到精于某事物的人身上，如羿善射而作弓（见《吕览》。《荀子》云："倕作弓，浮游作矢，而羿精于射。"）便是一例，所以《荀子》说："故好书者众矣，而苍颉独传者，壹也。好稼者众矣，而后稷独传者，壹也。好乐者众矣，而夔独传者，壹也。好义者众矣，而舜独传者壹也。"章太炎本《荀子》之说，认为仓颉所以独得造字之名的缘故，完全因为他是整齐文字的第一人，他在《造字缘起》里说：

《荀子解蔽篇》曰：……依此是仓颉之前，已有造书者；亦犹后稷以前，神农已务稼穑；后夔以前，伶伦已作律吕也。夫人具四肢官骸，常动持莛画地，便已纵横成象，用为符号。百姓与能，自不待仓颉也。……固知未有仓颉以前，民亦画地成形，自为徽契。……今之俚人，亦有符号，家为典型，部为徽识，而彼此不相通。……夫仓颉以前，亦如是矣。一二三诸文，横之纵之，本无定也；马牛鱼鸟诸形，势则卧起飞伏，皆可象也。体则鳞羽毛鬣，皆可增减也。字各异形，则不足以合契。仓颉者，盖始整齐画一，下笔不容增损。由是率尔箸形之符号，始为约定俗成之书契。（《检论》一卷）

大概仓颉就好像后来的李斯等人一样，只是采访收集，整齐画一文字的人中的一个。虽亦添造新字，不过少数而已。况且史官也不止他一个。

旧说仓颉为史官，也并非无因。古代造物的人常与他的职务有关，如奚仲作车而为车正之官，巫彭作医，巫咸作筮，而医筮原是巫的职业。与此相同的，文字与史官也有很密切的关系。因为职责所在，对于自己所掌用的事物的改进，正是必然的道理。段氏《说文注》说："按史者，记事者也，仓颉为记事之官，思造记事之法，而文生焉。"这说文字与史官的关系是很对的，史字的写法：从手持中，𠀕。这个中字与中正之中𠁥，伯仲之中中，在古代文字里并不混用，形体亦别。据王国维《释史》的考证，屮是盛算的器具，古者简策和算筹的制度相同，本是一物，又都归史官执掌，于是盛算的器具也用以盛简，故当时的簿书也叫做"中"。从手持中，义为"持书之人"。因为古者史的专职，以藏书读书作书为事。

商代的史官除记事以外，还有贞事的兼职。殷人卜贞的方法，卜贞是分开的，太卜灼兆，太史问事和记辞。在武丁前后的卜辞上面，都有贞人的名字，同时在骨𦥑中记事的下面，也有记事史官的签名，这两个地方的名字有时相同，可见贞人也兼作史官。《易巽卦》说："用史巫，纷若，吉。"《疏》曰："史谓祝史，巫谓巫觋，并是接事鬼神之人也。"《礼运》："祝嘏辞说，藏于宗祝巫史，非礼也。"又说："王前巫而后史。"《左传》襄二十五年："武子筮之，遇《困》之《大过》，史皆曰吉。"《疏》曰："史者，筮人也。"《礼记·杂记上》："如筮，则史练冠长衣以筮。"又甲骨文有祾字祾，王国维疑即史字从示与祝同意。直到汉太史司马谈的时候，尚以不能参预封禅大典为遗憾。而司马迁《报任少卿书》亦云"文史星历，近乎卜祝之间"，可见史巫的关系了。古时大约先前只有巫，等到渐次进化，事情繁复，有些大事，如祭祀、战争、狩猎等类，渐有记住的必要，巫只好在本职之外，一面想法记事，这就是史的开头。再后来巫史的职掌逐渐分开，才有专门记事记言的史官。不过祭祀占卜也离不开文字，史和巫祝仍当是混在一起的。这样，文字就成了史官的必需工具了。

前面说过，文字是由图画变来的。在图画文字时代，社会上人人都是仓颉，有的在壁上画一只猪，有的在树上刻一个蛇，心心相印，口口相传，文字渐渐就多起来。等到史官感到需要文字记事的时候，一面就利用旧图形，一面又赶造新文字。文字与语言结合，恐怕是从这样起的。所以古时整齐文字的人，不是史官，就是大史，如《史籀篇》为宣王太史所编，《仓颉篇》为秦丞相李斯及太史令胡毋敬等所撰。而教导学童识字，以及举劾上书不正的书体，也都是史官的事情。

文字在平民的手里，是勇于改革创造的；等到到了为政者的手里，就趋于保守了。一切文字体制的变革，大多起源于民间，隶书一名仍然保存着徒隶造字的光荣，现在的老百姓也正在创造着他们的简字呢。所以说文字的真正而最主要的创造者是民众。

至于把文字的发生时代，摆在黄帝名下，到现在也不过四千七百年。和前面推测的文字发生年代——六七千年前相比，尚差得很远。仅相当形声文字发生的时代——四千五百年前。所以有人想像在伏羲时代，并非毫无道理的。

本节参考书举要：

(1) 章太炎《造字缘起说》。(《章氏丛书》)

(2) 王国维《释史》。(《观堂集林》)

(3) 鲁迅《门外文谈》。

第三章　文字的演变

第一节　字体的改革

文字是由图画变来的，上面已经说过了。从有文字到现在，形体并非固定不变，随时随地都在演化着。钱玄同说："讲到字形的变迁，我以为这是纯任自然的趋势，逐渐改变的。改变的缘故，必定因为旧字有不适用的地方，所以总是改繁为简，改奇诡为平易，改错落为整齐，改谨严为自由。但旧字虽因不适用而改变，却并非全体不适用，所以字形虽然时有变迁，而当变迁的时候，决不是把旧字完全改易，那平易适用的，还是仍因旧贯。"（《中国文字变迁新论》）除去笔画繁简难易的不同全由便于实用外，历代书写工具的变异，也与文字的体势有关，如在纸的方面用甲骨，用竹简木简，用绢，用纸；在笔的方面用刀，用竹枝，用毛；在墨的方面用铅，用漆，用烟；都能影响到点画的锋圆波直，方正俯仰。这样，一方面因了新工具的发明，一方面为了实用便捷的驱使，文字形体的体制和体势，就日渐演变不停了。

语言和文字，时代越古，他们的地域性越显著。换言之，他们都有由多元渐变为一元的趋向，愈古愈较纷歧。在周秦古籍的注疏里，常看到某为齐人语，某为楚人语的记载，而《国风》《国语》《国策》等书的编辑，也都表示着地域的差异。《孟子》上说："有楚大夫于此，欲其子之齐语也，则使齐人传诸？使楚人传诸？曰：使齐人传之。"又说："今也南蛮鴃舌之人，非先王之道。"鴃舌大概指他们言语不分明的意思。襄十四年

《左传》记戎子驹支的话说："我诸戎饮食衣服不与华同，贽币不通，言语不达。"可见春秋战国年间，不但中夏民族的言语与四夷不达，就是中原诸国之音也都有歧异。再古自然更分歧了，直到汉朝统一天下已经二百年后，杨雄记录的《方言》里，尚有十四系异语的区别。现在地域较汉时大了不少，然而方言的区分只有五大系了。

语言的分歧当然会影响到文字。假设各部落各民族都有自己的文字那分别就当更多更大了。纵使一些野蛮民族自己长时间的没有发明文字，后来由战争臣服的机会，文化接触，从开化民族中传来了文字，但是既有国家种族的界限，隔离日久，便又独自分道扬镳，渐渐小有不同了，古代的交通原是很不方便的，中国古时的民族，据钱穆的假设："夏人自鲧禹以来，其族起于西方，约在陕西东南，河南西南部，为嵩山山脉中之高地居民，逐次向下移动，居住于河南山西大河之西岸。同时在再东的大河下流，则为商人自契以来之居地。大抵下游低地，气候土壤均较佳，生活文化较优，而居民较文弱。上流高地，气候土壤较恶，文化生活较低，而居民较强武。夏人逐次东移，渐渐住下，征服下游居住人，而渐渐习得其文明与之同化。殷人自商汤以下，始灭夏桀而建立规模较更像样之国家。至周人则又起自西方，仍循夏人形势，东侵征服商人，而渐次移殖于大河下流一带之平原焉。"（《中国通史纲要》）依此假定，是中国古代文化只有商人一个来源。在甲骨文及铜器文字里，商周两系的文字可以说是完全相同，大体上没有很殊异的地方，即偶有小异，亦属少见。除商人文字之外，直到现在尚未有其他系别文字之发见。甲骨文字的本身，已自有不很齐一的地方。殷周金文，又复小异。周宣王太史作《史籀篇》，是为大篆，或称籀文。与孔氏壁中古文或异。"至孔子书六经，左丘明述《春秋传》，皆以古文。""其后诸侯力政，不统于王，恶礼乐之害己，而皆去其典籍。分为七国，田畴异亩，车涂异轨，律令异法，衣冠异制，言语异声，文字异形。"《史记·封禅书》引《管子》说："古者封泰山，禅梁父者，七十二家，而夷吾所记者，十有二焉。"《韩诗外传》说："古封太山禅梁甫者万余人，仲尼观焉，不能尽识。"《说文序》说："以讫五帝三王之世，改易殊体，封于泰山者七十有二代，靡有同焉。"这种传说，未免有点夸大，而且也古不到五帝三王之世，更古不到无怀氏、虑羲氏的时代，管仲孔子不过是附会"圣人"的聪明罢了。但这传说恰可代表春秋战国时各国文字的紊乱。所以孔子为政必先正名,而士大夫间也有"书同文,车同轨"的理想政治。直到"秦始皇初兼天下,丞相李斯乃奏同之,罢其不与秦文合者。斯作《仓颉篇》,中车府令赵高作《爰历篇》,大史令胡毋敬作《博学篇》,皆取《史籀》大篆,或颇省改,所谓小篆者也"。《史记》载秦始皇二十六年的施政项目有"一法度衡石丈尺,车同轨,书同文字"。二十八年作琅邪台,立石刻,颂秦德,其辞也有"器械一量,同书文字"的话,可见这种文字的同一是凭着政治势力而同一的,并非自然演变的结果,所谓同一,不过只限于统治阶级罢了。而且凡是一种制度文物,等到有人出来维持提倡的时候,大概那种所维持的东西就快要衰歇了。同一文字的反面,已经有不同一的在盛行了。"是时秦烧灭经书,涤除旧典,大发吏卒,兴戍役,官狱职务繁,初有隶书,以趣约易,而古文由此绝矣。"这可以证明秦时已是小篆和隶书并行的了。汉兴,又有草书。

由上面的叙述里,可以看到(1)文字是随时随地都在演变,这种演变是渐渐的。(2)演变的原因,由于趣约易,便实用,以及新书写工具的兴起。(3)由甲文而金文、大篆、古文、小篆、隶书,等等的变迁,都是"或颇省改",习俗的潜移默化,因旧而稍有损益,并非完全废弃旧的,另创新的,更不是一人的力量而突然自创一体。(4)这种变迁,不尽是直线式的,其间互有错综参差。王国维说:"世莫不以古籀篆为三体,谓籀文变古文,篆文又变籀文。不知自其变者而观之,则文字不独因时地而异,即同时同地亦复不同,故有一篇之书而前后异文,一人之作而器盖殊字。自其不变者而观之,则文字之形与势皆以渐变。凡既有文字之国,未有能以一人之力创造一体者。许氏谓《史籀》大篆与古文或异,则不异者固多;且所谓异者,亦由后人观之,在作书时亦只用当世通行之字,有所取舍,而无所谓创作及增省也。"(《史籀篇疏证叙录》)大篆与古文如此,小篆和大篆,隶书和小篆,也都是同样的道理。大凡文字和语言的变迁,多由于大众集团的力量。换言之,一切变革皆起自民间,无主名,无行迹,所谓某人作某种字体者,只是编集字书,适应潮流,正统的旧字体已经不能再维持了,新兴的字体已经抑制不住了。于是士大夫才出来加以承认和整齐,颁为定式而已,根本不是创造。胡适说:"在语言文字的沿革史上，往往小百姓是革新家，而学者文人却是顽固党。"又说："改变的动机是实用上的困难；改变的目的是要补救这种实用上的困难；改变的结果是应用能力的增加。"(《国语月刊汉字改革号卷头言》)

改变的途径，不外两个：一个是轻微的渐变，一个是巨大的突变。渐变之中又有自然的无意识的改革，有人为的意识的改革。无意的渐变，都是极轻微的，不知不觉的，毫无意识的作用。例如亻变作仒，勹变作仐，○变作囗，□变作凵等类。《说文》云："亻古文大也。""仐籀文大，改古文，亦象人形。"又说："仐古文奇字人也。象形。"可见这是古籀的差异。等到时代距离很久以后，也有会变成很大的歧异的，例如仐变作仐，又变作仐，又变作仐（亢），前后就有极远的距离了。有意的渐变，不仅是笔画的差异，各方面都是有目的的改革，所以异常复杂。但归纳起来，不外化简和增繁的两种趋势。在几千年来文字演变的过程中，这两种相反的工作，却永远是并行不悖的。兹将由古代文字到近代文字的改革，分述如下：

$$\text{文字的改革}\begin{cases}\text{渐变}\begin{cases}\text{无意的}\\\text{有意的}\begin{cases}\text{化简}\\\text{增繁}\end{cases}\end{cases}\\\text{突变}\end{cases}$$

化简的方法有三个。

（1）变图画为符号——原始文字近于图画，写时不便，故把图画改为符号。如把大省作大，又省作天；勹省作仐，又省作勹；●省作○或▼，又变作仐，又变作仐；十省作十，又省作十。这都是把肥笔改为双钩或瘦笔，使文字的每一笔画都整齐一律，没有粗细的差异，写的时候就省事了。诸如此类，不可枚举。有时不但变图画为符号，而且还常常省略笔画，如𤣥省作𤣥，变作𤣥，更省作𤣥或𤣥。

（2）改参差为方块——为了把诸字联缀成篇章的缘故，形体面积遂有整齐划一的要求，于是不得不变更图形的原位。如马、象和鹿、麀等字，同属象形，原是横的，因为鹿麀的形状直长，故保留原来形式作鹿麀，而马象因系横长，占地较广，妨碍直行书写，只得横写作马象，以适应其他文字的直行写法。到形声文字盛行以后，许多文字都是上下或左右两部分组合的，所以许多图形文字就被拆散而分成两半，如企变作企（企），卜变作

（艮），⿰变作⿰（傀）。成分虽然未变，但已失去图画组织的意义了，这样就形成了方块字。

（3）化繁复为简易——太繁的文字，往往省去一部分的不重要的形体，如⿰省作⿰（⿰为墉的本字），⿰省作⿰，⿰省作⿰，灑省作渔等都是。这种省略是省其形体而非笔画。他如楚字省作⿰，婴字省作⿰，虽与前例相同，不过没有通行流传，成为定式罢了。《说文》里常讲到省形和省声，如云隶从屧省，闺从毚省高省，蘖麰从𥡦省之类，多不可靠；至云省声者，如薅为好省声，哭为狱省声之类，尤多可疑。凡可以称"省"的，一定原来有不省的字，然后始可言"省"。假使上举闺薅二字不省，岂复成字？许君所举重文，倒有合乎这个原则的，如𪎭或省作集，𩈃篆文省作原，艸部五十三文大篆从蓐，小篆省作艸之类都是。

增繁的种类也有三个。

（1）添画——文字的结构，日趋整齐，因此就在空疏的地方，添些点画，使其疏密匀称，日久便成为正式的笔画。这大约有五类（一）垂直的长画，上面的中部常加圆点，又引长为一，如丨⿰十，⿰⿰⿰，⿰⿰辛，（或⿰变⿰）。（二）字首横画上，常加一画，如⿰方，⿰而，⿰东，⿰西。（三）字首横画上，又常加八，如⿰⿰，⿰⿰。（四）字中有空隙的，常填以·，如⿰⊙，⿰⿰，⿰日，⿰⿰。（五）属于器物的字，下面常加一或⿰，也有加双手形的如⿰⿰⿰，或⿰；⿰⿰贾，或贝；册⿰典，或典。不过这种文饰有时也稍有含义，例如加⿰表动作是。但多与不加无异，可以说是一种象形的陪衬作用，使本体格外明显。

这种改变，《说文》里也会注意到，例如帝字下说："⿰，古文帝，古文诸丄字皆从一，篆文皆从二，二古文上字，辛、示、辰、龍、童、音、章，皆从古文丄。"现在看来，辛示帝等字，只是在字首横画上加添一画文饰，并非从古文上字。王筠《说文释例》有《文饰》一节，他说："古人造字，取其百官以治，万民以察而已。沿袭既久，取其悦目，或欲整齐，或欲茂美，变而离其宗矣。此其理在六书之外，吾无以名之，强名曰文饰焉尔。"如二丄⿰，二丁⿰之类是也。

（2）增旁——因为形声字的盛行，在较古文字上面增加偏旁，例如⿰增作⿰（蜀），又增作蠋；韦增作围；寻增作挦，爰增作援，豆增作桓，来增作秾，辰增作派。凡此等字，王筠名曰"累增字"。其云"辗转相从"者，亦多此例，如乙加又为ナ，再加肉为肱，乙即肱也。冂加口为同，又加土为坰，冂即坰也。以上都增形的。还有增声的，如齿增作齿，网增作罔又作網，是形和声俱增了。这种增繁的原因，不外有两个：（一）受形声字的影响，意符字都趋向形声化，故增形或增声，使其意义格外明显易见。（二）原来的字借作他用，遂加形以示分别。

（3）加饰——因为文字的书法成为艺术，常增加笔画或偏旁，以求美观。例如㗊写作㗊，汚写作㲯加以小点；子写作㜽，增以㚔旁。更进再加以鸟头虫尾，便成鸟篆虫书了。这种增加的点画偏旁，并不算作文字本身的组织，故与（1）类有别。

渐变的文字，虽有古今的不同，但本体还大部保存，没有完全改掉。突变就不同了。它们把原始的型式湮灭，继之而起的，却是另外一种型式。这种剧烈变化的理由，有些很难想出，大概不是沿袭改革，而是另行创作了。其关于型式方面的约有两种。

（1）凡较冷僻的或罕用的字，常被改为别一相似的字，例如藟字作㠥被改为龜㲋；黽字㲥，本是象形，而改从黽，许多图形文字的消灭，大抵因此。故兽形常改从犬，鸟形常改从鸟或隹。

（2）本是图形文字，因受形声文字的影响而注音，后来把原来的图形省略而成形声字，例如：㱶字加注凡声作㲋，又变作㠥，即成鳳字，只是从鸟凡声。㮇字加注昔声，后改作耤，只是从耒昔声。又有象意的图形文字，也改为形声字的，例如㲥改作贯，㲥改作罙。他如凵之作笑，鬲（甑）之作㽉，凼之作㪔，吕之作膂，㲥之作㲥，凡此种种，都是形体突变而音义不变，所以仍是一字。与因音变而于意符字之旁加注音符的转注字不同，故转注字不属此类。

这样，由于渐变和突变的结果，文字就随时有新陈代谢，因革损益。图形文字简化合声化的结果，产生形声文字，于是难写难识的字，就有很多灭亡。

商周之际，形声字极为发达，像金文里从王的专字玫、斌、瓅等，用途本不广泛，似乎不必另造。而飘、鐋等字，偏旁日趋重复，可以看见那时的人们过于利用这种新方法了。《史籀篇》是这一个风气下较迟的作品，所以"籀文好重叠",如齋作齌,崇作<ruby>尞</ruby>,光作<ruby>炗</ruby>,乃作<ruby>㐱</ruby>,败作<ruby>敗</ruby>,副作<ruby>畐</ruby>等皆是。《石鼓文》中吾字作<ruby>遬</ruby>,亦属此类。但不久之后,文字又渐渐趋向到整齐和简省了。凡是一种新字体,都是初起的时候较为混乱,日子一长,就走上规律的道路了。

春秋以后,是文字的大混乱时期。不但各国的文字自成风气,就是同一地方,前后也不一致,有的极意摹古,有的却简俗讹别,至不可识。《说文》及《三体石经》所录的孔壁古文,便是这期里六国间的一种文字。

秦并天下,统一文字,因而制定了小篆。小篆是根据秦国的较古的文字,参酌损益而成的,其字较大篆为简,而形声字占十之八九。这是一个很大的改革,自此只有小篆流行,从前的古文字大多被淘汰了。小篆虽有整齐同一之功,但因改革而起的错误,却是很多的,以致造字的本意有不可得而说者。有些字是从一误分为二的,如<ruby>宜</ruby>字既变作俎,又变作<ruby>宜</ruby>(宜);<ruby>又</ruby>字既变作<ruby>ヨ</ruby>,又变作久。有些字的形状是变错的,如虎字作<ruby>虎</ruby>,误为人足;老字作<ruby>老</ruby>,误为毛化。这种错误,在语言的见地来看,也不算什么缺点,文字既是语言的符号,就应该看重音而看轻形的。所以虽有许多图形文字被删改和湮没,是并不值得惋惜而发思古之幽情的。

小篆尚较隶书近古,仍可称为古代文字。隶书是古今文字的分界。隶变的简化和错误,更比小篆为多。至于行草及现在的简字,更大有日趋于纯粹音标的可能了,还论什么错误和正讹?我们只是研究它的变化,并不想阻止它去变化的。

本节参考书举要:

(1)钱玄同《中国文字变迁新论》。(《北大月刊》第一期)

(2)唐兰《古文字学导论下编》。

第二节　字体的种类

除了上节所说的纵的改革外,横的方面复因器物的不同,所刻的文字也就有种种区别。纵横相合起来,书体就更复杂了。所以秦时的书体有八种。

《说文序》："自尔秦书有八体：一曰大篆，二曰小篆，三曰刻符，四曰虫书，五曰摹印，六曰署书，七曰殳书，八曰隶书。"

汉兴虽有草书，但萧何草律，关于考试学童的规定，仍沿秦八体之旧：

《说文序》："尉律：学童十七已上，始试，讽籀书九千字，乃得为史。又以八体试之，郡移大史并课，最者以为尚书史。书或不正，辄举劾之。"

新莽时，锐意复古，而古文经学家也很得势，于是八体改为六书（六体），以古文为首：

《说文序》："及亡新居摄，使大司空甄丰等，校文书之部，自以为应制作，颇改定古文。时有六书（案即六体）：一曰古文，孔子壁中书也。二曰奇字，即古文而异者也；三曰篆书，即小篆。秦始皇帝使下杜人程邈所作也；四曰左书，即秦隶书；五曰缪篆，所以摹印也；六曰鸟虫书，所以书幡信也。"

案《汉书艺文志》说："汉兴，萧何草律，亦著其法曰：太史试学童，能讽书九千字以上，乃得为史。又以六体试之，课最者以为尚书御史、史书令史。吏民上书，字或不正，辄举劾。六体者，古文、奇字、篆书、隶书、缪篆、虫书，皆所以通知古今文字，摹印章，书幡信也。"

班氏所说的汉律六体，即许氏所说亡新时的六书，而班云以六体试学童，许云以八体试之，两说互相冲突。自来言此者，除《隋唐经籍志》仍守班说外，余如韦昭注《汉志》、卫恒《四体书势》、江氏《求撰集古今文字表》、孔颖达《书正义》、徐坚《初学记》，皆本许氏的说法。而清儒大多以为许是班误。考《汉志》即就刘歆的《七略》删要而成者，《六艺略》中言古经、古文经、中古文经的地方凡十六处，多指"孔氏壁中古文"而言。在古文家刘氏的眼里，恐怕除了壁中书之外，也就没有旁的

"古文"了。自秦罢东土文字之后，古文废绝。到孝惠之世始开献书之路，古文经出稍众，才造成一个学派，引起了文字学家的研究。汉初萧何草律多沿秦制，当时既无今古文经的分别，而民间出身的豪杰小吏，他们又是只知隶书小篆不知古文的。反过来看，王莽的政变，却是代表复古派的，古文家也正在得势的时候。这样一比较，所以还是许说较为合理。有人说班氏所云古文，殆指周以前的文字；而许书则专指壁中书，故以六书属之亡新，八体属之于秦，似乎不如班说的可据。这种说法，未免有点空洞，从那里证明班氏所云古文是指周以前的文字呢？再说《汉志》小学类有《八体六技》一书，次《史籀》之后，《苍颉》之前，韦昭注八体就用许说，是八体属诸秦，时代也很相合。至于六技，王应麟《艺文志考证》云六技即新六书，段玉裁又以秦八体中之六体来当六技，说："自刻符而下，其《汉志》所谓六技舆？刻符、旛信、摹印、署书、殳书，皆不离大篆小篆而诡变，各自为体，故与左书称六技。"又有以为六技即保氏六书的。《八体六技》一书，《隋志》不载，其亡佚已久，六技究为何义，已不能明。诸家以王说为近是。

关于秦八体新六书的解释，《汉志》和《说文序》都不很详细，后来就多分歧。兹分述于下。

（一）秦八体：

（1）大篆——大篆即籀文。汉代犹有《史籀篇》，旧以为周宣王太史所作，周时史官教学童的书。其字叫做籀文，或称大篆者，别于小篆也。《说文》重文所录籀文约二百一十九字（马国翰辑），还有艸部大篆从茻之五十三字，都和古文异体，而为小篆所省改者。此外和小篆相同的，自当见于正文里面，不过没法分别罢了。

段玉裁《说文注》说："不言古文者，古文在大篆中也。上云古文由此绝，何也？古文大篆虽不行，而其体固在，刻符、虫书等未尝不用之也。"王国维《史籀篇疏证序》说："《史篇》之文字，秦之文字，即周秦间西土之文字也。至许书所出古文，即孔子壁中书，其体与籀文篆文颇不相近，六国遗器亦然。壁中书者，周秦间东土之文字也。"近来研究甲骨金文的人，颇有些不以此为然的，其实所谓地域分别，并非绝对不同，只形势上各有特点而已。古文既是东土六国文字的一种，时代并不比西周的籀文为古。而且秦时"烧灭经书，涤除旧典"，"罢其不与秦文合者"，"而古文由此绝矣"。可证大篆一体在秦人心目中是不包括"古文"的，因秦已把诡变过甚的东方文字罢废了。

（2）小篆——秦始皇统一天下，"书同文字"，"罢其不与秦文合者"，秦文即小篆，亦称秦篆。字体和大篆最近，所省所改的字，不过十分之二三。李斯等采集秦文而作《苍颉篇》《爰历篇》《博学篇》。《说文》正文中所叙的篆文，便是小篆。此外传世的，尚有泰山琅邪台刻石等。小篆和大篆，可以说是一脉相传的西土文字，不过也不能说里面绝无东土文字的影响，所以小篆也有与古文相合的，也有省改古文的。

（3）刻符——徐锴云："符者，竹而中剖之，字形半分，理应别为一体。"（《说文系传通释》）。华学涑说："自汉而后之符，字皆半分，若秦符及秦前符节则不然，盖以全文分书左右，或前后，或书一面，字形无半分者。"（《奏书八体原委》）。现在传世的秦时甲兵之符如《新郪虎符》，《阳陵虎符》等，上面的字形大致即系小篆，也见不到有什么差异，只是比较他器稍为谨严郑重而已。然则，所谓刻符书（江式表有书字）者，只言其所施器物的不同罢了。

汉初刻符仍沿秦制，《史记·孝文本纪》二年："九月，初与郡国守相为铜虎符，竹使符。"应劭曰："铜虎符第一至第五，国家发兵，遣使者至郡合符，符合乃听受之。竹使符皆以竹箭五枚，长五寸，镌刻篆书第一至第五。"《汉旧仪》云："铜虎符发兵，长六寸。"《古今注》云："铜虎符银错书之。"师古曰："与郡守为符者，谓各分其半，右留京师，左以与之。"从上面的注解里可以知道刻符的概况，秦汉都是刻篆书的，不过只有字体半分与不分的区别。可参看罗振玉《历代符牌图录》，华学涑《秦书八体原委》。

（4）虫书——《汉志》师古注曰："虫书谓为虫鸟之形，所以书幡信也。"徐锴《说文系传通释》："按《汉书》注，虫书即鸟书，以书幡信，首象鸟形，即下云鸟虫是也（按即鸟虫书）。"据此说来虫书就是鸟虫书了。鸟虫书详见下文，二者并不完全相同。秦时的虫书，现在已无实物可征。汉之《永受嘉福瓦当》亦虫书之一，字体纯似花纹，屈曲有如虫形，

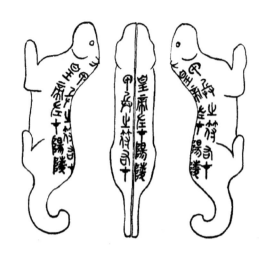

（阳陵虎符）
甲兵之符右才
皇帝左才阳陵
（上虞罗氏藏，采自《历代符牌图录》）

故名虫书，大概是一种为了美观的图案文字。华学涑以《虔秉》《襲裔》
《董武》三钟为秦以前虫书之起源，或以《利徙钟》（即襲裔）为奇字。

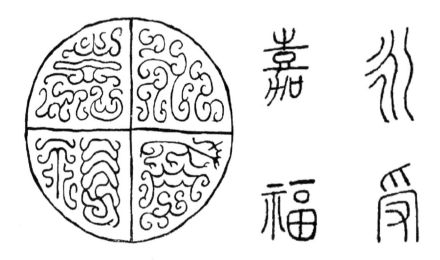

永受嘉福瓦当

（5）摹印——段玉裁、桂馥都说摹印即新六书的缪篆。师古曰："缪
篆谓其文屈曲缠绕，所以摹印章也。"这大概根据《说文序》"五曰缪篆，

所以摹印也"的话，和篆上所加缪字的意义而推想的。但据罗振玉的考证，谓秦印"其书体与传世权量铭同。许祭酒谓秦书有八体，五曰摹印，今以秦印传世者证之，未见有殊体如有周官私玺者也。周玺书体与古文或异。此为周秦玺印之别"（《赫连泉馆古印存叙》）。据此，秦的摹印用篆，且非殊体可知。不过验之实物，较之他器，也有不尽相同的地方，其文虽非屈曲缠绕，然因限于地位，点画排列，长宽屈直，别有一种组织，故可独具一体。秦印传世者甚多，可参看陈介祺《十钟山房印举》，罗振玉《赫连泉馆古印存》及《续存》。

（6）署书——萧子良《古今篆隶文体》说："署书，高祖六年萧何所定，以题苍龙白虎二阙。"段玉裁说："木部曰：检者书署也。凡一切封检题字皆曰署，题榜亦曰署，册部曰：扁者，署也，从户册。"《释名》说："书文书检曰署，署、予也，题所予者官号也。"又说："检、禁也，禁闭诸物使不得开露也。"《急就篇》"简札检署椠牍家"，颜师古注："检之言禁也，削木施于物上，所以禁闭之使不得辄开露也。署谓题书其检上也。"盖署者箸也，木为封签的名称，其后一切署名题字封签皆叫署书了。近人有以瓦当及牌额等书为署书的，有以署书即押书，且以钟鼎款识上之亚形族徽为署书之源，并谓亚即押字，恐未必然。署书既无实物可证，字的体势如何，就不可得而知了。

（7）殳书——徐锴说："按萧子良云：'殳者伯氏之职也，古者文既记笏，武亦书殳。'臣以为古盘盂有铭，几杖有诫，故殳有题。殳体八觚，随其势而书之也。"段玉裁说："按言殳以包凡兵器题识，不必专谓殳。汉之刚卯，亦殳书之类。"今存秦时兵器有铭文的，如《相邦吕不韦戈》（见《善斋吉金录》）便是。其字体虽不离小篆，然因兵器刻字地位狭小，又非国家重器，且于金质上刻字也较艰难，故刻时多求快速，于是体势草率，点画简省。隶书的兴起由于"大发吏卒兴戍役"，殳书也系兵戎之事，或为隶书之权舆乎？可参看

相帮吕不韦戈之一面

刘心源《奇觚室吉金文述》及罗振玉《秦金石刻辞》。

（8）隶书——秦时隶书已行，因为起自民间，徒隶所用，故名隶书。当时的在位者虽想同一文字，维持小篆的寿命，但终于被贱民只图简便省事的心理给摧破了。隶书本是由战国时的文字演变来的，不尽本于小篆。现在传世权量上所载始皇及二世的诏书，字体较为草率，介于篆隶之间，大概就是秦隶了。不过民间所行的隶书是否也如此而无点画俯仰之势，不得而知。其中可以断言的，隶书与籀篆古文，中间有个很大的界限，字体方面起了剧烈的变动，破体错画，当然是很平常的事。所以隶书是古代和近代文字的分界。

综上所说，大小篆的分别很少，刻符为篆书之最谨严庄重的字体，摹印为篆体之变易位形者，虫书为篆体之图饰花纹化者，殳书为篆体之草率者，至于隶书则为古文篆书的极变了。除署书无从证实外，其余刻符、摹印、虫书、殳书四体，虽字形有庄严与率易，华饰与朴质的区别，但最主要的还在因器物之不同而文字本身才稍有差异。无论如何，固皆不离于篆体。

（二）新六书

（1）古文——即汉武帝末发现的孔子壁中书，为东土六国文字。汉人以为即殷周古文。亡新居摄，使大司空甄丰等校文书之部，颇改定古文。《说文》重文中言古文者约三百九十六字（见杨慎《六书索隐》。王国维说全书中所有重文古文五百许字，在正文中者尚未计入）。后来魏《三体石经》中的古文即从此出。

（2）奇字——即古文而异者也，盖诡变之甚者。《说文》所引，有仓之奇字 企，人之奇字 几，涿之奇字 𡿨，𡕥之奇字 天，晉之奇字 𣎺（见𣋷下。𣋷籀文𣋷从二子；一曰𣋷即奇字晉），凡五字。几下《说文》云："古文奇字人也。象形，孔子曰：在人下，故诘屈。"可见奇字即古文中之形体诡异，多不可以六书解释者。不过也间有迹原可溯，如 几 即 儿 之变体，《说文》从 几 之字如兄、先、见等字，甲文正从 几 作兄、先、见。又如 天 即 兂 𥄉 的变体，古字元兀同，兀五忽切，故可借为武扶切之 𡕥。

《汉书杨雄传》："刘棻尝从雄学作奇字。"既云"学作"，伪造可知。

后来刘棻因献符命而伏法，作符命大概与作奇字有关。《吴志虞翻传》注引《会稽典录》曰："孙登时，有山阴朱育好奇字，凡所特达，依体像类，造作异字千名以上。"（《隋书经籍志》有《异字》二卷，朱育撰，亡。后来郭忠恕的《汗简》里收有朱育的《集奇字》，或称《集古字》，亦称《字略》。宋董逌《广川书跋》引作朱鲔《集字》。）这都是自己创造奇异诡怪的字，并不是壁中书的古文而异者。也有把不认识的古篆叫作奇字的如《南史》说顾野王对于"虫篆奇字，无所不通"便是。张怀瓘《十体书断》谓奇字即籀文，其迹有《石鼓文》存焉，段玉裁已经驳过了。徐锴引萧子良的话，也以为奇字即籀书，因《史籀》增古文为大篆，故与古文异。这未免有些错误太甚。

（3）篆书——许慎谓篆书即小篆，且以为程邈所作。这与上文所说李斯等取《史籀》大篆省改而为小篆的话，互相矛盾，这留到后文再说好了。按王莽于元始五年，曾"征天下通一艺教授十一人以上及有逸礼古书……史篇文字，通知其意者，皆诣公车……至者前后千数，皆令记说廷中"。此史篇为小学书之通称，并非专指《史籀篇》。而《籀篇》经新莽之乱，亡失六篇。可见亡新的不重大篆了。小篆多与大篆同，故只列篆书一体。

汉代器铭，多作隶书，篆书较少。新莽主张复古，所作重器如《始建国元年度》及《嘉量》，上面刻文都用篆书，且很工整。又有孔林坟坛刻石二种，亦系篆书。不过字体也稍有不同，如《嘉量》之长脚篆等，即不尽与秦篆相合。

（4）左书——即秦隶书。段玉裁说："左书，谓其法便捷，可以佐助篆所不逮。"盖莽时以古文篆书为正，故以隶为佐书。佐书之传世者，如《始建国钟》，莱子侯刻石，新莽砖文，地皇木简等都是。

（5）缪篆——许慎说"缪篆所以摹印"，卫恒、江式都同此说。《汉志》师古注："谓其文屈曲缠绕，所以摹印章也。"黄庭坚说："缪篆读如绸缪束薪之缪，汉以来符玺印章书也。"米芾《辨印帖》："缪篆乃今所谓填篆也。"戴侗《六书故》："凡字有从多而省者，趋于巧便也；有从省而多者，趋于巧缪也。钟鼎之文多便，符玺之文多缪。"徐官《古今印史》："缪字今人多读作缪误之缪，去声，非是。官以理推之，当读如绸缪牖户之缪，平声，盖言篆文屈曲填满如绸缪也。"以上诸说，都以新缪篆当秦摹印，缪即绸缪屈曲之意，目的在填满，故亦名填篆。但又有以为缪篆非摹印者，如吾丘衍《三十五举》说："汉有摹印篆，其法只是方正，篆法与隶相通。后人不识古印，妄意盘屈，且以为法，大可笑也，多见故家藏汉印，字皆方正，近乎隶书，此即摹印篆也。王球《啸堂集古录》所载古印，正与相合。凡屈曲盘回，唐篆始如此，今碑刻有颜鲁公官诰，尚书省印，可考其说。"现在以古印遗文证验的结果，吾丘衍的说法大体还对。罗振玉论汉印书体曰："其文字初承先秦，而日趋方正，与汉代传世器物名相似，吾邱竹房所谓方正如隶者是也。偶有屈曲其文，如世所谓缪篆者。"可知缪篆是新莽时用以摹印的一种别体，与秦之摹印不同。

(6) 鸟虫书——名称：《说文序》谓"鸟虫书所以书幡信也"。盖根据《汉志》所说的"六体者……皆所以通知古今文字，摹印章，书幡信也"的话，于是就把书幡信归之于鸟虫书。但《汉志》所说的六体中只有虫书之名，因此后人就以为虫书和鸟虫书是一样的。卫恒、江式都遵许说。而庾元威《论书》，及王愔《文字志》，却分虫篆与鸟书为二。萧子良《古今篆隶文体》又分名为"凤鸟书"及"科斗虫书"，鸟曰凤而虫曰科斗，未必有当于古。

起源：庾元威《论书》说："凤鱼虫鸟，是七国时书。"唐玄度《十体书》说："鸟书，周史官史佚所撰。"韦续《五十六种书》："虫书，鲁秋胡妇浣蚕所作，亦曰雕虫篆。传信鸟迹书，六国时书节为信，象鸟形也。"以上诸说，大多传会无根，不足为据。《秦书八体原委》则以《董武钟》等三器为虫书之起源，断定其出于七国之际。容庚作《鸟书考》，又以商器《玄妇壶》为鸟篆之祖。

形式：《汉志》注："虫书，谓为虫鸟之形。"张彦远《历代名画记》："其六曰鸟书，在幡信上，书端象鸟头者。"《说文序注》："上文四曰虫书，此书鸟虫书，谓其或像鸟，或像虫，鸟亦称羽虫也。"今以战国、秦、汉玺印、戈兵等器文证之，有只屈曲如虫形者，有只作鸟头及于字外附加鸟形者，又有作鸟头而下体复屈曲如虫者，此所以或名虫书，或名鸟书，或名鸟虫书的缘故。虫书已见上举，鸟虫书如赵婕伃印。虽都屈曲如虫，或加鸟头，然皆不离于篆。

用途：鸟虫书所以书幡信。何谓幡信？崔豹《古今注》："信幡，古之徽号也，所以题官号以为符信，故谓为信幡也。……用鸟书取其飞腾轻疾也。"段玉裁却分幡信为二物，他说："书幡谓书旗帜；书信谓书符节。"按幡信即信幡，本是一物，应以崔豹注为是。案《诗六月》云"织文鸟章，白旆央央"。《传》云："鸟章，错革鸟为章也。"《尔雅·释天》："错革鸟曰旟。"错是涂抹文画，革鸟是急疾的鸟，言涂画急鸟于旟的上面。此或即书幡信之权舆乎？

至于《后汉书·阳球传》："或鸟篆盈简。"左思《吴都赋》："鸟册篆素。"《魏志·卫觊传》："好古文，鸟篆隶草，无所不善。"《三国志·王粲传》裴注引《魏略》："邯郸淳善苍雅虫篆。"这些"鸟篆""虫篆"之名，大概都是当时鸟虫书体之名，不尽与八体六书中之虫书、鸟虫书相合。

总之，亡新六书亦不出古文、篆书、左书、三者的范围，缪篆及鸟虫书都是篆书的变体而因器为用者。把八体六书合在一起考察一下，就可知道：篆书、古文、隶书，是纵的变迁，而刻符、鸟虫书、缪篆、摹印、署书、殳书、又都是横的分别。纵横之分虽为八、为六，但都不离篆书、隶书的范围。盖秦汉之世，通行的文字，多是隶书，篆书已成为古文字了。

（三） 八体六书的比较

孔颖达《尚书正义》："亡新于秦八体用其小篆，虫书、摹印、隶书，去其大篆，刻符，殳书，署书，而加以古文与奇字。以摹古故，用古文奇字而不用大篆也。"

段玉裁《说文序注》："按秦文八体尚有刻符，署书，殳书，此不及之者，三书之体不离乎摹印书幡之体，故举二以包三。古文则析为二以包大篆。莽意在复古应制作，故不欲袭秦制也。"

谢启昆《小学考》于《八体六技》下云："按八体六技当是汉兴所试之八体，合以亡新改定之六书，技字似误。盖以古文、奇字易大篆、刻符、署书、殳书、篆书即小篆，左书即隶书，缪篆即摹印，鸟虫书即虫书。"

现在把三说列表于下，以资比较对照。

孔说：

八体			大篆	小篆	刻符	虫书	摹印	署书	殳书	隶书
六书	古文	奇字	篆书			鸟虫书	缪篆			左书

段说：

八体	大篆		小篆	刻符	虫书	摹印	署书	殳书	隶书
六书	古文	奇字	篆书	鸟虫书　缪篆					左书

谢说：

八体	大篆	刻符	署书	殳书	小篆	虫书	摹印	隶书
六书	古文		奇字		篆书	鸟虫书	缪篆	左书

本书所说：

八体			大篆	小篆	刻符	虫书	摹印	署书	殳书	隶书
六书	古文	奇字	篆书			鸟虫书	缪篆			左书

古文奇字并未包括在大篆之中，因秦时无古文也。莽时刻符仍用篆体，大篆小篆已不能分别，故均该在篆书之内。署书无可考。殳书汉后似用隶体，宜并入左书里面。表中所列，只言其前后相当耳。

自八体六书之后，书体名目，日益纷多。宋王愔《文字志》谓古书有三十六种。齐萧子良《古今篆隶文体》有藁书、楷书、蓬书、悬针书……龟书，麒麟书、金错书、蛟脚书，凡数十种。齐末王融图古今杂体有六十四书。韦仲定为九十一种，谢善勋增其九法，合成百体。梁庾元威论书有一百二十体。名目之多，至此已极。于是由博反约，唐唐玄度以古文、大篆、八分、小篆、飞白、倒薤篆、散隶、悬针书、鸟书、垂露书，为十体书。张怀瓘《书断》又分古文、大篆、籀文、小篆、八分、隶书、章草、行书、飞白、草书，为十体。韦续复纂五十六种书，宋僧梦英又有十八体书。其中除《书断》所论，于书法沿革上尚有研究之价值外，其他大率出于八体六书，因事生变，非文字之常，向壁虚造，无关弘旨。《隋志》和《系传》评论他们说：

> 《隋书经籍志》："汉时以六体教学童，有古文，奇字，篆书，隶书，缪书，虫鸟。并薰书，楷书，悬针，垂露，飞白等二十余种之势，皆出于上六书，因事生变也。"
>
> 徐锴《说文系传疑义篇》："鸟书，虫书，刻符，殳书之类，随事立制，同于图画，非文字之常也。"又说："五体之外（案指古文，科斗，籀文，篆文，隶文而言），汉魏以来，悬针，倒薤，偃波，垂露之类，皆字体之外饰，造者可述。而齐萧子良，王融，韦仲，庾元威之徒，随意增益，妄施小巧，以异为博，以多为贵。至于宋景之史，秋胡之妻，皆令撰书，厚诬前人，以成己学。是以王融作七国时书，皆成隶字，其为虚诞，不言可明。是以一百二十文体，臣所不敢言也。"

徐氏这种批评很对，所以都略而不论。

隶书之后，又有楷书。草书之外，又有行书。于是自来讲小学的人，将汉字形体的变迁，立了十种名目：（一）结绳，（二）八卦，（三）古文，（四）大篆，（五）小篆，（六）隶书，（七）草书，（八）八分书，（九）楷书，（十）行书。结绳、八卦都不是文字，已见前论。古文是六国时的文字，并不是最早的仓颉古文。真正的古文，据现在所知道的材料而言，应以甲骨文为最早。而八分书就是隶书，并非自成一体。因此，下面以时代为次，分为古代近代两种文字：（一）甲骨文，（二）钟鼎文，（三）孔壁古文，（四）籀文，（五）小篆，以上为古代文字；（六）隶书，（七）草书，（八）正书，（九）行书，以上为近代文字。

本节参考书举要：

（1）沈兼士《文字形义学》上篇三《文字形义学之沿革一》，《八体六技》。

（2）朱宗莱《文字学形义篇》，形篇一《字形叙略》附《秦八体新六书参斠表》。

（3）华学涑《秦书八体原委》。

第三节　甲骨文

甲骨文的发现，是清末光绪二十五年（一八九九）中学术界的大事。在前此数十年里虽早有零星的发现，但都是无意中耕掘田地的偶得，而且当地土人以为龙骨，售于药店，论斤计价。或因其粉末可敷创口，名曰"刀尖药"。国内有识之士知其有文字学上的价值，以及大批的有意发掘，却是从这年起始的。

发现的地点，是在河南安阳县城西北相距五里的小屯村。村的东西北三面，有洹河围绕，由村内到洹河南岸，方里之内，无地不有。这地方本是历史上所说的"殷虚"，《史记·项羽本纪》记章邯和项羽相约期会的地方为"洹水南，殷虚上"。《相州图经》说："安阳在淇洹二水之间，本殷墟也。"安阳名殷虚，犹睢阳的称商邱，本系殷之故都，自盘庚时即徙迁于此。《商书盘庚序正义》引《汲冢古文》云："盘庚自奄迁于殷，殷在邺南三十里。"束皙以此殷即《项羽本纪》所称的殷虚，殷在河北，和在河南的亳殷非一地。《魏土地记》："邺城南四十里有安阳城，城北有洹水，东流者也。"王国维说："今龟甲兽骨出土，皆在此地，盖即盘庚以来殷之旧虚。"其说甚是。旧或以此地为武乙所徙之河北，并以殷虚的时期，仅止于武乙至帝乙的三世。现在因了大规模发掘的结果，由于大龟四版的出世，以及发现宗庙、宫室的基址，版筑、陶复的遗迹，才使一般人打消了帝乙迁都因水患的假说。帝乙迁沫，故殷虚卜辞所见殷王之名终于文丁。因而对殷虚的时期，也延长了不少，上起盘庚迁殷，下讫帝乙徙沫，前后约二百数十年之久。又借实地发掘的经验，推翻了从前殷虚曾经大水湮没，甲骨被水漂泊淤积的设想，知道甲骨文在地下的情形。一部分是有意的储藏，排比成层，聚在一个地窖之内；一部分却是凌乱无次，大概当时当作废物，用毕随弃。有的拿来练习书法，有的改作别器，锯去文字的半截。因此就羼杂在粪土垃圾之中。可知殷墟的构成，实在包涵几个不同的时代。更由甲骨卜辞的内容，多记载祭祀商代先王先公的事情，可以确知为商代的遗物。

商人信鬼，凡祭祀、征伐、佃渔、出入、年月、风雨等，事无小大，都必用卜。卜用龟甲。迨后龟甲不够使用，遂以牛胛骨代之，牛羊骨之外，并用象骨。卜时先刮磨甲骨使其平滑，在甲之里面，凿一椭圆尖长的小沟，再于沟旁钻一圆形小坑，略如 ◑ 形。凿之，所以使正面容易直裂；钻之，所以使正面容易横裂。盖因兆文的定吉凶，以横文为准，而横文之破裂发生，必借直裂以引之的缘故。凿钻之后，取火在小坑处灼之，则坼兆纵横自现于甲的表面，如 ⳩⳥ⳤ⳥ 等象。《说文》云："卜，灼剥龟也，象灸龟之形。一曰象龟兆之纵横也。"又云："⳩、灼龟坼也，从卜，兆象形。⳩、古文兆省。"可知卜兆两字，完全是象形，不过兆为多数坼文之代表，卜只表一坼文而已。一甲可数卜或数十卜，《庄子·外物篇》所谓"七十二钻而无遗策"是也。兆坼显而吉凶定，然后于兆侧契刻卜辞，字大者逾寸，小者不及黍米，刻画工妙，实属难得。卜辞所以记命龟之事，"上吉""下吉""小吉""吉"等字样，则刻于龟版之边缘，不与卜辞连属。

　　光绪二十五年，丹徒刘铁云寓京师王懿荣私第，王病疟痁，购龟版于菜市口达仁堂，铁云见上面有契刻篆文，告知懿荣，相与惊讶，疑为古物，到药铺询问来历，才知道是安阳汤阴的乡民掘地得到的东西，取价很低，惟药市买之。随后有山东古董商人范姓的，为端方收买古物，往来河南武安彰德间，见甲骨上有文字，以若干片献进，端方很喜欢，每字酬银二两五钱。自此，一般收藏家及古董商人才开始注意搜求。是年秋，范商以甲文十二版售于王

（北京大学藏骨）

懿荣，每版价银二两。二十六年春，范商挟八百片来京，又售于王氏，潍县赵执斋得数百片，亦归王氏。秋，义和拳乱起，王氏殉难。二十八年，王子翰甫出售所藏古物，甲骨千余片，悉数卖给刘铁云。定海方药雨又得范商三百余片，亦归刘氏。赵执斋更为刘氏奔走访求，得三千余片。刘氏又命其子亲至安阳搜罗，得千余片，前后共五千片而强。上虞罗振玉在刘家见甲骨墨本，于是墨拓千余片，以谋流传之责自任。二十九年，刘氏以所藏甲骨选拓一千零五十八片，石印行世，名曰《铁云藏龟》。是为甲骨文字著录之第一部。三十年十一月，瑞安孙诒让本之以著《契文举例》二

卷，对于甲骨文的研究，孙氏实为开创者。三十一年十一月，又作名原二卷，据契文金文以考篆文演变之迹。披荆斩棘，草创之功，是永不能磨灭的。

甲骨既见重于当时，遂渐有伪刻出现，大半售与欧美各国的驻华传教师，如潍县收师柏尔根（Rev. Paul Bergen）赠给济南广智院的七十余片，其中很多赝品。此外英美德各国的博物院也都有收藏。光绪三十二年，美国驻潍宣教士查尔凡（Rev. Frank H. Chalfant）著《中国原始文字考》（Early Chinese Writing），为美国皮兹堡喀尼各博物院的报告之第四卷，是西洋研究甲骨文之第一人。宣统元年，日本文学博士林泰辅作《清国河南汤阴县发现之龟甲兽骨》一文，对甲骨特感兴趣，并以此文寄罗振玉。自刘铁云以来，学者多沿袭刘说，以为出土地点在河南汤阴县之古牖里城，盖估人希图专利，诡更地名，刘氏遂为所欺。直至宣统二年罗氏所著殷商贞卜文字考出版，"凡林君之所未达，至是乃一一剖析明白"。并从估人之来自中州的，询知发现地点乃在安阳小屯，而非汤阴。其地为武乙之墟，又于刻辞中得殷帝王名谥，始恍然悟此卜辞为殷商王朝的遗物。文字虽简略，然可正史家的违失，考小学的源流，求古代的卜法；既而罗氏渐不满意于旧作，别有新发，所见既广，恍然于宝物之幸存者有尽，如不汲汲搜求，则出土之日，即毁灭之期，是搜集尤急于考释，因遣估人至河南搜访，一年之中，所获逾万；意不自歉，又命其弟振常和妇弟范兆昌亲至小屯，所得又倍于前。于是辑为《殷虚书契前编》八卷，著录二二二九版，民国二年印行。三年，又影印所藏最大的肩胛骨之未经拓墨者，凡六八版，为《殷虚书契菁华》一卷。四年，著《殷虚书契考释》一卷，目次分为（一）都邑，（二）帝王，（三）人名，（四）地名，（五）文字，（六）卜辞，（七）礼制，（八）卜法。王国维书后云："分别部居，创立义例，使后之治古文者得其指归，而治《说文》之学者不能不探源于此。"诚哉是言。先是刘铁云以庚子买仓粮事得罪，流新疆死，所藏甲骨未出版者，多数散出，一部分归罗氏。此时罗氏欲彰刘氏之功，于是选印《藏龟》所未载者凡四十版，名为《铁云藏龟之余》。三月间，罗氏亲至小屯考察殷墟遗址，恍然如见殷太史之故府。归而发箧，出所藏甲骨数万，遴选《前编》中文字所未备者，复得一一〇四版，名曰《殷虚书契后编》，影印出版。更录上列诸所著书中的不识之字千名，合以重文，共千四百有奇，辑为《殷虚书契待问编》一卷，以期考释古文者知所用力焉。

罗氏的友人海宁王国维，虽乏收藏之资，但对于古代文字及历史的考订研究，恐怕还在罗氏之上。罗氏著作，多有王氏序跋，而《考释》且为王氏手写石印。于民国四年，曾作《殷虚卜辞中所见地名考》一文。六年，《著殷卜辞中所见先公先王考》及《续考》各一卷，《殷周制度论》一卷。其后，又著《古史新证》《殷礼征文》等书，于殷代文字有所考证，于古史的修订补充尤多，自是甲骨文字的重要更形增高，甲骨学的范围也愈发扩大了。此外，王氏又为人编次《戬寿堂所藏殷虚文字》一卷，附《考释》一卷，是书所录六五五版，为上海英籍犹太人哈同（Hardoon）之妻罗氏所藏，本系刘铁云的故物，辗转经卞子休收购得者，虽署姬觉弥编著，实出王氏之手。同年，外人方面出版甲骨的书，其著者有坎拿大明义士（James Mellon Menzies）编印《殷虚卜辞》一书，著录凡二三六九版。明义士为安阳传教师，常潜骑其老白马徘徊于殷虚之上，所获颇多，此盖由其所藏五万片中选出者。日本林泰辅就商周遗文会椎石斋听冰阁继述堂诸家所藏甲骨实物拓本，编印为《龟甲兽骨文字》二卷，附《钞释》二卷，凡著录一〇二三片。

民九，天津王襄编印《簠室殷契类纂》，正编十四卷，依《说文》次序，载甲骨中可识之字八七三。附编一卷，辑录合文，存疑一卷，为《说文》所无及难确认而偏旁类似者，凡一八五二字。待考一卷，皆偏旁无所系属者，凡百四二字。诸家著录考释之外，是为纂辑文字之第一书。十二年，番禺商承祚辑《殷虚文字类编》十四卷，所纂文字皆本罗王二氏的著作，间加己见。次第一依《说文》，分别部居，著明出处，精密矜慎，不事穿凿，所录诸文，去其重复，得七百九十名。其疑难诸字，则仿罗氏《待问编》例，为《殷墟文字待问编》十三卷，正文凡七八五字，有诸家采释未决者，有形义可辨而难定为何字者，绝不可知者尚属无多。此际北京大学研究所国学门收得甲骨文四六三版，为达古斋主人霍保禄捐赠，唐兰有《考释》，惜未印行。

十四年，丹徒叶玉森购得铁云旧藏甲骨千三百版，乃选印二四〇版，名曰《铁云藏龟拾遗》，附《考释》。先是叶氏著有《殷契钩沈》《说契》

《研契枝谈》三种，多独到之语。同年，王襄编印《簠室殷契徵文》十二卷，附《考释》。著录甲骨一一二五版，分为十二类：天象、地望、帝系、人名、岁时、干支、贞类、典礼、征伐、游田、杂事、文字。书中所录，因纸墨重，笔画浸蚀，字形恶劣，去真已远，兼以割裂讹夺，致令辞义乖舛，故书初出时，或疑为赝品，近以王氏原藏拓本及所记内容对照比勘，知材料非伪，特传写不慎而已。可知著录之法也不得不加讲究。

十七年，嘉兴胡光炜著《甲骨文例》二卷，上卷《形式篇》，起单字，讫合文，为例二十八。下卷《辞例篇》，以言某为例，凡十有六。于卜辞用字措辞之例，固已导夫先路了。是年，北伐军作战安阳，军事结束，村人因废农作，无以为生，遂大事挖掘，多售于上海开封商人。十月，中央研究院派南阳董作宾至小屯试掘殷虚，为安阳正式发掘之第一次。董氏亲履其地，目验出土，经历及获得，远非局外人所能比，故董氏颇多新见。此次得甲骨大小三千片，有文字者七百七十四版，董氏选摹三八一片为《新获卜辞写本》一卷。附《后记》一卷，内分六章：一曰地下之知识，说明殷虚漂流冲积情形。二曰时代之考证，证知殷虚确为武乙至帝乙之故都。三曰文字之研求，四曰契法之探索，五曰骨料之发现，六曰涂饰之一斑。自发现甲骨以来，类皆支离寻找，发掘之责，多委诸本地乡人，乡人自无知识可言，对于出土位置，地层结构，全不顾及。而学者之注意甲骨，亦仅为其文字学上的价值而已。王国维虽用以考证古史，诸家亦有以为研索古代社会状况的工具的，但都纸上谈兵，与甲骨本身之时代区别，一点都不知道。而大规模的科学的系统发掘甲骨，扩大其研究范围为考古学，实从此始。考古之事，始于开采，终于考证，欲求采掘之精密周详，则科学知识必不可缺，凡土中埋藏的物品，无不互有关连，如器物上面原有关于时代之文字，固可知其时代之远近。如无文字，或有而与时代无关，则必稽考地层，而地层的构成，与河流变迁的关系很大。所以从事考古发掘的人，不但须具有自然科学的基本知识，而且要明了人类历史，及当地当时的详细历史。十二月，中研院聘李济博士为考古组主任，主持发掘事宜。十八年三月，组织团体为第二次发掘，两月之间，得甲骨文字六八〇片，古器物、兽骨、蚌壳、陶片等类甚多。十月又为第三次发掘，得甲骨文字凡二七四二版，其中最可宝贵者，即大龟四版的出土，甲颇完整，满契文字。发掘中间曾与河南省政府发生纠纷，旋即解决。二十年三月为第四次发掘，得甲骨文字七八一版，古器物二百余箱。此次尚有一珍贵之发现，即在小冈地方掘出甲骨文一版，其地下情形与殷虚相似，可知殷虚范围决不止小屯一区。十一月为第五次发掘，得甲骨文字三八一版。并于村中探寻第一次试掘时之坑位及地下情形，结果得殷人居住之圆洞及藏物地窖，甲骨散见其中，足以纠正前此洪水冲积之推测。前后五次发掘，董氏皆身预其事，所见既广，新解遂生，彼先于大龟四版中发现有条不紊之文例及断代基础之贞人，已为《大龟四版考释》一文详细推论矣，此时更自贞人说作出发点，就所有材料，创立断代研究之系统理论。自罗王二家以来，于甲骨文之著录考释，漫无条理，对殷商文化史实，以及甲骨本身之年代，都很茫然笼统。董氏略承王国维以称谓定时代之说，著《甲骨文断代研究例》一文，全书于断代研究，分期凡五：第一期——武丁及其以前（盘庚、小辛、小乙）；第二期——祖庚、祖甲；第三期——廪辛、康丁；第四期——武乙、文丁；第五期——帝乙、帝辛。断代的标准除去同时出土器物的比较以外，甲骨文字的本身约十个：（一）世系，（二）称谓，（三）贞人，（四）坑位，（五）方国，（六）人物，（七）事类，（八）文法，（九）字形，（十）书体。不但各个帝王应有区分，就是同一帝王的在位较长者，也当有他时代早晚的差异，更可以从卜句、甲子、历法，诸方面去作精密的分别。这五个时期已经把粗疏的轮廓，重要的骨干建立起来了。中间虽有稍涉浮夸的地方，如据《竹书》谓殷虚的时代上至盘庚，下讫帝辛。并据地下甲骨的凌乱，认为是帝辛时亡国惨剧的代表。但是瑕不掩瑜，识见明远，创获颇多，实在是甲骨学上的一大发现，一大进步。其后至民二十五为止，又连续发掘到第十三次，地点除小屯后冈外，又于小屯偏西对岸，洹河之北，距城十二里的侯家庄南地，亦掘获甲骨文字，地下情形与小屯同。共得甲骨文字一○三五版，碎片万余。末次发现完整无缺之龟版坑，及用朱墨书写之文字甚多。

　　历来著录考释甲骨诸书，大多就一人一地之所藏，鲜能旁征综合，且一甲多散为好些小块，如片词只字，单独著录，势必陷于断烂朝报之感而不能致用。民二十二，郭沫若著《卜辞通纂》一书，选辑传世卜辞的精粹者，依彼所怀抱的系统而排比之，并一一加以考释。所据多采自刘罗王林之书，及马何二氏与日本公私诸家所藏拓墨及照片。是书的特点：即将一版之折为数片而散见各家著录者，缀集复合，由二以上之断片复合者在三十事以上，中有合二，合三，合四，而成整简的，又有三事，均为该书所独有。是为最早通编研究甲骨文字之书。郭氏因研究古代社会而先从事于甲骨之研究，已著有《甲骨文字研究》二卷，《释干支释祖妣》等篇，涉论颇广，举证甚多，披荆斩棘，时露锋芒，然大胆之处，难免诞妄，论者讥之。故此书自序，颇反对诸家利用罗王阙疑待问相号召之旗帜，为偷惰藏拙之雅名，自矜谨慎之工具。与其宁缺毋滥，抱守自封，不如引起讨论，启发来者。学术进步，假设亦为一重要关键。其他甲骨文字的著名研究，尚有郭氏之《殷契余论》及《殷契粹编》。商承祚之《福氏所藏甲骨文字》一卷附《考释》，《殷契佚存》一卷附《考释》，搜集各家拓本；容庚、瞿润缗之《殷契卜辞》一卷附《考释》，专收燕京大学所藏；唐兰之《天壤阁甲骨文存》附《考释》，专收辅仁大学藏骨。此外单篇论文甚多，不能一一列举。

甲骨文字，在现在讲起来，可以说是最古的文字材料。我们要研究我国文字的发生及演变，不能不追到甲骨。其字体最可考见初文形式，很近于图画，借形表意，不拘笔画的多少，不泥位置的反正，不限形体的繁简，不论形象的异同。盖当时文字尚多未演为定型，仍沿袭图画写实的手法也。

（1）不拘字画多寡向背的，例如：

$$\text{𐎵 𐎵 𐎵 𐎵 𐎵 𐎵 𐎵 𐎵 𐎵}（羊）$$

$$\text{𐎵 𐎵 𐎵 𐎵 𐎵 𐎵 𐎵}（豕）$$

以上诸文，都各小异，然羊字均象其环角广颡，大眼露鼻；豕字均象其肥腹竭尾，长喙高鬃；特征最显，一见可别。而其疏密向背，不妨增损改易，使其匀称。

（2）不限形体繁简的，例如：

$$\text{𐎵 𐎵 𐎵 𐎵}（羊、羴）$$

（囿）

（渔）

（虫、虯、蟲）

形体的繁简，原无分别，因写时有详略的不同，致生此异，大概古时较繁，后代较简。如上举诸例，在卜辞的用法上，毫无分别。就是后来有小异的，考之实物，也可相通，如木与林森的不同便是。推而广之，如 等字，可以说是完全一样的。许君于此种单文叠文，有的强为分别，有的认为相同，恐怕都有错误。可参看《说文释例》的《叠文同异条》。

（3）不论形象异同的，例如：

（牢从牛、从羊）

（逐从豕、从兔、从鹿、从犬）

（牡从牛、从羊、从鹿、从豕）

（牝从牛、从羊、从豕、从犬、从马、从虎）

甲文里面，凡合书"小牢"的牢都从羊作，是牛为"大牢"可知。其余诸文，虽形象各异，然所表之意则同，所以到后来就有淘汰选择，只剩一体，存废的决定，只看幸与不幸了。不过在经典里除牝字外又有麀字，传世甲文虽无，以理推之，是应当有的，可见当时对兽类阴阳性的分别很清，这大概是畜牧时代的遗迹。并非古人不拘小节，而是仍不脱图画写真的缘故。

罗振玉说："古人文字，肖形以示意，而不拘拘于一笔一画；逮后世拘于笔画，形失而意反晦。于古金文字，尚可窥见此恉，而不如卜辞之昭然易明。若仅观许书，固不能知此矣。"（《殷商贞卜文字考》）这可以说明甲文在研究字形上的重要。

甲骨文字的研究方法，和研究其他文字不大一样。除去注意材料之真伪及整理、实物的观察、出土的地层，同时出土之器物等考古的工作以外，而社会状况、历史知识与文字解释也有互相发明的妙用。还有最重要的一点，就是古代意符文字的研究，应该活看，不要拘泥。例如卜辞中有▨字，商承祚谓与沈牛之▨字为一，其意同为薶沈，不过所沈之对象有牛与羊之分罢了。按以薶之本字作▨又作▨证之，商说极是，这本是意符文字，只可以意度之。然而竟有一般编字书的人，强为分别，附会《说文》，以多识一字夸傲天下，说他是个洋字，殊不知《说文》里的洋字，明白说是"从水羊声"，水名；并不是从水羊以会意。这都是滥用偏旁分析法的错误。甚而有考释甲文的人，只会分析偏旁，然后凑成一字，云与某字书中之某字相合，而字书之时代，有晚至《集韵》《篇海》的，例如卜辞▨字，旧时不识，现在有人说是从它从齿，即《集韵》"马齿长也"之齹，《篇海》"齿不正"之齹，以为齹齹、蹉跎、并参差之意。但以他例证之，如▨、▨等字，则此似亦为会意而非形声。

相反的，有人解释甲文，专靠空想，纯以意会，如以▨为浮瓜之象，其意为盈。▨为手持斧钺之象，雷者天地之斧钺，今犹有雷斧之说，故为雷字。甚至不惜引用近世科学新说，以就己意，谓天文家云电气冲激云气入高空冰雪线，凝结旋转为雹，故电字从申作▨，不知此乃雷字也，古人焉知天文之学？

故考释甲骨文字，约有四难：罗振玉《殷虚书契考释》自序曰："予从事稍久，乃知此事实有三难：史公最录商事，本诸《诗书》，旁揽《系本》，顾考父所校，仅存五篇，《书序》所录，亡者逾半，《系本》一书，今又久佚，欲稽前古，津逮莫由，其难一也。卜辞文至简质，篇恒十余言，短者半之；又字多假借，谊益难知，其难二也。古人因物赋形，繁简任意，一字异文，每至数十，书写之法，时有凌猎，或数语之中，倒写者一二，两字之名，合书者七八，体例未明，易生炫惑，其难三也。今欲祛此三难，勉希一得，乃先考索文字，以为之阶，由许书以溯金文，由金文以窥书契，穷其蕃变，渐得指归，可识之文，遂几五百。"除此三难之外，书契多形符及意符文字，还有不少图画成分的残留，研释之法，和对后世的六书文字不大一样，它是否即代表语言，或仍系直接表意而非语言符号，未易断言。其难四也。盖文字初期，尚与绘画彩饰纠杂而不甚清晰，往往未有定形定读，即其义亦因上下文义及本身诸形的关联而有变化，不能泥执后世经义音读，字书点画以求之。

本节参考书举要：

（1）董作宾、胡厚宣合编《甲骨年表》。

（2）董作宾《甲骨文断代研究例》。（《历史语言研究所集刊》外编）

（3）董作宾《商代龟卜之推测》。（《安阳发掘报告》第一期）

（4）董作宾《殷虚沿革》。（《历史语言研究所集刊》十九年二本二分）

（5）邵子风《甲骨书录解题》。

第四节　钟鼎文

　　"钟鼎文字"是"钟鼎彝器文字"的简称。钟是乐器，鼎是烹任器，都是日用的常器，彝字本象两手执缚鸡以祭之状，引申凡祭器之称，因此器铭上常有"尊彝"的字样。但铜器中不尽是彝器，像兵器及车马饰之类，这个名称就不能包括了。金字本是五金的通名，铭文上也常有"易吉金"和"择其吉金"的话，故又名吉金文字，简称"金文"。但"吉金"和"货币"的名称相混，而"金文"的涵义又不易清晰。最合适的名称应是"古器物铭"或"古器物款识"。把铜器、货布、玺印、陶器等金石砖瓦各古器的铭文都应包括在内。不过因器物的种类不同，材料发现多少不一的关系，通常的分类都注重要紧的部分，金文、玺印、货布、陶器、石刻，都各自成类而为专门的研究。如只限于铜器，可称"铜器铭辞文字"，简称"铜器文字"。

　　三代时，鼎彝为宗庙的常器，也是国家的重器。往往与社稷共存亡，迁徙销改，湮没无闻。《左传》说：夏铸九鼎，桀有昏德，鼎迁于商；商纣暴虐，鼎迁于周（见宣三及桓二）。《汉书郊祀志》说："周德衰，鼎迁于秦；秦德衰，宋之社亡，鼎乃沦伏而不见。"到汉朝时，常有鼎彝的发现，不过当时对古器的观念，不出祥瑞征兆及器用玩好两种态度。例如：武帝元鼎元年得鼎汾水上，因是改元（《汉书》应劭注）。四年六月于汾阴后土营旁得鼎，其大异于常鼎，文镂无款识。公卿大夫皆议请尊宝鼎，见于祖祢，以合明应（《史记封禅》）。宣帝时，"美阳得鼎献之。……张敞好古文字，按鼎铭勒而上议曰：臣闻：……大王建国于郊梁，文武兴于酆镐，由此言之，则郊梁酆镐之间，周旧居也，固宜有宗庙坛场祭祠之藏。今鼎出于郊东，中有刻书曰：'王命尸臣，官此枸邑，赐尔旂鸾、黼黻、珊戈，尸臣拜手稽首曰：敢对扬天子丕显休命。'臣愚不足以迹古文，窃以《传记》言之，此鼎殆周之所以褒赐大臣，大臣子孙刻铭其先功，藏之于宫庙也。昔宝鼎之出于汾脽也……鼎大八尺一寸，高三尺六寸，殊异于众鼎。今此鼎细小，又有款识，不宜荐见于宗庙"（《汉书郊祀志》）。此鼎本拟仿元鼎时故事，见于宗庙，因张敞此议才止，可见迷信的思想是由于不懂得古代文字的缘故。又有以为器用玩好的，如明帝永平六年王雒山出宝鼎，庐江太守献之，诏陈于庙以备器用（《后汉书·明帝纪》）。近来出土的铜器，往往有先秦古器而为汉人加刻款识的。可惜当时没人去注意收集研究，大概因当时纸还没有普遍，也未有传拓的方法，而且铭辞与经传的关系较远，不足以明经证古，再说根本像张敞那样的好古文字的人也太少了，所以铜器铭辞始终没有传布的机会。《说文序》虽说："郡国亦往往于山川得鼎彝，其铭即前代之古文。"可是书里并未征引一字。

魏晋以后，古器还时常出土，渐渐有以为研究者，例如《诗》言牺尊，王肃说："太和中，鲁郡于地中得齐大夫子尾送女器，有牺尊，以牺牛为尊。"（《诗闷宫注疏》引）王氏以实际器物的形状来注解经典，实开研究古器物的风气。刘杳说："古者樽彝皆刻木为鸟兽，凿顶及背，以出内酒。顷魏世鲁郡地中得齐大夫子尾送女器，有牺尊作牺牛形。晋永嘉贼曹嶷于青州发齐景公冢，又得二樽，形亦为牛象。二处皆古之遗器，皆非虚也。"（《梁书刘杳传》）又景明四年，并州获古铜权，诏付公孙崇以为钟律之准（《魏书律历志》）。南齐时，始兴王鑑作益州刺史，在古冢里得铜器十余种。梁刘之遴在荆州，聚集古器有数十百种之多。此外史传所载，还有很多，可惜都无人传拓著录，流传后世，以致出土之日，即湮灭之期。所谓《虞荔》的《鼎录》，陶宏景的《刀剑录》之类的书，都是纯粹的伪作，全无价值。顾烜的《钱谱》，只收莽布以下，而书也久已亡佚。唐开元十三年，万年出土五鼎。四个刻有文字。张怀瑾《书断》说："往在翰林见古铜钟二枚，高二尺许，有古文三百余字，纪夏禹功绩，字皆紫金钿，似大篆，神采惊人。"此外还有许多铜器，都没有流传，大概是还不会摹拓铜器，以及古文字学不发达，无人注意古文字的缘故。

　　铜器文字的重视，是在宋初。五代时，古文字学很盛行，宋初颇受影响。咸平三年，乾州献古铜鼎，有古文二十一字，句中正和杜镐验其款识以为史信父甗(《金石录》《甗铭》引《真宗实录》)。秦公钟本藏内府，皇祐间摹其文以赐公卿，杨南仲为图刻石(《皇祐三馆古器图》)。到嘉祐时，刘敞在长安收得古器物很多，作《先秦古器记》。以欧阳修正作《集古录》，就把他所得的铭刻都送过去。后来李方叔《古器物铭》说："盖收藏古物，实始于原父；而集古录前代遗文亦自欧阳公发之。后来学者稍稍知搜抉奇古，皆二公之力也。"宣和间，内府尚古器，一时风尚所趋，古物多有出土。宋代所发现的铜器，现在所知道的有六百多种。铜器之外，其他古物也略注意，关于货币也有谱录。

　　元明两代对于钱币的搜集也颇有人在。清高宗敕撰的书，铜器和货币都有。嘉道以后，关于金石砖瓦各古器的收集访寻，很是盛行，新发现的东西日益加多，有些都是前人所未知的，如货币方面的空首布便是。近来又有整批铜器的发现，如新郑、浑源李峪、洛阳韩墓、寿县等地出土的古器，大多是私掘的，方法粗疏，器物散佚，都是文化上的极大损失。不过稍微自慰的，是中央研究院的科学发掘安阳谭城等地，收获尚佳。

　　著录铜器的书，自刘原父、欧阳修提出之后，士大夫争求古器，著录之书亦日众。除了《集古录》、《金石录》(刘跋)、《东观余论》(黄伯思)、《广川书跋》(董逌)、《绍兴内府古器评》(张抡)一类的书只存跋语外，可以分为两类：一类既图形状，又摹款识，像李公麟的《古器图》(今佚)，吕大临的《考古图》，王黼等《博古图录》，失名氏的《续考古图》等；一类专摹款识，间加考释，如赵明诚的《古器物铭》(今佚)，王俅的《啸堂集古录》，薛尚功的《历代钟鼎彝器款识法帖》，王厚之《钟鼎款识》等。到清朝乾嘉以后，此学大兴，高宗敕撰《西清古鉴》《宁寿鉴古》《西清续鉴》甲编乙编四书。虽只刻《古鉴》，而且流传不广，但臣下受的影响却很大，嘉庆元年钱坫刻其所著《十六长乐堂古器款识考》，九年阮元刻所辑《积古斋钟鼎彝器款识》，因为他是当时的经学大师，又用铭识来讲经学和小学，所以搜集铜器的风气大为盛行。西清四鉴是取法于《博古图》的，阮书也有意续薛，而钱书以己藏为限，和《先秦古器记》的性质相类。后来想续阮书的人很多，如《敬吾心室彝器款识》（朱善旂），《从古堂款识学》（徐同柏），《筠清馆金文》（吴荣光），《攈古录金文》（吴式芬），《缀遗斋彝器款融考释》（方濬益），《愙斋集古录》（吴大澂），《郁华阁金文》（盛昱）等都是。专辑自藏的大抵兼录器形，像曹载奎的《怀米山房吉金图》，刘喜海《长安获古编》，吴云《雨罍轩彝器图释》，潘祖荫《攀古楼彝器款识》，端方《陶斋吉金录》，丁麟年《梧林馆吉金图识》等，都是如此。只刘喜海《清爱堂钟鼎彝器款识法帖》无器形是例外。吴大澂《恒轩所见所藏吉金录》兼采别人所藏，也是一个变例。

字书方面，始于宋赵九成的《考古图释文》。政和中黄伯思曾作《古文韵》，以夏竦所集《古文四声韵》和赵善继所广为主，益以款识石刻印章等，但未传世。同时王楚作《钟鼎篆韵》，绍兴时，薛尚功作《广钟鼎篆韵》，其书明时尚存，今佚。元杨钧作《增广钟鼎篆韵》，今存。元明以后，这类的书很多，但材料只是这些，所存的如《金石韵府》《钟鼎字源》等书，都不过辗转裨贩而已。嘉庆时严可均作《说文翼》，辑录钟鼎拓本，依《说文》编次，脱去夏竦以后用韵编次的窠臼，复回到《汗简》以前的方法，这是一个重要的改革。吴大澂辑《说文古籀补》，以铜器文字为主，兼采刻石货币玺印陶器等文字而成（后来有丁佛言的再补，强运开的三补）。

近来金石学很盛，著录方面：罗振玉所藏有《梦郼草堂吉金图》《贞松堂吉金图》，陈宝琛所藏有孙壮的《澂秋馆吉金图》，古物陈列所所藏有容庚的《宝蕴楼彝器图录》和《武英殿彝器图录》，河南博物馆所藏有关百益的《新郑古器图录》，容庚所藏有《颂斋吉金图录》，于省吾所藏有《双剑誃吉金图录》，刘体智所藏有《善斋吉金录》。此外搜集各家所藏的，有商承祚的《十二家吉金图录》，黄濬的《尊古斋所见吉金图》，容庚的《海外吉金录》等。以上都是属于是图象的。专录拓本而属于文字的，有罗振玉辑的《殷文存》和《秦金石刻辞》。邹安的《周金文存》真伪杂出，罗甚不喜，所以罗福颐的《金文著录表》不列此书。罗氏又集《贞松堂集古遗文》，又有《补遗》和《续编》，可惜都是摹印，远不如景印拓本。此外顺续罗书的有王辰的《续殷文存》；和罗书体例相近的有容庚的

《秦汉金文录》。而刘体智所辑的《小校经阁金文》，材料很丰富。字书方面：罗振玉主张把各种古器文字分别收集，因时代虽同，而论其书体，则因所施而各异，文多省变，可识者寡（见《金文编序》）。所以容庚辑《金文编》及《续编》，罗福颐辑《玺印文字征》，顾廷龙辑《古陶文香录》，商承祚辑《石刻篆文编》，都是限于一种材料的。另一类和这恰相反，是用各种材料混合编集的，如日人高田忠周的《朝阳阁字鉴》《古籀篇》两书，材料芜杂，毫无足取。徐文镜的《古籀汇编》，是集合《钟鼎字源》《说文古籀补》及《续补》《金文编》《古玺文字征》《殷虚文字类编》六书的正编，删去附录而成，尚便于初学的查检。

　　铜器的索引也很需要，因为材料太多，翻检不易。而且同一材料，散见各书，也很难找出来比较。一器而名称各异，分类不同，尤难检查，于是就产生了铜器名称的索引工作。最早的有王国维《宋代金文著录表》（容庚重定），所录殷周秦汉彝器六二六，《国朝金文著录表》所录三代器三四七一，列国先秦器九十八，汉器六一六，三国至宋金器百有十。目前较完备的有罗福颐的《三代秦汉金文著录表》。又福开森氏所编《历代著录吉金目》。搜辑最富，最近已印行。这些索引，都是以器形分类的。还有以字数多少分类的，《攈古录金文》曾用过，福氏所用方法也是此种。

　　总观上列诸家著录之书，"自赵宋以迄于今，颇多名世之作，或仅采铭文，或兼收图象，或详加考释，或不箸一语；虽各小有出入，然其箸录之方率以器为类聚，同类之器以铭文之多寡有无为后先。骤视之虽若井井有条，实则于年代国别之既明者犹复加以淆乱，六国之文，窜列商周，一人之器，分载数卷，视《尚书》篇次之有历史系统之条贯者，迥不相侔矣"（《两周金文辞大系考释序》）。这种批评是很对的，尤其是传世的彝器，来历多不明白，其少数知道出土地点的，亦系口耳相传，难免有错。而且大多系农人及工匠之偶然发现，掘者既属无心，收者亦不加调查，地层关系，毫不可知。这样，时代国别的断定，只好求之于器物的本身了。过去的考释者，大都囫囵吞枣的发些意见，只求新颖，不问是非，于是同是一器，同为一字，往往有许多说法，如此一来，器物愈富，著录愈多，愈苦难于驾驭。因此我们整理及研究的方法应该革新。

　　对于古器物的研究，有三个学科：由于考古学、工业史或艺术史的见地，研究考证器物的来源、器形花纹的演变，这是"古器物学"。由于古代社会文化或史地的立场，去研究器物的铭辞，在铭辞中探索考证他的时代和国别，研究铭辞的解释和用语等，这是"古器物铭学"；由于文字史的目的去研究字形、字义、成语、文法、叶韵的演变，这是"文字学"。不过后两者的关系极密切，简直不可分离，认识文字而不能确切就去做铭辞的研究，那自然是空中楼阁；同样只顾摘取一两字去解释，不问全体铭辞中的用法谐合，那也是支离破碎，扞格难通。所以分析研究与综合研究是必须并行的。分析研究，是由文字延及各方面的，可以使我们对每一问题，研究得较前精密，但在全体铭辞方面，未必都合，综合研究正可补救此弊，使每部研究都受相当的限制。然后所得结果才能正确、通达。在文字方面，注意字形、字音、字义、书法；在铭辞方面，注意修辞、文法、成语、用韵；在内容方面，注意历史、社会、文化、思想、氏族、职官、地理、历术等；在形状方面，注意器形、花纹的因革。一个款识学者必须从各方面去研究探讨而不可以轻忽从事。不但一件器铭里，需要多方面的综合研究，在全部的铭辞里，也需要综合和比较，无论哪一个铭辞，都含有时代性和地方性，因此我们可以接受《两周金文辞大系》的方法，把全部铭辞系列起来，将见同时同地的或时地相近的铭辞，一定是谐合的。

　　讲到铭辞的起源，大概与铜器不是同时，铜器的制作，从文献方面考察，似乎在商以前就有了，商代铜器制作的技术已十分进步。而铭辞的铸在铜器上，大概是商以后的事情，在商的末年才有较长的铭，以前的器，都不过几个字，可以证明其兴起并不很久。就发掘来说，现在所能看到的铜器，还没有可以证明是古于商代的。商器款识简略，多图形文字，大概铭辞的发生，是由于作器人在器上作些记号，表明所有，所以写上自己的名字或家族名称，如亚止罍（《考古图》原名足迹罍），矛戈及斧，《弟龟鼎》（《邺中片羽》）等。有时但写所祭的人，如"父辛"鼎（《邺中片羽》）之类。凡一两字的铭辞大都属此。再复杂的，是把作器人名或氏族名和所祭的人名结合起来，都写在上面如"象且辛"鼎（《续殷文存》上十二），"父乙韦典"（《邺中片羽》父乙卣）等，凡三四字的铭辞，大都属此。还有在人名下加器名的，如"彭女彝"（《续殷文存》三十彭女瓢），"中妇鼎"（同上上三十）等，此较少见。更复杂些的是加出个动词作字，如"中作鑴""吴作且戊""作父己、再""作父乙尊彝""堇临作父乙宝尊彝"（俱见《续殷文存》上十八至二十二，中鼎、吴鼎、再鼎、乍父乙鼎、堇临鼎）。再进一步就写上所受的赏赐和时日、地点、有关的事实或辞令，就组成较长的铭辞了。周器铭辞长者到有五百来字的，前后演进的线索非常清楚。在铭辞里，一般人多注意两周而忽略商代及六国，因为六国文字变化太多，不易认出，商代文字太古，和图画又很相近，前人都不以为字。郭氏谓此乃古代国族之名号（《殷周青铜器铭文研究》），唐兰氏极力反对非文字之说并列举证据以明其误。

铭辞的内容，不外祀与戎等大事，《礼记祭统》说："夫鼎有铭，铭者自名也。自名以称扬其先祖之美，而明著之后世者也。……铭者，论撰其先祖之有德善、功烈、勋劳、庆赏、声名，列于天下而酌之祭器，自成其名焉。"由此可知鼎铭内容的大概。铭辞之见于传记的，如汤之盘铭为自儆之语（《大学》），孔悝的鼎铭（《祭统》）为显祖之辞，谗鼎之铭（《左传》昭三）为劝戒，正考父之鼎铭（《左传》昭七）为述德，《桌氏之量铭》（《考工记》）为颂祝等都是。商器铭较长者，大多记祭祀、商易、乡酉、出兽等。如戊辰彝、丰彝（薛氏《款识》二图七）等中的匕戊武乙奭的名称，遘和窝日

大保毁

的制度，以及句法、字形、书法等，都可以和卜辞参证比较。周器所纪，多赏赐、册命、训诰、征伐、戍守、燕飨、祭祀等，其纪伐獯狁，征淮夷，都可补史事的不足。还有很奇特的铭文，如匎鼎所纪，全文分三段，且非同年的事情，第一段记王命匎及井弔锡匎的事，第二段却记匎使其小子诉限于井弔的讼辞及判决，起因是双方立契交换奴属，限竟爽约，遂起纠纷，结果判决限败诉并受处罚，匎胜诉后遂记其事于鼎，犹国家战胜然。第三段亦记讼事，匡寇匎禾十秭，讼于东宫，乃判定罚所寇之四倍，结果两造私行了结，匡出田七田，人五夫。此外还有记交换邑里

的事情的，有记和平交易，以田作营业的报酬的（如鬲从盨、矢人盘）。

铜器包括的时代和地域很长很广，字体方面，当然很参差复杂，大概商器多图形文字，周器笔画，较为近同，六国文字，变化太多，奇诡难识。而秦器则近于篆文。按其时代之先后，地域之南北，可与甲骨文字、籀文、小篆、孔壁古文等，互相参证，比较研究。

金文除彝器文字外，还有货币文字。箸录刀布的书，今存者以宋洪遵的《泉志》为最早。历代箸述很多，要以李佐贤的《古泉汇》及他与鲍康同编的《续泉汇》，搜罗最备，凡六千品。戴熙的《古泉丛话》，王锡棨的《泉货汇考》，江标的《古泉拓存》，王懿荣的《古泉精选》等，都是关于泉货的拓本。货币文字，诡变奇简，自成一类，不尽和甲骨钟鼎文字相合。

本节参考书举要：

（1）唐兰《古文字学导论》上编二《古文字的材料》。
（2）唐兰《钟鼎文字研究》序论。
（3）郭沫若《两周金文辞大系》。
（4）容媛《金石书目录》。

第五节　孔壁古文

汉人自然不会看到甲骨文字，钟鼎文字虽见到一点，但因材料太少，无法比较研究，并未在文字学上发生影响。所以那时就把所能见到的异于籀篆的六国文字叫作"古文"。以为是在籀文之前，仓颉所造，孔子所传的文字。《史记》说到"古文"的地方，都是指孔门传留下的先秦六国遗书，未遭秦火而非当时写本者而言。例如：

> 《自序》："秦拔去古文，焚灭《诗书》。"
> 又云："年十岁，则诵古文。"（《索隐》云："迁及事伏生，是学诵古文《尚书》。刘氏以为《左传》《国语》《系本》等书，是亦名之古文也。"按下文云"于是汉兴，……《诗书》往往间出矣。……百

年之间，天下遗文古事，靡不毕集太史公。"是所诵古文，盖亦六艺之类。清阎若璩谓此兼有古文字及古文章之意。）

《儒林传》："孔氏有古文《尚书》，而安国以今文读之。"

《十二诸侯年表》："表见《春秋》《国语》，学者所讥盛衰大指著于篇，为成学治古文者要删焉。"

《吴太伯世家》："余读《春秋》古文。"（王国维说此指《春秋左氏传》而言）

《弟子列传》："《弟子籍》出孔氏古文，近是。"

《五帝本纪》："孔子所传宰予《五帝德》及《帝系姓》，儒者或不传。余尝……总之不离古文者，近是。"

《三代世表》："稽其《历谱谍》《终始五德》之传，古文咸不同乖异。"

汉兴改秦之败，大收篇籍，除挟书之律，开献书之路，自后《诗书》间出。古文经的来源不止一地，然以孔壁所出为最，于是《古文》之名，遂为"壁中书"所独享。

《刘歆传》："鲁恭王坏孔子宅，欲以为宫；而得古文于坏壁之中，《逸礼》有三十九篇，《书》十六篇。"

《艺文志》："武帝末，鲁恭王坏孔子宅，欲以广其宫，而得古文《尚书》及《礼》《记》《论语》《孝经》，凡数十篇，皆古字也。"

又云："《礼》古经者，出于鲁淹中及孔氏。"

《景十三王传》："河间献王……修学好古，实事求是，从民得善书，必为好写与之，留其真。……或有先祖旧书，多奉以奏献王者，故得书多与汉朝等。……献王所得书，皆古文先秦旧书，《周官》《尚书》《礼》《礼记》《孟子》《老子》之属，皆经传所记，七十子之徒所论。"

《说文序》："又北平侯张苍献《春秋左氏传》。"

《刘歆传》："及歆校秘书，见古文《春秋左氏传》，……初《左氏传》多古字古言，学者傅训故而已。"

《艺文志》："刘向以中古文《易经》校施孟梁丘经。"师古曰："中者天子之书也，言中以别于外耳。"

古文经或为民间所献，或为中秘旧藏，或出鲁淹中，或出孔氏壁，但为数最多而皆系六艺之书，且存于后汉者，只有壁中书而已，是壁中书已具有代表"古文"的资格了。后汉之初，所谓"古文"，即专指孔子壁中书而言，盖自前汉末已然。《艺文志》所录古文经籍，《说文序》所称古文，大都如此，故许君记亡新六书说："一曰古文，孔子壁中书也。"故称古文为"孔氏古文"。此外，或以"古文"指古文经学派，以别于"今文"而言，盖古文家之立说完全根据古文经，设无此古文经，即亦无此古文家，二者实为一事，所以多兼指无别。

汉人虽亦谓彝器文字为"古文"，如《郊祀志》说张敞好古文字，又张敞上议说臣愚不足以迹古文。《说文序》说："郡国亦往往于山川得鼎彝，其铭即前代之古文，皆自相似。"但汉时彝器出土无多，而拓墨的方法，始于南北朝的拓石经，至于拓彝器文字，赵宋以前，尚未之闻。则当时古器纵有所出，许君既不能一一目验，又无拓本传流，自难据以入书。全书中所录重文古文五百余字，皆出古文经传，其在正字中者亦然。除此数处指彝器文字外，其余凡言古文，都多指壁中书。

壁中书所用的古文，究为何时文字？许慎以为即殷周古文，故曰："及宣王大史籀著大篆十五篇，与古文或异。至孔子书《六经》，左丘明述《春秋传》，皆以古文。"自来都遵此说，至段氏注《说文》仍以为仓颉所作古文。及金文之学大显，世人得见商周故器，始知许君的错误。吴大澂《说文古籀补序》："窃谓许氏以壁中书为古文，疑皆周末七国时所作，言语异声，文字异形，非复孔子《六经》之旧简，虽存篆籀之迹，实多讹伪之形。"王国维说："《说文》古文自成一系，与殷周古文截然有别，其全书中正字及重文中之古文，当无出壁中书及《春秋左氏传》以外者。即有数字不见于今经文，亦当在逸经中，或因古今经字有异同之故。"又说："无论壁中所出，与张苍所献，未必为孔子及邱明手书，即其文字亦当为战国文字，而非孔子及邱明时之文字。何则？许君此语，实根据所见壁中诸经及《春秋左氏传》言之，彼见其与《史籀篇》文字不类，遂以为即殷周古文，不知壁中书与《史籀篇》文字之殊，乃战国时东西二土文字之殊，许君既以壁中书为孔子所书，又以为即用殷周古文，盖两失之。"（《说文所谓古文说》）王氏之说很有见地。钱玄同氏以为系战国时之破体字，唐兰氏以为是六国时文字之一种，时代并不早于籀文。故古文有从籀篆或体为文者。诸家虽略有小异，然主张非殷周文字而为晚周讹变之体（指与篆异者，同者尚多）则同。

古文之存于今者，以《说文》所录为最信，如果和甲骨钟鼎上的真古文比较一下，反不如籀篆为近似。罗振玉《殷虚书契考释》中说："由文字之可识者观之，其与许书篆文合者十三四，且有合于许书之或体者焉，有合于今隶者焉。顾与许君所出之古籀则不合者十八九；其仅合者，又与籀文合者多而与古文合者寡。以是知大篆者，盖因商周文字之旧；小篆者又因大篆之旧。……至许氏所出之古文，仅据壁中书，所出之籀文，乃据《史籀篇》，一为晚周文字，一则亡佚过半之书，其不能悉合于商周间文字之旧，固其宜矣。至于篆文，本出古籀，故与卜辞合者颇多。"由是可知从文字本身上亦可证其为晚周文字。蔡惠堂《论说文古文说》："篇中所载，往往有出正文后者，一弌之类段氏已发之矣。蒙约其凡，复有三例：一曰增文，羿古文𦏧，则古文剠是也；一曰省文，㲉古文㡰，𥣧古文覃是也；一曰异文，暜古文籫，庙古文廤是也。三者皆从正文展转更益，是古文不必尽古于正文也。"（《说文古文考正》）

王氏又有"战国时秦用籀文六国用古文"的说法，以籀文为西土文字，小篆出于大篆，所谓秦文即籀文。古文为东土文字，齐鲁等国行之，六艺之书即用此种文字书之。故古文经出于鲁孔氏，而秦相李斯则同一文字，罢其不与秦文合者，复焚灭诗书，古文从此废绝，秦八体中遂不列古文。王氏说："故古文籀文者，乃战国时东西二土文字之异名，其源皆出于殷周古文。而秦居宗周故地，其文字犹有丰镐之遗，故籀文与自籀文出之篆文，其去殷周古文，反较东方文字（即汉世所谓古文）为近。"（《战国时秦用籀文六国用古文说》）近来颇有反对这种说法的，如钱玄问及容庚、郭沫若等，也有维护这种说法的，如余永梁等。但是双方面只是单举出几个字来证其合与不合，自然各有理由。我以为王氏的说法未免有些武断，古文虽为东方文字，然东方文字与秦篆并非绝对不同，不过大同小异罢了。

《说文》重文的古文，只是先秦六国写本中的少数异体而已。但如果看到六国铜器文字的诡变无方，尤其是货币文字，王氏的推测大体上是对的。

至于有疑壁中竹简古文出于伪托的，犹如宋薛季宣以传世古文伪造《尚书隶古定本》的一样。这都是戴上今古文家法的眼镜，去反对和拥护的。我们站在文字学的立场，客观的来评量一下，其实是无可疑的。刚过了秦火的厄运，在壁中得到古书是极平常的事。当时伏生曾壁藏《尚书》，可见孔壁藏经自属实有。后来杜林在西州得漆书古文尚书一卷，晋太康二年汲郡人不准盗发魏安釐王冢，得竹简古书七十五卷，有《周易》《纪年》《穆天子传》等，皆系科斗古文。南齐时襄阳盗发楚王冢，发现竹简十余，王僧虔云是科斗古文考工记。梁时任昉得一篇缺简书，是《古文尚书》所删逸篇。可见这类简书在唐以前是常有发现的。宋崇宁、宣和中也还续有零星发现。近时中研院在河南发掘所得的只略存影像了。但清末在敦煌等干燥地方发现的汉晋木简却很多，中有《仓颉》《急就》《论语》《史记》等残文。这样各方面推证起来，孔壁古文决不能全系伪托，司马迁时已得见前代古文旧籍，难道也是作伪吗？纵使刘歆伪托，岂容一手掩尽天下耳目，而造成一个大的学派。无论古文经伪与不伪，而古文的字体是有来源和根据的，所以仍可据为实在材料。

壁中古文传到后世的，除《说文》重文所收者外，还有《礼经》的古文，如《公食大夫礼》"设洗如飨"，又"皆如飨拜"，注皆云："古文飨或作乡。"《士虞礼》"明日以其班附"，注云："古文班或为辨。"又"中月而禫"，注云："古文禫或为道。"聘礼"缫三采"，注云："古文缫或作藻，今文作璪。"王国维说郑玄注《礼经》，不独以古文校今文，且其所据之古文亦非一本，由这"古文某或为某"的注子上是可以知道的。但这仅是记载用字的差异，字体的不同已经不能看到了。

属于字体方面的，有魏废帝正始中刊立的《三字石经》，字体为三字古文篆文隶书，排列有品字式者，有三字直下式者。书石者非一人，或云卫觊（敬侯），或云邯郸淳，或云嵇康。石数三十五枚，所刻经数为《尚书》《春秋》及《左传》（未完），三体都计约十四万七千字。晋永嘉时已多崩坏，又经东魏北周及隋数度展转迁徙，由洛至邺，复返于洛，再移长安，因乱废为柱础。今在洛阳出土者，即当时之残存未移者耳。传拓之本，唐初犹存。

《隋志》《唐志》俱载《三字石经》《尚书》《春秋》及《左传》卷数。《唐六典》载国子监书学博士教国子以石经三体，三年卒业。中宗睿宗之后，内府所藏真迹，渐有散佚，至开元时，只得拓本十三纸。宋皇祐五年，洛阳苏望于故相王文康家得《左传》榻本数纸，其石刻断剥，字多亡缺，取其完好者摹刻之于石，凡八百一十九字，题曰《石经遗字》。《洪适》《隶续》完全采入，题曰魏《三字石经》《左传遗字》。臧琳《经义杂记》始分出《尚书》残字。孙星衍《三体石经残字考》，冯登府《石经考异》等书所据，都只限于《隶续》所录苏刻的材料。至残石出于洛阳，王国维才据丁氏所藏作《魏石经考》，考定碑数字数，行款经本，书法及苏刻渊源。

清光绪二十一年，洛阳龙虎滩出土《尚书》《君奭》残石百一十字，归黄县丁树桢。民十一年十二月，洛阳城东南三十里之朱砿嗒村田中出土《尚书》《君奭》《无逸》及《春秋》僖公文公残石，《君奭篇》恰与前出者相衔接。石颇大，估人从中折为两段。又出一《尚书》《多士》及《春秋》文公残石。其他零星碎块约百余，小的一二字，大的有四十七字者。分归鄞县马衡、吴兴徐鸿宝、建德周进、上虞罗振玉诸人。吴维孝《新出汉魏石经考》，张国淦《历代石经考》都记述甚详。周康元有《集拓新出汉魏石经》《残字初编》及《二编》。

《隶续》所录，三体八一九字中，古文占二百五十一字。郭忠恕《汗简》引《魏石经》百二十二字，见于苏刻者七十四字。夏竦《古文四声韵》引百四十字，见于苏刻者六十三字，余多出《汗简》，其在二家之外者只十二字。郭夏二书中所引苏刻以外的字，大概是苏氏认为不完而未刻者；也有《尚书》《春秋》《左传》三经本无的字，恐未必都根据石刻，不尽可信。丁氏残石共百十字，其中古文占三十六字。近出大石凡千七百七十一字，其中古文约五百八十字。小石总二百二十九字，其中古文占七十六字，合宋清及现代所见字数，去其重复，约得古文三百二十字。

魏三字石经留藏多士残文

就石经遗字中的古文看来，多与《说文》所载壁中古文及篆文（篆文中多古文）合，且有与殷周古文相合而为《说文》所遗者，是石经古文与《说文》古文的字体同出壁中书一系可知。然则石经古文的根据果为壁中原本或其传写本，还是出于字指学家的自定本呢？这个很难断定。按魏时学官所立诸经，已为贾、马、郑、王诸家的古学，而太学旧立石经仍是汉代今文之学，故刊古文经传以补之。但壁中古文经传经过赤眉之乱，焚烧无遗，传世者只有杜林在西州得的漆书古文《尚书》而已，后汉时尚存秘府，许慎、郑玄等都曾见过。民间亦有传写本，如卫恒说其祖敬侯尝写邯郸淳《尚书》以示淳，而淳不别，邯郸淳是写古文的名家。晋时秘府所藏犹有古文《尚书》，束皙曾引之以校今文（见《盘庚序正义引》），至古文《春秋经》，郑玄注《周礼》时尚引其文（《小宗伯》）。当时的字指之学也很盛，魏时博士如邯郸淳、苏林、张揖等人，都是通达古今字的名家，此等字指学家的根据当亦不出《尚书》《春秋》等壁中书的系统。《晋书·卫恒传》："汉武时鲁恭王坏孔子宅，得《尚书》《春秋》《论语》《孝经》，时人以不复知有古文，谓之科斗书。汉世秘藏，希得见之。魏初传古文者出于邯郸淳，恒祖敬侯写淳《尚书》，后以示淳，而淳不别。至正始中立三字石经，转失淳法，因科斗之名，遂效其形。"纵使石经古文出于当时字指学家的摹拟仿造，非壁中原本，但仍是壁中相传之体制，固不能以杜撰识其没有根据。

谓"古文"为"科斗书"，始于后汉而大行于魏晋。《后汉书·卢植传》谓植上书云："古文科斗，近于为实，而厌抑流俗，降在小学。"郑玄《书赞》："书出于屋壁，皆周时象形文字，今所谓科斗书。"其后《四体书势》及伪孔安国《尚书序》皆以为前汉人已经叫古文做科斗书了。王隐《晋书束皙传》说："太康元年，汲郡民盗发魏安釐王冢，得竹书漆字科斗之文。科斗文者，周时古文也，其头粗尾细似科斗之虫，故俗名之焉。"（《春秋正义》引）今残石存字，都是丰中锐末，与科斗头粗尾细之状约略相近，盖因漆书渴笔的缘故。然则卫恒所说石经古文因科斗之名，遂效其形的话，大概是不错的。更可证此种古文体势是出于当时字指学家之手，而非完全孔壁之旧。

孔壁和汲冢的竹简上的古文书法，已无实物及传本可考。《说文》中古文的作法虽本壁中书，但其书法在唐代写本与篆文体势无异。至雍熙刊本则古篆二体大不相同。考宋初校刊《说文》，篆文常出徐铉手，古籀二体当出句中正和王惟恭二人之手，此种书体，宋以后如郭忠恕《汗简》，夏竦《古文四声韵》，吕大临、王楚、王俅、薛尚功等所摹之三代彝器，皆与之为一系。溯其来源，当自《三字石经》始。是现在《说文》古文的体制虽出壁中书，而体势反出自后世的《三字石经》，王国维说："卫恒《四体书势》谓魏初传古文者出于邯郸淳，至正始中立三字石经，转失淳法，因科斗之名，遂效其形。然则《魏石经》残字之丰中锐末，或丰上锐下者，乃依傍科斗之名而为之，前无此也。自此以后，所谓古文者，殆专用此体，郭忠恕辈之所集，决非其所自创，而当为六朝以来相传之旧作也。自宋以后，句中正辈用以书《说文》古文，吕大临辈用以摹古彝器，至国朝《西清》《古鉴》等书，所摹款识，犹用是体。盖行于世者几二千年，原其体势，不得不以《魏石经》为滥觞矣。"（《魏石经考五》）古文经的抄本，唐宋时犹有流传，天宝三年诏改古文《尚书》为今字，李阳冰有《古文孝经》和《古文官书》合为一卷，句中正有《三字孝经》。不过自六朝以后，一般人多不会写古文字，于是有所谓"隶古"，《尚书》伪孔本，便是用"隶古"写的。书序："科斗书废已久，时人无能知者，以所闻伏生之书考论文义，定其可知者为隶古，定，更以竹简写之。"疏："言隶古者，正谓就古文体而从隶定之，存古为可慕，以隶为可识，故曰隶古，以虽隶而犹古。"这部分材料，唐人写本里保存很多。字书里所谓古籀，常常出《说文》之外。都未必可靠。

本节参考书举要：

（1）王国维：（一）《史记所谓古文说》，（二）《汉书所谓古文说》，（三）《说文所谓古文说》，（四）《战国时秦用籀文六国用古文说》；（五）《汉时古文本诸经传考》，（六）《汉时古文诸经有转写本说》，（七）《科斗文字说》。（《观堂集林》七）

（2）沈兼士《文字形义学》上篇沿革一《八体六技》。

（3）王国维《魏石经考》。（《观堂集林》二十）

（4）张国淦《历代石经考》。

第六节　籀文

《汉志》小学家以《史籀篇》为首，盖当时字书，再没有比这更古的了。这书的作者姓名及时代，旧说不一：

> 《汉志》"《史籀》十五篇"下原注："周宣王太史作《大篆》十五篇，建武时亡六篇矣。"又曰："《史籀篇》，周时史官教学童书也，与孔氏壁中古文异体。"（这里只说书为宣王太史作，字为大篆，书名《史籀篇》。并未说出太史的姓名为何。）
>
> 《说文序》："宣王太史籀著大篆十五篇，与古文或异。"段注："大史官名，籀人名，省言之曰史籀。……其姓不详，记传中凡史官多言史某。"《四体书势》："昔周宣王时，史籀始著《大篆》十五篇。或与古同，或与古异，世谓之籀书者也。"（这里便以籀为太史之名。书名"大篆"字称"籀书。"）
>
> 应劭《汉书注》："周宣王太史史籀作《大篆》。"《魏书·江式传》："宣王太史史籀著《大篆》十五篇，与古文或同或异。时人即谓之籀书。"张怀瑾《书断》："按大篆者，周宣王太史史籀所作也。"此外封演《闻见记》，郭忠恕《汗简》引《说文序》，皆作"太史史籀"，段玉裁谓或疑太史而史姓，恐未足据。（这里不但有籀的名字，而且有史的姓氏了。）

这样就层累地造成了史籀的姓名。王国维作《史籀篇疏证序》，根本怀疑史籀为人名的旧说，以为籀字应照《说文》"籀读也"，"读，籀书也"的解法，古者籀读文书为史官的专职，当时作此字书者，乃取"大史籀书"为首句以目下文，后人逐择首句中"史籀"二字名其全篇，犹《急就篇》的首句是"急就奇觚与众异"一样。不但疑史籀非人名，更进而怀疑其时代，以为就许书所引籀文观之，其作法大抵左右均一，稍涉繁复，象形象事之意少，而规旋矩折之意多，推其体势，实上承石鼓文，下启秦刻石，与篆文极近。且文字与小篆异者无多，《说文》仅出二百二十余字，是不出者完全相同也，则李斯以前，秦用籀文可知。故《史籀》之文字，秦之文字，周秦间西土之文字也。《史籀》一书，殆出宗周文胜之后，春秋战国之间，秦人作之以教学童，而不传与东方诸国。王氏此种说法，可谓勇于疑古。不过我们知道古代文字与史官的关系是很密切的，说这书是太史所作，也很近情理。至于以官职为姓氏的也并非没有。《汉书·古今人表》四等内有史留一名，次豫让之上，也许就是这个《史籀》。而《史籀》十五篇在向歆父子时尚全，似乎不应误举篇名作人名，《说文序》所说也许有根据。再就造字看来，这种好重叠的文字至迟当在春秋前期，绝不能迟到秦时。王说大概是错的。小篆虽出于大篆，然不能即谓大篆独行于秦。还有应该注意的，所谓作者，只是指字书而言，非指文字而言，因古今未有能以一人之力创造一体者。

　　关于书及字体的名称，也有不同。（一）《汉志》称《史籀篇》，《说文序》"皆取《史籀》大篆"，亦以《史籀》名篇。（二）《说文》于奭、匋、姚三字下均引"《史篇》"，盖即《史籀篇》之略称。唐玄度《十体书》云："秦焚《诗》《书》，惟《易》与《史篇》得全。"（三）《书断》："案大篆者，周宣王太史史籀所作也，……以史官制之，用以教授，谓之史书。"（四）《说文》重文中称"籀文"。《四体书势》及《江式传》都称"籀书"（《说文序》所引尉律"讽籀书九千字"，讽籀即诵读，并非谓讽诵"籀书"，汉志引无籀字可证。张怀瓘因误以此为《史籀篇》，非）。（五）《汉志》《说文序》《四体书势》《江式传》，及《书断》，都说太史籀作"大篆"十五篇。《说文序》又云秦八体一曰"大篆"，《仓颉篇》皆取史籀"大篆"，艸部云"大篆"从艸。是"大篆"为《史籀篇》中字体之名，因而或为全书的别名。综观上列诸名，盖举其书谓之《史籀篇》，简称"《史篇》"；指其字谓之"籀文"，或谓之"大篆"。大篆取其别于小篆，籀文因其见于《史籀篇》，并非当时即有此名。而《史籀》之得名，则缘首句有此二字的缘故。至"史书"一名，在汉时实用以指隶，非关籀文。《汉书·元帝纪》《王尊传》《严延年传》《西域传》之冯嫽，《贡禹传》《后汉书·邓皇后纪》《梁皇后纪》等文中有说善"史书"，或说能"史书"，巧"史书"，都指当时隶书而言。自应劭注《汉书》误谓"史书"为《史籀篇》，张怀瓘遂沿袭其谬，不加辨正，且云以史官制之故名，殊不知"史书"之"史"，即尉律"讽籀书九千字乃得为史"（史字各本作吏）之"史"，而隶书即官狱小吏所用的文字。此外"史篇"之称，不仅限于《史籀》篇，如《平帝纪》："征天下通知小学史篇者。"《王莽传》："征天下史篇文字。"《扬雄传》："史篇莫善于《仓颉》，作《训纂》。"扬子《法言》："或欲学《仓颉》史篇。"凡此数言"史篇"，皆通指字书而言，盖字书莫古于《史籀篇》，遂以为后代仿续《史籀篇》的一切字书之通名。犹汉人称《爰历》《博学》二篇亦为《仓颉篇》，魏晋以后并呼扬雄、班固、贾鲂三人的书为《三仓》，六朝以后呼《字林》为《说文》一样。孟康以《王莽传》之史篇为《史籀》所作，盖误。《说文系传》于奭字下注云："史篇，史籀所作《仓颉》十五篇也。"尤为荒谬。至于《书断》分大篆及籀文为二体，《说文古籀疏证》以大篆即小篆之繁者，并非籀文，此等说法，未免有些庸人自扰。

《史籀篇》的体例，当如秦时的《仓颉篇》，据《说文序》及《尔雅注》所引《仓颉》，皆四字为句，又据敦煌所出木简，更确知四字为句二句一韵；《仓颉篇》文字既取于《史篇》，则文体亦当仿效而来，故知其与《仓颉篇》相同，是周时史官采集通行文字成书，以教学童的课本。又观箕字籀文作其，又作𦮼，牆字籀文作牆，又作牆，可知篇中有复字或体。观《说文》姚字下云："《史篇》以为姚易也。"姚易盖佻㑥之假借，旁下云籀文作雱，小徐本《说文》鲂下云籀文鲂从旁，然则籀文本有旁字，而以雱为旁者，假借字也。可知用字多假借，与《仓颉》诸篇同。段玉裁据《说文》引《史篇》之语，断定《史篇》四言成文，如后世《仓颉》《爰历》之体（匋字下）；且不徒载篆形，亦有说解（《序》注）。后来又看出所引非《史篇》原文，乃改正说许君三称《史篇》，皆说史篇者之辞（姚字下）。前后自相矛盾，盖因随文注解，未加通盘考虑。其实《说文》所引，既非原文，亦非说解，王国维已经辩驳的很详细了。

《史籀篇》的字数，唐张怀瓘误读《说文序》"讽籀书九千字"，以为《史篇》《说文》字数恰合，许君即取此而说其文义。自后孙星衍《重刊宋本说文序》因之，并附会到"今叙篆文，合以古籀"的话上去。桂馥《说文义证》亦沿其误，又云断六百字为一篇。直到段玉裁注《说文》，始阐其谬，他说："籀文字数不可知，尉律讽籀书九千字乃得为史，此籀字训读书，与宣王大史籀非可牵合，或因之谓籀文有九千字，误矣。"又说："自秦至司马相如以前，小篆只有三千三百字耳。浅人云《仓颉》大篆有九千字，大篆之多，三倍于小篆，其说之妄，不辨而可知矣。"周寿昌《汉书注校补》亦曾驳张孙二人之说，谓籀文本无字数，王育在成帝时籀文已亡佚过半，许慎在安帝时，又取诸育，安能得其全耶？王国维《史籀篇疏证》所说与段注同。

籀文字体，汉志谓："与孔壁中古文异体。"《说文序》说："与古文或异。"又说李斯奏同文字，罢其不与秦文合者，《仓颉》《爰历》《博学》，三篇皆取《史籀》大篆，或颇省改，所谓小篆者也。据此知《史篇》文字，上与古文或异，下与小篆亦颇不同，或者不尽然之词，颇者少之之词，是大篆之与古文及小篆，因仍者多，改异者少。段氏曰："大篆与仓颉古文或异，见于许书十四篇中者备矣，凡云籀文作某者是也。或之云者，不必尽异也，盖多不改古文者矣。"又说："大篆既或改古文，小篆复或改古文大篆，或之云者，不尽省改也。不改者多，则许所列小篆，固皆古文大篆。其不云古文作某籀文作某者，古籀同小篆也。其既出小篆，又云古文作某籀文作某者，则所谓或颇省改者也。"段氏的话除去仍沿《说文》籀文源于古文的误说外，大体都很对的。我们从文字演变的历史上看起来，"孔氏古文"既不早于籀文，且在其后，大概二者同出于殷周古文，与甲骨钟鼎文字关系很密。籀文较繁复，变易少；古文较简便，变化多。籀文之与小篆，又极相近相同。凡文字皆以渐变，决非一人之力可以独创一体者。段氏于《说文》籀文**籀**字下云"凡籀文多繁重"，如雷**靁**、乃**孕**、败**敗**、宜**宐**、副**疈**、昔**腊**、员**鼎**、围**圍**之类。其实《说文》重文所举只二百余字，又不尽繁重，其不举者当无繁重之可言。今《说文》所录籀文体势，笔意与古文同，盖后人书写古籀已没有区别了。

《史籀十五篇》始见录于《汉志》，注云建武时亡六篇矣。《说文》所引，当在九篇遗文之内，唐玄度《十体书》说："秦焚诗书，惟《易》与《史篇》得全。王莽之乱，此篇亡失，建武中获九篇。章帝时王育为作解说，所不通者有十二三。晋世此篇废，今略传字体而已。"盖自《三仓》诸篇代兴，闾里传诵，而大篆小篆又近同者甚多，《史籀篇》之废也久矣，这由汉时通称字书为《史篇》可知。《隋志》《唐志》都已不录此书。清道光历城马国翰《玉函山房辑佚书》中始有辑本（原书实为乾隆间山阴章宗源所辑，后马氏得其稿本，窃为己有）采取《说文》重文中之籀文二百十九字，及《玉篇》所引籀文而为《说文》所遗者十三字，共二百三十二字，录为一卷。王国维以马氏辑本颇多违失，而庄述祖《说文古籀疏证》，自为一家言，专辄尤甚；此外孙诒让之《古籀拾遗》，吴大澂之《说文古籀补》，则但记古器异文，不以诠释籀文为主；于是取《说文》重文中之籀文，与《说文》所引史篇匋、姚、易、𦥑（《说文》𦥑下云"古文以为丑字"，奭下云"此燕召公名，史篇名丑"，是古籀同以𦥑为丑字。）四字，共计二百二十三字，重文二字。参之卜辞，验以金文，以明其变化正误之迹，作《史籀篇疏证》一卷，论其最要为《叙录》，冠于篇首。但于《说文》艸部末大篆从茻之五十三字以为非取自《史籀篇》，不复著录，因许君全书皆称籀文，独此改称大篆，或出于《八体六技》一书，故变言以别之。王氏这种分别也有些勉强，许君固以籀文即大篆也。其实辑史篇的遗文，只采取《说文》重文中的籀文，也是一种不得已的办法，籀文固是《史篇》遗文，然遗文却不尽在籀文之内，我们看王氏所辑的𦥑字下注云"不云籀文，因籀文同于古文故"。匋、姚、易三字下注云"不云籀文者，与篆文同字也"。然则那些与古文小篆相同，而又不须特加解释的籀文，自然把它们混在《说文》正文之内，不过现在是无法去分别了。张行孚《说文发疑》里面有《小篆多古籀文》一节，以明《说文》中之籀文不仅此二百余字，有以废为古籀而见于小篆偏旁者，如癸籀文※，而暌揆等字从癸，围籀文囿，而蔺宇从囿。有仍作为小篆而见于古籀偏旁者，如雾籀文旁，而雨方为小篆，䛆籀文祷，而真文示皆为小篆。古籀之偏旁既为小篆，小篆之偏旁又为古籀，则此小篆之即为古籀明矣。复有小篆之有古籀者，而小篆又见于古籀偏旁，如匚籀交匚，而匛古文作医即从匚，霝为古文雨，而霝籀文作雺即从雨，凡此有古籀者，其小篆即皆古籀。夫小篆已为古籀，而小篆外复有古籀者，盖历代文字，各有增易，其古籀相同者，李斯既录之为小篆矣，而其不同者，录古文则遗籀文，录籀文则遗古文，此今之《说文》所以既有小篆，复有古籀也。张氏之说，除以《说文》九千余字即《史籀》大篆九千字之说，稍有可议外，谓小篆多古籀文，的为灼见。沈兼士以为《说文》于"为""秃""女""无"等字下引王育说，或者就是王育所作解说九篇中之字也未可知。

　　和籀文时代相近的文字，今可见者，尚有石鼓文字。石鼓为现在我国最古石刻，其数凡十，其字近籀，其辞本诗。其形为碣，上小下大，顶圆底平，径约三尺，有正圆者，有略方者，铭辞环刻于其四面。流俗因其似鼓，故名"石鼓"，其实并非鼓也，所以学人定名为"猎碣"。近正名为"秦刻石"，或"秦雍邑刻石"。其出土地点，在天兴县（凤翔）南二十里许之田野中。出土之时，约在唐初或稍前。始见著录于唐苏勖《叙记》及李贤《后汉书邓骘传注》，惟名初不甚著。自韦应物韩愈作歌以表彰之，才大显于世。郑余庆移置凤翔府孔庙中。

十鼓之一原洞石之近视

　　五代之乱，散佚几尽。宋司马池寻置府学门庑下，亡失一石。皇祐四年，向傅师访于民间，复得其石，然上端已凿成米臼了。大观中，自凤翔徙置汴京辟雍，后入保和殿，以金填其文，示不复拓。今人寇汴，虏运燕京。元时安置国子监大成门内左右。明清仍之。民初罩以玻璃，外获栅栏。后国子监改为故宫博物院分院，犹存原所。二十二年，古物南迁，石鼓乃随第四次古物而至沪上。石质坚顽，色青黑，系花冈岩，但历经侵蚀，屡遭搬运，剥泐残损，日益加甚。今十鼓虽具，而一鼓已无字，其余也多不全。

　　石鼓的年代，究为何时石刻？唐宋以来，考订者无虑百家，说法不一，清古华山农的《石鼓文辨证叙记》里记述很详。兹就历代诸家择录其最要者：（一）欧阳修、葛立方引唐韦应物诗，谓为文王时物。（二）宋董迴《广川书跋》及程大昌、洪适、毛先舒、翁方纲、王昶、古华山农等谓为周成王时物。（三）唐苏勖《叙记》及张怀瓘、韦续、郑余庆、释梦英、杨文炳、沈括、赵明诚、薛尚功、郭忠恕、杨桓、封演、周伯琦、赵古则、王世贞、徐官、赵宧光、周亮工、朱彝尊、段玉裁、钱大昕、洪颐煊、孙星衍、汪中、冯云鹏、强运开等，谓为周宣王时物。（四）宋巩丰及杨慎《丹铅录》、全祖望、郭沫若等，谓为秦襄公时物。（五）近人震钧《石鼓文集注》，罗振玉、马叙伦等，谓为秦文公时物。（八）马衡《石鼓为秦刻石考》谓为秦缪公时物。（七）宋郑樵《石鼓文考》，谓为秦惠文王至始皇时物。（八）清武亿《金石一跋》谓为汉时物。（九）俞正燮《癸巳类稿》谓为后魏太平真君时物。（十）金马定国《石鼓考论》及刘仁本、元好问、焦竑、方以智、顾炎武、万斯同、庄述祖等，谓为宇文周时物。以上众说虽很纷杂，但要之不过三说：一为周时，二为秦时，三为后周时。三说之中，以第一说为最盛，尤以宣王时为多，清高宗复加表扬，遂为定说。第三说于明末稍占优势，自乾隆以后即渐灭息无闻。第二说虽主张者甚少，然至近代已渐成定论。盖先儒考证，往往笃信载籍，而忽略实物证据。现在的考古学，大有一日千里之势，自震钧、罗振玉推阐郑樵之说以后，马衡及郭沫若等复申辩巩丰之说，定为秦襄公至献公时物。诸家都能从文字、刻辞、音读，形制，以及其他秦刻石比较诸方面着手研究，当较可信。

拓本旧以明范氏天一阁藏赵松雪北宋拓本为最，存四百六十二字，今已亡佚，阮元重刻于杭州府学及扬州府学。近出明安桂坡十鼓斋所藏北宋三拓本，前茅本最完好，存四百九十七字。后为古华山农（沈梧）所得，辗转售于日本，郭氏留东时曾见其照片，已由中华书局印行，有唐兰、马衡跋语，在范氏所藏之上。明拓有有正书局影印刘铁云藏本，存三百十余字（重文不计）。清盛昱拓本及陆润庠拓本存三百三十余字（重文不计）。至民六拓本，则仅存二百八十余字，合残字重文合字计之，亦不过三百余字。摹刻本中以盛昱重刻阮氏覆宋本为精，薛氏《款识法帖》本及何绍业砖刻本，讹误最多。其他尚有罗振玉等之临写本。石鼓文之外，又有《诅楚文》。发现于北宋中叶，《广川书跋》说："初得大沈湫文于郏，又得巫咸文于渭，最后得亚驼文于洛。"这是《石鼓文》发现后的一件大事，苏轼首先在《凤翔八观》里加以歌咏。字体与秦刻石为近。传世古本，只于《绛帖》中见之。欧阳修、王厚之并以为秦惠文王所作。

本节参考书举要：

(1) 王国维著：《史籀篇疏证》及《叙录》。

(2) 张行孚著：《说文发疑小篆多古籀文》节。

（3）马国翰辑：《史籀篇》（玉函山房辑佚书）。

（4）沈兼士著：《文字形义学史籀十五篇》节。

（5）马衡著：《石鼓为秦刻石考》（北京大学《国学季刊》一期）。

第七节　小篆

《说文序》："其后诸侯力政，不统于王，恶礼乐之害己，而皆去其典籍。分为七国，田畴异亩，车涂异轨，衣冠异制，言语异声，文字异形。秦始皇帝初兼天下，丞相李斯乃奏同之，罢其不与秦文合者。斯作《仓颉篇》，中车府令赵高作《爰历篇》，太史令胡毋敬作《博学篇》，皆取《史籀》大篆，或颇省改，所谓小篆者也。"可知李斯等人，意在整齐文字，以资划一，收集通行文字，编成歌括，颁为定式而已，并非自矜创作，另造新体。其罢废者，盖皆六国古文中之诡形，非合于秦文的殷周正字，因古籀原系同源的。或疑李斯此举，妄凭胸臆，蔑弃古法，藉着帝王的势力，剪灭古代之文字，其实他何尝自造而完全废古呢，同一文字在二十六年，而焚诗书则在三十四年，可见此举只在同一而非根本绝灭了。古今文字之不同，有渐变而无改造，即系"或颇省改"，也并非出于一人之手，而是大众慢慢作成的。古、籀、篆等名称。都系后人所定，并不是名称与文字俱来的，犹之乎我们现在称甲骨文和钟鼎文一样，商周的时候，只知有此文字，不知有此名称，汉人之称古籀篆，也是如此。《说文》称"篆文"者，都指"小篆"而言，盖与"籀文"对言则称"大篆""小篆"，单称则曰"篆文"。因秦所定，又称"秦篆。"《说文》："篆，引书也。"引书者，引笔而著于竹帛也，如雕刻圭璧曰瑑是也。

李斯所编集的字书名《仓颉篇》，其命名由来，盖因首句有"仓颉"二字。任兆麟《小学钩沈序》："于首曰仓颉谶书，此篇以名《仓颉》者，如《急就》亦以首二字名篇也。"按仓颉谶书四字，原文并未连言（谶书二字见《文选》旧注引）。王国维《史籀篇疏证序》："《诗》《书》及周秦诸子，大抵以首句二字名篇，此古代书名之通例，字书亦然。《仓颉篇》首句虽不可考，然《流沙坠简》卷二第十九简上有汉人学书字，中有仓颉作三字，疑是《仓颉篇》首句中语，故学书者书之，其全句当云，《仓颉》作书，句法正仿大史籀书。《爰历》《博学》《凡将》诸篇亦以首二字名篇，今《急救篇》尚存可证也。"又于《仓颉篇残简跋》中云："仅他简（《流沙坠简卷》二第十九简）有苍颉作三字，乃汉人随笔涂抹者，余以为即仓颉篇首句，其全句当云仓颉作书，实用世本语，故此书名《苍颉篇》。"汉人把李赵胡毋三家的书，合为一篇，统名为《苍颉》。《汉志》："汉兴，闾里书师合《苍颉》《爰历》《博学》三篇，断六十字以为一章，凡五十五章，并为《苍颉篇》。"故最目中总名《苍颉篇》。当时也叫作"《三苍》"，《说文系传》："臣锴按《苍颉》《爰历》《博学》，通谓之《三仓》。"段氏《说文叙注》："汉初盖《苍颉》《爰历》《博学》为《三仓》，班于《仓颉》一篇自注云上七章，则《爰历》为中，《博学》为下可知也。"

其字体与籀文多同。《汉志》："文字多取《史籀篇》，而篆体复颇异，所谓秦篆者也。"《说文序》也说："皆取史籀大篆，或颇省改。"段玉裁注："省者，减其繁重；改者，改其怪奇。……或之云者，不尽省改也。"这里所谓省改，并不是自李斯才省改籀文为小篆，而是说前后两书比较，其中字体或颇省改也。例如籀文訇从言匀声，篆省作訇，匀省声；籀文㗊三叠以见意，篆省作乃；不嫌意晦；籀文匚为双钩，篆文匚改为单画；籀文䨻，䨻间有回象其声，篆文靁只有形而无声。此皆所谓省也，或省其声，或省其形，或省其象，或省其意，又如嗌之籀文作㗱，箕之籀文作其，戴之籀文作戴，岿之籀文作㞮，此皆所谓改也，或改象形为形声，或增象形之形意，或注象形之转音，或一偏旁之位置。凡此种种省变，无非欲谋同一，而便日用耳。是以结体日趋整齐严密，已没有古代图画文字的繁复随便了。

秦篆之存于今者，除《说文》所载小篆之外，尚有秦金石刻辞，石刻则有《琅琊台刻石》《泰山刻石》。案秦皇东巡，刻石凡六：二十八年刻、石邹峄山、泰山、琅琊台；二十九年刻石之罘；三十二年刻石碣石；三十七年刻石会稽。《峄山刻石》唐时焚于野火，当时即有覆刻及传刻本，宋徐铉有摹本，郑文宝覆刻徐本于西安府学。《泰山刻石》在乾隆五年毁于火，残石仅存十字。有影印明安国藏五十三字本。琅琊台刻石已佚，或云仍存诸城海神祠内。通行拓本皆十行，惟段松苓所拓精书前后十三行。之罘、碣石、会稽、三刻久亡，《会稽刻石》在唐时尚存，有徐铉摹本，元

申屠骃重刻。此外尚有汉人篆字石刻，及《三字石经》残石中之篆字。何
徴辑有《思古斋双句》《汉碑篆额》。篆书之见于金刻者，如秦权量上面多
刻始皇二十六年及二世元年诏，若《句邑权》《大騩权》《大良造鞅方量》
等，皆极整饬遒劲。还有虎符、兵器上的字，也可参考。汉金中以新莽之
嘉量、方量为最工。

　　《苍颉篇》的文例，可分四点来说：（一）无篇目。郑注《周礼·考
工记》引郑司农云："《苍颉篇》有鞄𩊚。"又云："《苍颉篇》有柯欘。"
疏曰："先郑引《苍颉》者，苍颉造文字，有篇名《苍颉》。云柯欘并是
柄也。"说文序云："又见《仓颉篇》中幼子承诏。"于是孙星衍辑《苍颉
篇》便误以上列三条为篇名，谢启昆《小学考》因之。这种看法显然是错
的，先郑所说只是指《苍颉篇》中有此字，并未以为篇名；而许君更明言
"篇中"，安得据为篇首？梁章钜在《苍颉篇校正》里辨正得很详细。
（二）无部居。陶方琦《苍颉篇补本序》云："近览慧琳《音义》，其二十
七引《苍颉》女部作嬉，是《苍颉》旧书亦有部目，以类相从，义与古
合。"案许引"幼子承诏"及《尔雅》郭注引"考妣延年"的遗句看来，
殊不见有以偏旁分部之组织，《急救篇》虽将姓名、衣服、饮食、器用、
等依类罗列，间有数句偏旁相同，亦系偶然凑合，这"方以类聚，物以群
分"的群类并不是有意的，与许书之"建首立一"，"据形系联"的有意
组织是不同的。《苍颉》残简中有"黮黸黚黮，黢黝黔䵩，黫黗赫赧"的
句子，但亦很少见。段《注》说："其体例皆杂取需用之字，以文理编成
有韵之句，与后世《千字文》无异，所谓杂厕也。"今以残简证之，信然。
而且是二句一韵，间有不甚叶者，古今音异故也。（三）无说解。《广韵》
母下引："《苍颉篇》云：其中有两点，象人乳形。"或以此即篇中之说解。
案他书所引皆无说解，有说解者乃后人训故之语，非原文如是也。再者，
魏晋以来，亦称汉《三苍》为《苍颉》，唐人又把魏晋训注《苍颉》的书
总称《苍颉》，可见此亦训注中的话。清内府藏唐写本《唐韵》，母字下云
"从子，象女怀子形"与今本不同，无《苍颉篇》语。（四）章句字数。
秦汉间的字书，约分二系：一四字句，《苍颉》、《训纂》等书是也；一七
字句，《凡将》、《急救》等是也。段玉裁在《说文序注》里说："幼子承
诏，盖《苍颉篇》中之一句也，《苍颉篇》例四字为句。"《汉志》谓其

"断六十字为一章，凡五十五章"。每章十五句，句四字，正合六十字之数。罗振玉《〈仓颉篇〉残简考释》根据段说，验以实物，证明确四字为句，而且二句一韵。这样计算起来，共得三千三百字（庾元威《论书》云《苍颉》九篇，盖指汉《三苍》而言。吾邱衍《学古编》云《仓颉》十五篇，系沿《系传》奭字下注语之误）。

《苍颉篇》的注释，汉时已有，《汉志》云"苍颉多古字，俗师失其读，宣帝时征齐人能正读者，张敞从受之，传至外孙之子杜林，为作《训故》。"《说文序》："孝宣皇帝时，召通《苍颉》读者，张敞从受之。凉州刺史杜业，沛人爰礼，讲学大夫秦近，亦能言之。"可知当时的人已视小篆为古字了。正其读者，正其音义也。《汉志》有杜林《苍颉训纂》一篇，杜林《苍颉故》一篇，二书至隋已亡，《唐志》复出《苍颉训故》二卷。《说文》董等十七字下引杜林说，谢启昆以为即《苍颉故》中语。他书有引作《苍颉训故》者。杜书之外，《汉志》又列《苍颉传》一篇，扬雄《苍颉训纂》一篇。《苍颉传》久失，《小学考》以为扬雄作。《苍颉训纂》一书亦亡，有谓非扬雄自作者（俞樾、郑文焯），有谓系以《训纂篇》附于《苍颉》改定本之后者（王先谦《汉书补注》），都有些为书名所惑，疑而无当。

《苍颉》遗文的辑集，清代的学者，有好些人从事于此，想在许学之外研索"苍雅"之学，以辅正说文的缺误。就其体裁看来，可分为四派：（一）孙星衍辑《苍颉篇》，取材于《说文》所引扬杜班三家之说，以及传注、字部、类书、内典、音义、诸书引《苍颉》《三苍》之语，撰为三卷，上卷首篇名，次本文（内分《苍颉》《三仓》），次《训纂解诂》，次部目，列《说文》部目一百五十八，以统属下两卷所列。中下两卷尽属《训纂解诂》，照《说文》部目分部。梁章钜为《校证》三卷，《补遗》一卷，其辨篇名为正孙谍的最著者。光绪初，日本所存古佚书流归我国，陶方琦取唐释慧琳大藏音义，辽释希麟《续一切经音义》，隋杜台卿《玉烛宝典》，日本传刻唐本《玉篇》零部诸书所引，续为二卷，名曰《补本》，以原本原有部目，故分部仍孙书之旧。近人曹元忠复补陶氏之遗，作《补本续》一卷。光绪十五年，陈其荣得陈鳣所校孙本稿，复采孙陈未见之书，成《增订苍颉篇》三卷。十七年，王仁俊于诸家所辑之外，得二百二十事，依孙例分为三卷，并以《说文》求之本字，故书名《辑补斠证》。
（二）任大椿《小学钩沈》首列《仓颉》，分上下篇，《训诂》《解诂》附
焉，次列《三仓》，亦附《训诂》《解诂》。黄奭刻《汉学堂经解》，用任
书而稍加附益，颇美其体例各自为书之善，谓较孙氏为优。近人顾震福依
其体例为《补正》一卷，见《小学钩沈续编》中。取材多本慧琳《音
义》。（三）马国翰《玉函山房辑佚书》中有《苍颉篇》，其取材之简，分
卷之述，姑且不论，最大的弊病在相信吾邱衍"《苍颉》十五篇，即是
《说文》目录五百四十字，许慎分为每部之首"的谬说，盖取《说文》部
首以当《苍颉》。（四）姬觉弥重辑《苍颉篇》二卷，为王国维所代作，
于汉简发见之后，盖不满意上列诸人之作而辑者，对诸家取材、分类，吾
邱野说，都批评得很精当，其最大的贡献，除收入汉简外，复将《急救
篇》全部采录，因其中皆《苍颉》正字也。

　　顺续《苍颉》的字书很多。《汉志》："武帝时，司马相如作《凡将
篇》，无复字。元帝时，黄门令史游作《急救篇》。成帝时，将作大匠李长
作《元尚篇》，皆《苍颉》中正字也，《凡将》则颇有出入矣。至元始中，
征天下通小学者以百数，各令记字于庭中，扬雄取其有用者以作《训纂
篇》，顺续《苍颉》，又易《苍颉》中重复之字，凡八十九章。臣复续扬
雄作十三章，凡一百二（原作三）章，无复字。六艺群书，所载略备矣。"
《凡将》久佚，《说文》于营等十一字下引其说，任大椿、马国翰、黄奭、
顾震福四家皆有辑本。由遗文看来，知其取材范围超出《苍颉》之外，中
无重复之字。以七字为句，改四言之体，以事物性质相近者联属成文，上
因《苍颉》，下启《急就》，如"钟磬笙竽筑坎侯"，与《急就》"竽瑟箜
篌琴筑筝"，语度规制全同，知《急就》正模《凡将》也。上列字书中惟
《急就》完好无缺，诸家注释，有后汉曹寿，后魏崔浩、豆卢宁、刘芳，
北齐颜之推，唐颜师古，宋王应麟，清万光泰、李赓芸、陈本礼、庄士
骥、郑知同等，清以前惟颜王二家尚存。历代写刻者尤多，如后汉杜度，
崔瑗，张芝，魏钟瑶，吴皇象，晋卫夫人、王羲之、索靖，后魏崔浩，唐
陆柬之，宋太宗、叶梦得、朱熹，元赵孟頫、邓文原，明宋克，俞和、陈
元瑞，清梁国治，日本高野弘法、小岛知足等，中多草书，正书较少。各
家重要校本，有唐颜师古，宋黄庭坚、赵汝谊、王应麟，及清孙星衍、庄

士骧之《急就章考异》，钮玉树之《校定皇象碑本急就章》，至敦煌汉简出，王国维据《急就》残简及诸家十种刻本，作《急就篇校正》，可谓集大成者。《急就》体例异于以前字书的地方，便是罗列诸物名姓字，分别部居不杂厕，故自矜为"急就奇觚与众异。"急就者，谓"字之难知者，缓急可就而求焉"（晁公武《郡斋读书志》）。这种以义类的分部，无形中就引出字形偏旁的分部，如"绛缇絸绅丝絮绵"之皆从系作，"襜褕袷複褶袴裈"之皆从衣作等都是。《说文》的分部便是从此悟出。《元尚篇》无可考。《训纂篇》已亡。本传云"《史篇》莫善于《苍颉》，作《训纂》"知其体例亦仿《苍颉》。《说文》廿等十二字引扬雄说，王应麟《艺文志考证》又谓《史记夏本纪正义》引《训纂》（孙星衍、谢启昆谓此乃《汉书训纂》）语即《训纂篇》，《玉函山房辑佚书》因之，复加玄应《一切经音义》所引一条。但自孙星衍后多以之入《苍颉训纂》中。沈兼士谓许书所引扬说之捥（挈）拜二字均见于《急就》，即是《仓颉》正字，既无复字，不容再见《训纂篇》，可证"扬雄说"非出自《训纂篇》。班固《续训纂》十三章已不可考，韦昭注："疑在《苍颉》下篇中。"《说文》陧下引班固说，或出此十三章中（段注以为说《秦誓》语）。《隋志》有班固《太甲》《在昔》二篇，当即其篇名。此外贾鲂续撰《滂喜篇》，段玉裁说："扬雄《训纂》终于滂熹二字，滂熹者，言滂沱大盛。贾鲂用此二字为篇目，而终于彦均二字，故庾氏（庾元威）《论书》云杨记《滂喜》，贾记《彦均》，《隋志》则云扬作《训纂》，贾作《滂喜》，其实一也。"自此，以《仓颉》为上卷，《训纂》为中卷，《滂喜》为下卷，称曰《三仓》（见梁庾元威《论书》，《北史江式传》，唐张怀瓘《书断》）。这样就有秦《三仓》和汉《三仓》的分别了。魏张揖作《三苍训故》二卷，晋郭璞作《三苍解诂》三卷。唐人又并称张郭之书亦为《苍颉》。可知前面所说分别《苍颉》和《三苍》的佚文，是一件不可能的事了。

《三苍》的字数，《说文序》："凡《仓颉》以下十四篇，凡五千三百四十字，群书所载，略存之矣。"按汉初《仓颉篇》只有三千三百字，《急就》《元尚》皆《仓颉》中正字，是亦不出三千三百之数，可不计入。《凡将》虽有出《仓颉》之外者，但必在《训纂》之中，故亦可不计。《训纂》始顺续《仓颉》，易其重复之字，增三十四章，二千四十字，合《仓颉》所载，共八十九章，五千三百四十字。此外班固续十三章，必在贾广班的《滂喜》之内，亦可不计。《滂喜》增三十四章，二千四十字，合《训纂》所有，凡百二十三章，共七千三百八十字。班前于许，贾则同时，许即不见班贾之书，然许书九千三百五十三文，于《训纂》五千三百四十字之外，他采者三千十三字，班贾之篇，未尝不在网罗之列。兹附《三苍》表于下：

篇名	作者	篇数	章数	每章字数	总字数	附注
仓颉	李斯、赵高、胡毋敬	一	五五	六〇	三三〇〇	合《仓颉》《爰历》《博学》三书为一篇，亦名《三苍》
凡将	司马相如	一				颇有出于《仓颉》以外之字
急救	史游	一	皇本三一 钟本三四 颜本三二		皇本二〇二三 钟本二二一四 颜本二〇八六	皇本皆《仓颉》中正字，钟颜二本有后人窜入者
元尚	李长	一				皆《仓颉》中正字
训纂	扬雄	一	三四	六〇	二〇四〇	顺续《仓颉》、兼包《凡将》、无重复字
（太甲在昔）	班固		（十三）	六〇	（七八〇）	续《训纂》
滂喜	贾鲂	一	三四	六〇	二〇四〇	顺续《训纂》；广增班书
三仓		三	一二三	六〇	七三八〇	魏晋以来，以《仓颉》为上卷，《训纂》为中卷，《滂喜》为下卷，合为《三仓》

《三仓》的字体，除《苍颉篇》为篆书外，其他多无可考。《书断》说：“秦造隶书，以赴急速，为官司刑狱用之，余尚用小篆焉。汉亦因循。至和帝时，贾鲂撰《滂喜篇》，以《仓颉》为上篇，《训纂》为中篇，《滂喜》为下篇，所谓《三苍》也。皆用隶字写之，隶法由此而广。”《说文系传》：“贾鲂以《三苍》之书皆为隶字，隶字始广，而篆籀转微。”据此则《滂喜》以前诸篇，似乎皆用篆体。《急就》有云为草书者，多系附会之谈，详俟下面草书节中再为详辨。汉代木简所书《急就》虽系隶书，但《急就》既为后世书家蓝本，则写者可随所欲书写，字仍此字，而体势可以全非，故传世《急就》有草、隶、正、三书。

《说文》正文所收字体，就体势说，是小篆；就体制说，则古籀篆三者俱有。许君自序云：“今叙篆文，合以古籀。”究竟这个合字，是先叙小篆，然后才合以古文呢？还是未叙之前即先合以古籀，合者取之，异者弃之呢？若系前者，则所录当以小篆为主；若系后者，则所收应以古籀为准。我们就许君的主张来说，他是注重古文和籀文的。

> 席世昌《读说文记》：“观后记云厥意可得而说，又云其详可得略说，皆实指古文而言。末又云其称《易》孟氏，《书》孔氏、《诗》王氏、《礼》周官、《春秋》左氏、《论语》、《孝经》，皆古文也。于其所不知，盖阙如也。可以知许君之所尚矣。又云今叙篆文，合以古籀，可知其不合于古籀者所不取也。读是书者，当知许君爱古之心。”

盖许君所反对者，是当时“俗儒鄙夫”的“马头人为长，人持十为斗”的“巧说衺辞”，因其皆“不合孔氏古文，谬于史籀”的缘故。然则许君之说解，自是“合于古籀”的了。当时“诸生竞逐说字解经谊，称秦之隶书为《仓颉》时书”。是许君之所据者为隶书以前的文字可知，故序曰：“言必遵修旧文而不穿凿。”但古籀篆三者之中，古文经及《史籀篇》都失而复得，残阙不完，惟《仓颉》以下十四篇全存，在体势方面似乎采录古籀比篆文困难。若论体制，则古籀篆三者之间，因仍者多，省变者不及十之二三，虽据小篆，实即籀文，而古籀又同出于殷周古文，差异很小，三者可以说是相同的。故《说文》中之正文不尽为小篆，亦不尽为古籀，实合三者而成。然则谓其体制以古籀篆为准可，谓其体势以小篆为主亦可，自卫恒谓"许慎撰《说文》，用篆书为正。"郦道元谓"许氏字说专释于篆而不本古文"（谷水注）以来，旧日学者，大多以正文为小篆，古籀只见于重文，这都是上了现在《说文》中古籀和小篆体势不同的当。故林罕、李焘以古籀为后人增益，而郭忠恕《汗简》，夏竦《古文四声韵》等书，复广搜他种古文以补重文之阙。清代小学家主此最力者便是段玉裁，他说：

> 许重复古，而其体例不先古文籀文，欲人由近古以考古也。小篆因古籀而不变者多，故先篆文，正以说古籀也。……其有小篆已改古籀，古籀异于小篆者，则以古籀附小篆之后，曰古文作某，籀文作某，此全书之通例也。其变例则先古籀后小篆……凡全书有先古籀后小篆者，皆由部首之故也。（《序》注）

> 又说："许书法后王，遵汉制，以小篆为质，而兼录古文籀文，所谓今叙篆文，合以古籀也。小篆之于古籀，或仍之，或省改之；仍者十之八九，省改者十之一二而已；仍则小篆皆古籀也，故不更出古籀，省改则古籀非小篆也，故更出之。"（古文式下注）

段氏虽云正文以小篆为质，但又谓小篆多古籀，这点意见在《序》"或颇省改"的注里说得最明白：

> 或之云者，不尽省改也，不改者多，则许所列小篆固皆古文大篆。其不云古文作某，籀文作某者，古籀同小篆也；其既出小篆，又云古文作某，籀文作某者，则所谓或颇省改者也。

大概他把三者的体势和体制混为一谈，所以总未弃去正文皆秦篆的成见，不惜去改动原书以就己，这无怪乎有人来匡谬了。和这种主张相反的意见，便是以正文为古文的说法。

> 钱大昕《汗简跋》："《说文》所收九千余字，古文居其大半，其引据经典，皆用古文说，间有标出古文籀文者，乃古籀之别体，非古

文只此数字也。且如书中重文，往往云篆文或作某，而正文固已作籀体矣，岂篆文亦只此数字邪？……叔重采录古文而以小篆法书之，后人不学，妄指《说文》为秦篆，别求所谓古文，而古文之亡滋甚矣。"

郑知同《说文本经答问》畅发其父珍《汗简笺正》之旨，谓《说文》本字即古文，以疏纠段氏之误。以上两派主张，附和者都很多，其实骨子里却都是一样的，根本上并不冲突。于是便有折衷派的主张，认为正文是不分古籀篆的，以通行者为主，兼而有之，重文只是存其废体罢了。张行孚《说文发疑》说：

> 夫小篆已为古籀，而小篆外复有古籀者，盖历代文字各有增易，其古籀相同者，李斯既录之为小篆矣，而其不同者，录古文则遗籀文，录籀文则遗古文，此今之《说文》所以既有小篆，复有古籀也。其一字有数古文者，则历代所增易也。然则其间虽非竟无李斯所改者，要亦寥寥而无几矣；窃疑李斯下令，但取民归于一涂，无有异议，而未必事事求己出，所以《诗》《书》之说与秦法异议者即弃市，《易经》为秦卜筮所用，即因仍而不焚，不然，同一古圣典籍，何或焚或用哉？然则其于文字，亦但恐古籀两行，则公私文字不能归一划一，所以一字而古籀不同者，既行古文，则废籀文；既行籀文，则废古文；但有整饬，而无改易也。观乎一二三之为古文，今转为小篆，而后出之弌弍弎反为古文，可见当时所遵行，虽创始之文亦为小篆，当时所不用，即后出之字亦为古文也。据此知许君所云今叙篆文，合以古籀者，盖据秦所行用言之。盖秦所行用，虽古籀亦名篆文，秦所不用，始名古籀也。不然，《说文》所云篆文，何以明明有古籀哉。然则《说文》所存文字，固灼然五帝三王之迹所存，岂可谓其出于李斯而轻视之也哉？

张氏的话，最为精当独到。王国维撰《说文今叙篆文合以古籀说》一文，更据段注而为之补正，谓段氏分正文为两类：（一）古籀与篆异者则出古文籀文；（二）古籀与篆同或篆文有而古籀无者则不复识别；实有未尽，应增一类为（三）古籀所有而篆文所无者则亦列为正文。其结论曰：

　　然则《说文解字》实合古文籀文篆文为一书，凡正字中其引
《诗》《书》《礼》《春秋》以说解者，可知其为古文；其引《史篇》
者，可知其为籀文；引杜林、司马相如、扬雄说者，当出《仓颉》
《凡将》《训纂》诸篇，可知其为篆文。虽《说文》诸字中有此标识
者十不逮一，然可得其大略。昔人或以《说文》正字皆篆文，而古文
籀文惟见于重文中者，殆不然矣。

这样，可以列如下表：

（一）古籀所有而篆文所无者；

（二）古籀与篆俱有而同者——无重文；

（三）古籀与篆俱有而异者——有重文（古文、籀文、篆文）；

（四）篆文所有而古籀所无者；

（附《说文》所收字体表）：

（1）古文（见前）

（2）奇字（见前）

（3）籀文（见前）

（4）篆文（见前）

（5）秦刻石

亦小篆之异体。如攴部攸字下云："汝，秦刻石峄山文攸字如此。"乁
部也字下云："乁秦刻石也字。"

（6）或体

为小篆之异体，亦古籀之殊文。

（甲）古籀

如曌或省作虫，而弜下云"弓古文畴"。笪或作互，秫或作术，糠或作
康，菑或作甾，或体皆古文（广义）也。渊或作鼎，姻之籀文媚从之，则
间亦籀文。盖以通行常见者为准，其罕见者，虽古籀亦退居或体。

（乙）篆省

如雧或省作集，曐或省作星。

（丙）篆增

如鬲或作甌，菹或作葅、蘁，此增其形旁者；网或作罔，处或作处，

此增其声旁者；而网或作罔，又声形偏旁俱增者也。

（丁）篆改

如祀或作禩，瓃或作璙、瓃、琁，此易其声旁者，古今方域音不同故也。至蓋或作葼，蓟或作茭，虽易声旁，音殆无别。又如瑱或作鄭，壻或作婿，此易其形旁者。又如禂或作騪，范或作蔮，此则声形偏旁俱易者也。至珏或作毂，凶或作膟，则全易象形为形声矣。凡此增省改易，皆文字演进之现象。

（7）通人说

亦小篆之异体。《序》云"博采通人"，十四篇中引其说而箸其名姓者，古今凡四十二家，或以说形，或以证义，或以读音，或以备体，前三者与字体无关，兹从略。其引通人说以备异体者，如艸部营下云："芎，司马相如说，营或从弓。"他如菱莲、鹡鸰、駃騠、蠮蜻、瓃瓊、轸辖等字下引司马相如同此。茵下云："鞇，司马相如说，茵从革。"舛部舛下云："踳，扬雄说，从足春。"肉部㑇下云："肺，扬雄说，㑇从弗。"手部捧下云："拜扬雄说，拜从两手下。"他如嗥重文獆，段重文碫，蠹重文蟊三文上均引谭长说，芰重文茤，狘重文怯二字下均引杜林说。凡此等类，或易声旁，或易形旁，或改会意为形声（踳），或改形声为会意（拜蟊），皆古今之变也。盖出《凡将》《训纂》《仓颉训纂》《仓颉故》等字书。

此外复有"秘书说"，如易下云："秘书说，日月为易，象阴阳也。"目部瞋下云："贼，秘书瞋从戌。"旧以"秘书"为纬书，考慧琳《音义》六卷七页易下引《说文》："贾秘书说，日月为易。"可知二徐本脱贾字，更推知贼下脱贾说二字。案《贾逵传》谓逵两校秘书，贾秘书即贾逵也。许君学从逵出，其引师说或称贾秘书，或称贾侍中，不直称其名者，尊师也。是秘书说亦通人说之一。《说文》称贾侍中说者凡十七见。

（8）俗体

亦小篆之变体，谓之俗者，世俗通行如此。如肉部肩下云："肩，俗肩从户。"臗顧二字从肩，是俗体行久则成正体矣。俗有户字而无户字，又不知户为象形之取义，遂以常见字中之近似者代之。若从户从肉，则造字之意不可说，故谓之俗也。他如鳙俗作舩，盬俗作脓，歠俗作嗽，函俗作肣之类，其形与声之变易皆与或体同，小徐本作俗字，大徐本有作或，如躬与躳是也。至先俗作簪，凵俗作块，褎俗作袖，蟲俗作蚊，归俗作抑（抑）之类，当时虽以为俗，今则正废而以俗为正矣，可知文字演进，自其变者观之，本无所谓正俗也。段注于俗体或体之字，或微言以示意，或昌言以相排，宜乎其受后人非难矣（隺部瀺下云："法，今文省。"王筠谓全书无此文法，或后人所羼入者，是"今文"一体不必另立名目，盖亦俗耳，《史记儒林传》："孔氏有古文尚书，而安国以今文读之。"《汉书》作"今文字"，是"今文"即隶书）。

上面所说的甲骨文、钟鼎文、古文、籀文、篆文虽然有许多的差异，但如果和后来的隶书正书相较，大体是相同的，在小篆以前的文字，变革固多，不过在小篆里还可以看到一些象形指事会意等图画的遗迹，仍不失为一系相传的东西。所以我们依照唐兰在《古文字学导论》里的分法，把它们都叫作"古代文字"。在汉时，籀篆已经是"古文字"了，所以《汉志》说："《苍颉》多古字，俗师失其读。"可见不止是仅以壁中书为"古字"。许君也曾指斥当时的经生以隶书为仓颉时书的错误，读书人尚如此不识古字，一般平民就更可知了。在这古代文字的范围里，我们称它为甲骨文、钟鼎文、古文、籀文、篆文，只是沿用旧名，以便叙述和讨论，实际上是应该以时代及地域为区分的标准的，大略可以分为四系：

（一）殷商系 以甲骨卜辞及铜器铭辞为最多。中研院在安阳发掘所得，尚有兽头刻辞及陶器文字。此外在一般收藏家及古董商的手里，还有骨柶、玉器、玺等器文字。

（二）两周系 以铜器铭文为最多。陶器中文字有一小部分如埙等，也应属此期。《考古图》著录有石磬文字。古字书上的材料便是"籀文"。

（三）六国系 以铜器、陶器、玺印、货布等文字为最多，封泥文字和金爰、铜贝文字次之（应归入玺印和货布）。玉器、石器、银器等文字的量最少。竹简上的文字虽亡，《说文》里的"古文"和三体石经里的"古文"却略存大概。

（四）秦系 以铜器文字及刻石文字为多。权量文字多复，泉币文字无多。"秦篆"及汉时的"小篆"也应属此系。

这四系文字间的关系自然也很密切，但每系文字都有他的特点：殷商文字距原始文字尚近，形声字已很不少。一少部分的文字，形体略有讹变。两周系的文字，形声字大量的增加，而象形会意的字渐少，且多消灭，这在金文和《史籀篇》里可以看出来的。字体的讹变也逐渐加多。六国系的文字讹变更甚，日趋简率。秦系文字则较为整齐，大体承袭两周而来。但因倾向整齐的缘故，错误的笔画也不很少。此外各系文字语言在字音字义及文法上的差异，更为复杂显著。

本节参考书举要：

（1）沈兼士著：《文字形义学仓颉一篇》节至贾鲂《滂喜篇》节。

（2）谢启昆著：《小学考》卷九。

（3）王国维著：《重辑仓颉篇》（署姬觉弥名）、《仓颉篇残简跋》。

（4）罗振玉编：《流沙坠简》《仓颉篇残简考释》。

（5）任大椿辑：《小学钩沈》。

（6）王国维著：《急就篇校正》。

（7）罗振玉编：《秦金石刻辞》。

第四章　文字的构造

第一节　六书的名称和次第

文字的起源和演变，虽然都是由于自然的趋势和大众的力量，但是在不知不觉之中，自然渐渐形成了一种约定俗成的习惯法则。关于文字演变方面的规律，上章已经详细的讲过了，至于文字发生时的构造条例，也就是创造文字的方法，我们要想彻底的明白，仅仅读过上面的第三章（文字的起源），还嫌不够，这里，便该研究到那在中国文字学上占有重要位置的，而且历史也很悠久的一种学说，那便是"六书"。因为它不但指出我国文字的创造，而且包括文字的孳乳和应用的法则。

"六书"是在什么时候产生的呢？关于这个问题，应该把它分为"事实"和"名称"（或称为"学说"）两方面来研究，因为它们不是同时的产物。从前的学者，大都不明白六书的真相，于是便说它是仓颉造字的六个方法，认为是先有六书的规定，然后才按照方法去造字，这种谬见，清朝的小学家已经知道它不对了。段玉裁在《说文序注》里批评他们说：

> 赵宋以后言六书者，胸襟狭隘，不知转注假借，所以包括诂训之全，谓六书为仓颉造字六法，说转注多不可通。

此外的人，论到六书的时代的也很多。王鸣盛在《蛾术编》里说：

或问六书自仓颉已备乎？曰：据《自叙》绎之，仓颉已备，但其名则至周始定。上言仓颉初作书，依类象形谓之文，是仓颉有指事象形；下言其后形声相益谓之字，其后也者，或即指仓颉，则并有形声，又言著于竹帛谓之书，昭十二年《传》左史倚相能读《三坟》《五典》《疏》引伪孔《书叙》云伏羲、神农、黄帝之书，谓之《三坟》，言大道也，少昊、颛顼、高辛、唐、虞之书，谓之《五典》，言常道也，《周礼》外史掌三皇五帝之书，《注》云楚灵王所谓《三坟》《五典》是也，《疏》云《三坟》三皇时书，《五典》五帝之典，则仓颉已有书籍；所造字已多，既有形声，亦必有会意；转注假借，原为字少而设，疑仓颉亦当有，六书殆亦备乎？其名则未有。又言迄五帝三王之世，改易殊体，愚谓《叙》言改易，其实兼有增多，此下方言《周礼》保氏云云，则许意明以六书至周始定。意者，自黄帝至周文武，文字孳乳大备，而周公始定此名；盖仓颉非先立六书名目才造字，乃造成已久，后人追定其名也。

王氏的话，大体上虽然比较前人进步，但仔细分析一下，错误仍然很多：第一，"其后"一语，乃指仓颉以后而言，是仓颉时只有象形指事二者（段注说："其后为仓颉以后也，仓颉有指事象形二者而已。"）。第二，《三坟》《五典》的传说，是战国时人的一种推测和夸饰之辞，不可尽信。第三，《周礼》是伪书，决非周公所作，那么，周公始定六书名目的推断，当然也不可靠了。不过，文末自"盖仓颉"以下数语，却是很好的合理的见解。王筠在《说文释例》里讲得比王氏还好，他说：

观乎天文，观乎人文，而文生焉；天文者自然而成，有形可象者也；人文者人之所是为，有事可指者也，故文统指事象形二体，字者孳乳而侵多也，合数字以成一字者皆是，即会意形声二体也。四者为经，造字之本也；转注假借为纬，用字之法也。

或疑既分经纬，即不得名曰六书，不知六书之名，后贤所定，非皇颉先定此例而后造字也。犹之左氏释《春秋》例，皆以意逆志，比类而得其情，非孔子作《春秋》先有此例也。

由王氏的话，我们可以知道：

（1）六书非尽造字之本，其中也包括用字之法。当然，六书的形成，是历代相沿，渐渐积累而成的，并不是在造字时就六种方法一齐具有的。

（2）六书的事实发生的很早，但六书的理论及名称却是后人追定的，至于追定的人名，既非周公，只有称他为"后贤"了。这样，仓颉先定六书之例而后造字的谬见，就不攻自破了。

（3）后贤追定六书的方法，是靠着"比类而得其情"的归纳方法。所以说，六书的事实现象，是自然形成的，从有文字时起，直到六书的学说产生时止，历代都有造字，方法自然也有增益，沿袭旧有的方法之外，旧的不够应用，便又发明了新方法。大概在最初的时候，大家只知道利用绘画的手法，去"依类象形"以创造文字，等到后来，渐渐知道利用已经写定了的形象，互相并合，发明了"形声相益"的方法，而且文字的应用，日见增广，于是便相互通假，辗转孳乳，文字的增多，就有很猛烈的进展。这样，文字在体用两方面，都已达到极尽变化的地步，已不能再有另外的新花样新方法发明了，就是在日常的应用上，也并感不到不足的缺陷，因此新文字的添造，只有在旧方法里有所取舍选弃了。这时一般解说文字形体的学者，便根据较古的字体去研究造字的本义，慢慢的研究的人多了起来，成绩也很可观，靠着多方面的综合归纳，缘着一个半个字的线索，一面归纳，一面推理，结果发现了古人造字用字的六个条例，又应用这条例去解说所有的文字的含义，这条例便是六书。换言之，六书方法的应用，是在古时造字者的手里，而六书理论的应用，却是在后来解字者的眼下，前者是无意识的，后者却是有意识的，前者是创造，后者却是研究。与其说六书是造字的条例，无宁说它是研究字义的条例，较为更恰当一点，所以许氏《说文序》谓之为"字例之条"者，便是此意。

六书的事实现象，发生的时代究在何时，已不可详细考究，现在所知者，只是发生先后的次序而已。至于六书名称的确定究在什么时候？却有探讨一下的必要。"六书"一名（总名），最早见于《周礼》，《周官》保氏教国子以六艺，六艺中的第五项便是"六书"。《周礼》如果是周公所作，那么六书的理论，至少当在西周的初年已经就成立了。不过《周官》

的作者及时代，都很成问题，绝对不是周公的作品，大概是汉代古文经学家的一种托古伪作；不过在以今推古的背面，倒可证明六书的教学，或是一种历代相沿的制度。《史籀篇》是周时史官教学童的课本，秦相李斯等也曾编集过字书，汉兴以后，闾里书师，用以教学，而司马相如和扬雄等小学名家，也同时辈出，到刘歆手里，六书的理论已经很成熟了。许冲上书云："自《周礼》《汉律》，皆当学六书贯通其意。"可见自汉以前已然。我们如果再往前看，六书理论的萌芽，早已在春秋的时候，当时解说文字的风气很盛，甚而影响到政客武夫，例如本书在第二节里所举的《左传》上"止戈为武""皿虫为蛊""反正为乏"的例子，《韩非子》上"自环为私，背厶为公"的例子都是。《说文》中，所引的"通人说"，有许多是属于春秋前后时期的，兹仅举其较为可信者，如：

孔子曰；"一贯三为王。"（会意）

"推十合一为士。"（会意）

"牛羊之字，以形举也。"（象形）

"黍可为酒，禾入水也。"（会意）

"儿在下，故诘屈。"（象形）

"视犬之字，如画狗也。"（象形）

司马相如说："营或从弓"，"蔆从遴"，"鸃，从鸟妟声"，"从赤"，"辂或从霝"，"蜜作蠠"，"蟥作瓊"，"茵从草"……等。（皆属形声）

淮南王说："玄田为畜。"（会意）

董仲舒曰："古之造文者，三画而连其中，谓之王。三者天地人也，而参通之者，王也。"（会意）。

京房说："贞，一曰鼎省声。"（形声）

爰礼说："平，语平舒也，从亏从八，八分也。"（会意）

扬雄说："卅从两手。"（指事）

"古理官决罪，三日得其宜，乃行之，从晶从宜。"（会意）

"舛，从足春。"（形声）

这些通人学者的解说，虽未明言于六书为哪一书，但都暗合于六书的条例，可见在当时的学者中间，是有一种非正式的六书理论学说在盛行着、流传着。如果从前的人没有很深的研究，甚而连一点启发都没有，恐怕在西汉初年的人不会立刻就有这种很精密的方法的。孔子的解说虽不可尽信，但也不能认为毫无根据。所以说六书的理论，萌芽于春秋时代，大成于秦汉之际，至迟是不能晚于西汉初年的。

六书的分名，出处却有三个：一见于班固的《汉书·艺文志》，其言曰：

> 古者八岁入小学，故《周官》保氏掌养国子，教之六书，谓象形、象事、象意、象声、转注、假借，造字之本也。

再见于郑众的《周礼注》，其言曰：

> 六书：象形、会意、转注、处事、假借、谐声也。

三见于许慎的《说文解字序》，其书曰：

> 《周礼》八岁入小学，保氏教国子，先以六书：一曰指事，指事者，视而可识，察而见意，上下是也。二曰象形，象形者，画成其物，随体诘诎，日月是也。三曰形声，形声者，以事为名，取譬相成，江河是也。四曰会意，会意者，比类合谊，以见指㧑，武信是也。五曰转注，转注者，建类一首，同意相受，考老是也。六曰假借，假借者，本无其字，依声托事，令长是也。

三家所定的名称，各有异同，现在把他们对照列在下面：

> （班固）象形、象事、象意、象声、转注、假借。
> （郑众）象形、处事、会意、谐声、转注、假借。
> （许慎）象形、指事、会意、形声、转注、假借。

三家的定名虽小有不同，但是他们师承渊源却是一样的。《汉志》是就刘歆的《七略》，删繁取要而成的，《志》曰："每一书已，向辄条其篇目，撮其指意，录而奏之。会向卒，哀帝复使向子侍中奉车都尉歆卒父业，歆于是总群书而奏其《七略》……今删其要，以备篇籍。"又在歆本传里说："歆乃集六艺群书，种别为《七略》，语在《艺文志》。"可见班氏的话完全是根据刘歆《七略》而来的，郑众（仲师）是郑兴（少赣）的儿子，兴和杜子春、贾徽（元伯）等同受业于刘歆，徽的儿子贾逵（景伯）又从子春受业，而许慎又是逵的弟子。贾公彦《周礼疏》《序周礼废兴》引马融传说："至孝成皇帝，达才通人刘向子歆校理秘书，始得列序，著于录略……唯歆独识，其年尚幼……末年乃知其周公致太平之迹，迹具在斯。奈遭天下仓卒，兵革并起，疾疫丧荒，弟子死丧，徒有里人河南缑氏杜子春尚在，永平之初，年且九十，家于南山，能通其读，颇识其说，郑众、贾逵往受业焉。"（《经典释文序录》略同）又引郑玄序云："世祖以来，通人达士，大中大夫郑少赣名兴，及子大司农仲师名众，故议郎卫次仲、侍中贾君景伯、南郡太守马季长，皆作《周礼解诂》。"《后汉书·贾逵传》也说："父徽，从刘歆受《左氏春秋》，兼习《国语》《周官》。……逵悉传父业……并作《周官解故》。"许冲上书云："臣父故大尉南阁祭酒慎，本从逵受古学……慎博问通人，考之于逵，作《说文解字》。"而《说文》中称贾逵处，则曰贾侍中，盖敬其师也。这样看来，三家学说的渊源及师承，可以说是同出于刘歆一人，《周礼》传授及六书学说渊源可并合列作下表：

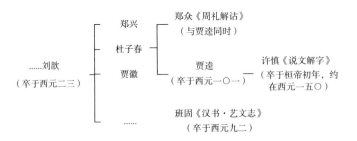

从时代的先后上说来，大概《汉志》的名称，尚不失刘氏之旧；而郑许二氏之说，则难免有点"弟子各安其意，以失其真"了，马融《周官传》说："众逵洪雅博闻，又以经书记传相证明为解。逵言行于世，众解不行，

兼揽二家为备，多所遗阙，然众时所解说，近得其实。"可知各家所名不
同，也是当然的事了。不过师承既同，所异者也只是字面的差别，并非理
论上根本的冲突，而且任何的事情，多是开创维艰，后出转精，这个自然
也是如此，三家中唯许氏证说较详，阐发特多，所以在《说文》学盛行的
空气下，后来的小学家大多遵从许说而非难班郑，其实在立名方面，差别
的地方本来也很轻微，何况他们又各有取义呢。朱宗莱评论得很公允，他
在《文字学形义篇》里说：

> 昔人或以许说为优，是固然也。然郑氏之说，亦非有误，盖处事
> 者谓处置其事也，物可象而事不可悉象，著于竹帛，宜有定形，则创
> 意以处置之，斯即指事之指也。谐声者，谓以文字之声谐语言之声，
> 古者未有文字，先有语言，后人造字，因音制形，既以一体明事物之
> 义，复以一体谐语言之声，此所谓谐声也。班氏于前四书悉名为象，
> 似涉函胡；然指事之文，盖由象形而变，谓之象事，未为巨失；会意
> 合数字之意以象一字之意，形声用一字之声以象语言之声，则名以象
> 意象声，亦无不可。要之，班郑命名，义各有当，虑有所受，非同妄
> 作。唯其函义皆不逮许氏周密具足，故今定从许氏。

在现在看来，班氏于前四书概以象字冠之，虽然表面上好像有点笼统雷
同，不能分别精密，其实在这笼统之中，倒合于文字发生的实况，古人造
字的方法，纯粹是个"象"字，《说文序》说："黄帝之史仓颉，见鸟兽
蹏远之迹，知分理之可相别异也，初造书契。"这样看来，自然界的兽蹄
鸟迹，便好像人类社会中的文字，古人造字的动机及原则都是从这点"分
理别异"上悟解出来的。不但文字如此，一切文物制度的起源也都是如
此，都由于一个象字，所以"象"会成为《易经》里面一个重要的观念，
《系辞》下说："仰则观象于天，俯则观法于地，观鸟兽之文与地之宜，近
取诸身，远取诸物，于是始作八卦。"《淮南说山训》也说："见窾木浮而
知为舟，见飞蓬转而知为车，见鸟迹而知著书，以类取之。"这都是说明
人类制器尚象的道理，自然界的现象——物象，引起人类思想上的一种意
象——观念，把这种观念用模仿自然的手法作为图像，或器物，那便是文

字和器皿，于是文字方面，或象自然之形，或象人为之事，或象心目中之意，或象口耳间之声，无一而非"象"，"象"之为用真是很大的了！那么班氏于前四书悉名为象，正合于造字的原则，又何非难之有？不过我们为了讲说上及阅读上的便利计，名称的统一，倒是很需要的事情，自来都以许说为准，既无不妥，何妨一仍旧贯呢。

六书名称的歧异已如上述，而次第先后，尤多纠纷，兹将三家原次列表于下：

（班固）象形1、象事2、象意3、象声4、转注5、假借6。

（郑众）象形1、会意2、转注3、处事4、假借5、谐声6。

（许慎）指事1、象形2、形声3、会意4、转注5、假借6。

其后诸家论说，或因许序，如晋卫恒《四体书势》，北魏江式《求撰集古今文字表》等是也；或遵班次，如唐颜师古《汉书注》等是也；守郑第者，惟贾公彦《周礼疏》而已。盖小学家多从许，史注家则从班，礼疏家则从郑，注疏之体使然，先入为主故也。而张参《五经文字序》、徐锴《说文系传》、郑樵《通志六书略》，则又袭许名而依班序，可以算是自主的改革了。至于《玉篇》《广韵》等作之序列六书，随手书写，任意排列，一若六书次第无足轻重者，是亦不足论也已。至宋元明之为《说文》六书分类的那一班人，如张有《复古编》、周伯琦《说文字原》、戴侗《六书故》、杨桓《六书统溯源》、包希鲁《六书补义》、赵古则《六书本义》、吴元满《六书正义》、王应电《同文备考》、魏校《六书精蕴》、赵宧光《六书长笺》等书之序六书，或因或改，大抵人自一说，务求新奇而昧于文字发生及演进之历史，所以始终没有把握住六书的精奥，无怪乎说愈多而次序愈乱了。案三家所序，班许二氏，大略相近，惟郑氏独异，故清儒大多推崇许班而非驳先郑，段玉裁《说文序注》说：

六书之次第，郑众一象形，二会意，三转注，四处事，五假借，六谐声，所言非其叙。刘歆、班固一象形，二象事，三象意，四象声，五转注，六假借，与许大同小异，要以刘班许所说为得其传。盖有指事象形而后有会意形声，有是四者为体，而后有转注假借二者为用，戴先生曰：六者之次第，出于自然是也。

王筠《说文释例》说得更为肯定明白，他在引《汉志》说的后面加案曰：

> 筠案六书次第，似班书首象形为是。《通志》曰：'六书也者，象形为本，形不可象，则属诸事，事不可指，则属诸意，意不可会，则属诸声，声则无不谐矣，五不足而后假借生焉。'许君首指事，似不可解。

又说：

> 六书次第，自唐以来，易其先后者，凡数十家，要以班书为是。象形指事皆独体也，而有物然后有事，故宜以象形居首。会意形声皆合体也而会意两体皆义，形声则声中大半无义，且俗书多形声，其会意者千百之一二耳，即此足知其先后矣。转注假借在四者之中，而先后亦不可淆者，转注合数字为一义，假借分一字为数义也。故以六书分为三耦论之：象形实，指事虚，物有形，事无形也；会意实，形声虚，合二字三字以为意，而其义已备，形声则不能赅备，如煠鍊一字，所煠者金，鍊之以火，鏝、槾一字，其器兼用金木，而皆分为两体，此尤不能赅备之明验也；转注实，假借虚，考自成为考，老自成为老，其训互通而各有专义也，即楄椾柮抒，同为一物一事，而名从主人，各有所谓而不可改也，若夫令为号令而借为令善，长为久长而借为君长，须于上下文法求之，不能据字而直说之，故为虚也。凡变乱班书之次者，皆不察其虚实者也。
>
> 班《志》列象声于象意之后，胜于许君列形声于会意之前，何也？形声一门，兼象形指事会意以为声，于省声尤可见矣。肘从肉寸会意，故纣酎等字从肘省得声，苟不先有会意之肘，将何以为声乎？

虽然还有些人不满意王氏的说法，但终不能举出更充分的理由，如张行孚在《说文发疑》里评论段王二氏道："论者莫不先象形而后指事，右孟坚而左叔重，虽精研六书如徐楚金段茂堂王菉友，而徐氏则谓六书之义起于象形，段氏则事形后先，依违莫决，王氏则且谓有物然后有事，故宜以象形为首。"这几句话很能扼要的说出三氏的主张，不过他以为"六书次第，当以制字先后为叙"，遂谓许书首立一字，制字莫先于一画，一字之义，实居生物之先，一为指事，故指事先于象形云云，则有点不明许书组织体例，把部首次序与制字先后混为一谈了。至又谓"形声会意二者，本力敌势均，绝无先后"等语，也是不明白六书本质的话。我们觉得许氏的次第，本不及班氏，是非显然，自不必强为许氏弥缝补苴也。盖六书依其性质及文字演进史观之，可分为形符意符音符三种，象形是纯形符，指事是形符兼意符，会意是纯意符，形声转注是音符兼意符，假借是纯音符，世界各国文字，演进程序，皆形先音后，是六书先后次第，虽非绝对，然制字之叙，大齐可知，详密析论，则须俟诸下节，兹节录朱宗莱《六书释例》数语以作结束。他说：

> 余以六书次第，当从制字先后为准，许书序云：仓颉之初作书，盖依类象形，故谓之文；其后形声相益，即谓之字。则书契之作，文先字后，大齐可知。唯文统指事象形二体，而象形为物，指事为事，物形生于自然，事状本乎人为，仓史草创，仰观俯察，写实宜先于创意，斯象形宜先于指事明矣。会意形声皆属合体，参稽其形，有形声字而从会意字者，有会意字而从形声字者，互有从受，势均力敌，疑若不能强分先后，然会意字诸体皆义，形声字声中无义，且凡字之可用形声者，必不能用会意，而凡字之可用会意者，亦可用形声，许书九千三百五十三字，其中形声字居十之七八，会意字才千名而已，由此推之，造字之次，形声居后，可断言也。盖象形者，象物之本体，形无可象则属诸事，事不可指则属诸意，至于意不足论而造字之法穷矣，形声者不徒取义，兼譬其其声，所以济三者之穷者也。故论制字先后，必以班氏形、事、意、声之叙为当。

此外还有一些好奇喜怪之士，独违众论而伸郑说，谓实有不易之精义在，象形会意转注三者，得一类字贯之，据物形者也；处事假借谐声三者，又得一事字贯之，托人意者也。且自诩为千年莫阐之坠绪，将待彼而发之。实则窃黄以周《礼书通故》之微义，又从而扬其波者也。甚而还有少数的人，以六书既为后人所定，则其次第不必分先后，应平列视之，此盖不明六书本质者的说法，哪能够讨论这个问题呢。

本节参考书举要：

（1）清王筠著：《说文释例》卷一。
（2）朱宗莱著：《文字学形义篇》《六书释例》。

第二节　六书的本质

从前的人，对于六书的解释，有两派争论：一派主张六书皆造字之本，一派主张六书分为造字之本及用字之法，大体上是后一派占了胜利，直到现在还保持着优越的地位，这里面最主要的一个分歧的关键，就是解释转注的说法太有些冲突而陷于不可收拾的混乱状态里去了，不过在目前看来，六书分为体用的说法，仍是不能让人满意，其实转注假借也都是造字。这一点留待后面再为详说。现在所要说的，就是从造字史方面去观察文字繁衍孳乳之迹，藉以明了六书之真正价值。沈兼士在《六书略序》里说：

> 六书为"字例之条"，殆犹文法之于文章。文法之用，为便于解释一切文章之构造，初不必剖析文章使其分隶于各类文法之中，方为能事。又如几何学定理之于问题，问题之性质愈复杂，则其应用之定理亦必愈繁多，凡解一题固不应限用一定理也。六书之于文字，何独不然？盖造文字时，运用六书之法，此是追述之语，当造字时，固无六书之目。少则仅一，多容至四，其排列组合，有式可计，吾人于每一文字可视其用六书之多寡，定造字之后先，大概少者必先，多者必后。此谓取法之多少，不关结体之繁简。缘造字者之思想，由简单渐趋复杂，由具体渐趋抽象，由表意渐趋表音。试观六书之次第，本班固说可知演进之势，大剂如此，然则六书之分，固非绝对有别，判若鸿沟者也。今郑氏舍本逐末，倒果为因，……今之新学乃起而倡打破六书之论，是岂六书本身误人，抑不善

于利用六书之过也。余以为六书本是文字之注脚。不应反以文字为六书之注脚。六书祇宜藉作造字史观，从纵面察其递衍嬗变之迹，不宜横面强为切断使之失其脉络，此余对于郑氏六书分类法之驳议也。

由上面的话，我们可以得到下列几个重要的论断：

（1）六书是"字例之条"，《说文序》说："俗儒鄙夫，玩其所习，蔽所希闻，不见通学，未尝睹字例之条。"可见六书是后人研究字义所得而归纳出来的一种条例，是解说文字的注脚，并不是先有六书而后始行造字。

（2）六书虽非造字者所定，然既系后人寻求出来的一种古人造字的条例，则古人造字当亦不出此六法，所以我们应把六书当作造字史看，当作文字演变史看，换句话说，研究六书宜就古今文字的全盘历史上着眼，然后才能明白六书的真正价值。如果只就某一代的文字像甲骨钟鼎之类去按字归类，而遂断言古代文字不必都合六书，甚至进一步倡"三书""四书"之说，以图打破六书的系统，这都是不善利用六书理论的缘故。

（3）六书的先后次第，便是文字演进的一个小史，可以看出造字者思想演进的历程，是由简单渐趋复杂，由具体渐趋抽象，由表意渐趋表音。所以六书应该从纵面去研究，不应该由横面去切断，换言之，它们是联系的而非孤立的，相对的而非绝对的。

（4）每一字的排列组合，不必只限于一个方法，由一个到四个，多少尽可随意，而且大都演为定式，并非毫无条理。所以从运用六书的多寡上，可以定造字之先后，大概少者在先，多者在后。

根据以上四个观点去衡量我国古代文字创造和组织的六个大原则——六书，大体上可以把他们分为三类：象形指事是形符原则，会意是意符原则，形声转注假借是音符原则。王筠《说文释例》说：

　　一字之蕴，形声义尽之；即六书之名，亦可以形声义统之。……象形、形也，指事会意、意也，形声转注假借、皆声也。

王氏以指事属诸义，也可以说是对的，因为它根本是介于形义二者之间的。现在试进一步不墨守六书的旧说，重新拿世界一般文字发达的次序，和思想进化的历程，比照着去研究中国文字与语言的关系和变迁，大致可分为四级：

第一级：文字画

在文字还没有发明以前，用一种粗笨的图画来表现事物的状态、行动和数量的观念，这就叫做文字画（Picture Writing）。我们研究世界人类的文化史，追溯到文化的起源，未有不经过用文字画的一个阶级的。我国在石器时代有没有文字画，现在尚没证据判明，倘是根据有史以来的记载，如《虞书》所说的欲观古人之象而作日月至黼黻十二章，《春秋左氏传》王孙满所说的"昔夏之方有德也，远方图物，贡金九牧，铸鼎象物，百物而为之备，使民知神奸"，这大约都是一种文字画，可知铜器时代已经有文字画了。但是古代纯粹用文字画纪事的古迹，迄今尚未为考古家所发现。到了铜器时代的后期，文字画的形式似乎已渐蜕化而为象形字了，试看商代彝器的刻辞，不是已经有了直接而且显明表示语言的文字吗？其中虽然还夹杂着好些文字画的遗形（如在第七节中所举的），但其作用似已消失，不过仅当作一种族徽的图案装饰而已（甲骨卜辞，虽然也是商代后期的东西，但因为不像钟鼎彝器那么有刻记族徽及装饰的必要，所以就不用图案化的文字画了）。此等文字画的简单者，后来也有一直变作象形字用的。文字的起源既是由于图画，那么从图画变作象形文字的中间，是必须经过文字画的阶段的。这一级只是文字的导源，而非正式的文字——记录语言的符号，故不在六书之列。

第二级：表形字

象形字是中国文字的基础，最初的象形字和图画，有时简直不能分别。在这一级里，因为所象的"形"有自然和人为的不同，所表的义有具体和抽象的分别，所以又可分做两类：

（1）写实的方法：这一类的形式，和文字画有密切的关系，其不同之点，即笔画渐变简单，结构渐成定形而已。例如⊙ⅅ﹟﹗……之类，形式虽有繁简的分别，其为实写事物的状态则一。这种思想上的模形主义及因袭主义的造字，便是六书中的"象形"。

（2）象征的方法：写实的方法未免有些麻烦而且太呆板了，表示思想的力量和范围过于狭小，比方"大""凶"这两种抽象的意思，用写实的方法是很不容易造成一个字的，而想象力薄弱的古人，叫他不依类象形而凭空构造，又是绝对不可能的事情；于是想出一种法子，借了人立的形状，地的坎险，以为"大""凶"的象征，造成"大""凶"两个字（《说文》："大，天大地大人亦大，像人形。""凶，恶也，像地穿交陷其中也。"），这么一来，就可把不容易表示的意思，都能举重若轻的表示出来了。这个方法又叫做"借象"，借象的原理，便是借着有形可象的物件，以表那无形可象的语言和意义抽象的事情，例如上举"大""凶"二字，形象虽为人立及地陷的形状，但所指的却是那形象所象征的抽象观念，而且字形所描写的事物，和内容所包含的意义，其专泛狭广确有不同，"大"字所包含的意义是指着一切事物的大，不过借人立时的魁伟高昂的形状以为一切大义的标识而已。此外如 ·⎯·. 等字，则纯粹是人为的一种记号，比"借象"又进一步了。这都是人类思想上象征主义的表现于造字者，于六书谓之"指事"（不过象形和指事很难分别，事实上也绝没有那样的严格，所以在六书的应用上应该看得活一点，说"大""凶""上""下"等字是象形也未尝不可，这里说是指事，只是为了解说的方便而已）。

第三级：表意字

上面所说的象征的方法，已经在客观的物象之中掺了一点主观的意象，但是仍旧脱离不了实物标本的束缚。到了这一级，作者才能够自由的拼合各象形文字以表现其意趣，所以叫做表意字。据语言学者的研究，语文的缘起，本于表示"实""德""业"，而象形文字只利于表实；倘使对于表德表业的语言，一一都要取一种固有而且简单的物象来表现他，实在是一桩极其困难的事情，因此我们的祖先，就在写实及象征的方法之外，又想出一个法子，利用现成的象形文字，人为的拼合起来，成为一种具体的形象，藉以表示一种抽象的意思。譬如一个初字，《说文》说："裁衣之始也。"《尔雅》说："始也。"陈澧在《东塾读书记》里解释道："近人多以《说文》为本义，《尔雅》为引申义，其实不尽然也。造初字者，无形可画，无声可谐，故从衣从刀会意耳。"这就是用具体的方法来表示抽象的意思的一个好例。其他如"盥、闻、仁、信"等字皆是同一道理。这种字的作法，慢慢的超乎迹象，主观的作用渐盛，而所包含的意义也更为曲折了。后来因为事变纷繁，人心所造之意象无穷，而事物可比拟之现象有限，于是觉得象形文字反不如表意文字之易造，所以表实的字如"男""或"等字，也就应用这个方法来造了。这里要注意的，它的性质也同上面的象征方法相同，须知"盘閵"等字，并不是专为"以皿食囚""门夜闭而见月光"等狭义而造的，不过扼要的举出一个显著之例来做一个代表罢了。这种思想上的个性主义及主观主义的造字，于六书便是"会意"。

第四级：表音字

上面所说的表形及表意字，事实上都始终没有逃出形符的范围，形符文字发达到了表意的阶段，可以说是形符的利用扩张到极大的限度了。后来人文进化，尽管凭借着客观的物象和主观的意象去制造文字，终于难以应付下去，物穷必变，于是慢慢的渡到音符的区域来了，这也是必然的趋势啊。所谓表音字，大都是借了表形字或表意字来表示同一发音而不容易用表形表意两方法去造字的他种语言。其体裁可分为两类：

（1）半音符的。这一类的方法，是在一字之中，半体表示声音，半体表示形义，就是六书中的"形声"。形声字中有一类是"音符兼义者"，如从"農"声的濃、醲、襛、禯、穠、膿等字均含有厚义，从"音"声的暗、闇、黯、窨、瘖、瘖、潜等字均含有阴湿低下之义，从"斯"声的痲、嘶、澌、撕、磃、撕等字都含有磨砺分析的意义，从"夗"声的嫛、婉、宛、琬、碗、盌、鸳、智、諰、怨、苑等字都含有屈曲的意思。这里面又有"音符兼义而非其语根"（如農为乳之假，音为侴之借）和"音符兼义即为其语根"（如斯夗二字本为分析屈曲之义）的两派分别，因此他们孳乳增多的方法也就稍微有点差异，前一组是平列的兄弟的关系，因为農音两字的读音与"乳""侴"两字的发声有关，于是便借来作为音符，加上各种类属的形义偏旁，即成为一个含有此等意义的半音符字了；后一组是前后的祖孙的关系，大约起初只有一个"斯""夗"的通语，后来为了目治的易于分别起见，于是在"斯""夗"的字上加上各种类属的形义偏旁，成为一组别语，他们共同的音符，可以兼该同组其余的意义（而前者非语根的音符却不能包括余义）。章炳麟《语言缘起说》所谓"一字递衍，变为数名，……最初声首，未有递衍之文，则以声首兼该余义"，便是这个道理。这两类字形式上虽然相似，但性质却不相同，后一类字和自来小学家所谓"会意兼声"的字（如政、化等字）的原理是相通的。

形声字中除去"音符兼义"者外，还有一类是"音符无义"者，如江河等字，右旁的工可，只是表示声音，丝毫不关意义，这是纯粹的半音符字（其实若就语言的见地看来，声音都是有意义的，不过从工声可声的字，其声兼义的现象不大显著，所以说他是纯粹的半音符字。至如形声字中的象声词，像章炳麟《语言缘起说》所谓"以音为表"的词，"何以言鹊？谓其音错错也，何以言雅（鸦）？谓其音亚亚也。"这鹊字所从的昔声，雅字所从的牙声，其为纯粹的半音符而无意义，更为明显）。

大概古来造字，由意符的区域过渡到音符的区域的时候，可以有两个办法：（一）半音符的方法（形声），（二）纯音符的方法（假借）。半音符的方法的第一步，须先经过音符兼义的阶级，仍旧利用会意的方法，使一切通语加上一个分别部居的偏旁，便成为一个或一组的别语；第二步然后把这种方法扩张，才变到音符无义的阶级，而纯粹的半音符字于以成立。第三步，半音符的方法，仍须受形旁的拘束，还是觉得不十分方便，于是又用纯音符的方法以济其穷，这便是假借。不过形声和假借的先后，疑不能强分，各有从受，互为因果，也许古人感到意符文字的不够应用，便于仓促中又借意符文字来表示语音，借的久了，于是在借字的旁边添加分别类属的形旁，就成为纯粹的半音符字，所以说形声的来源可以有两个：一由会意，一由假借。唐陆德明《经典释文序录》说："六文八体，各有其义，形声会意，宁拘一揆，岂必飞禽即须安鸟，水族便应著鱼，虫属要作虫旁，草类皆从两中？"这便是由假借变为形声的明例。如此则形声假借只有半音符与纯音符的分别，都是表音字阶段中的产物，互相影响，不必强分先后的了。

（2）纯音符的。这个方法的作用，在于消极的以不造字为造字（古人谓假借不关造字，乃是用字，实系隔膜之论）。故又可叫做"借字表音法"。现在可分成三部分来讲：（甲）原来语言中的单音词，后来为了分别意义的便利起见，多半变为双声或叠韵的复音词了（其中有另外加添语尾的）。但是后来附加上去的音，只是借一个同音的字来表示他，却没有另外去造字，比方"处所"的"所"，"果敢"的"果"之类，只是借了异义同音的字来比拟语音以构成复音词，因为是复音词的关系，两个同义的声音连在一起，就是不造本字，也不会有混淆不别之虞，而且这类属于抽象的字义，也很难用表形表义的方法去创造的。（乙）凡语言中的山川鸟兽草木……等的固有名称，重言叠韵双声的形容语，以及助语之词，感叹之声，既不便用表形法描写形象，又不能用表意法表示意义，倘若用半音符的方法，一一配了偏旁，造成半音符的形声字，也是不胜其烦，何况一些"虚字"的意义又是虚而又虚的呢。所以这一类的语言，大部分是借用现成的字来比方他的声音，例如"空桐""科斗""旁皇""容与""而""焉""雖""夫""夥颐"之类，后来虽然把"空桐"又写作"崆峒"，把"科斗"改书成"蝌蚪"，但是"而""焉"等字，却无法来增加偏旁，成半音符的字。郑康成说："其始书之也，仓卒无其字，或以音类假借比方为之，趣于近之而已。"（见《释文序录》引）便是这个道理。（丙）大凡耳治的直接去记忆语言的声音比较容易，目治的间接去记忆代表语言的文字比较困难，所以一方面尽管有人造了本字，一方面借字表音的方法仍然在一般平民手里盛行着，例如"勾聚"不用"勾"而用"鸠"，"仁谊"不用"谊"而用"义"，后来"鸠""义"通行而"勾""谊"反渐隐没，这都是字形比语音难于记忆的证据，所以这就单看写字者的文字知识高低以及好写别字与否而决定了。以上所说的三类纯音符字，发生的原因虽不大相同，但他们只是拿来表示语音而与字形语义无关却是一样的。

形声假借是音符阶段的主要方法，转注也应属于音符的区域。王筠《说文释例》道：

夫转注假借，在形事意声四者之中，而可专属之声，假借固无不以声借也。……至于转注，则同一物也，而命之者不同，则字不同；同一事也，而谓之者不同，则字不同；古人用字，贵时不贵古，取其地之方言而制以为字，取足达其意而已。而圣人所生之地不同也。唐虞三代递处于山西河南陕西之境，孔子又生于山东，各用其地之方言，不得少转注一门矣。故同一"持"也，而县持曰"挈"，胁持曰"拑"，阅持曰"撲"，握持曰"挚"，则不同也，然此犹有"县""胁""阅""握"之分也；乃"揣""撼""批""押"皆"捽"也，

"㛐""媛"皆"美"也,"娱""媐"皆"乐"也,义无异而名不同
也。以至《尔雅·释诂》一名而累数十字未已,是又兼假借而为转注
者矣。盖意有轻重,则语之所施亦有轻重。是以有假借者一字而数
义,何为其数义也?口中之声同也;转注者数字而一义,何为其数字
也?口中之声不同也。

故其始也,呼为天地,即造天地字以寄其声,呼为人物,即造人
物字以寄其声,是声者造字之本也。及其后也,有是声即以声配形而
为字,形声一门之所以广也。综四方之异,极古今之变,则转注之所
以分著其声也。无其字而取同声之字以表之,即有其字而亦取同声之
字以通之,则假借之所荟萃其声也。是声者用字之极也,声之时用大
矣哉。

这样说来,转注字也是表音的方法,虽和形声有些相似,但实质并不完全
一样(详密析论须俟诸下面转注节)。

照上面所说的中国文字之创造和变迁看起来,最初是用形象来表示,
进而用意义来表示,更进而用声音来表示,其由意符的区域渡到音符的区
域,轨迹是很明显的了。可惜到了音符阶段,却走错了路子,用错了方
法,误入歧途,积重难返,遂致始终不能完全脱离意符的束缚而造成一种
有规律的字母拼音文字。中国人把意符的方法看得太重了,不但表形字及
表意字是意符的方法,就是到了第四级,虽名为表音,但骨子里仍然摆脱
不了意符的形式,所以中国文字直到目前还徘徊在半意符半音符的阶级,
而不能完全达到字母的纯音符的阶段。

现在把中国文字发达的统系,列表如下:

第一期	第二期		第三期	
文字画	意符文字		音符文字	
(六书文字之导源)	象形字	象义字	半音符字	纯音符字
	象形	会意	形声	假借
	指事		转注	

这三个时期的文字与语言的关系，又可列作下表：

这里要注意的，所谓这三个时期，并不是截然分离，上表不过表示一个大概的趋势，说明在某一期里以某一种方法为主罢了，当然有了这种新方法，并不是立刻就把旧方法完全废弃了的。在文字的演变史上看起来，殷商的甲骨卜辞里，已经有了"形声"的方法，不过还不大显著，到了籀文里面，这种形体较为繁复而好重叠的文字，大概是受了新兴的形声方法的影响，到篆文时代，可以说是形声字的独盛时代，《说文》九千三百五十三字，据王筠在《文字蒙求》中所举出的象形字只有二百六十四个，指事字只有一百二十九个，会意字只有一千二百六十个，其余的都是形声转注，总起来计算一下，意符字只占百分之十六强，半音符字却占百分之八十四弱，而且上古时的象形字，到晚周以后，有许多都被改作了形声字。从《说文》时代到现在，又有不少的新字增加出来，到《康熙字典》便有四二、一七四字，而以后的新字尚不在内，这些新字的制造，大多也是以形声为法的，所以说我国文字在目前仍然还彷徨在半音符的阶段，打不破意符的牢笼。这种方法的弊病很大，简单说起来也有三个：

（1）拿一个现成的字作声母去比拟他一语言的声音，当然不能绝对的确切的描写出来。

（2）本来是一个语言，因为所指对象的不同，便在同一声母或语根的上面加添种种形义的偏旁作为区别，如"腋"为"臂腋"，因而衣袖谓之"袂"，挟扶谓之"掖"，"腋袂"因衣臂不同分为二字，"腋掖"因名动不同亦分为二字，是一语而有三字矣。又如多厚谓之"鬞"，因而厚酒曰"醲"，露多曰"濃"，血浆曰"膿"，衣厚曰"襛"，犬多毛曰"獚"，华木稠多曰"穠"，这样一个语言便可有七个不同的字形了。这是中国文字艰深繁重的大因之一，也是教育不易普及的一个病根，都是文人作茧自缚的"文字障"！

（3）因为声母有的只在表音，所以表音的声母尽可在同音的字中随便选择，虽然多以常见易写的为准，但大多毫无一定，如"迹"字可写作"速"，"蹟"（又可作"跡"）。"瓊"可写作"璚""瓀""琁"（璇），如果再加上"璿"字，一字就可有五个写法。不但声母如此，形旁因为义类相近的关系，也可互相替代，如"吟"可作"訡""齢"，"壻"可作"婿"，"菹"可作"蘁蘁"……等都是。《说文》里所载的或体、重文，有许多是属于此类。更有因为器物原料的改变而字形亦随着改变的，如"般"字，籀文从皿作盤，古文从金作鎜，篆文从木作槃，其他如枱鉛，橺罍蠱，盌鋺椀碗……等皆是。甚至形声的形旁声旁，可以上下左右互易，如李之古文作杍等是，变出种种花样，故弄玄虚。这也都是自作孽的"文字障"！

我们要想打破这种文字障，应该设法去创造那以简御繁的正式的音符——拼音文字，好来替代这半音符的形声字和纯音符的假借字，只是提倡写"别字"，写"简字"，还是不彻底，不中用的。因为假借字也有莫大的害处，不但像形声字一样的不能确切描写语音，而且在借用之后，本义与借义中间发生一种纠葛不清的疑惑，苟安一时，遗害无穷，到底也不是好办法。现在依照上面所叙的演进趋势看来，仅字已经发展到极限，不能再有任何的"改良"办法了，除非是"改革"！我们的文字应该跃进第四期去了。

本节参考书举要：

（1）沈兼士著：《国语问题之历史的研究》。（《国学季刊》一卷一号）

（2）沈兼士著：《影印元至治本六书略序》。

（3）沈兼士著：《从古器款识上推寻六书以前之文字画》。（《辅仁学志》一卷一期）

第三节　形声

《说文序》曰：

> 三曰形声，形声者，以事为名，取譬相成，江河是也。

这形声二字怎样解释呢？大约有两种不同的讲法。旧来大都以"形声"一名二字平列，形是形母，声是声旁，半形半声，谓之"形声"。

晋卫恒《四体书势》曰："形声、江河是也，以类为形，配以声也。"

唐贾公彦《周礼疏》曰："云谐声即形声，一也，江河之类是也，皆以水为形，工可为声。但书有六体，形声实多，若江河之类，是左形右声；鸠鸽之类，是右形左声；草藻之类，是上形下声；婆娑之类，是上声下形；圃国之类，是外形内声；阛阓衡衔之类，是外仍是声内形，（阛阓外形内声，衡衔则为会意，当易以闻问闾闽等字。）此形声之等有六也。"

元杨桓《六书统溯源》曰："形声者何？形者非专指象形而言也，盖总其象形会意，以宾主言之也，主为形，宾为声也，故必于形之旁，取一文一字，直附其声，使人呼之，自知其何形何意也，故谓之形声。"

明王应电《同文备考》曰："主一字之形，而以他字之声合之，因其形之同而知为是类，因其声之异而知为是物是义，故曰形声。"

其他说六书者，虽然把"形声"叫做"谐声"，但是他们对"谐声"的解释，仍不出"半形半声"的范围，如南唐徐锴《系传》所说的"立体于侧，各以声韵别之"；宋张有《复古编》所说的"或主母以定形，或因母以主意，而附他字为子以调合其声"（明赵古则《六书本义》，吴元满《六书正义》略同）；都和卫贾等人的说法没有多少差别。这一派的人固然都知道"形"是广义的"形类"，简直可以说是"意类"，而不是"象形"的"形"，可是终久没有打破这种"形母、声旁"主宾的成见。到了清朝，一般小学家大都知道这种解说不能够符合许氏的原意，于是另为新说，以"形"字为动词，形声者，形容描写其语言声音之谓也。段氏《说文注》说：

> 刘歆班固谓之象声，形声即象声也。其字半主义，半主声；半主义者，取其义而形之；半主声者，取其声而形之；不言义者，不待言也。得其声之近似，故曰象声，曰形声。
>
> 事兼指事之事、象形之物，言物亦事；名即古曰名今曰字之名；譬者谕也，谕者告也。以事为名，谓半义也；取譬相成，谓半声也；江河之字，以水为名，譬其声如工可，因取工可成其名。

黄以周《六书通故》说得更为明切，引段说而加案曰：

> 形声（先郑谓之谐声）与象形、指事、会意、谐声，皆上字虚，下字实，文法一律。许谓之形声者，名之形于声者也。《乐记》云：感于物而动，故形于声；又云：情动于中，故形于声；形声二字出诸此，与谐声之义一也。旧解以形声为半主形半主声，非许意。

段氏的见解固然很对，不过他以为"以事为名"是指"半义"而言，未免有点拘于旧说不大妥当，名既是"古曰名"的名，则名的含义当指语文的声音而言，非指字义而言也，仔细分析许君这两句话，无非是讲了个声字以及形容此声的方法，并未牵涉到形体及意义两方面。"以事为名"者，是说造字的依据完全是以语音为基准，事物本身无名，名之者人类的语言也，故事名即语音字音（参看第一节"名"字下）；"取譬相成"者，是说形况这事名语音的方法是拿一个已有的现成文字，来作比方的符号，记明读音，然后义由音显，字由音成，故云。不言象而言形者，避与上文象形之象相重也；不言义（形旁）而仅言声者，形声以声为主也，声出自然，造字者本之，不可臆改，形其声而附注以意类偏旁，便成其字。王筠《释例》说：

> 夫声之来也，与天地同始，未有文字以前，先有是声，依声以造字，而声即寓文字之内。故不独形声一门然也。先有日月之名，因造日月之文；先有上下之词，因造上下之文，故执文以求声，则象声指事，其声在字外也；而溯其朔以论声，即形声字亦声在字先也。

语言的起源，诚早于文字，但意符字的造法，是以自然界的事物及人类心目的意象为基准，而音符字的造法，则纯以口头语音为基础，这是意符音符两类文字的大别要限，故意符文字之音在字外，音符文字之音则在字内也。

形声字既是描况语言的声音，必定用科学的记录方法才能正确。依据一般语音学者的研究，记录语音的符号分为宽式（Broad）和严式（Narrow）的两种，普通各国的拼音文字，大都是属于前者，中国的音符文字既是利用现有的方块文字来表明语音，不用说一个声音中每个音素的长短开合不能分别，就是连那个声音囫囵的大体轮廓，有时也难以表示得清晰，因为有的声音不但为旧字所无，即想新创也无法着手，只好贪图一时的便宜，拿一个声音"差不多"的字来"比方"其音读，乐得一个将就省力。所以从前的小学家有的不名形声而名谐声的缘故，或者是由于这个吧。王应电曰："非本体而谐之，故又曰谐声。"杨桓《六书统》更分形声之声别为四：

一曰本体，如矶从几声之类是也。

二曰谐声，如嶽从狱声之类是也。

三曰近声，如磺从黄声之类是也。

四曰谐近声，如渐从斩声之类是也。

赵古则的《六书本义》沿袭杨氏的说法，分析得尤为细密，其类有五：

谐声之法，或取声以成字，或取音以成字；声者平上去入四声也，音者宫商角徵羽半徵半商七音是也。

有同声者则取同声而谐，如佺铜而谐空同之类是也。

无同声者则取转声而谐，如控洞而谐空同之类是也。

无转声者则取旁声而谐，如叨江而谐刀工之类是也。

无旁声者则取正音而谐，如萧昵而谐肃尼之类是也。

无正音者则取旁音而谐，如知威而谐矢戍之类是也。

杨赵二氏的说法，大体上颇能说明"取譬相成"之意，但分类标准纯以当时字音为本，不能尽合于古，宜其为后人所斥也。近来讲六书的人，还有依照反切去分形声字之声、韵及调的，共得五例：

一、声韵异同者：禮从豊声，禮豊皆零启切。

禛从真声，禛真皆侧邻切。

二、四声之异者：禧从喜声，喜虚里切，禧许其切。（平上）

根从艮声，艮古恨切，根古痕切。（平去）

稭从皆声，皆古谐切，稭古黠切。（平入）

梗从更声，更古孟切，梗古杏切。（去上）

背从北声，北博墨切，背补妹切。（去入）

三、声同韵异者：思从囟声，囟息进切，思息兹切。（双声）

四、韵同声异者：祥从羊声，羊与章切，祥似羊切。（叠韵）

五、声韵毕异者：需从而声，而如之切，需相俞切。

主谐字和被谐字中间这种分歧的现象，究竟应如何解释呢？它们的声、韵、调（音读）本来是否完全相同呢？这个问题可以分成四方面来说：

（一）四声的标准名称为后人所定，古时（周秦）语词的声调固然也有种种不同，但并不限于四个调子，或多或少，清代古韵学家颇多争论，从诗歌押韵及造字形声两方看来，都极其自由宽泛，可以不论。

（二）同从一声的字，发生先后和地域，参差不齐，不可一概而论。例如从公声的字，《说文》里有下面十二个字：

公蚣舡（见）、瓮（影）、伀（照）、讼颂（斜）、松（斜）、蚣（心）、翁滃簉鱛（影）

到《集韵》里就增加到六十六个（据魏建功在《中国声韵学史》里面的统计）。从这种谐声系统的次第上可以看出语词音读的较早形式及分化沿革，不必十二个字的声音古时都读如公。还有一点应该注意的，就是字体的来历问题，譬如蚣字为蚣字的或体（省体），并非直接从公声而来。

（三）形声字的声母和读音，有的是本来就不相全同的。因为声母的择取必受旧来已有字体的拘牵，不能另行创造，假如一个新起的声音而为旧字所无时，常常以音近的字来作声母。在譬况自然界的本身声音以及翻译外国语时常常发生这种现象——口似字非。

（四）造字时声母和形声字双方的音读本来是完全相同的，后来因为时地不同的关系，声音就有种种的转变，有的声调不同，有的声同韵异，有的声异韵同，有的竟声韵完全不协。

这里面以末一项的现象为最普遍，现在仅就古今声韵的不同和转变，来说明谐声系统音读分歧的现象。古音不同今音，就声母而言，古声较简，今声较繁，今声四十一类，其中古所本有的声纽只十九类，列表如次：

深喉	浅喉	舌	齿	唇
影 [?] 喻（于）	见 [k] 群	端 [t] 知照	精 [ts] 庄	帮 [p] 非
	溪 [kh]	透 [th] 彻穿审	清 [tsh]（初）	滂 [ph] 敷
	晓 [x] 匣 [γ]	定 [dh] 澄（神）禅 来 [l]	从 [dzh] 牀心 [s]（山）斜	并 [bh] 奉 明 [m] 微
	疑 [ŋ]	泥 [n] 娘日		

上表大字十九纽，是古来本有的声母，旁注小字，乃是古无今有的二十二纽，总为四十一类。前为"古本声"，后为"今变声"。

这里所谓"古"，是指周秦的古读，所谓"今"，是指魏晋隋唐的字音。

四十一类中无（ ）之三十六字母，为唐代沙门守温所定。外加（ ）之五母，乃清朝陈澧根据《切韵》反切上字所考证的。

近代考明古声的人，首推钱大昕，他曾作《古无轻唇音》一文，证明"凡轻唇之音，古读皆为重唇"，例如古读藩如播，汾如盆，甫如圃，方如旁谤，鲂如鳑，房如旁，逢如蓬等条，都是属于形声字唇音的范围。他又作《舌音类隔之说不可信》，证明"古无舌头舌上之分，知彻澄三母，以今音读之，与照穿床无别也，求之古音，则与端透定无异"，例如古读豬如都，豬都同从者声；古读沈如潭，则沈鸩（澄）忱（照）等之从尤声的字古读当与眈耽酖（端）等音同。继钱氏而起者，则为章太炎，章氏作《古音娘日二纽归泥说》一文，证明"古音有舌头泥纽，其后支别，则舌上有娘纽，半舌半齿有日纽，于古皆泥纽也"。古音古声，至此已彪然大明，黄侃又于《广韵》中考得三十二韵为"古本韵"，而"古本韵"中只有这十九纽，无其他声纽，因知"古本声"止此十九之数。上表即用黄氏之说，音标则为钱玄同所假定者。不过钱氏原来所用的纽名有几个和黄氏不同，如"见"改称"格"，"溪"改称"客"，"晓"改称"呼"，"疑"改称"吾"，"影"改称"安"，"来"改称"卢"。这样就更较清楚一点。

就韵母方面说，古韵也少于今韵。今韵二〇六部，其中为古所本有的只二十八部而已。表列如下：

阴声	入声	阳声	附注
歌 [a] [ua]	月 [at] [uat]	元 [an] [uan]	开 合
微 [ɛ] [uɛ]	物 [ɛt] [uɛt]	文 [ɛn] [uɛn]	开 合
	质 [æt]	真 [æn]	开
佳 [ɐ]	锡 [ɐk]	耕 [ɐŋ]	开
鱼 [ɔ]	铎 [ɔk]	阳 [ɔŋ]	开
侯 [u]	烛 [uk]	钟 [uŋ]	合
幽 [o]	觉 [ok]	冬 [oŋ]	开
宵 [au]			开
咍 [ə]	德 [ək]	登 [əŋ]	开
	缉 [op]	侵 [om]	开
	盍 [ap]	谈 [am]	开

　　上表廿八部（歌微二部兼具开合，共得三十四韵），是就今韵二〇六部中考出来的。隋陆法言作《切韵》，意在兼存古今南北之音，故多有母音相同而别为数韵者，并非一时一地之语音，实有二〇六韵之数也。其中有"古本韵"，有"今变韵"，"古本韵"谨此二十八部。

　　周秦古韵分部，始于宋郑庠的《诗古音辨》（分六部），明顾炎武的

《音学五书》继之（分十部），清江永的《古韵标准》（分十三部），段玉裁的《六书音均表》（分十七部），戴震的《声类表》（分二十五部），孔广森的《诗声类》（分十八部），王念孙的《古韵谱》（分二十一部），江有诰的《音学十书》（分二十一部），夏炘的《古韵表集说》（分二十二部）等书，都是这方面的名作，此外尚有十余家，要皆不出戴孔江王四家的范围。近来章太炎氏的《成均图》又分二十三部，黄侃的《音略》，则分二十八部，钱玄同以为"截止现在为止，当以黄氏二十八部之说为最当；但黄氏之分部，尚有应修正者二点"。故钱氏"对于古韵分部，用黄氏之二十八部，而分萧部为二，今称幽部与觉部，合豪部沃部为一，今称宵部"，并作《古韵二十八部音读之假定》一文，以明古韵的音值，上表即录钱氏所拟而成者。

纯元音（包括单元音及复元音）为"阴声"加塞声随［p］［t］［k］为"入声"，加鼻声随［n］［ŋ］［m］为阳声，反之，阳入二声失去声随则成阴声，所以元音相同的三声（在表中为同行），古音常相转易，叫作"对转"（此外讲古韵通转的人，又有"旁转"和"旁对转"的说法，就是同为一声的——在表中为同列，彼此部位比邻，可相通转，是为"旁转"，先旁转而后再成对转的，是为"旁对转"。不过古韵分部排列，言人人殊，没有一定不变的次第，究竟以哪一家为准呢？这是叫人不易相信的主因）。

由以上两项主要的原因，对于形声字的韵部分歧的现象便可得到正确的解释。例如从工声的字，今韵工功攻空讧红虹鸿等字在东韵，澒在董韵，贡控在送韵，江扛缸肛在江韵，项在讲韵，虹在绛韵，虽分数韵，实源于一，因董送为东之上去，讲绛为江之上去，而江又为东之变韵，于古皆在钟（东）部。又如谷在屋（烛）韵，从谷声之容字则在东（钟）韵，钟烛阳入对转。总之，凡同从一声之字，古必（绝对多数）同声同韵，其后或转为双声，或变为叠韵，或竟声韵全非，种种错综分歧，都由古今音变而然，并非造字时即由双声或叠韵取声也。如果明白了这个理由，则主谐字与被谐字间的参差不齐的音读，便没有什么可怀疑的了。

自从古韵学大明以后，始有类别《说文》谐声的专书，如姚文田的《说文声系》，严可均的《说文声类》，丁履恒的《形声类篇》，张成孙的

《说文谐声谱》，江沅的《说文音均表》，苗夔的《说文声读表》，朱骏声的《说文通训定声》，陈立的《说文谐声孳生述》等书，都是关于韵部方面的。近姜忠奎氏作《说文声转表》，自序云："仓籀之从声亦声古音也，许君之读若读同汉音也，叔然之反切，沈约之字纽，今音也，因字纽以占汉音之变，因汉魏以占从声亦声之变，不惟变者可得而知，即不变者亦可得而见焉。爰取《说文》九千文内诸四十一纽、别其纲目，著其正变，表其旁通，为《说文声转表》。"这虽然不是分别谐声古声类的专书，但从里面的统计可以看出它们的正变旁通之迹。

形声字的来历，已如上述——"以事为名，取譬相成"。但是后来所谓的形声字，仔细分析起来，其中不尽完全如此，有由意符文字增加偏旁而成的，有由纯音符文字增加偏旁（形）而成的，更有从形声字上再加偏旁（形）以为分别的，凡此种种，都和那形与声同时俱生的形声字稍有不同。兹分别列举如下：

（1）由象形指事字添加偏旁者——如止趾、网罔等类，已见上几节所举。此外如"角"为兽角，引申为角隅稜露之意，故椽方有稜者曰"桷"，石之坚磬硗露者曰"确"，桷确皆从角字孳出。又如"也"为虫蛇，引申为委婉邪曲之意，故邪行为"迤迤"，旌旗悠扬之貌为"旖施"，篱落围曲为"杝"，小岰倾邪为"阤"，阤杝施迤皆由也字孳出，观迤迤《诗》一作委蛇，可知迤从蛇（也）义生出。

（2）由会意字增加偏旁者——如臭齅嗅殠，劦恊协之类，已见上举。他如"莫"为日且冥，增夕作"暮"，增日作"暮"，仍为一字，引申为冥闭静寂广渺之意，故帷在上曰"幕"，肉间胲膈曰"膜"，邱封曰"墓"，死寂寞曰"蓦"，言唦嘆曰"嘆"，心中思维曰"谟"，静寂曰"漠"，北方流沙亦曰"漠"，广求则曰"募"。幕膜墓蓦嘆谟漠募等字，都从莫字孳乳。

（3）由形声字增加偏旁者——如斯析也，从斤其声（今俗作撕）。《广雅》礴磨也，《字林》甋甋破也，皆即斯之分别文。孳乳为嘶，悲嘶也，或作嘶从口，悲痛力竭则声嘶，孳乳为癖，散声也，悲恸则声散，嘶嘶癖实一语而异字；孳乳为澌，水索也，水汔枯涸犹声散；孳乳为澌，流冰也，冰流磨擦之意。

又有改换形声字的偏旁而成者——如農耕也，"濃"从水農声，露多也，因而"膿"为肿血，"醲"为厚酒，"襛"为衣厚貌，《字林》"獿"为多毛犬，《方言》十"穠"多也。膿醲襛獿穠等字皆从濃字分化而来。

（4）由假借字增加偏旁者——如经传然否字止作"然"，《说文》口部"嘫"下云"语声也，从口然声"。经典语词聿曰字衹作"曰"，欠部"欥"下云"诠词也，从欠从曰，曰亦声"。《诗》曰："欥求厥宁。"今本作"遹"，遹聿曰三字通用，但经典无作"欥"者。卜辞禄字止借"录"为之，"禄"则从示录声，禘字只借"帝"为之，"禘"则从示帝声。

又有从假借字改换偏旁者——如《诗毛传》："鹈，洿澤鸟也。"《说文》："鹈（鷉之或体）、鹈胡，污澤也。"鹈之名为洿澤，以其所在而名之，《尔雅释鸟》则曰："鹈，鹬鹈。"是鹬鹈从洿澤改换偏旁而来。不但《尔雅》中的草木虫鱼之名多俗字，在《说文》里也有如此的现象，如《诗》云："無然泄泄。"口部引《诗》作"呭呭"，言部引《诗》又作"詍詍"，盖许君以为《诗》之"泄泄"应如此作方是。尤其是对于双声叠韵的连绵字，常常好把偏旁改为一律，取其整齐悦目，如"皇皇"一作"遑遑"，或作"惶惶"；"佪徨"改为"徊徨"，"回遑"写成"迴遑"。其中也有增改错误的，如把"鳳皇"书作"鳳凰"，鳳字本是从鸟凡声，凰字的凡旁则非形非声，闹得什么都不是了。

这样因为来历的不同，我们可以把形声字分为两大类：

（一）音符兼义符

　　（甲）音符兼义且即为其语根者。

　　（乙）音符兼义而非其语根者。

（二）音符无义者

这里所谓有义无义，只是比较而言，兼义的声符十居八九。关于这种现象的类别，沈兼士氏《在国语问题之历史的研究》一文里，为了比较说明起见，曾经举出从"非"声的字来作这两大类区别的例子，后来在《右文说》一文里又加以补正，兹录于下：

非，《说文》："违也，从飞下拔，取其相背也。"戴侗《六书故》，周伯琦《说文字原》皆谓与飞为一字。盖其后非飞异用，乃加虫作蜚，《史记·周本纪》蜚鸿满野，《正义》云：蜚古飞字是也。故非字得有分违与飞扬二义。

分违义：

辈，两壁耕也。（从段《注》）　　诽，谤也。

棑，辅也。（辅正亦违背）　　　　斐，分别文也。

騑，骖旁马也。（在旁边者）　　　悲，痛也。（违失则悲）（俳）

扉，户扇也。　　　　　　　　　　排，挤也。

辈，若军发车百两为一辈。　　　（晵，大目也。扉，隐也。分亦

　　　　　　　　　　　　　　　　大也，背亦隐也。）

飞扬义：

俳，戏也。（与倡义近）　　　　　裴，长衣貌。（裵）

毰，毛纷纷也。　　　　　　　　　斐，往来斐斐也。

蜚，臭虫负蠜也。（蜰）　　　　　坒，尘也。

（霏，雨雪貌。）

肥义：

腓，胫腨也。（《易》"咸其腓"，荀爽作肥。今所谓腿肚者是。）

跰，踵也。（刖其腓，故名跰。字亦作刖。）

赤义：

菲，芴也。（《尔雅》郭《注》："似蕪菁，华紫赤色。"）

翡，赤羽鸟也。（绯，帛赤色也。绯即翡之分别文。）

痱，风病也。（夏日所生，色赤，俗名痱子。）

交文之编织物：（案相交亦相背，犹逆之为迎然，相反相成者多类此，盖亦从分远义生出。）

罪，捕鱼竹网。　　　　　　　屝，履属。（古以草或绳编结为之）

匪，器似竹筐。

篚，车笭也。（段注：篚正字。茀借字，茀之言蔽也。《仪礼》今文作扉。是扉篚义同，分违亦隐背也。可移前项下。）

音符不兼义：

垈，河东闻喜县。（邑名，在绛州。）

此外如"侖理也"，从侖声的論倫淪綸等字都有条理成文的意思；"分别也"，从分声的芬粉坋份盼等字都有细末飞扬的意思。又如从至声的頸

脛劲痙輕莖桱徑（俓逕）經嶺陘等字，都有强直细长的意思；从享声的醇淳惇谆焞錞等字，都有重厚的意思。诸如此类，不胜枚举。旧日叫作"形声兼会意"和"会意兼声"的字，大都属于此类。因此自阳承庆、李阳冰、徐铉直到王安石等人，都想把形声字解作会意字，并不是丝毫没有理由的。其后从王圣美以下，音符兼义的现象于焉大明，阐发推论者代有其人，遂造成训诂学的"右文"学说。沈兼士的《右文说在训诂学之沿革及其推闡》一书，可以说是集此派研究的大成，而且使着"右文"的训诂方法，已经走上系统化的境地，成为"语言文字"的科学了，且留到末章里再为详细解释吧。

形声字里面有所谓"亦声"的例子，也是"声符兼义"的现象。如"禮从示从豊，豊亦声"，卜辞止以"豊"为之，示旁系后加，此一类也。又如"禬，會福祭也，从示从會，會亦声，"禬即會字的孳乳，就像取娶、昏婚等例一样，《说文》："娶，取妇也，从女从取，取亦声。""婚，妇家也，禮娶妇以昏时，（妇人阴也），故曰婚。从女从昏，昏亦声。"此又一类也。许君有时仅于说解中以声母释孳生字，而不云其为会意，有时仅云会意而不出"某亦声"之文，例如：

禛、"以真受福也，从示真声。"（不言"从示从真，真亦声。"）

祰、"告祭也，从示告声。"（不言"从示从告，告亦声。"祰下亦只云"告也，从言告声。"）

祫、"大合祭先祖亲疏远近也。从示合。"（不云"合亦声"《士虞礼》今文祫为合。）

段玉裁在注子里曾经提到这点意思，他说：

（禛）"此亦当云从示从真，真亦声，不言者省也。声与义同原，故谐声之偏旁，多与字义相近，此会意形声两兼之字致多也。《说文》或称其会意，略其形声，或称其形声，略其会意，虽则省文，实欲互见，不如此，则声与义隔。又或如宋人《字说》，只有会意，别无形声，其失均诬矣。"

（祫）"会意，不云合亦声者，省文，重会意也。"

王筠《释例》分"亦声"字为三种：

言亦声者凡三种：会意字而兼声者一也，形声字而兼意者二也，分别文之在本部者三也。会意字之从义兼声者为正，主义兼声者为变，若分别文则不然，在异部者概不言义，在本部者概以主义兼声也。

实亦声而不言者亦三种：形声字而形中又兼声者一也，两体皆义皆声者二也，说义已见，即说形不复见者三也。罄为酷急之正字，今借用酷者，以其同从告声也，《诗》有觉德行，《礼记·缁衣》引觉作梏，则罄告同声，而许君说罄曰学省声，不云告亦声。此字之止匕，皆义皆声，而云从止从匕，但以为会意字也。二者皆恶其厖杂也。说袷之义曰："大合祭先祖亲疏远近也。"已见合字，说形即但云"合声"也。此则互文相备，且以见说义说形之词本相灌注，未尝分离乖隔也。

把这种条例推而广之，就是说解以双声叠韵的字来替代声符的，也应视作不言亦声的例子，如："祔，后死者合食于先祖，从示付声。"付合古声相近，符下云"分而相合"，附下云"益也"，付下云"持物对人"，祔盖从付符附等字孳出，《周礼》大祝以付为祔，《礼杂记》以附为祔，《尔雅注》："祔付也，付新死者于祖庙。"是付声亦兼义。"亦声"的例子虽较繁杂，但如能应用上面举出系列从非声字的方法，则一切声兼义的现象，无论许君加以说明或不说，都不能逃出我们的视界的透视的。过去传校《说文》的人，对于"亦声"的说法很不一致，大徐重在"会意"，所以常加"亦声"的字样，小徐则止曰"某声"，本子尽管不同，但对声义相通的现象是永远不能埋没的，不必一定像清代小学家的指斥大徐，说他"识出乃弟下矣"，也不必再横加改正，使他恢复原来的面目，因为"亦声"的字句，在现在看来，有无都是无关轻重的。

形声字的组织，平常都以一声一形（广义的形，应称为意类。）为原则，例如上面所引贾公彦说的左形右声，右形左声，上形下声，下形上声，外形内声，内形外声之类，都是如此。其中虽因各个部首形体的差异，各有其习惯（书写便利）的位置，如邑欠支殳刀力见页等旁多在右，竹艸穴宀广厂尸网等旁多在上，皿豆廾贝等旁多在下，口勹匚門等旁必在外，而行字则喜占两旁，衣字常好分上下，但细密统计起来，究竟还是左形右声的字体居最多数，如咊字从口禾声，金文本作"和"，篆文的"咊"

显然是受了上面这个习惯律的支配。而且在篆文里的同一偏旁，有时因所处的地位不同，隶楷的写法便有差异，如扌写踢手，忄为竖心之类便是。这种左右上下的排列次序，有时固然随便更换也无关系，如李古文作杍，盱目或在下作旴之类都是，不过假如两字的形和声都完全一样而意义不同的时候，就必须得借着组织地位的不同来避免重复，宋郑樵在《六书略》里把这种字体分为两类，声异而义异的曰“互体别声”，例如售唯、含吟、相眛、胡胋、某柑、架枷、巷巽等类；义异而声不异的曰“互体别义”，如旻旼、愚偶等类。不过这里面也有后人利用一字的异体以为字义的分别的，如期朞、猶猷等类，本系一字，所以严可均在《说文校议》里面以为此非旧有，他说：

> 六书大例，偏旁移动，只是一字，左右上下，随意配合，今乃辄分两字。如：含嗛也，吟呻也。召呼也，叨或饕字。啇语相诃距也，㕛直言。叫呼也，句曲也。嘆㰻嘆也，暮古谟字。古故也，叶或协字。惎忌也，諆欺也。叶卜以问疑也，占视兆问也。矔目多睛也，旧古观字。楸冬桃，桼車歷錄束交也。柔栩也，杼机之持纬者。枼篆文槑槎识也，枅屋櫨也。櫳房室之疏也，櫳檻也。睹旦明也，暑热也。旰晚也，旱不雨也。穧稷也，穧穫刈也。袍襺也，裦褎也。忠敬也，忡忧也。慨忼慨，愍古文忞字。恭肃也，供戰慄也。怡和也，怠慢也。慔勉也，慕习也。偶懽也，愚戆也。悍勇也，悬古文姦字。忿忽也，忦忧也。㥯乱也，怒恚也。衍水朝宗于海也，洐溝水行也。拱捡手也，拲或拱字。批捽也，㧗积也。妃匹也，改女字也。娥羅也，蝥或蝥（蠶化飞蟲）字。若此之类，或因转写之误，或沿古籀篆屡变，偶尔同形，许君不复省併，以余考之，其得一字数义，必可省併者，十有七八，然犹可诿曰说解不同也。至盱或作旴，李古作杍，怛或作悬，尤为变例，充此类将重文得补数万，岂复许君之旧乎？

关于这一类的字，应当分别观之，有的是本来就有分别的，有的是后人利用一字的或体以为分别的，有的是字书作者强为分别的，不能一概而论也。

形声字的形声都可化繁为简，故有“省形”和“省声”之例。现在先说“省声”，例如齋从示齊省声等是也。王筠《释例》谓省声之例，其类有四：

一则声兼义也（按《句读》于“詧从言察省声”下云：“兼意也，否则小徐本祭省声可也。”按祭察音虽同，但詧之声义都由察字而来，故云察省声。察覆审也，詧言微亲察也。但目部䕷下云：“察也，从目祭声。”而不云察省声）。

一则所省之字即与本篆通借也（按《说文》：“𡫳，实也，从心塞省声。《虞书》曰：刚而𡫳。”今《皋陶谟》作塞，《诗·燕燕》“其心塞渊”亦作“塞”，他书亦如之。《句读》曰：“盖是时经典已多借用塞字，故言此以关之，不可改为㝥声。”按𤰈部㝥窒也，土部塞隔也，今只用塞以统之）。

一则有古籀文之不省者可证也（按如“訇，騃言声，从言匀省声。”籀文不省作“訇”。“讄，祷也，累功德以求福。从言纍省声。”或体不省作“讄”）。

一则所省之字，即以所从之字贸处其所也（按如“齋，戒洁也，从示齊省声”，《释例》曰：“二字上属则为齊，下属则为示，与它省声字不同。”段注曰：“谓减齊之二画，使其字不繁重也。”夜从亦省声也是如此）。

王氏对省声之例虽然说得很详尽明白，但于《说文》之不言省声而实为省声者，则未言及。省声有即为从所省之字而孳乳者，如示部禜下云：“设緜蕝为營以禳风雨雪霜水旱疠疫于日月星辰山川也，从示从營省聲。”按凡从𤇾声的字，多为熒省声，而此独云營省声者，因禜祭以緜蕝为營，故亦名之为“營”，字书作“禜”，禜即營之分别文。书中尚多此例，如：

> 祡，“烧柴燎祭天也，从示此聲。《虞书》曰：至于岱宗，祡。”今《书》作柴，且他书言祡者亦多作柴，盖因烧柴以祭，遂以柴为祭祀之名，指物名则为柴，指事名亦为柴，名动不嫌同词也。祡乃柴之分别文。当云：“从示从柴，柴亦声而省。”
>
> 禑，“祭具也，从示胥声。”《山海经》：“糈用稌米。”《离骚》：

"怀椒糈而要之。"郭璞王逸注并云糈为祀神之米。《说文》："糈、糧也。"禂字即由糈字分出，当云："从示从糈，糈亦声而省。"段玉裁疑许君所据二书作禂，非也。

其他如祳为"社肉盛以蜃，故谓之祳"，璪为"玉饰如水藻之文"，瑂为"玉輕色也，禾之赤苗谓之䅒，言瑂玉色如之"（段注本）等例，均应依照祭字的例子，云："某从某省声。"

不过《说文》中言省声者多有可疑，其间不乏后人以其声不谐而改者，如卦从卜圭声，徐铉等曰："圭字声不相近，当从挂省声。"不知挂亦从圭声也。配从酉己声，臣铉等曰："己非声，当从妃省。"而段注又从而云："从妃省声。"因其第一部与第十五部古韵不相通，不知妃字固从己声也。虽说如此，但大多系许君不得其解而附会，严可均已疑之，以为有系后人改补者，他在《校议》里说：

六书大例，省不省只是一字，今本既云省，仍分两字。如贝母之茵，囧声而曰朙省，则不省即萌矣。汉董省声而云難省，则不省即灘矣。汨羅之洞，月声而云冥省，则不省即溟矣。堀阅之堀，屈声而云屈省声，部末复添堀篆。纵从声，复添从省之纵。若此之类，显然改补。

段玉裁在"哭"字的注里也很怀疑，他说：

按许书言省声，多有可疑者，取一偏旁，不载全字，指为某字之省，若家之为豭省，哭之从狱省，皆不可信。

王筠于"省声"四类之后又接着说：

……非然者，则传写者不知古音而私改者也。（按如犢下云瀆省声，而實下大徐本云瀆省声，小徐本则云賣声，不知瀆固从賣声也。盖汉人只知汉音。）亦有非后人私改者，则古义失传，许君从为之辞也。（按如哭下云狱省声，狱字会意自可省，然从犬何以知为狱省？

凡类此者，皆字形失传，而许君强为之解。)

至其省之之故，将谓笔画太多，则狄字从赤而省之，虋韆反不省也。将谓虋虋而省即不成字，则虋部中字，皆从其省，而它字之省不成字者，亦间有一二也，余不能明，姑发其端，以俟君子。

王氏的疑问都很对，我们用不着再为许君讳了。对于这个问题，只好从形义两方面来研究声旁了，确切的解释，恐怕还有待于古音的探讨，以及地下古代文字材料的发掘吧。例如兹下云："从艸兹省声。"现在看来，絲丝兹古通用音近，是兹本从丝得声了。又如事下云"之省声"，受下云"舟省声"，监下云"䶡省声"，奚下云"絲省声"等省声的字，现在从甲文里证明，原来都是意符文字而非半音符文字，省声的问题自然就不成问题了。

"省声"之外，形声字又有"省形"之例，如考耋耆耇耄孝等字的从老省，亭亳高等字的从高省，都很显而易知，故无疑问，不过他们的省形也有相当的条例，老字省去下面的手杖作"耂"，甲文作 𦫳，虽省仍不失老人的形义。高字省去下面的向牗之形作"高"，甲文作 𠅘，虽省仍不失高亭的形义。犹如彳亍偏旁为行之省，氵旁为水之省，这在甲文里面都确然无疑，一字在作偏旁的时候，当然可以写得简略一点的。《说文》中有许多"省形"字却颇有疑问，如鏊从鏊省来声，而鏊从牛鏊声，为什么鏊不是从鏊声呢？盖《说文》无鏊部（鏊字在支部），鏊字无所属，只得说他是鏊省了，这完全是迁就分部的关系。又如橐櫜槖等字的从橐省，现在靠着古文字的证明，知道它们所从的槖旁即是束字的异写，非从橐省也。至于形声俱省的字如豈㷉之类，多不可解。

形声字中又有多形多声的例子。例如：

碧，"石之青美者，从玉石，白声。"碧为似玉之石，故从玉石以会意。（二形一声之例）

宝，"珍也。从宀从王从贝，缶声。"玉贝在屋中，是为珍宝，甲文只从宀从玉从贝，无缶声。金文与篆文同。（三形一声之例）

𢀖，"绎理也，从工口从又寸，工口乱也。又寸分理之也，彡声。"（四形一声之例）

以上为一声多形字，凡多形之形声字，都以会意为形。此亦造字者一字兼用两书以上之显例。不名"会意兼形声"者，因其名已为"亦声"字所占用了。

齎，"璧也，从韭，次朿皆声。齌、䪥或从齐。"（《论语》造次字《说文》引作越，读若资，可证朿次声通。盖此二声字原从一声，后因时地之异而音不谐，遂另加他一声以标明之，惟旧声并未取消，于是就形成二声并存的现象，犹意符文中的累增字。马叙伦《说文研究法》以为误合䪥齍二字为一。林语堂《汉字中之拼音字》又以为朿次一上声一平声，而声母又可有送气及不送之别，故必合朿次二音而后声谐，是谓拼音字。马林二氏的说法都有些牵强。）（一形二声之例）

竊，"盗自中出曰竊，从穴从米，离廿皆声，廿古文疾，离古文偰。"（林语堂云："竊字收 P，而离读千结切，切声虽近，尚欠 P 音，故又加收 P 之廿，其拼音方式如下：离 Ch'iat＋廿 jiap＝竊 Ch'iap。说解虽巧，恐涉穿凿。盖亦如齎字累增之例。或廿为廾形之讹变与？共字作🅱形可证。"）（二形二声之例）

多形多声之例已如上举，多形原自会意而来，多声则为累增声旁的遗迹，或系籀文好重叠，尚茂美的删省未尽者乎？惜为数太少，不能有什么条理归纳出来。

形声字的形声偏旁在相当的范围内可以更替，《说文》重文或体中便多此例，如綷或作祊，彭方古音同；䉓或作稂，艸禾形义均近，苞为枲实而或作顭，则形声都以音义近同的偏旁来替代了。因此有好些形同音通，或形近音同，或形音俱近的字，意义差不多都完全一样，许君虽不说为重文，实际原是一字的或体。段玉裁在《说文注》里，常常说"此与某部某字音义同"或"略同"或"音同义小异"。例如辵部遭习也下注："此与手部搢音义同。"走部越度也下注："与辵部逳字音义同。"越缘大木也下注："与技音义略同。"口部叫呼也下注："按昍部跐，言部訆，皆训大呼，与此音同义小异。"王筠在《释例异部重文》一条里，较段氏更为大胆开扩，以形音义三方互相贯串证考，发明特多。他说："《说文》重别，……苟其为字也，两体明白，即别隶之，以觊传之永久而不误。而其义既同，其声又同，细心读之，无难知为一字也。"其例如下：

(1) 两字为一者乙百六十九字。(共三百三十八字)

嗤譏、趯躍、逃跳、避僻、徸踵、詍呭、諆欺、訢欣、箴鍼、盌㼝、碩隕、礤遂、碎瓿、煉鍊、坡陂等字皆是。

(2) 三字为一者，一十三字。(共三十九字)

衙衕跮、埤裨錍等字皆是。

(3) 五字为一者，一字。(共五字)

㗊詯謷嗷叫是也。

(4) 七字为一者，一字。(共七字)

厰嚴巖礹嵒碞嵓是也。

不但异部形近音同义通之字如此，又“有两字同部，《说文》不谓为一字，而案其音义则同者”，如：

(1) 两字为一者，廿七字。禱祻、苹蓱、趀趑、䢼玻、旃游、窈窵、窕寮、怫㷶，闷懑等字皆是。

(2) 三字为一者一字。柝欜㰔是也。

读《说文》须先知许君著书的条例，知道它的“重在分别”，然后才能观其会通，才能明白语言的分化孳乳，文字的异体变文。否则读《说文》枝枝叶叶而雕之，不但许君被人误认为无一是处，即自己心中也愈读愈扑朔迷离了。

因为形声两旁都可随意更代的缘故，所以文字的增多，以及写法的无定，都由是起。《释例》卷四有《形声之失》一条说：

> 许君曰：俗儒鄙夫，未尝睹字例之条。鼎臣曰：《尔雅》所载，艸木鱼鸟之名，肆意增益，不可观矣。筠案莱名东风，鸟名巧妇，今作菄葻、鴑鳿，岂复可解？乃《玉篇》即已有之，《说文》先有之矣。苟取分别，会无深意，若不觉其重复拉杂也。然《易》童牛之牿，《说文》引作告，而牿下引《费誓》牿牛马，则《史籀》以前，早已如此，吾终不能无慨于心，爰辑之以备览焉。

如“益从水，而溢又加一水。”“焦燋、尞燎皆在火部。”“皿部盧饭器也，从𧆨声；甾部𠁁也，读若盧同，是知𧆨盧一字也；篆文作𦈏，籀文作鑪，皿甾皆器而义尚微别，甾缶则异名同实矣，虖既从甾，盧又加皿，鑪又加缶，鑢直从两甾矣，岂有古人制作而芜杂如是？大抵虖为古文，盧为重文，余皆任意分别文也。"关于此点利弊，前节已经说过了。不过大众两种矛盾的心理现象——化简求便，增繁为例，永远在字体的演变上表现着，并没什么可奇怪的地方。

本节参考书举要：

（1）钱玄同著：《古韵廿八部音读之假定》。

（2）清王筠著：《说文释例》卷三。

（3）沈兼士著：《国语问题之历史的研究》。

（4）沈兼士著：《右文说在训诂学上之沿革及其推阐》。

第三部分

论文卷

论别字[*]

　　在中学里读书的朋友们，作文时常常要写错字和别字，尤其是写别字，是一般人所常犯的，笔下一不留神，就容易闹笑话。记得从前我在初中读书的时候，每次的作文簿上总有几个"——"和"×"的记号。有一次我误把"灰心"写作"恢心"，国文教员就在我的卷子上批道："你太多心了！"又有一次把"严厉"写成"严励"，先生就又很幽默地批道："费力不讨好！"其实这还不算怎样的可笑，因为虽然写成别字，可是意义上没有受到大的影响，令人一看，马上就知道是别字，不致望文生义，另行结合成一个新的奇怪的意思。有时凑巧一点，你所写的别字恰和上下字另生一个旁的意义，使人看了之后，觉得这几个字单独来讲也可讲得通，若和上下文连起来便不通了，以致弄得旁人莫名其妙，不知何所适从。

　　不但中小学生要写别字，就是大学生也常写别字；其实，不但今人如此，古人写别字的本领，更超过我们不知有几千万倍，如果你打开那向来被人尊为经典的古籍来仔细一看，你就可以知道古人所著的书中，几乎是别字连篇的呢？因为这是中国文字发展过程中必然的现象。我们为了要更进一步的了解这个问题起见，下面要把六书中的"假借"提出来说一说。

---

　　* 　本文原载于《中学生》第 63 号，1936。

六书即指"象形""指事""会意""形声""转注"和"假借"。他们是中国文字上的六种造字的方法。大体上分别起来，前三种属于形符字和意符字。后三种可以说是属于音符字的。

我们知道：中国文字的演进和西洋文字的发展根本是两个不同的路子，西洋是拼音文字，就是文字的构成是随着口头上的语音的；中国文字就不然了，形和音很清楚地分立着，形自是形，音自是音，如果没有字书和韵书的帮助，一定会使人见其形而不知其音，听其音而不知其字。譬如我们见到 man 字，一看就明白他是读什么音，可是我们遇到"人"字，那我们就有些茫无头绪了，因为"人"字的本身并没有代表出他的读音的地方。

但是中国的文字并不是老守着这条"形符"和"意符"的路子走的，大概自从先秦的时候，他就已经走上了"音符文字"的道路。因为中国没有发明音标或字母，于是就用原来的"形符字"来做音标。譬如通常说人心中狐疑不定曰"犹豫"，但是"犹"的本义是一种"猴属的动物"，"豫"的本义是"大象"，这样以原有的字来作别种意义用的，在六书中叫做"假借"。

其实所谓"假借"？简单的说，就是古人所写的别字。许慎说："假借者，本无其字，依声托事，令长是也。"朱骏声在《说文通训定声》里说："借其声而别有其形。"又说："连缀成文，读其音而知其义者，假借也。"可知"假借"是从声音上来表现它的意义，和字的形态是没有关系的。因此同音的字就可以随便替代了。例如曹丕的《临高台》中云："五里一顾，六里徘徊。"而《孔雀东南飞》里就写成"五里一裴回"。这"徘徊"和"裴回"都是用以代表口语上的声音的。其他如"鸳鸯"可作"夗央"，"匍匐"可作"蒲伏"，"蟋蟀"可作"悉蟀虫"。相同的例子很多，不再一一列举。

但是为什么我们现在都公认"徘徊"是正体，"裴回"是别字；"鸳鸯"常见，而"夗央"就不常见呢？这就是古人所说的"约定俗成"，文字语言多半是靠着习惯来规定的。在古人写了几种同音而异形的字体以后，经过多少年的演变，许多人就公认某字是某个语音的代表，于是便作成定体，通用其中的一种了。所以古人可以写别字，今人就有点不可，因为写出来之后，令人会发生误会。

"假借"的种类很多，朱骏声分为四种：（一）同音假借，如德之为悳，服之为𠬝。（二）叠韵假借，如冰之为掤，冯之为溯。（三）双声假借，如利之为赖，答之为对。（四）合音假借，如芜蔚为蓶，蒺藜为茨。其他更有多种的分类，其中最占重要的一项，就是同音假借。

章太炎先生批评朱氏的主张，说朱氏以"通借"为"假借"是不对的。究竟这两个名词有何分别呢？"通借"是本有正字，偶书他字的误写，真正是古人写的别字。"假借"是当时并没有本字，随便用个同音的字来作音标，现在有些字虽有了本字，但那是后人所造出来的。例如："伴，大貌。"《大学》上说："心广体伴。""伴侣"原为"夻侣"，现在我们只知"伴"作"同伴""伴侣"用，而当"大貌"讲的"伴"却变作"胖"字了。"伴"字借作"夻"字用，"夻"是本字，"伴"是别字，这就是"通借"。至于前面所说的"犹豫"。只是用具体的形符字来表示同音字的意义，这就是"假借"。因为假借没有固定的本字，所以一个连语的写法竟有多至四十余种的通假就不会这样多。

我们如果读《诗经》，头一篇的第一句就是"关关雎鸠"，一见这个"关"字，很容易使我们联想到"关闭""关系""关节"……等等的字义，可是在这句里都不合适，"关关"是个连绵字，与字义毫无瓜葛，只是表明雎鸠的叫声罢了。其实写成"官官""观观"都是一样的，不过因为"关关"捷足先登，先强占了这把交椅，于是一般人都认他是正统了。其他如"交交黄鸟""呦呦鹿鸣""伐木丁丁""桃之夭夭"……等中之"交""呦""丁""夭"等字都是一样。

关于这我们可以看二朱的著作，一是上边说过的朱骏声所作的《说文通训定声》，它是专言"转注"和"假借"的字书。再一本是朱起凤的《辞通》，也是专言"假借"之书。前者就每个字而论，后者以连语为单位，着意在一个辞语的会通。中学的同学们至少也应该预备一部《辞通》放在手边，随时翻检，对于要读古书的时候，可以有不少的便利。例如在这本书中见到个"科斗"，那本书上又见到个"活东"，第三本书上又遇到个"活师"，这三个东西初看起来似无关联，但是一翻《说文通训定声》，在"东"字下就可见到"科斗"，就是"活东"，"活东"也就是"活师"，而且还可以明白他们的变迁及其变迁的原因。倘使你再一查《辞通》，更可以晓得"蛞蝓""活东""颗东""活师"四名，都和"科斗"是同宗同祖，一脉相传，因了音上的转变。于是字形也有些不同了。

此外还有因形态相似而互相错写的，如有人把"形态"写作"形熊"，把"秦山石敢當"误认为"泰川右取富"等是。

语义和语音[*]

　　人类之间为了要唤起同类的行为而从喉咙里发出声音，听到的人为了要了解说者的心意而对于这种声音加以意会和解释，这样就成功了语言。所以语言的功用一方面在于表示说话人的思想感情，把他所要指示的物或事用一种声音的符号表现出来，作为交通的媒介；另一方面就可以影响听话人的意思行为，完全是一种唤起或感动的作用。这样看来，语言纯粹是一套交换意思的符号。

　　因为心与心之间不能直接传达情意的缘故，自然非藉赖一种媒介不可。这种媒介可以有种种的不同，如面部表情语，感官接触语，手势语，旗语……等等，都可以达到交换的目的；不过手势语旗语等的变化有限，而且还受到时间地域的限制，不能自由运用，难表无穷的思想。因此人类就选定了自己本身器官所发的语音，作为传达情意的媒介。虽然也有用图画形象来表示意思的，但文字制度的成立端在乎约定俗称的公认，这种公认的过程仍然是心与心交通的结果，还得有赖于语言的帮助。如此，语音表意的方法就高乎一切的表意手段；喉咙所发的音类固然有限，但许多声音相加相连起来就可有千万种不同的变化了。语言的根本问题便在建立人类心与心间交通的方法，这也是人类异于其他动物的特点之一。

　　所谓符号，它只是一种事物的代替，谁代表谁，其间并无必然的理由

　　*　　本文原载于《北京大学百年国学文萃·语言文献卷》，北京大学出版社，1998。

和因果的关系，完全是一种武断的臆定，强力的配合。符号与表征不同，表征是一种原由的结果，由某因而发生的连带现象，它是有因果的联系的。例如一个人心里感到羞惭的意识，脸上常生出面红耳赤的行为，我们管这种表情叫做"羞耻"。脸红是羞惭的表征，"羞耻"两个声音是这种事的符号。前者心理作用与生理现象之间的关系是必然的，因果的，不自主的动作；而后者语音与意思中间的关系则是偶然的，武断的，自主的行为。因此，各国有各国的语言，一代有一代的语言。或有人说：羞之为言收缩也，因其有畏惧、萎缩、戚促、局束之情，故谓之羞；所以熟食曰馐，久熟曰酋，急迫曰遒，急行曰趋，乾肉曰脩，亦曰腒脯，乾粮曰糗，聚敛曰绿，急促曰绿，弓角之貌曰觓，曲木曰樛，缠绕曰缪，拘执曰收。……这类声音所表之义都很相近，可见音义之间也有点因果关系。我说这话不是那样说，凡某音多含有某义或声近义通的现象，并非全体必然如此，只是多数的倾向而已；即使有的全体如此，那也仅是一个语根的分化孳乳，音原本同而字形各异，从语言方面看，某义与某音的关系既经强定之后，复从某音孳乳出许多枝大同小异的语族，因而字形方面写成许多不同形的分别文，这完全是音义关系既定以后的动作，不能提前与语言发生时相提并论。作为因果关系的证据，果而，则倒果为因了。再举例来说，我国叫作"火"的东西，英语中则叫作"Fire"，而各国各地还有许多不同的名称，固然我们的训诂家已经说过什么"火之言化也"，"火言毁也"，但"火""化""毁"三字只是音义相近，并不是说它非用"火"这个声音来名之不可。即一国也有不同的方言。《方言》："虎，陈魏宋楚之间或谓之李父，江淮南楚之间谓之李耳，或谓之于㲬，自关而西或谓之伯都。"可见以某音表某义并不是先天的，必然的，只是约定俗成的偶然联系。我国古代的名家也曾用这点名实的偶合关系来作辩论的材料，如公孙龙所说的"犬可以为羊"，"白狗黑"等等的话，都恰好用来说明语言是人为的臆定的符号，"犬""羊""白""黑"都是人定的名称，用以表实的，当名未约定之时，呼"犬"为"羊"，呼"白"为"黑"，都无不可。唐朝无名氏作了一部《无能子》，其《纪见第八》说：

且万物之名，亦岂自然著者？清而上者曰天，黄而下者曰地，烛昼者曰日，烛夜者曰月；以至风云雨露，烟雾霜雪；以至山嶽江海，草木鸟兽；以至华夏夷狄，帝王公侯；以至士农工商，皂隶臧获；以至是非善恶，邪正荣辱，皆妄作者强名之也。人久习之不见其强名之初，故沿之而不敢移焉。昔妄作者或谓清上者曰地，黄下者曰天，烛昼者曰月，烛夜者曰日，今亦沿之矣。

这段话说得淋漓痛快，虽似愤世不平，实得"强名"之理。所谓沿之而不敢移者，并非不敢，乃是一种习惯性——经验习惯造成的条件反应，例如小孩子初次学语时，看见一个果子，大人告诉他这叫"苹果"，一次两次，渐渐他把"苹果"两个声音和那实物就联系在一处而成为一定的关系，以后虽然没有实在的果子，只说"苹果"两个音，他立刻就明白所指的是什么，而且爱吃的人还会馋涎三尺呢！此所以前人有"望梅止渴""画饼充饥"的故事了。《荀子·正名篇》说：

名无固宜，约之以命。约定俗成谓之宜；异于约者谓之不宜。名无固实，约之以名实；约定俗成，谓之名实。

大概在某时某地的范围里，一物之名初起的时候，或名甲，或名乙，或名丙，这种命名完全是依据个人的意志；以后在经过大众公认的历程中，就有幸与不幸的命运，结果有的被采用，有的被淘汰，有的立刻消失，只剩下一个或两个较为普遍的称呼。名实关系既定之后，如果再有人想起来推翻改革，那就要被众人指为大逆不道，笑为愚翁，认为是惊俗骇众的举动了，除非你是素孚众望的领袖而在合理的范围内来正名，或是政治者用权势来改定。不过如非必要，也仅是暂时的一现而已。所以说语音与义的关系是人为的、强定的、偶然的，习之既久就不觉其偶然，反而认为必然的了，这都是历史的、经验的、约定俗成的结果。

音义之间虽无必然的因果，但是语言中有一小部份的声音是模仿自然界的声音而来的，这就是语音学者所谓的"象声词"。自然界的声音可分成物体本身自发的声音，和物体受到外力而发声音两大类。今姑以《诗三百篇》为例：

关关雎鸠、雝雝鸣雁、鸡鸣喈喈、鸟鸣嘤嘤。

呦呦鹿鸣、萧萧马鸣。

喓喓草虫、营营青蝇、鸣蜩嘒嘒、虫飞薨薨。

肃肃鸨羽、泄泄其羽。

有车邻邻、大车槛槛。

虺虺其雷、殷其雷。

坎坎鼓我、坎其击鼓、奏鼓简简、伐鼓渊渊、鼓咽咽、击鼓其镗、鼍鼓逢逢。

鼓钟将将、鼓钟钦钦、鼓钟喈喈。

坎坎伐檀、伐木丁丁、伐木许许、凿冰冲冲。

椓之橐橐、析之丁丁、筑之登登、削屡冯冯。

卢令令、和铃央央、鸾声将将、八鸾玱玱。

北流活活、施罛濊濊、鳣鲔发发。

以上都是模仿自然界的声音而成为语言中的形容词和状词。至于以自然界之音为事物之名的也有一些,章太炎《语言缘起说》:

何以言雀?谓其音即足矣;何以言鹊?谓其音错错也;何以言雅(鸦)?谓其音亚亚也;何以言雁?谓其音岸岸也;何以言驾鹅?谓其音加我也;何以言鹡鸰?谓其音磔格钩辀也。此皆以音为表者也。

兹广其例,显而易知者如:

牛鸣为牟,就叫作牛(牛牟古音同,犹缪之有穆音)。猫叫如苗,就叫作猫(猫从苗得声)。

鸦鸣呱呱,即名为鸦,俗呼老呱;或名曰乌,音亦相似。鸭声甲甲(ㄍㄚ),即名为鸭。

蛙声阁呱,名为虾蟆(蛤蟆),或名曰蛙。促织唧唧,名曰蟋蟀,俗名蛐蛐。

铃声丁令,即名为铃;又名铃铛。钟声丁东,即名为钟。

车声骨隆，即名毂轮；车之古音当如毂，读居读舍，乃后之变音也。雷声轰隆，名曰忽雪。

动作之名也有模仿自然界之音而成者，如：

圆转之音——曰滚，曰骨碌，曰碌碌，曰辗戾，曰流离……

冲撞之音——曰顶，曰钉，曰打，曰考，曰敲，曰击，曰逢，曰碰，曰舂，曰杵，曰冲，曰撞，曰抨，曰拍……

爆裂之音——曰分，曰爆，曰判，曰卜，曰粤逢，曰澎湃，曰蓬勃……

切磋之音——曰斯，曰硼，曰撕，曰切，曰错，曰磋，曰锯，曰磨，曰龃龉，曰枝梧……

碎细之音——曰散，曰洒，曰碎，曰抖搜，曰瑟缩，曰筛，曰数……

象声词的现象，清儒张行孚的《说文发疑》，刘师培的《物名溯源》（《左盦集》），潘尊行的《原始中国语试探》（《国学季刊》一卷三号）诸书都早已见及，惜所论多似是而非，仍有点玄想意味也。这类象声词虽然原则上是效法自然，但是因为事物本身有种种的不同，而人类的音感也有一些差异，所以拟声只是得其大概，不能逼真，何况我国文字根本上不适于严格表示确切的音素。如此一折再扣，有些声音后来就觉得不很相像了。加以字音屡变，而物音永恒，因此，牛、牟异读，鸦、呱易音，同一事物之声，诸书所记不齐，固不能认真视之也。

此种象声词只是语言海中的一粟，占着个极小的位置，我们不能因为它们的存在就误认一切语音的音义关系都是必然的。过去的小学家往往好持这类的主张，便创出"声象乎意""象意制音"等等的玄想之谈，如陈澧在《东塾读书记》里说：

子思曰：事自名也，声自呼也（《中论·贵验篇》引）。此声音之理最微妙者也。程子云：凡物之名字，自与音义气理相通，天未名时，本亦无名，只有苍苍然也；何以便有此名？盖出自然之理，音声发于其气，遂有此名此字（《二程遗书》卷一）。此说亦微妙。孔冲远云：言者意之声，书者言之记（《尚书序疏》）。此二语尤能达其妙旨，盖天下事物之象，人目见之，则心有意；意欲达之，则口有声；意者象乎事物而构之者也，声音象乎意而宣之者也。……

声象乎意者，以唇舌口气象之也（此邹特夫说）。《释名》云："天，豫司兖冀以舌腹言之。天，显也。在上高显也。青徐以舌头言之，天，坦也，坦然高而远也。风，豫司兖冀横口合唇言之，风，汜也，其气博汜而动物也。青徐言风苍叙口开唇推气言之；风，放也，气放散也。'此以唇舌口气象之之说也。"（原注：更有显而易见者。如大字之声大，小字之声小，长字之声长，短字之声短。又如说酸字，口如食酸之形；说苦字，口如食苦之形；说辛字，口如食辛之形；说甘字，口如食甘之形；说咸字，口如食咸之形。故曰：以唇舌口气象之也。）

以后还有好多人推衍这种说法，刘师培便是其一，他在《原字音篇》里说：

人声之精者为言，既为斯意，即象斯意制斯音。而人意所宣之音即为字音之所本。例如喜怒哀乐为人之情。惟乐无正字，喜怒哀三字之音即喜怒哀所发之音（按古音怒近武），爱恶亦然。人当未睹未闻之物猝显于前。口所发音多系侈声，夥颐诸音之本；人当事物不能偿欲，口所发者多系敛声，鲜希诸音本之。推之食字之音象啜羹之声（当音试），吐字之音象吐哺之声；咳字之音验以喉，呕字之音验以口，今字之音验之鼻；斥驱之音象挥物使退之声，止至之音象招物使止之声；奚字之音象有所否之声，思字之音象敛齿度物之声，均其证也。

近人朱桂耀的《中国古代文化的象征》一文（《晨报副刊》民十三年六月二十日），更用心理状态解释发音和思想的关系，他说：

例如 m 音是唇与唇的接触，而接触的部位很广泛，程度也很宽，不像破裂音的逼促。这时我们就起了一种宽泛的感觉；而发鼻音时又有一种沉闷的感觉，于是凡有 m 音的字，多含有宽泛沉闷的意义。例如渺、茫、绵、邈、梦、寐、昧、莫、眇、没、微等是。又如 dt 等音，是舌端和牙床接触，牙床是凸出的部分。而舌端的部位也特别显著，感觉又最灵敏，所以发这种音时，我们就起了一种特定的感觉，于是凡有 dt 等音的字多含有特定的意义。例如特、定、独、单、第、嫡、端、点、滴等是。又如 ts、s 等齿缝摩擦音，声音分碎了从极细的齿缝间洩出，这时我们就起了一种尖细分碎的感觉，于是凡有 ts、s 等音的字，多含有尖细分碎的意义，例如细、小、尖、纤、碎、戔、散、撕、澌、沙等是。又如 l、r 等最容易滚，德文法文里的就是滚的。凡物圆的容易滚，于是就用这容易滚的声音去称呼圆的东西。例如轮、炉、庐、颅、橹、芦、螺、辘轳等是。

以上种种说法，表面上看来似乎都振振有词，实际上考察一下却极空洞，陈、刘二氏之说无论矣，即朱氏之论也似是而非，如果照着发音的感觉去测定发音所表的意义，恐怕语义的种类也就很有限制了，摩擦音表摩擦，爆裂音表爆裂，戛击音表打击，鼻音表沉闷，边音表滚转。那么旁的意义又用什么音去表示呢？不知《释名》一书以及王圣美的"右文说"，只是阐明语根及语言文字孳乳分化的现象，绝非论证"声象乎意，象意制音"的玄妙空想。

不仅我国有这样的谬说，即西欧十九世纪的语源学者也大多相信音义间有必然的因果关系，如因创立 Grimm Law 而享盛名的 Jakob Grimm（1785—1863）便是其一。丹麦的语学家 Jesperon 也持这样的见解，他以为凡有合口细音的元音［i］的字，都有细小、精妙、脆弱的意思，例如：

little 微小、brittle 脆薄、
fritter 琐碎、fickle 轻薄、
flimsy 纤弱、nipper 小钳、
niggling 精细、kidling 小羔、
thin 稀薄。

他的例证虽多，可是我们很容易举出反证来，big、thick 等字也都有细元音，为什么含义却相反呢？可见此说不攻自破也，现在这样的主张就很少听到了。

可是，语音与语义在起初配合时虽没有必然的因果关系，但后来在语言的演进过程中，因为词汇从同一语根孳生分化的缘故，音读相同相近者，其意义也往往相近相同，形成一个语族。从前的人论音义关系时常纠缠不清，混两种现象为一者，正缘分不清前期和后期的生和长的原故。过去讲到"音近义通"的著作很多，如王念孙的《广雅疏证》、郝懿行的《尔雅义疏》、钱绎的《方言笺疏》诸作，都能"以精义古音贯串证发"，引申触类，曲尽旁通，惜拘于原书体裁，只能随文释义，不能另具独立系统。此外阮元《揅经室集》中的《释门》、《释且》等篇，也很能得声近义通之理，而且泛滥及于转语和复音之词，极尽语文分化之致。近人著作之最有名的，当推章太炎的《文始》一书，惟囿于形体本义，及《廿三部成均图》之假定，似乎尚不能纵横旁达，以求语文流衍之势。今姑录旧作《释卯》一节，略示其例之一斑：

（一）卯　甲文卯字象物中剖两分之状，与非、北、辡、址、步、比、竝、狀等字的笔意都很相似。卜辞屡见卯几牛之语，与蘥、沈、燎等字同为用牲以祭之名，其义为剖杀。其音盖为复辅音 ml-，故后来分化为 m-及 l-两系，间有喉音，其变音也。

（二）分　别也。孳乳为份，文质兼备也，故曰文质彬彬，通作彬、斌、玢、豳。颁，头黑白半也。又孳乳为釁，罅隙曰釁，因之新铸钟以血涂其罅隙亦曰釁，犹补缝谓之缝也。《乐记》作衅。《方言》作璺，器破而未离之称。又孳乳为坋，大防也。《尔雅》："坟，大也。"故颁又为大头，物分别大也。

（三）别　分解也。券契中别为二，故曰傅别，犹符别。字亦作㓟（《急就》）、莂（《释名》）、䉋（《广韵》），均别之分别文也。

（四）半　物中分也。孳乳为胖，半体肉也；判，分也；叛，离背也；畔，田边也。伴，伴侣之义亦自分别之义引申而来，盖自分离言为半，自其符合比并言则为伴也，先分而后始能相并合，故又有拌字，义之相反相成有如此者；犹副之为判又为辅，剖之为判又为陪也。心广体胖之胖又引申为大义。

（五）片　判木也。孳乳为版（板）、牖。版、牖为片之转注字，犹半之有叛，判之转为副也。《尔雅》云："昄，大也。"《释名》云："板，昄也，昄昄平广也。"

（六）辨　判也。古书辨、判、班、别四字声同通用。孳乳为辩，治也，治必分而理之。瓣、瓜中实。辩、驳文也，字亦作编。辡，交也，先分而后交之。辨、辩、辬、瓣皆从辡声，《说文》云："辡，罪人相与讼也。"案此字既为声又象其相对之意。

（七）班　分瑞玉也。《周礼》以颁为班，音与分相近也。班或体作斑，是班有斑音，故义与辛近。孳乳为斑，即辩之俗字；虎部彪下云虎文，彪下云虎文彪也，文部斐下云分别文也，盖斑、辩、彪、辬、彬、斌、编、份……等字皆一词。从非声之字多有分违之义，斐字即其一例。

（八）副　判也。籀文作疈，兼象其义。《诗》云："不坼不副。"《字林》引作"疈"。《周礼·大宗伯》："以副辛祭四方百物。"故书"副"作"疈"。郑司农《注》云："疈辛披磔牲以祭。"副既通披，从皮声之字如破为石碎，披为析木，披为散离，诐为辩论，皆有分析之义。副又引申为副贰之义，俗作福，凡物副之则一为二，因之分而合者亦曰副，故符为分而相合，辅、俌、朋、比、弼、棐、傅、扶等字均为相助也。崩从朋声而为分义。富从畐声而为大义。

（九）剖　判也。孳乳为倍。《说文》倍训反，今则以倍为倍二字，相反义则用背，故《坊记》、《投壶》、《荀子》等书倍亦作偝。陪为重土，与倍二义同，与配、妃、合等义亦近，皆相反相成者。背为北之孳乳，北亦反也。

（十）劈　破也，与披破义同。孳乳为闢，开也。雷曰霹雳，犹仳离劈裂，言其能分碎物也。通作擘，别也。诸书以擘为之，敝、败等字亦破也。又通作批，比为并而批为分，犹匹、媲、比、弼之为和而仳为离也。辟之训法，盖从劈杀义引申而来，五刑一曰辟。分半为劈，故又引申为偏义，僻、癖、避等字是也，犹半之为畔。

（十一）剥　裂也。剥从录声而或体作卜。可见此族语原之音为 ml-，犹彬之有林音，卯之有刘音，戮之有缪音也。卜者灼剥龟也，剥即爆字。

（十二）割　剥也。《释言》："盖、割、裂也。"盖，害音同，害亦割也。割、开音义俱近。

（十三）辜　罪也。《诗》中罪辜连文。《周礼》："杀王之亲者辜之。"郑注："辜之言枯也，谓磔之。"又《大宗伯》副辜连文，郑玄云："副，副牲胸也，副而磔之。"今俗谓剖胸曰豁，或谓之开膛，《广雅》："劀，解也。"《尔雅》："辜、辟、戾，罪也。"犹副劈裂，皆由剖杀之义引申，辜，副一声之转，犹福之为祜。

（十四）磔　辜也。段玉裁《说文注》云："凡言磔者，开也，张也，刳其胸腹而张之，令其干枯不收。今俗语云磔破者当作此字。"字或作矺，见《史记》。音与摒（坼）、拆、兆等字相近。

（十五）刘　杀也。《商书》曰："重我民，无尽刘。"《周书》曰："咸刘厥敌。"《左传》曰："虔刘我边陲。"刘皆训杀。案刘从卯金刀。即卯之累增字，增刀表杀，增金表器，故《广雅》云："刘，刀也。"《书》云："一人冕执刘。"因动作而以为物名也。《说》文作镏，留亦卯声。

（十六）戮　杀也。杀下云戮也。二字互训。案卯刘为对剖，而杀则为击毙，后人虽以杀为共名而统刘戮诸义，然原始之动作实有分别。刘、戮一声之转，今皆知戮为杀，但鲜知刘之为杀者。

（十七）列　分解也。《大戴礼》"割列襄瘱"，卢辩注："列，副辜也。"通作裂。俗作剟，戾训罪盖由于此。语转为劈，字亦作鑢剓、劈、劙、劚、剢、劚……等形。经典分别字则以离为之。语又转作捩。方言："捩，杀也。"又有蠡、蠡、剺、劙等字。俗语曰另、零、利。犹伶仃、伶俐。

以上只就原稿删要而成，当然有不大详细的地方；不过即此一例，已足见我国语言中声近义通的现象乃是后期的孳乳分化，而非原始音与义间所示的联系。大概古来只有一个语根，后来因了所表的对象不同，意义也就有大同小异的分化。又因为时代地域的不同而语音有转异。字形随之亦易，加之汉字的表音方法无定，而字体又偏重目治。任意增改偏旁，于是文字的孳分就漫无涯际了。这里面如果除去重文或体、累增字、分别文、因音转而添造的新字，那么所剩下的恐怕也就寥寥无几了，还能说是凡某声皆有某义吗？因此，声近义通，凡某声多有某义一类的话，只可施之于字形的孳分，而不可用之于语根，何况也只能说"多有某义"而不能说"都有"呢。即以从卯声者言之，无论是 m-系的贸、茆、昂……等字，或是 l-系的柳、留、聊……等字，都与卯为对剖之义相去甚远。明乎此，而后再看刘师培所说的古韵同部之字义多相近说，以及近人效颦而作的《古声同钮之字义多相近说》（《制言》半月刊九期，刘赜本其师黄君古声十九钮以为说）等文，都觉得有些倒果为因的强为归纳，以偏盖全了。总之，语族和语根不可不讲，但绝不可就因此相信音义之间的关系是必然的。

中国近三十年之声韵学[*]

（一）清儒学术史上古韵学的尾声

清儒的治学方法，虽然颇具归纳法的精神，注重客观的证据，但终究为方法材料所限，除去从群经押韵和谐声系统两方面归纳韵部的分合外，可以说是无他发明及贡献。章炳麟承孔广森"阴阳对转"之说和钱大昕类隔之说不可信之说，定古韵为二十三部，古声为二十一纽。著有章氏丛书，关于音韵的著作，大部份载在其中的《国故论衡》（有坊间铅印单行本，误字甚多。以浙江图书馆校刊的丛书本为佳）及《文始》里面。每篇论文虽各自起讫，不相衔接，但暗中是有系统的：

《小学略说》（语言文字学的过去及将来之总论）

《成均图》（古韵二十三部通转之轨律及例证）

《音理论》（对于今音之学的等韵，《广韵》的批评）

《二十三部音准》（古音二十三部之音值及其读法）

《古音娘日二纽归泥说》（古音二十一纽归并之例证）

《古双声说》（古音二十一纽通转之条例及证据）

他以为清代研究古音学的人，"大氐前修未密，后出转精"，到王念孙

＊　本文原载于《中国学报》C1卷第二期、第一卷第三期，1944。

的分为二十一部，已经是很精密的了。而孔广森发明阴阳对转，钱大昕发明舌上轻唇为古音所无，又都胜过前人。于是"定韵莫察乎孔，审纽莫辨乎钱"，就奠定了他的审纽定韵的基本态度及方法。

章氏对于古韵部，起初本是："仆意取高邮王氏外，复采东冬分部之义；王故有二十一部，增冬部则二十二。"后来他觉得脂部去入声的字，在《诗经》里往往不和平上声同押，所以又分出脂队两部。这样一来，就成为二十三部了。自从顾亭林以来，研究古韵的人，只知道分析韵部，不注意描写每部的韵值。直到章氏的二十三部音准，才开始自觉的把每部的韵值明白的用现代方音加以描写。又根据孔广森阴阳对转的说法，把二十三部分为阴阳两类，阳声为收鼻音的韵，阴声为非收鼻音而收喉的韵。鼻音有三种：一为独发鼻音，就是阳部；二为撮唇鼻音，就是谈、蒸、侵、冬、东五部；三为上舌鼻音，就是青、真、谆、寒四部。阴声只收喉音一种，就是鱼、侯、幽、之、宵、支、至、脂、队、泰、歌十一部。入声只是一种促音，可促可舒，舒而为去，去入自为一类。故入声收唇音者为阳则附阳声，就是缉、盍两部；收喉音者为阴则附阴声，就是泰、队、至三部皆兼去入。阳声十二部，阴声十一部，合为二十三部。阴阳相对，阳部为开口之极，作为阳轴；鱼部为闭口之极，作为阴轴。阳轴左领阳侈寒、谆、真、青四部，右领阳侈东、冬、缉、侵、蒸、谈、盍七部；阴轴左领阴侈宵、之、幽、侯四部，右领阴弇支、至、脂、队、泰、歌六部；两面阴阳遥互交对，中以阴阳为界，诸部互相通转的条例有五：凡二部同居为近转，凡同列相比为近旁转，凡同列相远为次旁转，凡阴阳相对为正对转，凡自旁转而成对转为次对转。这样就构成了章氏特创的《成均图》（这里以《文始》前的订正《成均图》为准）。

现在看来，章氏分韵的缺点有三：（1）阴阳两声类的韵值还未弄清，例如东、冬、蒸、青四部都是收独发鼻音，和阳部相同，而章氏以东、冬、蒸三部收撮唇鼻音，相离太远。（2）入声类的韵值于收唇收喉两种外，还有收舌的一种。而且根本不能和去声为类，也不是一种促音。他虽未如孔氏完全抹杀入声，但把入声并到去声里面，错误都差不多。（3）通转之说，除了对转尚合音理外，其余四转都不能成立。推其致误之由，一由于对于入声认识不清，二由于受了圆图整齐排列的限制。因为他认入声为一种促音，舒而为去，所以只认定有阴阳两大声类，抹杀入声类的独立资格。于是独取孔氏阴阳对转的两分法，不取戴氏以入声为阴阳相配之枢纽的三分法。又因为觉得韵部的通转在古音里是很自由广泛的，毫无顾及到时间和地域的限制，以及双声相转等交互的关系，于是便取严氏首尾循环的排列法，不用孔氏两两相对的排列法。章氏讥笑《等韵图》的排列整齐，不合于声音的自然；讥笑孔氏的十八部相对不倚，不得不把真、谆两部合而为一的拘牵；其实他自己的以东、冬、蒸为收唇的侈音，以入声与去声为类而同居，还不是受图形匀称的限制吗？设若以方音为证，方音中固有收独发鼻音的东、冬和收七ｋ的入声呀！这都是不注意每个韵部的历史演变情形，而以私意断代断地的取例以就己说的弊病。

　　章氏对于古声纽，同样的本着"声音损益，随世而异"的看法，认为三十六母可分为五十，随时分擘，转益繁多，当然三十六母是从古时较少的声纽中分擘出来的。于是取钱氏古无轻唇舌上之说，把三十六母加以合并。舌上音的知、彻、澄三母既然可归于舌头音的端、透、定之中，那么，舌上音的娘母当然也可以归到舌头音的泥母中了，半舌半齿音的月母也该归于舌头。这样一并，就由钱氏的二十九组而为二十七组了。他又以为等韵家分开齐合撮四等，实际只是开合又分洪细而已，本则有二，二又为四，所以说正齿的撮齐就是齿头，古时恐怕不那样繁碎，齿头应该并入正齿。其实这也是舌音类隔说不可信从的引申，扩展而为齿音类隔说的不可信从了。端、透、定、泥居一四等，知、彻、澄、娘居二三等；照、穿、床、审、禅居一四等，精、清、从、心、邪居二三等；两相比照，知组既然可以并入于端组，精组当然也可并入于照组了；这在切韵指掌图的检例里和重唇轻唇的分别是一同视为类隔的。又钱氏谓古音中晓、匣、影、喻四母多相通用，于是章氏又把喻母并入影母。如此大加归并，旧来的九音（牙、舌头、舌上、重唇、轻唇、齿头、正齿、喉、舌齿），便成为六音（喉、牙、舌、齿、唇、半舌）了；旧来的三十六母，便成为二十一母了。所以他定古纽为六类二十一目。

　　他在声母方面的错误，比在韵母方面小得多。大体看来，还没有什么说不过的地方。但是这种归并，还应当注意到每母在历史上的演变的情形，要解释出来它所以分支的音理关系，然后才能讲得通，才能使人相信。换言之，就是得把古音和今音的联系特别看重才行，否则仅靠古书上文字假借通用的现象，不分时代，不分地域，仅因为它们混淆不分，便说是古音简而今音繁，这是不合理的，因为通用并不是完全相同的积极证据。至于谐声系统的时代和许君的误说，更是复杂得很，那里全可凭信而难取为证据呢？再说依照三等字母归并于一等字母的条例（如日母之并于泥母，非组之并于帮组），喻母应当并入匣母，也不当并入于影母。

古双声说里的声纽通转说，更有甚于成均图之五转。他以为喉牙二音应称深喉浅喉，深浅有异而居喉则一，这也是本之于钱氏"牙音喉音本非二类"的说法，于是谓喉牙为百音之源渊，贯穿诸音，喉牙发舒而为舌、齿、唇、半舌、半舌、唇、齿舌、遒敛而复为喉牙。这种双声相转的说法，真太有些泛滥无涯了。其实他的双声说和《成均图》，甚至于其他关于古音的著作，都不是为研究古音而研究的，这些只是他推明语言文字的根柢及演变孳乳的一种条例，一种工具而已，他的最终目的在于语根初文的推求，最大的成功也正是这方面的训诂事业；《成均图》和二十三部音准，古双声说和娘日归泥说，都是《文始》和《新方言》的预备工作，并不是古音韵纽的精密研究。那么，我们自无须过事苛求了。

继续章氏的成绩而专门对古音的韵纽加以详细的考订的，就是他的弟子黄侃。黄氏生前不好著书，关于古音学的单篇论文，散见各杂志。死后，中央大学的文艺丛刊为他出了个遗著专号（第二卷第二期），里面关于音韵学的重要著述有：《声韵略说》《声均通例》《音略》《广韵声势及对转表》《谈添盍帖分四部说》等五篇，外附《与人论治小学书》一篇。

章氏虽然说《广韵》的两百六韵兼有古今方国之音，自二十三支分为二百六，中有正韵和支韵的分别；而正韵支韵的差异，只在古侈今敛的不同。可是他并没有按照这标准去分析《广韵》的韵部。黄氏的考订古音，便完全以《广韵》为出发点，他根据陈澧的《切韵考》，把三十六字母的照、穿、床、审、喻五母分为二类，明、微二母仍旧分而不并，定今音声类为四十一类，其中有本声，有变声，谓考古声者当以此为津梁。又依照发音之法，把照、穿、神、审、禅五类定名为齿舌间音，归于舌音之下，和端系知系同位；把庄、初、床、疏定名为正齿音，替代了照组的原位。另一方面根据李元《音切谱》所注开合正副四等以并析《广韵》，共分为九类、二十六摄、七十二对转、三百三十九小类；较陈氏所分之三百十一类更加详密。然后取陈氏《切韵考》外篇所分并之四等开合表而省览之。见有许多韵部的反切上字绝无知、彻、澄、娘、日、非、敷、奉、微九母，这九母为古音所无，已经钱大昕、章太炎证明过了；所奇怪的是这些韵部不为一等，即居四等，而以一等为多；更进而考之，陈书注明一等韵的凡二十四韵（东、冬、屋、沃、模、咍、灰、痕、魂、没、寒、桓、曷、末、豪、歌、戈、唐、铎、登、德、侯、覃、合），他们所用的反切上字不但没有上面所说的那九母，而且没有群、斜、照、穿、床、审、禅、喻八母；所有的只见、溪、疑、端、透、定、泥、帮、滂、并、明、精、清、从、心、影、晓、匣、来十九母；和这相同的情形还有四等韵八韵（齐、萧、先、屑、青、锡、添、帖）；其中如痕魂、寒桓、曷末、歌戈，仅因开合而分，于古本为四部；三十二去四，便共得廿八部。因此，黄氏认这十九纽为古本纽，其余的十七母以至廿二类，都是今变纽；这二十八部为古本韵，其余的一百七十四韵以至三百零七类，都是今变韵。

他考定古声十九纽，古韵二十八部，其证据好像是因为这十九个古本纽所居的韵只有三十二部，所以断定它们是古本韵；又因为这三十二部古本韵里，只有这十九纽，所以断定它们是古本纽。于是就有人讥笑他是乞贷论证或循环论证，所说根本不能成立。其实他所用的是一种韵纽交比互证的方法，换句话说，就是讲韵部的变迁而能注意到声母的关系，讲声母的变迁而能注意到韵母的关系；不过他对于音理不很明澈，只是粗疏地稍微触着一点而已。

总起来看，古韵学的研究到了章黄二氏的手里，可以说是已成了强弩之末，材料和方法，始终逃不出清人的范围，顶大的差别，也不过你多分一部，我少分一部，你多并一组，我少并一组而已。只说某部为正韵，某部为支韵，某为古本音，某为今变音；究竟本音如何读法，并没有明白说出；虽然章氏曾经用今音来描写二十三部的韵值，可是他不用音标，结果仍然是模糊的取譬相成而已。只说《广韵》兼包古今方国之音，然而在分析合并的时候，丝毫却没有注意到方国之音不同的关系；对于古今的本变，注意是注意了，可是每韵的历史，每母演变支分的条件，都没有用音理加以解释。而且《广韵》的系统只是隋唐语音的产物，距离

《诗经》的时代约有千余年，也绝不能凭据《广韵》的反切法去窥测周秦语音的韵部和声纽。章黄二氏可以说是清代学术史上古韵学研究的结束人物，假如研究的方法和材料再不加以革新，恐怕再有十个章黄，也挣扎不出什么新的成绩，而黄氏尚以为自己的说法为古音学上的定论，不也可笑吗？

对于这个结束期以前诸家的研究想加以清算的，有黄永镇的《古韵学源流》、张世禄的《中国古音学》（二书均由商务印书馆出版）。虽然只是罗列排比旧说，而没有把每家所用的材料和方法加以指明，所犯的通病加以批评，把现在所要求的新途径加以指示，但是大体上都还眉目清晰，不失为简明的入门之书。比较起来，张书为佳。至于这方面论文丛书的编纂，只有个杨树达不明白时代潮流的演进，胡乱的选了几篇这方面的论文，计有钱大昕的《古无轻唇音》《舌音类隔之说不可信》，章太炎的《古音娘日归泥说》，曾运乾的《喻母古读考》，以及汪荣宝的《歌戈鱼虞模古读考》，杨氏自己的《之部古韵证》，总为一集，名曰《古声韵讨论集》（北平好望书店出版）。实则曾氏的审音功夫已较钱章为精密，而汪氏的使用新材料又开启了另一期的新风气，似乎不该和钱章并列。他自己既然是想"证成章义"，只好作章氏那尾声的尾巴了。这类的书固然为读者所亟需，但是选辑者应该有个系统的眼光，历史的准绳，并不在乎自己的大作附骥尾以传世的。

此外能够对于古音的材料有所扩充而运用的，便是王国维。他的《两周金石文韵读》（在王静安先生遗书中，商务出版），所"搜周世韵语见于金石文字者得数十篇，中有杞、鄫、许、邾、徐、楚、诸国之文，出商鲁二颂与十五国风之外；其时亦上起宗周，下讫战国，亘五六百年，然其用韵与三百篇无乎不合"。所可惜的是仍然遵从王念孙、江有诰的分部，不能从时代地域的分别上着眼，另起炉灶，打破前人的系统，这大概是材料太少，还不够作独立研究的凭藉的缘故。其后有孙海波的《古文声系》（北平来熏阁书店出版），从王念孙、孔广森所论而参互为二十二部之说以专谱古文字之形声，其缺点和王国维相同。现在看来，如果是为了作一部以韵为经的古文字的字书，那还可以略备一格，如果是为了研究古文字的谐声系统，或是从谐声系统上以窥测古音，恐怕还有重作的必要。

（二）近代音韵学的科学化引起古音学上的大辩论

提到古音学的革新和近代音韵学的科学化，自然就令我们追念到日新月异与时俱进的疑古玄同先生。钱氏虽然也是章门的弟子，但是他并不拘泥家派，株守师法，很能博采新说，自立系统。民七任教北大，编有两大册《音韵学讲义》，排比旧说，略加评按，后来节编为《文字学音篇》（北大出版组印行），不久又不满意而毁弃。现在看来，以后音韵通论概要一类的书，可以说都是源于音篇的间架及体制。全书共分五章，第一章"纽与韵"，其中古今字音之变迁一节论分为六期，大致是不错的。第二章"《广韵》之韵纽"，第三章"反切"，第四章"三代古音"，第五章"注音字母"。其中关于《广韵》和古音，大体上是采用黄氏之说而加以补充和修正，例如论阴、阳、入三声的义界，入声兼承阴阳之故，以及对转之音理解释，旁转旁对转等说之不合音理，都是章黄所不知道的道理。而今韵之分为二十二摄，黄氏在《音略》里曾经采用，不知钱氏那时早已废而不用了。其尤为章黄所不屑道者，厥为攻击反切之弊，提倡改良反切而制定注音字母，更进而讲注音字母的源渊，损益旧纽旧韵的历史，这都是空前的见识。他之所以能有新的进步者，一在于具有历史的眼光，能够系统的探讨古今音的演变，一在于使用拼音符号，例如讲对转，指出由于收声的关系，阴声加 ng、n、m 即为阳声，反之阳声失去这种收声即为阴声；阴声加 k、t、p 即为入声，反之入声失去这种收声即为阴声；相同的，入声的收声之势恰好和阳声的收声相对，也可以互相通转。这在现在看来，好像平淡无奇，可是那时的听讲的人已经惊为谔谔新声了。因为有这种眼光，这种工具，所以始终提倡注音符号和罗马拼音。后来钱氏所作的《古韵二十八部音读之假定》（师大月刊师大卅二周年纪念专号），和古音无邪纽证（《师大国学丛刊》一卷三期），也都是补苴黄氏说法之作。黄氏以为邪纽古归心纽，钱氏则以为古归定纽。还有黄氏以为古只有见溪二纽，群应归溪；钱氏则以为古只有溪群二纽，见应归群，又以为见端精帮四组，古归群定从并，晓匣二纽古归溪群，这点以为浊声较古的看法，实比黄氏古无浊声的观点为合理，至于以影母为喉门阻清塞声，直到目前还是不易之论。

随着"五四"运动的怒潮，发出了整理国学的口号，在《国学季刊》的发刊宣言里胡适博士提出了扩大研究材料的范围，和博采比较参考的资料两个方法。接着在《国学季刊》一卷一号里胡适翻译了钢和泰的《音译梵书与中国古音》，这篇短文的影响有两方面：第一使大家知道研究中国古音的新材料，一为中国字在外国文里的译音，与外国字在中国文里的译音，尤其是梵汉对音；二为中国各种方言里与日本安南朝鲜文里汉字读音的比较研究。第二使人知道瑞典汉学家高本汉对于中国音韵学有新的研究和成绩。

开头应用华梵对音来研究古音的国内学者是汪荣宝，《国学季刊》一卷二号里发表了他的《歌戈鱼虞模古读考》。他以为旧日学者据谐声偏旁及经传韵文以考古韵，最大限度只能考见古韵分部之异同而止，若古某部读某音，和今读的差别如何，都不能得确切之证明。汉字既以形为主，没有记音的音标，不足以相印证，欲解决这个问题，惟有求之于古来中外互译的材料，尤其是佛经的翻译。于是就日本假名中之汉音，古代西人游记中所译汉字音读，佛经中之华梵译音对勘，史书所译外国人名地名等材料，而以华梵对音为主，以考古音，结果断定为："唐宋以上，凡歌戈韵之字皆读 a 音，不读 o 音，魏晋以上，凡鱼、虞、模之字亦皆读 a 音，不读 u 音或 ü 音。"这篇文章的影响很大，指示给我们一个考订古音的新途径，可以说是古音学史上革新期的开始。当时轰动了全国，引起了赞成和反对者两派的大辩论。

第一个赞成者就是季刊的编辑委员钱玄同先生，以为汪氏"所考证据确凿，我极相信"。并且举出了《吕氏春秋》言伐莒时的"咶而不嗑"，作为战国时代鱼、虞、模读 a 的旁证，但是在三百篇中鱼虞模部的字和歌戈部的字画然有别，不相通用，汪氏的魏晋以上的话就说得太笼统了，西周和春秋的时候，鱼虞模部的字并不读 a 音的。

第二个赞成的是语言学家林玉堂。《国学季刊》的一卷三号里发表了他的《读汪氏论文的书后》。他只承认这是一个极好的发端，于结论上还不敢说是定案，因为第一，于引证的材料之运用方法上还有不完备的地方，于发音原理的解释上还未能详尽无遗。于是"律之以科学准绳"，作了如下的修正：（1）歌、戈长 a 音，麻韵短 a 音说。（2）鱼虞模不读 a 音辩，林氏的最大贡献有四点：

（1）要考察梵汉对译与古音问题，必定得注意每个译名的最初发见。应把每译名的发源，译家姓名、地方、年代、先考察出来，然后才可以作为考究的材料。不能把凡有的梵语汉译的字不加分别的放在一起讲。而且译家有出自西域，未必尽是中原正音。

（2）清代古韵学家的最大毛病，就是专讲分部，不问方音，专求规则，不问例外。顾炎武、江永、孔广森把例外视为方音，本来是很对的方法，可惜段玉裁、钱大昕等反讥笑顾氏方音之说，段氏把例外归之合韵，而合韵的条理未曾过问。试想周秦上下有九百年之久，中国东西有数千里之遥，岂能有整齐永不改易的呼音？我们读某部古音为某，只是说他大部分如此，岂能置方音于不顾？凡有合用现象，正宜细心观察，寻出他们混淆通用的条件，区别作家和地方的条理，这是研究古代方音的绝好机会。

（3）声音的演变有公例，谓之"声例"（音律）。声例的作用是无例外的，若有宛似例外的东西存在，便是声例构设尚未完密。所以一字有变音，凡同音的字音就得与之俱变，如有不变的，除非是有条件的不变，否则此声例便不能成立。魏晋以上鱼歌既然同音，何以魏晋以下他们的历史有不同呢？二者后来的演化既异，则其本来发音必不完全相同。

（4）语言的变迁，我们只知其然，而不知其在某时代何以必然之故，此为语言学公例与自然科学公例不同之点，我们不能说印欧语言如此演变，中国语言就也必定如此演变，但是至少印欧语言学上的声例可以作我们研究中国语言演变时的比较参考，启发我们创立音变的可能假设和解释。

这四点意见——应用华梵对音材料要注意来源，考订古音要着重方音的分歧，从每个韵部的历史演变上追溯它的古读，引用西洋语言学上的声例作为研究古音的参考，可以说是发前人之所未发，道前人之所未道，前两项他并没有实地的应用，后两项在他的论文里已经充分的发挥其功能了。末了他大声疾呼地说：

> 我以为西方学者之重声音训诂，不亚于中国人，而条理缜密则过之。我们处此西洋学术输入时代，应把我们规模已备的古音学据科学方法而演进之，推密之，将必有空前的结果。所以此后三十年中，将为西法古音学第一昌明时期，可以断言。……我们以后研究古音，切不要只管考古而不顾审音，才能够有实在的进步及发明，才能把我们固有的古音学变成了西欧所承认的一种科学。

这是中国近代音韵学的发动，也是中国古音学科学化的第一声，从此另开辟了一个新纪元，另走进一个新天地。这是章黄等人所梦想不到的进步和改革！

可是旧派的学者为了保持自己摇摇欲坠的残垒，不得不挣扎出最后的反击，呼号出力竭的嘶叫，想作当车的螳臂，撼树的蚍蜉，真可算太不自量力了。为首的章太炎发表了他的《与汪旭初论阿字长短音书》（《华国月刊》一卷五期），谓内典译音，略取相似，不求谐切，不可据以倒论中国古音。继之又有徐震的《歌戈鱼虞模古读考质疑》（《华国月刊》一卷六期），以为语音随地而异，一字有本读，有转音，不能整齐划一，以此翻译梵文，自难密合无间。这种种的疑难已经汪氏的《论阿字长短音答太炎》（华国月刊二卷九期）、林玉堂的《再论歌戈鱼虞模古读》（《晨报》副刊民十三年五十六号）、唐钺的《歌戈鱼虞模古读管见》（《东方杂志》二十二卷一号）等论文详细驳答过了，这里没有重述的必要。此外参加论战的尚有洪瑞钊的《论鱼虞模古读侈音与汪先生书》（《华国月刊》二卷六期）、李思纯的《读汪君古读考书后》（《学衡》二十六期）等数文。其实赞成与反对都丝毫不能有所作为，时代的潮流，历史的必然，大家要求如此，一二守旧好古之士终究是堵塞不住这条新路的。汪氏的缺点，除去林氏所指责的没有注意华梵对音的来源、译者、年代、地方等条件外，还有一个错误，就是忽略了梵文的转读律，即数音连读时的相连变化的规律。这些固然不必为开创者隐晦，但是章氏等人却没有批评这点的资格。如果说批评和修正，自当以钱氏和林氏的文章为嚆矢。

此后专门利用汉梵对音和汉藏对音等材料来研究考订中古音的系统的，有罗常培先生的《知彻澄娘音值考》（《中央研究院史语集刊》三本一分）和《唐五代西方音》（中央研究院出版）。前一篇论文里所运用的材料有三种：华梵对音（又分为梵文字母译音，佛典释名，藏译梵音）、现代方音和韵图排列。中以对音为主。后一本大书也是基于此种方法而产生的。自序说：

> 然而汉梵对音的材料只限于一些零碎的译名，并且新旧译的纠纷，底本来源的异同，口译者跟笔受者的方音差别，在在都得经过一番慎重的考察。比较起来看，自然还是敦煌石室所发现的那一批汉藏对音的写本更可贵一点。因为这些写本原来是为吐蕃人学汉语用的，他们所有的对音并不专限于零碎的名词，而且从发现的地域看，大致可以断定他们所代表的是唐五代时候流行于西北的一部分方音，所以很值得我们重视的。

所用的材料一共有五种：（1）汉藏对音千字文残卷；（2）汉藏对音大乘中宗见解残卷；（3）藏文译音阿弥陀经残卷；（4）藏文译音金刚经残卷；（5）唐蕃会盟碑拓本。前四种是敦煌石室中的写本，后一种是唐穆宗长庆二年的刻石。这五种都算是直接的材料。所用的方法，是先拿这五种汉藏对音的材料同《切韵》比较，去推溯他们的渊源，然后再同六种现代西北方音比较来探讨他们的流变。在罗氏以前的研究者不是零零碎碎的引用这些材料，就是缺乏历史的起点跟切近的参证；能够穷源竟委的利用这一批可靠的材料把他所代表的方音系统给拟测出来的，还得以罗氏为第一个。

此外，中外对译的文字材料，尤其是东方中央亚细亚一带的许多国家，如西夏文字、契丹文字、女真文字、蒙古（八思巴）文字、满珠文字等都是。关于这几种已死的文字，东西洋的学者差不多都有研究，如伊凤阁的《西夏国书说》（《国学季刊》一卷四号）等译文便是。国人的研究有：罗福苌的《西夏国书略说》（亚洲学术杂志一至四号，后有东山学社石印本），罗福成的《西夏译莲华经考释》《西夏国书类编》《女真译语》

（两编。都由贞松堂印行）；王静如的《西夏文汉藏译音释略》（集刊二本二分）《西夏研究》（共三辑。中研院出版）。

除去上面所说的这条新途径为汪氏所引起外，还有三个探索古音的新途径新观点为林氏所启发的：第一，提出了古代方音的系统研究，这在他那篇《古读考》书后一文里已经提过了，这里不过再正式确认其可能而拟定计划和方案吧了。林氏是受过西洋近代比较语言学洗礼的人物，观点总是进步一点、科学一点，所以他指责素来研究古音的人最大的缺陷就是没有精确的时代观念、地理观念、不讲发音学，未能推到古时某地某韵的实在读法。每每汎论周秦古音，把时代地理极不同的三百篇，《易经》《楚辞》《老子》等，硬要归入同一系统，视为同类的材料，以为分部的根据，遇有扞格不入者，或以为非韵，或以为学古之误，或以为古本二音，或以为合韵，或竟以为一二处方音二韵通用之故，因而并和其古本截然不紊的几个韵部。由是或分或合，对古韵的读法实际上都没有丝毫的改进。这种种的错误，都由于没有精确的严格的时地观念所致。于是他在《前汉方音区域考》（《贡献》月刊）一文里极力辩解考证古代方音的必要，提出研究古方音的材料方法，最后就扬子云的《方言》归纳汉代方言的区域，作为探讨古代方言的基地。以后他的《陈宋淮楚歌寒对转考》（《中央研究院集刊外编》庆祝蔡先生六十五岁论文集）、《燕齐鲁卫阳声转变考》、《周礼方音考》、《左传真伪与上古方音》（《语丝》四卷廿七期）等论文，都是在这个新观点之下的。如此讲对转，才更为可靠，更较切实，比那个《成均图》所讲的五转已科学得多了，不但能说某字为某部的音转，而且能说它为何时何地的转音。更进而扩大应用这种考证的效果，可以帮助我们断定古书的真伪，以及出处、年代等。第二，指出古代语音中有复辅音的现象。在林氏之前，英国的汉学家艾的金氏曾经根据我国文字中谐声系统上 p、t、k 等声母和 l 母相互谐从的条例，拟测古汉语或有如西欧文字中的复辅音的现象。林氏受了这个启示，除去依从形声字的声母相从的系统外，更从今日方言及古书所载俗语中寻求其遗迹，从文字的音读变异或借用上推测其消息，从印度支那系的语言上作比较的研究。虽然限于材料的艰难而多被埋没，不易发掘证实，详细说明这个新奇的假设，但是旧来许多依靠双声叠韵所不能够解释的音转或合音的现象，都可用这个假设来解释了。这就是他在《晨报》六周年纪念增刊上所发表的古有复辅音说。

第三，指出古音中有今日所遗失的浊声母。过去的古韵学家多致力于韵部的研究，对于声纽的讨论却只有短期的历史和粗糙的成绩。古韵分部，愈分愈密，而声母的考订，则只有合并，没有分析，由钱氏的合并轻唇舌上，变为章氏的合并齿头半舌半齿，再变为黄氏的大加合并，于是由二十九而为二十一，再为十九组，研究愈久，界限也愈踈。群母既可归入溪母，邪母亦可并入心母，而影喻尤可混为一谈，"浊母后起"之说便有似乎成立的可能。实则这些人于合并古纽，既没有得到那分出今纽的条件，而所根据以为合并的理由，也不外乎数纽的古时通用而已。如果承认那"通用"就是"同音"，那么，古纽通用的还很多，似乎还可以合并，何必只并为二十一和十九呢？章氏以精系声母为照系声母的副音，已经就很武断了，而黄氏又以二十八部与十九纽循环论证，尤为奇怪，这种以甲证乙，又以乙证甲的乞贷论证，岂不是有点像以黄脸孔证明中国人为伟大民族，何以知道中国人伟大呢？因为他们黄脸；但何以知道黄脸人伟大呢？因为中国人就是伟大的民族！实则黄氏所定三十二韵中不见黏颚声母并不足奇，也不算什么证据，因为黏颚的声母自不能见于非黏颚的韵母，绝对不能因为声母之有无，而断定韵母之是否"古本韵"，更不能乞贷这个古本韵来证明此韵母中的声母之为"古本纽"，于是他在古音中已遗失的声母（《语丝》四卷四十二期）一文里，不但不承认"浊母后起"之说，并且相信古音中有今日已经遗失了的浊母。他从谐声孳乳及用字假借等材料证明喻母古时和审禅邪等母通用，但并不效法章黄人的合并办法，把喻母的存在完全抹杀，归并到邪禅里去，却由此种通用现象，证明它和审禅邪相近，而与章氏所并的影母完全不同，应该列入齿音类，而不应列入喉音；同时推定喻母也定然不和邪禅同音，否则后来不应有不同的演化历史，于是断定喻音中含有已遗失的声母，古读 jy，唐读 y，变与于类的音相同。由 j 入 y 是语言史上最自然最常见的事，所以《切韵考》分喻为喻、於二类。影母为元音，根本和喻母不同，邪、禅、审、心，古音为 dy、dz、sy、s，和 j 音极相近，互相通转也是最自然易晓的事。以上三个新观点，要约而言之，不外注重精确的时地观念、音变的历史，和发音的原理吧了，比旧来的"考古"和"审音"，又深入得多多了，可惜林氏后来由玉堂一变而为语堂，由大学讲坛而跳上文坛，在《论语》上大事幽默起来，对于语言学的事业从此就洗手不干了。于是把他自民国十二年到二十二年间所译作的三十余篇关于语言文字的论文，集辑在一起，起名叫《语言学论丛》（因穷卖与开明书店）出版，大概是含有表示工作告一结束之意吧！

对于这三个新的探索途径，林氏只是投了星星之火，一小粒的种子，以后便随着消灭和夭折，并没有成长滋荣和开花结果。稍微可以安慰这个寂寞的，就是吴其昌的《来纽明纽古复辅音通转考》（《清华学报》七卷一期），算是仅有的一个推阐复辅音之说的后来者，可惜他只从形声、校勘、训诂、方言、联词、复名等六方面，发愤遍考经史苍雅、诸子百家，寻出来三百八十四条例证，想证明来纽明纽因声类的相近，连读时于声势甚顺，易上口而成习，故其为复辅音最显著，保存也最久，分化也最晚。结果于音理上毫无解说，于古代复辅音的全盘面貌的系统拟测更是谈不到了。其实所谓双声相转，并不仅限于同部位或同方法的声音，而来母的通转也并不仅限于明母，况且古语也许有来声的韵尾，后来独立分离而另成一音缀。所以有人就发表反对的意见。有人就引用来解释音变的现象，议论纷纭，尚无定说。唐兰的《论古无复辅音》，凡来母字古读如泥母（《清华学报》十二卷二期），便是反对此说的。

对于古声母的研究，曾运乾的《喻母古读考》，可以算是一篇值得推荐的论文。他从《广韵》切语上一字，及古书文字通假上证明喻母三等字（今称于类或云类）古隶牙声匣母。喻母四等字（今称以纽）古隶舌声定母；又次就法言切韵自序，《颜氏家训音辞篇》，广韵痕、殷、微、废、文、元、凡、严等韵有于母无以母，麻韵有以母无于母诸例，证明隋唐时喻母仍分两类，于读牙声，以读舌声。因二类的声势同为轻类，故容易致混。结论说："喉声影母独立，本世界制字审音之通则；喻（以）于二母，本非影母浊声。于母古隶牙声匣母，喻母古隶舌声定母。判然三音，自周秦下逮隋唐。绝不相紊。唐末缁流误制字母，喻（以）于无分。宋以来等韵家如杨中修、郑樵、张麟之等，不加细察，混三为二，又混二为一。……等韵家亦自知所分等第于隋唐切语不合，乃立门法以济其说，为喻下凭切门。"其实，对于等韵也不必指为非是，就像曾氏所引《音辞篇》

载，梁世有一侯谓郢州为永州，元帝简文并讥之；《广韵》永字的反语上字用于，郢用以，而等韵家于以则同属喻母，其误正与某小侯郢永不分相同，可见等韵家和某小侯的错误是由于方音，并不是没有原因的，这应该从时地上着眼它们的演变，不必以为《广韵》音在实际语音上已统一全国而分正误也。葛毅卿又根据《切韵指南检例》中辨匣喻二字母切字歌，和《切韵》残卷里云越雨三字反切的异文，假定喻母三等字的音值和匣类字相同（见一九三二年《通报》）。后来他又根据原本《玉篇》残卷和《尚书释文》残卷里的云滑两字的反切，作了篇《喻三入匣再证》（《中央研究院史语集刊》七本三分）。罗常培先生又从《经典释文》和原本《玉篇》全部反切中匣于两种的反切关系上加以考察，对于葛氏所论补充不少，算是喻三入匣再证的跋尾。就他整理《释文》《声类》和《万象名义》中原本《玉篇》音系的结果，发现匣于两类彼此间常有错综的关系，而《玉篇》中尤为混乱得厉害。并且在南齐王融和北周庾信的双声诗里知道当时也以匣于两类当作双声。于是他批评曾运乾和高本汉的缺陷道：

> 我曾说：曾运乾的《喻母古读考》在钱大昕《古无轻唇音》和《舌音类隔之说不可信》以后，对于古声母的考证上，是一篇很有贡献的文章。然而就音变的普通规律来讲，在古代完全相同的声音后来不会无条件的变成两个不同的声音。所以我们只可以说匣于两类在上古是很相近的音，而不能说他们是完全相同的音。照高本汉的拟测，匣类的上古音是 g 送气，于类的上古音是 g 不送气，两音极相近，只有送气和不送气的区别。这样固然可以添上群类洪音的空当儿，可是于类的洪音仍然空着。

因此他假设匣于群三类的演变程序为：上古音 g 送气和 h，到六世纪初都变为 h，就是匣母；上古音在 i 音的前 h，到六世纪初还未 j 化，就是于母，所以有于匣不分的混用现象。到了六世纪末叶，i 音前的 h 已经 j 化了，所以于匣就渐渐分开了。《切韵》里的于匣两类的关系好像见母有古居两类的一样，只是 j 化与否的洪细不同。在现在的吴语和闽语里，于母还有许多读 h 音的例子。至于群母在上古音为 i 前的 g。到六世纪末渐渐 j 化，那么群 gj、于 hj、匣 h，就很相近了。以上的结论，比林氏的拟测又精密而科学得多了。

从汪氏的发难《古读考》，到罗氏的《唐五代西北方音》，从林氏的《古音中已遗失的声母》，到罗氏的《跋喻三入匣再证》，前后都不过十年，在十年里就有很大的进展，很大的革新。回想当时为歌、戈、鱼、虞、模的古读问题而引起的大论战，觉得它在中国音韵学史是值得大书特书的，因为它开辟了我国音韵学科学化的新纪元，然而参加辩论的人在现在已经有了恍如隔世的变动：为首的汪荣宝、钱玄同已归道山，讨论修正的林语堂后来就从事于写作生涯。反对派的章太炎也早已作古了。那时候，刘复正在国外解决四声问题，赵元任、李方桂还没有回国，等刘赵李几位专家都回来了，于是随着外来学术的输入，把高本汉对于中国音韵学研究的成绩介绍到国内来，而科学化的音韵学的萌芽就格外茁壮、健旺、茂盛起来了。这已进入了革新期的后段。

（三）高本汉中国音韵学研究的被介绍和修正

提到高本汉的被介绍到国内来，不能不归功于胡适之和赵元任。可是在未正式介绍之前，钱玄同早已引用高氏所构拟的《切韵》音系来教授北大的学生了。在《国学季刊》一卷三号里，林玉堂受了胡氏的嘱托，翻译了高氏的《答马斯贝罗论切韵之音》。关于这篇论文的内容及译介的动机，林氏在跋文里说得很明白：

> 瑞典古德堡大学教授珂罗倔伦（即高本汉原名）君，于数年前著《中国音韵学》一书三大册，凡七百余页，根据《等韵》，反切及今日方音，以考定《切韵》之音。这书于中国方面尚未得正当的讨论与批评，恐怕于欧洲支那学界也少有与他商榷及问难的论著。我两年前读此书，于许多点上大起疑惑，现在见此篇原著，知道珂君于所有构定可疑之处多已改良，不禁为此学而喜；因为照现在情形，很可以作到专门家同意的境地。……珂君原书中最大的缺点是关于等韵的解释，珂君推想四等的分别而机械式的一韵一韵按照等位把诸韵填写出来，

其结果乃有发音上大可疑问的四种介音 i，又照例加个合口，又生出四种合口音。此种解释《等韵》（间接解释《切韵》）的方法，现在不能讨论他。珂君现已自己把这四种介音 i 减少为二种，使《切韵》分韵的要点不在于介音 i 而在于主要元音，的确是一大进步。

这篇文章的原名为《中国古音的拟测》，是 1922 年在《通报》第二十一卷上发表的。目的专为答复马斯贝罗的《唐代长安的方言》而作，对于他在 1919 年出版的《中国音韵学研究》里所拟的切韵音有三点很重要的修正：一为独立二等韵（江、庚、山等摄）原来拟有 i 介音，本文中采用马氏的意见，把它删掉；二三为对于真韵及元、严、凡、废、庚五韵的主要元音有所修改。所以在高氏的著作里算是重要的著作。后来林氏所作《珂罗倔伦考订切韵韵母隋读表》一文，便是根据这个修正案的构拟的音为标准的。林氏对于改良后的切韵拟音，提出了八个疑问，主要的是不满于珂氏对《等韵》的机械看法。因为凭借等韵以考切韵音系固然是可以的，但是不可只靠理智，从等韵的整齐表格上作些死板的排比工作，机械的一字一字的照格式填些于发音原理不切的声音。还应该运用实际的觉察力，多少下点斟酌的功夫，还他语言的自然。而且高氏以为二百六韵的声音各不相同，假定每韵之音必与他韵有异，不得不分其所难分，别有所难别；例如所分的长短音，都属同等，全是一种无可补救时赖以塞责的东西。这是国内学术界对高氏所研究的结果的第一声讨论。

高氏的缺点虽如林氏所说，然而他能引用现代方言及国外译音的材料，把《切韵》每一个韵部的音值都详细的构拟出来，不能不使人叹服，苛细之处未必是，而隋唐时代的标准音系的音大体去此不远，我们固然不必无条件的接受承认，但至少可以作我们的他山之助的。可惜国内的学者，每苦其书的繁多与难读，或以文字隔阂，无从问津，因此就感觉到有全盘翻译他的著作的必要。

接着，赵元任翻译了一篇高本汉的《谐声说》，载在清华研究院《国学论丛》一卷二号里。这是他 1923 年出版的汉语分析字典叙论中的第三段《论谐声字的原则》的节译，文内提出"在上古音的谐声字里总是有相同或相类的声母辅音，主要元音和韵尾辅音"一条原则，并且对于上古音遗失的声母和韵尾也给我们好些新启示，林氏的古音中已遗失的声母便是对高氏以喻母为 z，并且于 z 之外还代表已遗失的 d、g 的假定不满而发的。此外《叙论》的第二段《论切韵音系到官话音系的演变》，有王静如译文，题名为《中国古音》（切韵）之系统及其演变，载《历史语言研究所集刊》二本二分。

高氏著作中最大而最重要的要算是他的《中国音韵学研究》了，这是在 1915、1916、1919、1926 几年间陆续印行的一部八九八页的大书。全书共分五部分：（1）绪论；（2）古代汉语；（3）现代方言的描写语音学；（4）历史的研究；（5）方音字典。他利用精密的瑞典式的方言字母来分析中国现代方言，同时又沟通书本上的材料——反切和韵表，交互证明，反复参验，对于《切韵》的语音作了很详细的构拟，分成四十七个声类，二百九十个韵类，每类都用音标写出假定的读法来。已由赵元任、罗常培、李方桂三位专家合译成中文，着手于民国二十年之秋，时断时辍，屡屡因了旁的工作的耽搁和生活的不安定，停止翻译，终于藉着胡适之等人的赞助，及译者的努力，于民国二十九年九月间由商务印书馆出版了。其中许多原书原有的而已经发觉证明的错误，都由译者和著者商量着加以删节和重编，可是大部分是由译者酌量加上简明的附注，把新知的材料可能的都加入到里面去了。原书用的是瑞典龙德尔教授的瑞典方言字母，因为不大通行，怕读者难以捉摸，所以也由译者对照着慎重的改为国际音标了。这些都是于读者有莫大的便利的。从此我们的音韵学的基础更越发的巩固，无论谁研究今音和古音，都应当以这部大书为发轫点。当我每次看到案头放着的这本七百三十一页的译本时，不禁感到这几位译者的介绍热诚和工作艰巨了。

想要知道这本书的价值以及他给予国内学术界的影响，我们就不得不从材料和方法两方面来加以分析和探讨。现在先说他所用的材料吧。书本上的材料有两种：（甲）字书里所用的反切注音法；（乙）各种韵表及其注解；口头上的材料只一种：（丙）现代方言。（甲）（乙）两项材料只是研究（丙）项材料的出发点，因此书里的材料运用是以现代方言为主的。可是高氏终究是个外国人，对于中国韵书及等韵的源流总是有点隔膜，他到底是靠私人一己的力量，对于全国现代方言的调查总是没有普遍。书里所用的反切是以《广韵》为主，韵表是以《切韵指掌图》和《切韵指南》为主，不过他为着方便，所引的反切就是《康熙字典》里常常引错了的《唐韵》的反切，所据的《切韵指南》就是《康熙字典》卷首的《等韵切音指南》，而不是引用《广韵》和《切韵指南》的原书。这并不是指责他的结果错误，而只是说对于韵书源流统系的考订，还有赖于国内学者的补足。他所研究过的方言，从古一点的日本高丽安南等地的译音，到现代粤语区的广州客家，闽语区的福州厦门汕头，吴语区的温州宁波上海，官话区的南京、汉口、川南、兰州、西安、开封、太原、归化、北京等地一共三十三种，里面有二十四种是他亲自调查过的纪录，其余的那九种是从前人已经印出来的字典之类的书里间接引用过来的。把这些地名一看，很明白地看出所用的方言材料详于西北而略于东南，至于上江和西南一带，尤其是缺乏材料。而且他的调查研究大部分偏重于声母韵母两部分，对于声调一项，却嫌过于疏略和错误了，所以在本书第二卷第五章末尾关于记载北京声调的实验一部分，因为发音人不是个标准的代表，结果有许多错误，被译者略去不译了。这三方面的缺陷，韵书和等韵源流的考订，现代方言的调查，四声调值的实验，在现在都已经国内的学者从事补偿了。

　　本书的基本方法，是参互印证，融贯会通语言史上的旧材料和现代方言中的活材料来构拟中国的中古音系。高氏以为中国语言学上有三个主题：（1）考证出中国语言的祖先和来源；（2）弄清楚这个语言的历史；（3）弄明白现代方言的各方面。（1）项问题在这里是不预备解决的，（2）（3）两项问题才是他所注意的中心。而且以为这两个问题有极密切的关系，换句话说：若想使一个构拟的古音能成立，当然先得使它和这个语言的历史上的旧材料相合，其次还得使它把全国的方言解释到一种可信的程度，即是使每个方言都能找到一套声音演变的历程，这历程在语音学的观点上看都是可能的变化。他根据这个基本的态度，先用韵书和韵表中的材料找出古代汉语的音韵，一方面拿它当作探讨真音值的代数量，一方面又当作研究现代方言的起点。他应用这方法希望对于中国语言学的建树贡献下列三点：（1）把中国古音构拟出来，为给现代方言的系统作起点；（2）把中国方言的语音作一个完全描写的说明，这于第三项工作是很需要的；（3）把现代方言从古音演变下来的历程找出来，而给予它声韵学上的解释。这种研究，可以说是正式应用印欧比较语言学上的构拟方法来研究中国语言而得到相当可靠结果的第一人。他所找到的实际读音和他所构拟测的假定音读，虽然时间上并不怎么衔接，可是像日译吴音和汉音，以及高丽安南音译音，都是较古的直接材料；何况还有《切韵》一系的韵音和宋元人所作的韵表与它们互相参证呢？所谓构拟，只是语言学家给现存各种同系语言里的类似读音，推溯出一个共同的来源，和实际从现存的文件里所考证出来的古代音读，情形并不完全相同，正因为现在找不到文件上的实证，才不得已的假定出来的。从比较语言学的立场说，这种构拟的假定音值对于语史学的研究帮助是很大而不可缺少的一件东西。

由于上面所说的材料和方法，就构成了这部大书的内容。第一卷"古代汉语"，主要的是找出古音的类别，就是寻出音韵学上的许多代数方程式，这里注意的，他所谓古音，是指隋唐时代《切韵》所代表的中古音而言，周秦古音他另叫作上古音。这卷里所描写的古音系统，大体上可以成立，所列的三千多字的声母韵母例字表，十分之九是可以用来作方言调查的。第二卷"现代方言的描写语音学"，也可以叫作普通语音学大纲，因为是按语音学分类和纲目而不是按方言种类和区域分的，所以他所记录的方音材料只用了一部分作为每种音类下的举例，里面对于音标符号解释得最详细，而且通盘彻底的分为软硬两套音类和音符，这是他对于中国语音学上的一种重要贡献。第三卷"历史上的研究"，其中不但包括古音的拟测，并且还有关于从古音变到现代方言的沿革上的说明。前九章把声母依次分别讨论，每母先列出方言读法表，因为声母变化是跟着等呼，所以表的上面标出等呼的分别；有的浊声母如郡禅等在好些方言里是按着古时的平仄声来定它的送气或不送气，摩擦音或塞擦音，所以浊音声母表上又列平仄的分别。这样子一组声母各别的说完之后，再来个总讨论，先给每个声母根据方言读音拟测一个古读，然后再从发音部位，发音方法之关于塞擦、塞、擦，和发音方法之关于清浊、送气、不送气等三方面来追溯各母的历史——从古音变到各方言的经过。后面一大章是把古音各韵的读音拟测出来，仅只大略的追溯到各韵变成今方言的经过，而详细的方言中韵母（和声母）的材料却留到第四卷"方言字汇"里才全部拿出来。

总括高氏应用这种方法和材料所得的结果，拿来和国内学者的研究比较一下，就可看出他划分切韵声类的特点在于把 j 化专属于三等声母。他用等呼系联法，先把三千一百多个字的反切一套一套的弄出相同的类来，然后再按照韵表里的呼等分成四等，就很容易的看出三等字的反切上字和一二四等的显然不同而分为两类，这个区别是什么呢？而且它还适用于普遍的各样各式的声母上面，既然不是送气与不送气的区别，如见母跟溪母的关系，那么就很自然的会想到 j 化的有无了。于是把"见溪疑晓影喻，照穿床审，来非敷並明"十五母的一二四等的切字分为单纯声母，十五母的三等切字分为 j 化声母，共为三十声类；再加上只有一二四等切字的单纯声母"匣泥端透定精清从心邪"十母，只有三等切字的 j 化声母"郡，知徹澄禅日，娘"七母，一共成为四十七个声类。陈澧《切韵考》所用的方法只是单纯的反切系联法，又往往以变例乱正例，因此据正例本应分开不相系联的两个声类，多被变例所淆而相系联，结果把许多 j 化的现象都给埋没了，只分出"于，庄初神山"五类，又把明微两母合而为一，三十六母减一加五，恰为四十类。后来曾运乾的《切韵五声五十一纽考》（《东北大学》季刊一期），从《切韵》陆法言的自序"支、脂、鱼、虞，共为一韵；先仙尤侯，俱论是切"几句话上看出法言切语之法，是以上字定声之鸿细，下字定音之弇侈，上字声鸿者下字必为侈音，上字声细者下字必为弇音。于是，根据这种鸿细弇侈的系联方法，定《切韵》声类为五十一，于陈氏四十类之外，别分"微、影二见二溪二晓二疑二来二精二清二从二心二"十一母，其中分"影二见二晓二疑二来二"五类和高氏所分若合符节。不同的就是把精清从心的四等切字另外分出四类并且把喻母三等（于）当作匣母的细声。我觉得曾氏这种分法未免有些牵强，就他所举的例子看来，精组的反切上字用洪声切四等字，用细声切等字的混淆现象是很厉害的，他把例外一笔抹杀，也有点不大自然；再说齿头音和舌头音都只有一四等，此分彼合，于音理上也有点参差不一的缺陷；所以还是不必强分洪细吧。至于以于类为匣母的 j 化声母，这在上面已经提过诸家的论证了，当然应该以曾说为优的。白涤洲的《广韵声类韵组的统计》（《女师大学术季刊》二卷二期）。用统计系联法统计其次数决定其分类，结果也定为四十七类，和高氏的分类完全相合。不过最近陆志韦的《证广韵五十一声类》（《燕京学报》二十五期），以及周祖谟的《陈氏切韵考辨误》

（《辅仁学志》九卷一期），都不满意高氏四十七类之说，而倾向于五十一类之证明及推阐。陆氏以为："高氏之分四十七类以字母等呼出发，而终于字母等呼，初未尝以《广韵》整理《广韵》，亦究不能说明系联所得明非四十七类而何以必作此数之故。"如以《广韵》论《广韵》，从反切本身上分析归纳，自然是五十一之数为可靠。周氏虽然也看到曾氏所举的精组切字洪细"两类相通之例亦多，似难定其蹊畛"，但是"细审其音，音和切远多于类隔切，精一精二分用之述犹可概见"。于是陆氏既从形式上为之证明，周氏又"更宣畅其意，兼论读音"。一并主张把高氏所拟喻四的元音性改定为近于半元性的摩擦音 j。至于韵类，高氏原定为二百九十类，白涤洲统计的结果和这完全用相合。陈澧分为三百一十一类，太有些拘牵于反切的上字同类下字必不同类的条例，像五支的分为四类，只因切语上字香许同类，而定下字为不同类，其实在审音上并没有分别的，所以黄氏即定为两类。黄侃分为三百三十九类，李元《音切谱》反切篇所说的开合洪细去范围广韵，二者相去千年，其不合是很显然的，周祖谟参酌审音，考案旧本，就陈氏所定订正为三百二十四类。不过对于支脂仙宵侵盐诸韵的分类，都只是根据切语而定，至于古人的读音究竟如何分辨，不能尽详，"若定支脂仙各有开合二类，宵侵盐各有开口一类，则三百二十四为二百九十六"。那么，去高氏之二百九十也就所差无几了。不过二百九十类之中，臻栉两类实际和真质两类的真韵母相同，所差的只在声母，还有真韵合口和质韵两类，只是从真质分出谆术两韵时残余下的几个字，所以臻栉应附入真质，真质合口应并入谆术。实际上只有二百八十六类。赵元任所编的《方言调查例字表》就是采用这种归纳法的。

关于高氏所拟的音值，国内学者有很多的修正。在声值一方面：轻唇音非敷奉微四母，刘复的《三十六字母排列法之研究》（《国学季刊》一卷三号），根据字母由三十而益为三十六，"不芳並明"而分为"帮滂並明非敷奉微"八母的线索，主张非组应定为嘴唇的缓音（即擦声），并且在现代湖南方言里还发现了保存有敷微二母这样读法的古音。后来赵荫棠先生的《守温韵学残卷后记》，从残卷前面"南梁汉比丘守温述"的署名上，考出南梁不是朝代名，而是唐武德四年分置南梁州的南梁，地在今湖南宝庆县北，距武陵的梁山寺很近。守温原籍南梁州，后入梁山寺为僧，故题如此。守温的住锡地及籍贯既已考明为湖南，那么，岂不是给刘说添一个很好的证据么？比高氏之以非组为帮组之颚化声母，自然较近于当时实际语音的真象。知徹澄三母，高氏拟为舌面前音，娘母拟为舌尖音泥母之颚化声母，钱玄同先生在《国音沿革六讲》里主张改定为舌尖后音，后来罗常培先生的《知徹澄娘音值考》（《中央研究院史语集刊》三本一分），从梵文译音的印证上，考明钱氏的说法是很对的。影母的三等切字，并不像其他声母那样的和一二四等划然分开，例如于字就是四等所通用而且最常见的，高氏不依此常例定其合，反而依据於字切语又音的不同，分为纯声母及 j 化两类。这简直是拘于等呼的机械办法，勉强来分配以图整齐，而且从审音上看，声门阻闭喉作用的 j 化也许不很显著，与其牵强附会，还不如依照钱玄同先生的办法，索性并作一类，定为无声之元音（广韵四十六母标音中说，载在《国语旬刊》一卷九期）。在韵值一方面，高氏因为所据韵表的较晚及非直接，构拟难免小有错误，鱼韵高氏依《切韵指南》初定为合口，罗常培先生的《切韵鱼虞之音值及其所据方音考》（《史语集刊》二本三分），据《韵镜》而改定为开口。又东韵高氏亦假定为合口，罗氏据《韵镜》改定为开口，模韵也改为开口（见释内外转，载在《史语集刊》四本四分）。其他如罗氏的切韵闭口九韵之古读及其演变（《史语集刊外编》第一种庆祝论文集下册），林玉堂的《支脂之三部古读考》（《集刊》二本二分）李方桂的《切韵 a 的来源》（《集刊》三本一分）等论文所拟的韵值，都可与高说相印证（张世禄的《广韵研究》，由商务出版。罗列众说，大部以黄侃、钱玄同两家为主，高本汉及以后诸家，尚付阙如）。

高氏对于《广韵》的音系构拟，虽然在研究的材料一方面没有弄清楚韵书的系统、等韵的源流，没有普遍的调查全国现代的方言，精密的实验汉语的声调；可是我们不要忘了他是以一个人的力量来从事于这件艰苦浩大的垦荒工作而所得的收获，自然不能十分圆满；况且他也到底是个外国人，自然对我们的各方面不能全部熟悉。正因为他是外国人的缘故，他有完备的工具知识，有崭新的科学方法，所以即使根据稍有错误，所得的结论是大致可靠的。我们既然缺乏这种新的研究，就应当迎头赶上，把他全部吸收过来，作为我们研究的根据或参考，纵然不能奉为圭臬，视为至宝，至少可以作为他山之石的。可惜还有一两个抱残守缺、故步自封的学者，自命为好古之士，甘心让音韵学成为不可言传的绝学，仍然辗转于乌烟瘴气的解说的氛围里，自以为独得玄秘，其实只是愈走愈狭，越说越令人不懂而已。这时忽然有人破天荒的应用音标来研究音韵学，引用西洋人的发明来发挥声音的道理，把他们认为神秘奥妙的东西，讲成平易近人的学问，一方面使人人易知，一方面作高深精细的研究，于是那般好古之士大惊失色，想堵塞住这个新的道路，便大骂高本汉为"无能为役"，骂介绍高氏研究的新学者为"好奇之士"，说什么"远人代谋"呀，什么"简而易晓"啦，岂不知简而易晓正是科学化的音韵学的优点，晦而难懂不也正是"旧艺"的缺陷吗？再说我们的音韵学发达的历史，重大的贡献如字母的制定，音素的分析，反切的改良，那一件不是受了外人——和尚跟传教士的影响呢？即使不屑讲字母之学，以为反切是我们固有的旧艺，不知反切的发明和四声的创制，也都是受了佛教经典输入转译的影响。这在罗常培先生的《耶稣会士在音韵学上的贡献》（《集刊》一本三分），敦煌写本《守温韵学残卷跋》（《集刊》三本二分），《中国音韵学的外来影响》（《东方杂志》三十二卷十四号），以及赵荫棠先生的《康熙字典字母切韵要法考证》（《集刊》三本一分），《等韵源流》第一编《等韵之酝酿》（北大文学院讲义本）等论文里都已经证明得很详细了，用不着再来多说。假如承认这是事实，这是音韵学演进的历史，那么，切韵音系的构拟为什么不可假手于瑞典式方言字母的帮助呢！回头再看一看反对西人古音学的马宗霍的大著《音韵学通论》（商务出版），就可以知道他不过是窃取章太炎的余唾，丝毫没有改进，比章氏更为浅陋，更为荒谬，更令人难懂！难懂并不是高深，易晓并不是浅薄。章氏为其书题辞说："余昔治古今音韵，弟子蕲黄侃，最能通其理，歙吴承仕亦尝审汉魏南朝旧音，皆能调之口舌，非徒以豪素传者；衡阳马宗霍后及吾门，以音韵教于学官，尝有所滞，则趋走以问。余曰……"可见在章氏的眼中，马氏不过是仅能教说而为人之患罢了，并没有什么可称说的独到之处。最能通其理的黄侃尚且如上文所说的那样，以下诸人就可想而知了。所以马氏书中论古音只及章氏的二十三部与二十一纽为止，论通转只及《成均图》为止；论《广韵》只及于黄侃的三百三十九韵类，四十一声类为止；至于论反切、四声、字母、等韵也仅根据清人旧说，敷演而为讲章。那么，他的批评中文解析字典，也有点太不自量了。章氏的再传弟子刘赜，作《声韵学表解》（商务出版），上篇论今音，下篇论古音，都是以其师黄侃之说为讲习之资，不过又"引申排比，参合众家之论，立为表解"而已。然而他的表解当中，居然也采用罗马字母和注音符号作比较，可见章黄的末流，抱残守缺的阵营经不住再传而就有点发生动摇了。此外姜亮夫的《中国声韵学》（世界书局出版），林尹的《中国声韵学通论》（中华出版），也都不过是章黄的余绪罢了。而姜氏尚折衷于新旧之间，明知道西人研究的成绩胜过清儒，可是终因为艰难而罢。

高氏着手研究中国的上古音，是近来的事。他开头的第一部著作就是《汉语分析字典》（有北大出版组翻印本，作学生参考用，非卖品），全书收集了一千三百五十套谐声字，每字下附注官话、广州话、和切韵音三种读法，并加训释。在叙论里曾经论到谐声原则的问题，所谓声母、主元、韵尾三者的相同或相近便可相谐的原则，正好说明了"取譬相成"的譬方之意义。对于上古音遗失的声母和韵尾，也有不少的新见解。正式研究上古音的著作，要算是《诗经研究》（有周祖谟译文，尚未出版）了，全文分四段：（1）韵尾辅音概论，（2）哈之尤的上古音，（3）麻模鱼虞的上古音，（4）侯尤豪肴宵萧的上古音。附带还讨论有关系的几韵，以及《易林》的押韵。在这里他受了林语堂《支脂之古读考》（《集刊》二本二分），和李方桂《切韵 a 的来源》（《集刊》三本一分）两篇论文的影响，开始注意到上古韵部的主要元音的重要问题。同时又发表了《老子韵考》（有唐虞译文，尚未出版），是应用前书里所拟的上古音来考证老子书中有韵的部分。卷末附载《书经》《庄子》《荀子》《吕氏春秋》《管子》《韩非子》《淮南子》《逸周书》八部古书里押韵的举例。

后来李方桂发表了一篇《东冬屋沃之上古音》（《集刊》三本三分），对高氏在《诗经》研究里所拟的韵值有所修正及批评，于是高氏又发表了《汉语词类》（有张世禄译本，商务出版），这是他对上古音研究的最近总结论。他在里面补充了以前所没有讨论到的上古的韵部的读法，又把从前的构拟或从李说或下己意的分别修改了许多。书的前半讨论了上古音中舌尖音韵尾 d（或为 r）、t、n 的一类，和舌根音韵尾 k、g、ng 的一类，只剩下唇音韵尾 b、p、m 的一类没有详细谈到。书的后一半把二千多个语词先依照韵尾的不同和声母的差异，列为十一个表，每表中又按照意义的联系及演化为几个同源字的族类，以明彼此间的血缘关系。末后，又从这些例字的读音上，归纳它们由主元、介音、声母、韵尾四部分互相通转的规律。这已经能够应用清朝古韵学家考证的结果，渐渐从古音学而走向古语言学了。这书里面曾经对林氏《支脂之古读考》的说法加以反驳，对李方桂的《东冬屋沃之上古音的构拟》也加了很多的讨论。因此，李氏又发表了一篇《论中国上古音的 iwang-iwak-iwag》（《集刊》五本一分），算是给他的答复。

这次古音学上的辩论，虽然刚刚开端而没有结束，所构拟的韵值固然也不能算作定论；然而方法和动向却值得我们的注意：第一，在中古音里面有分别的韵部，到上古音当中都要设法给它们一个不同的构拟和解释，换言之，就是构拟上古音还要顾到由此变到中古音的历史。第二，凡同押的韵算作一部，每部的韵值包括后来的几个不同的相近的韵部，因此，上古音的部类并不是完全同音的意思，每部中的许多韵值可以有中介元音，韵尾辅音的不同，主要元音的相近。如—an、—ian、—uan、—ien 同押、—ug、—iug、—ok 同押等都是。那么，古音的分部可以有三个标准，依据韵尾辅音可以有十类或十一类，依据主元可以有 a、j、o、u、j、e 六类或加上 i 为七类，依据同押可以有十六类或更多和更少。可见多少是无关系的，而且在《周颂》中的押韵，主要元音的自由（如 ang、eng 之类）是很厉害的。高氏在另一篇论文《诗经周颂的韵读》（有周祖谟译文，尚未发表）里又指出韵尾辅音—k、—g 的协韵在《周颂》里最常见，而—g、—ng 的协韵则为《周颂》特有的色彩，这不能不令人从时代早晚及地域东西来着想了。

总起来看一下高氏在中古音和上古音的构拟方面的贡献，不能不令我们叹服！不能不令我们低头！他在《藏语与汉语》（有唐虞译文，载在《中法大学月刊》四卷三期）那篇论文里曾经指示过印度支那语系的比较研究方法。这是一件艰难的伟业，一件中外语文的综合学问。假如我们要想探索这一条新的途径，那么，起码的工作是把我们的中古音系和上古音系先构拟出一个假定的系统来，否则有些古代汉语的问题就无从着手研究，而汉语和西藏语、暹罗语、缅甸语以及其他印度支那语的关系更无从比较。所以，高本汉构拟的切韵音，乃至诗经音，虽然还需要我们的修正和补充，可是从西欧比较语言学演进史上的先例看来，他的功劳和史黎纥创拟"原始印度日耳曼语"的业绩是一样伟大的。

（四）韵书系统、等韵源流以及方言调查、四声实验的新研究

上节曾经说过，高本汉对于中国音韵学的研究，其缺点有四：一为韵书系统的凌乱和反切用字的分歧未加注意，二为等韵源流的因革和韵表时代的前后没有弄清，三为现代方言的调查尚未普遍完备，四为方言声调的实验也不正确精密。目前这四方面的研究可以说是毫无遗憾的补偿圆满了，虽然有些工作还正在进行之中，而且由《切韵》一系韵书反切的异同研究，进而扩大到同时或更前更后的反切材料的比较研究了。下边可以分成四个项目来说。

由于敦煌石室藏书的发现，和宫庭内府珍本的开放，对于近代学术的研究材料上贡献很大。单就音韵学来说，这两个地方就有许多韵书残卷的保存。第一个从事于考订其系统，比较其异同的，就是王国维，他关于这方面的文章大都收到《观堂集林》（有王忠悫公遗书本，又有王静安先生遗书本，均由商务出版）卷八里面。王氏生逢其会，一方面承袭乾嘉诸老考证略备的间接材料再作精详的探讨，一方面利用这些前辈所没看见的直接材料再作进一步的证实，于是他在前人所得的结果以外发见了下列六点的同异：

（1）唐人韵书的部次可分为二系：陆法言《切韵》，孙愐《唐韵》，和小徐《说文解字篆韵谱》、夏英公《古文四声韵》所据的韵书为一系；大徐改定篆韵谱所据李舟《切韵》和《广韵》为一系。（见唐时韵书部次先后表、李舟切韵考）

（2）陆法言《切韵》比《广韵》平声少谆桓戈三韵，上声少准、缓、果、俨四韵，去声少稕换过酽四韵，入声少术曷二韵，共为一百九十三韵。（见书巴黎国民图书馆所藏唐写本切韵后、唐时韵书部次先后表）

（3）《切韵》和《唐韵》一系的韵书，去声泰韵在霁韵之前。（见李

舟切韵考)

（4）《唐韵》有开元天宝二本，开元本部目和陆法言切韵全同，惟上声较陆氏多一韵；天宝本增平声四，上声三，去声三，入声二。（见书《式古堂书画汇考》所录唐韵后）

（5）徐锴《说文解字篆韵谱》原本所据《切韵》，于陆韵归字稍有改动，于孙韵部次部目亦稍违异。（见书小徐《说文解字篆韵谱》后）徐铉改定篆韵谱所据李舟《切韵》除增三宣一部外，余与《广韵》全同。（见李舟《切韵考》）

（6）夏竦古文四声韵所据唐切韵之本，当在孙愐《唐韵》与小徐所据《切韵》之后。（见书《古文四声韵》后）

此外，书内府所藏王仁昫《切韵》后，据其部目和部次、平入分配之法，断定他在音韵学上的价值在陆孙二韵之后。又据其平声上目录所记吕静《韵集》、夏侯咏《韵略》、阳休之《韵略》、李季节《音谱》、杜台卿《韵略五家异文》，作《六朝人韵书分部说》，考定此注为陆法言原文，六朝韵书部目于此可见一班。书吴县蒋氏藏唐写本《唐韵》后文中列举八证，定为孙愐《唐韵》，谓蒋伯斧跋语以为陆氏切韵原本，又以为长孙讷言初笺注之本，都有不合。唐诸家《切韵考》一文，考明《广韵》于陆韵外，兼综诸家，除《唐韵》所列增字诸姓名凡九人外，而李舟等十四家亦未必不加采集，所以字数增多一倍有余。以上都是《切韵》一系的韵书，虽然部目有增损，次序有移易，但主要根据都互有因袭，陆氏集六朝诸家之大成，《广韵》又集唐代诸家之大成，而唐人韵书，又都是以法言为本的。不过唐时语音，已经稍有变易，《切韵》一系的韵书分部绝不能和它完全相合，于是另有据唐时语言以作韵书的，其分部不得不和法言大异。隋唐韵部，自法言以下，不过二百有奇，而《韵英》等书乃分至四百三十九或五百八十，遂作《天宝韵英》、陈廷坚《韵英》、张戩考《声切韵》、武玄之《韵铨》、分部考一文，断定韵英分部法和切韵根本不同，否则必为两种不同的方言的分部；又据唐景审序慧琳《一切经音义》所说，以为韵英反切是根据当时的秦音，切韵反切是根据南北朝旧音，到唐时多保存于江左一带，故唐人谓之吴音。继王氏之后而为韵书系统考证的学者唯有魏建功先生。王氏只看见故宫本王仁昫的《切韵》，所以对于六朝五家韵书的部目无由全知；等到敦煌本王仁昫《切韵》流传国内，魏氏才参酌两种本子的韵目下所引五家异同，作了一篇陆法言切韵以前的几种韵书（《国学季刊》三卷二号），各为考定韵部约数，并加解释，与陆韵比较其异同，比王氏所论详细的多了。后来又收得敦煌所出五代刻本切韵影片十六叶，乃作唐宋两系韵书体制的演变（《国学季刊》三卷一号），归纳他们体制的形式上的不同约得十一项，从此可以断定他们的系统。

近三十年来所得的古残韵书，除去上面所提到的蒋斧，所藏唐写本《唐韵》残卷（国粹学报馆影印本），故宫所藏唐写本王仁昫刊谬补缺切韵（北平延光室摄影本，上虞罗氏印秀水唐兰写本），王国维手抄巴黎国民图书馆所藏唐写本《切韵》残卷三种（王氏手写石印本），王国维摹日本大谷光瑞家藏唐写本韵书断片（有大谷西域考古图谱影印本，王氏摹入韵学余说，后又有《观堂别集》后编排印本，附考证）等六种外，又有刘复博士手抄的巴黎国家图书馆所藏唐写本王仁昫刊谬补缺切韵残卷（敦煌掇琐刻本），魏建功先生搜得的巴黎国家图书馆所藏五代刻本《切韵》残卷（共摄影片十六叶，不全是一种书的残片），和柏林普鲁士学士院所藏唐写本韵书断片（摄影片两叶，为两种书的残片）等三种。刘复把这九种韵书的残卷断片辑录在一块儿，益以大宋重修广韵一种，定名为《十韵汇编》，由国立北京大学研究院文史部出版。关于前九种韵书的来历及内容，在魏建功先生的序中有很详细的提要及说明。

这部书的排印是取一种上下排列诸本对照的方式，彼此每韵收字多少异同，以及部目部次参差不一之处，都可展卷一目了然；每部之后附有广韵某韵校勘记，即就《广韵》一书而论，诸本优劣，亦可一览无余；书后附载分韵索引及部首索引二种引得，极便检查。而书首魏建功罗常培二先生的序，尤为利用这部材料作研究工作者的指南。魏序指出从这些残缺的史料里可以作窥测韵书体制的演变，钩稽韵书源流的脉络，判断韵书系统的划分，等三大方面的研究。例如从体制、分韵、韵次上都可以看出韵书系统的异同及先后的演变。这不过是用这些材料做"声韵学"史的研究，至于利用它们做"声韵"史的研究更是最终的目的，其大端约有四个：（1）由音类的分合情形论证声韵的演变和音值（两部韵书的比较，和一部韵书的分析）。（2）由每韵收字反切的穿错，考定韵类分合的变迁，并构拟音值的同异。（3）由谐声系统的分布状况窥测文字音读的变迁。（4）由先后时代已确定而系统不同的韵书里分别统计增删文字和音读的状况而为语言变迁的考证。这些固然是声韵史的研究，也是韵书系统分别的标准。罗序又就反切的异同上指出陈澧《切韵考》所考与《切韵》本来面目不合的四点遗憾：如《切韵》的原来韵部并不是二百六韵而为百九十三韵，《切韵》反切上字有超出陈氏所举四百五十二字之外的很不少，这两点陈氏都不知道。还有"凡"字《广韵》作"符咸切"，把凡咸两韵的界限混乱了，陈氏未见唐写本都作"符芝切"或"扶芝切"，于是便以为此韵字少，故借用二十六咸之字也；还有"真"字《广韵》诸本俱作"侧隣切"，拿照母二等字来切三等字，和全书的声类系统不符，陈氏也没有校勘出来，现在发现的写本里本是作"职鄰反"的。陈氏用那样严谨的方法、精密的功力，结果还不能尽合《切韵》的真相者，完全是为材料不充足所限的原故。而且就反切用字的不同上面更可看出许多新的问题：（1）《切韵》韵目和《声类》《韵集》以降的韵书有没有异同？关于这个问题，莫友芝的《韵学源流》曾经怀疑过，但无新材料为之论据证实；后来王国维见到一部分唐人写本韵书，所得较莫氏为多，然而仍有许多疑案不能解决；等到魏建功先生的考订，所见又多，当然比前人知道的更明白了。可是其中还有不大详细的地方，如果把《切韵》以前诸家的反切整理就绪之后，对于这问题可以反映得格外清楚一点。（2）《切韵》的反切用字是否和《广韵》的音类有出入？例如关于唇音和舌音两组，《切韵》里的类隔反切比《广韵》里的多，固然《广韵》并没有像《集韵》那样判然分为重唇轻唇两组，可是从类隔反切逐渐减少一点上来看，《广韵》已经表示出分化的倾向了。至于《切韵》里舌音类隔多在二等字出现，以及泥娘两母界限不清的现象，也都值得注意的。此外《切韵》里有四个以喻切影的例，两个以审切晓的例，大有考究的必要；而喻母三等在《切韵》里和匣母不分的现象更是喻三入匣的极好证据。（3）在《广韵》的谆韵以外应否再从真韵里分出合口一类？现在看见了唐写本《切韵》，才知道从真寒歌三韵里分出合口的谆桓戈三类，是孙愐《唐韵》以后的事。现在《广韵》的真轸震三韵里还残余着几个没有分净的合口字，从反切下字来看，也应该并入谆准稕三韵里去的。高本汉把这点残余字另分为真韵合口一类，实是不明沿革的强作分别。（4）《切韵》里的恭蚣樬等字是否从孙愐《唐韵》起就改入钟韵？有人根据大徐本《说文》以为这些字是孙愐才把它们从各韵改入钟韵，可是在《切韵》《王仁昫切韵》以及五代刊本里都属于冬韵，那么，这种修改当然不会早到孙愐。以上四个例子，不过是随便撷拾，聊举一隅，如果有人肯从这些反切材料上下功夫，触类引申，一定还会发见许多前人所没有见到的问题，所以这部书不是给前人研究《切韵》的作结束，而是给以后研究《切韵》的作引端。

于以上所举整理《切韵》《广韵》的反切之外，另外考订其他反切材料的，有白涤洲的《集韵声类考》（《集刊》三本二分），黄淬伯的《慧琳一切经音义反切声类考》（《集刊》一本二分），闻宥的《经典释文反语与广韵切语异同考》（《中山大学文史研究所集刊》一卷一期）。而罗常培先生的《经典释文音汇》（稿本），及周祖谟的《万象名义中之原本玉篇音系》（稿本），也急望能赶快发表出来才好。至于于海晏的《汉魏六朝韵谱》（燕京大学出售），那更是于反切材料以外另辟蹊径的创作。王力的《南北朝诗人用韵考》（《清华学报》），也是属于这方面的论文。

关于等韵源流的研究，从前固然也有好些学者着手讨论这个问题，可是大多是零碎的断片。能够穷原竟委的作整个的有系统的研究的，自然要推赵荫棠先生的《等韵源流》（国立华北编译馆大学丛书，外间流行的又有北大讲义室排印本）了，全书共分四编：第一编，等韵之蕴酿（包含七个节目：悉昙之输入，梵文与反切，宫商与四声五音，韵转摄唱，等韵前之轻重清浊与内外，等韵前之反切图，字母与等及门法之发端）。第二编，等韵之成立（包含六个节目：等韵之背景，等韵之规模，两宋等韵之派别，南派等韵，北派等韵，南北混合之切韵指掌图）。第三编，等韵之改革（包含六个节目：改革前之过渡物，元明派等韵之背景，门法之繁化与旧等韵之没落，明人废除门法之言论，明清等韵之存浊系统，明清等韵之北音系统）。第四编，等韵之批评及研究（包含三个节目：旧的批评，新的研究，结束）。这部三百四十页三十余万言的大书，是过去等韵的本身、改革，以及批评、研究的总集成、总清算，不惟供给我们许多难得的材料，而且替我们解决了许多疑难的问题。所以，我觉得这部书的特色至少可有这三个：第一，这是一部站在历史的立场上来整理等韵的著作。自来讲中国音韵学的人，差不多都分为古韵、今韵和等韵三部分来叙述，四库书目已经如此。不过在清朝一般古韵学者的眼里，大都尊古而贱今，至于等韵，更是看不起来。甚至深恶痛绝，认为它是邪魔外道，扰乱中国韵学系统的东西，因为它既不是来自西域，也是与释门有关系的，在儒门看来，自然是应当排斥的。可是拿我们的新眼光看起来，它实在是讲韵学内部精神的东西，换言之，就是讲音理的学问。设若没有它，不惟《切韵》系统的韵书的声纽没有法子整理，就是古韵系统的声纽也没法子推测。我们固然不能承认等韵是完全合理的，但它的贡献也不可一笔抹杀。应该站在历史的立场，用公平的眼光，还它一个本来面目和本来的历史地位。还有在这音标时期，我们已经有了新工具，等韵的时代过去了，势力已经消灭了，骂它鄙弃它固然不对，但是想改革它遵从它也是不对。现在应该拿述而不作的态度，研究和批评的态度来解释它，整理它，贡献给研究声韵学史的人去利用这部分材料。至于要想另外创作新的等韵以代音标，可以说是愚而且妄，不明白历史潮流的必然性，不知道学术进步的现况。这两点著者在绪论里已经再三的申明过了。第二，这是一部供给研究等韵材料的书。著者在后记里这样说："在这部书以前，没有人是这样写过；事属草创，当然不能尽满人意。不过著述各有用心，而我的用意，即在供给同道几许材料，并且解决几个问题，在可能范围之内。也许有人说，史料不大要紧，但我不这样想。"读过这部书的人，一定认为这些话是真实的自白而恰合于书的内容；即就第三编而论，所列举而加以整理批评的书就有三十七种之多，里面有许多是外面流传极少而不尝一见的秘籍；至于不合本书需要的材料而备研究者采择的书还有四十三种。可以说关于这方面的著作，凡是尚存人间与国内的，著者都设法辗转求得而加以解释与批评，全盘供给我们了。所以这部书是"等韵"史，也是"等韵学"史，研究"声韵学"史和"声韵"史的人，不能不取汲于此了。第三，这是一部解决等韵问题的书。例如等韵未正式成立以前与等韵有关者是些什么？等韵正式成立以后有什么改变的状况？正式等韵所支配的时代有那些等韵图？它们的派别若何？他们大概的读音是什么状况？我们若不是墨守一家之言便自满足的人，对于这些大问题，都是急切要知道的吧。至于清儒及近人对于等韵的批评和研究究竟到了什么程度？更是后来研究者所不可不知的。这四大问题不过是举其大者而言之而已，甚至每一个极细小的问题和名词，著者都很详细的给它一个解答。而且因为态度的公正，工具的进步，许多玄妙不可捉摸的名词，如宫商五音之类，都给它一个合理的新释，把等韵图周围固有的乌烟瘴气、荒谬愚妄的附会，完全一扫而空，真可以说是拨云雾而见天日，使后来者不致望而生畏，或如坠五里雾中了。除去这三大特色以外，还有许多值得注意的意见，就是那几篇作为附录的单篇论文：例如《啸歌之兴替与音理之解释》一文解释啸和歌的不同，守温《韵学残卷后记》一文发见南梁为南梁州，《切韵指掌图》撰述《年代考》一文考证它是淳熙三年以后与嘉泰三年以前的产物，《康熙字典字母切韵要法考证》一文发见它是由《大藏字母切韵要法》而来的，《谐声韵学跋》一文发见它是研究清初语音的宝贵材料，《重订司马温公等韵图经述》介绍它是一部很纯净的北音韵书。这些新发见新创获，或为历来未能解决的问题，或为被淹没已久的材料，一旦豁然，不仅是著者的快事，而且是学术界的快事！上面著者的几篇论文，曾经在《历史语言研究集刊》《辅仁学志》《中法大学月刊》《北辰学园》等各杂志上发表过，这种按照每编内容的联系而作为附录，是予读者以莫大便利的。还有著者好些于此有关的论文，如读叶秉敬《韵表札记》（《中法大学月刊》二卷三期），关于《均略易通》（《女师大礼俗》半月刊），访得萧尺木《韵通记》（《北平晨报》学圃），《字学元元述评》（《中法大学月刊》二卷二期），《清初审音家赵绍箕及其贡献》（《辅仁学志》三卷二期）等，本来也该附录到里面去的，但因为节省篇幅的关系而省略了，读者可以自行参看。至于其中明清等韵之存浊系统一节曾在天津《益世报》读书周刊上陆续发表过（廿五年七十三期起）；明清等韵之北音系统一节曾在《辅仁学志》（六卷一期起）发表过，本书里对于这两节都有不少的材料增加及内容修订，读者也应注意。最近著者新发见了一本《大藏字母九音等韵》，又为之作了三个跋文（载于《留日同学会刊》三号），《字典字母切韵要法》的来源可以说是成为定案。

此外，有好些其他学者的单篇论文，可以和等韵源流互相印证的，有罗常培先生的《守温韵学残卷跋》（《集刊》三本二分）、《通志七音略研究》（《集刊》五本四分），影印元至治本通志七音略序（北大出版组印行)、《韵镜源流考》，从《切韵指南到切韵指南》、《释等呼》、《释内外转》(《集刊》四本二分)、《释轻重》(《集刊》二本四分)、《蒙古字韵跋》(《读书周刊》一〇九期)；刘复的《三十六字母排列法之研究》(《国学季刊》一卷三号)，王力的《类音研究》(《清华学报》十卷三期)，陈云路的《释康熙字典内含四声音韵图的唱》(《女师大学术季刊》一卷二期)，白涤洲的《汉字标音方法之演进》(《国学季刊》四卷四号) 等论著。

关于现代方言的调查研究，近十年来国人的著作逐渐增多。最早的是北大研究院所组织的方言调查会，主其事者为沈兼士先生，当时林玉堂曾拟定了方音字母草案，可惜昙花一现，并没有什么结果。以后语言历史研究所成立，始行编定方音调查表格 (赵元任制)，作有系统的调查。这方面的调查报告已经整理出版的，有刘复、白涤洲、魏建功合记的《黟县方音调查录》(《国学季刊》四卷四号)，赵元任的《现代吴语研究》(清华学校研究院出版)、《南京音系》(《科学杂志》十三卷八期)、《广音猺歌记音》、《钟祥方言记》；罗常培先生的《厦门音系》、《临川方音记》、《绩溪方音述略》；李方桂的《广西凌云猺语》、《龙州泰语》；刘文锦的《记咸阳方言》；岑麒祥的《广州方言研究》(以上都由历史语言研究所出版)；陶燠民的《闽音研究》(《集刊》一本四分)，史禄国的《记猓猡音》(《集刊》一本二分)；王力的《两粤音说》(《清华学报》五卷一期)、《博白方音实验录》(法文本)，周辨明的《厦语的语音构造及声调变化》(《厦大学报》二卷二期)；刘复《北平方音析数表》(《国学月刊》三卷三号)。未印行的尚有：赵元任的《两广、湖北、江西方言调查报告》，李方桂的《海南岛方言调查报告》，罗常培先生的《徽州方言调查报告》，白涤洲的《关中音系》等。现在回顾一下，方言调查的工作正在方兴未艾，但追念创始，不能不归功于刘复的提倡、赵元任的领导。赵氏现代吴语研究里面对于调查方言的方法说得很详细，并且刊了一个与高本汉所作方音研究的比较表，最重要的就是彼只记方音，未记声词类；此记方音，又记词类。彼只记声母韵母，未记声调值；此声韵调三种音值都记，并略记短语语调。赵氏在序文曾经说到，一个全国的方言调查不是一件容易的事，也不是一人一时可以做得完的，想要做得完，第一要有永久性的组织跟经费，第二要有相当训练的工作者，第三要国内太平得什么地方都可以去。目下看来，这三个条件一个也没有。至于方音研究的历史叙述，有罗常培先生的《中国方音研究小史》（《东方杂志》三十一卷七期）。

关于方言声调的研究，自然要算刘复的《四声实验录》（上海群益书社出版）了。全书目次如下：引言、声音之断定、语音与乐音、浪纹计、计算及作图、乐音与对数、已实验的四声、余论。本书的主旨，在于用实验语音学的方法，解决中国一个很小的问题——就是四声是什么的问题。所以前五节大都是关于实验语音学的学理及仪器方面，有许多地方是与声学上的物理，乐音学上的乐理，数学上的数理互合结合。已实验的四声一节是较主要的部分，所实验过的只有北京、南京、武昌、长沙、成都、福州、广州、潮州、江阴、江山、旌德、腾越等其十二处方言中的四声，没有能把全国各方言区的四声，完全实验，因为当时身在国外，友朋有限，不容易找全各省的人的缘故。据他的实验结果，各地四声的共同点：（1）平声的音最为平实，因为他的曲折少；（2）上声的音最高，因为大多数上声的全部或一部，都高出于中线之上；（3）去声的音最曲折，大多数都是曲折较多的线；（4）入声的音最短，不短的只有武昌、长沙和北京。这几个积极的结果看来是很少的，事实上因为这种互相的差异的真相只有在图上的线条可以表示一些，用文字是大不能够表示其真相的。这部书是破天荒的著作，从刘复博士起，我们对于各地方言中四声（或多于四个）的调值才有确切的新认识，才脱离了乌烟瘴气的玄学解释而走向科学的探讨。如果已经知道了这几个平淡无奇的积极的结果论，消极的各地四声差异的真相——线条所表示的图形之后，再看一看余论一节里所举的今日以前的四声论，南北朝人不用说是知其然而不知其所以然，就是唐宋以来的四声歌诀，以及近人的说法，都只是从平上去入四个字上加以揣测，谁也没有想出一个彻底解决办法，都曾说什么长短高低缓急强弱等等不着边际的话，就觉得浅陋可笑了。

此外还有著者几篇论文和本书可以互相参正补充的，如《汉语字声实验录提要》（《学灯》十四年五月份）、《实验四声变化之一例》（《科学》七卷九号）、《声调之推断及声调推断尺之用法》（《集刊》一本二分）、《乙二声调推断尺》（《集刊》四本四分）。其他学者关于这方面的论文有：

赵元任的《中国言语字调的研究法》（《科学》七卷九号）、王力的《从元音的性质说到中国语的声调》（《清华学报》九卷一期）、白涤洲的《北音入声演变考》（《女师大学术季刊》二卷二期）《关中入声之变化》（《集刊外编》庆祝论文集上册），黎锦熙的《京音入声字谱》（《东方杂志》二十一卷二号）等。

从上面所举的著作及诸家所得的成绩看来，比高本汉的以为在《切韵》系的各种韵书里反切都是一致的；以为《切韵指掌图》即使不是司马光奉敕纂修的书也是司马光同时代的书；以为《切音指南》就是《切韵指南》等等幼稚的隔膜的见解，自然是进步得多多了。而对于方音和声调的研究和记录，更可以补充他的《方音字典》的缺陷。这都是我们的进步，正因为如此，然后才可以修正高本汉！超过高本汉！

对于以上这一段由汪荣宝以来的古音研究革新期诸家所用的方法及材料，而加以检讨和反省的，那就是魏建功先生的《古音系研究》（北大出版组排印）。这又是一部四一二页将近三十万言的大书，和《等韵源流》《中国音韵学研究》，可以说是鼎足而三的洋洋大著，是近三十年内音韵学界罕有盛事，不朽的杰作。罗常培先生的序：第一，这是一部能表现自己的书，根据自己的观念，运用自己的方法，组织自己的材料，而不因袭别人的。第二，这是一部能提出问题的书，真正能启发读者兴趣的著作不在乎有许多武断的结论，而贵乎提出一些新颖的问题，并且指出他们的解决方法。这两个特色，本书可以说是毫无愧色的当之而有余裕。著者在后记里说："每种学问方法的成熟，当然是先后从事努力的学者继续无间的锻炼出来的。我不敢说我不同意的学说绝对要不得。我们扩大范围看我们音韵学研究的方法史，知道我们所不能同意的些个学说他们自有时代的价值；而其所以为我们不能同意的原因却也是我们有我们时代的精神。"又说："我的这样一本零碎流水簿子，先将国内的一些散碎材料和零头小账记录下来，也有备未来的健者做行百里储宿粮的帮助罢了。如果有人感觉失望，以后我没有能具体解决许多问题的话，我想他正应该谅解我：我只预定揭发若干问题的所在，并没妄想独揽这些问题的解决。如果有人因为这样一个失望而更从事满意的探讨，正是小挺一击，便得洪钟大鸣，如我理想，不枉作呵道打路一番工夫了！"这样看来，所谓表现自己，实在是表现自己的时代，不雷同、不苟合、不问门派、不限师法，一一都给它一个公正的批评，还它一个历史上的地位。所谓提出问题，实在是提出值得解决的问题，指示给同道者无数的新门径、新道路、新方法、新材料。全书总纲如下：

一，古音系的分期（依照音韵沿革，分为七期）。

二，古音系的内容（分为声、韵、调、词、四部分）。

三，研究古音系的材料（分为十大项）。

四，研究古音系的方法（分为分部，审音、论变、探源、四大项）。

五，研究古音系的条件（分为知难、理惑、持衡、三大项）。

六，古音系研究的实际问题（列举二十大问题）。

这里没有一部分不重要，没有一部分不可成为专门的巨著，假如详细的写出来，简直就是中国的语言学史，而中国语言史构成的纲领，自然也完全包括在里面了。所以著者所谓的"古音"，不是狭义的周秦古音，也不是稍较宽疏一点儿的隋唐古音，而是在元明以前的都谓之古。因此所谓"古音系"，实在是由周秦到唐五代，甚至连元明清都包括在内的语音史的系统，语言史的系统。假如看到著者处处注意到词和调，连绵词及古成语，语根转变，语法探源，以及形音义三方面之沟通，就可知道这部空前的巨书的雄图了。其中最重要的要算是"三""四""五"等章。第三章的十项材料是：文字之假借及谐声，文学作品之有韵者，反切及直音，古籍注疏及校勘记，韵书及韵学书字典，古今方言，中外译音，连绵词及古成语，汉字支音，同语族语。对于从前人已经利用过的材料再加以审核和推广，列如文字假借、谐声扩展到甲骨钟鼎文字，以至于六朝的歌谣里面；对于从未利用过的材料则指出它的重要，例如连绵词及古成语；而且都注重在系统的穷源竟委的整个利用，不赞成零碎的片断的举例作证。第四章分部的方法有：反切系联法（单纯的，弇侈鸿细的，统计的）等列同异法（韵图的构成、韵图的变迁）行韵相叶法（分例、归部，集例列部。）谐声系统法，同音假借法，异体重文法，韵书分合法（谐声系统法分布情形、韵目音类次第相配、韵目分合、归纳韵字、音声相配、韵部纽类交比）；以方法为纲，每法下再细分子目，每目都举旧例或已例作样式，如韵书分合分部法下面列举段玉裁的《六书音均表》和夏敬观的《今韵析》

为第一个方法的代表，举戴震的《声韵考》为第二法的代表，举自己的比较《中原音韵》《韵略易通》《韵略汇通》《五方元音》《四书韵目表》为第三法的代表，举罗常培的《中原音韵声母系统》为第四法的代表，举章太炎的《文始》为第五法的代表，举黄侃的《音略》为第六法的代表。如果几个方法可以比较的就于举例之外，着重在互相对照以论其优劣，例如在反切系联法下举陈澧《切韵考》，曾运乾《切韵五声五十一纽考》，白涤洲《广韵声纽韵类之统计》三家作代表，并且比较它们的同异，评论它们的得失。审音方法有：沿革比较，叶韵及异文假借合证，连绵词及古成语释音，方言释音、语根转变考释、音训字释音、译语还音释、同语族语对照、汉字支音参考、等列推证等十目。论辩方法有：进化推移、音便自然、约定俗成、音轨原则等四目。探源方法有：语根、语法等两目。第五章的条件，知难的"难"有四：时代远而音标缺、语言来源复杂、语言转变纠纷、文字形音义混淆。因难而生惑，理惑的"惑"有十：审音声韵分离而不能兼顾，材料取舍轻重而不得当，书音语音之间存主奴之见而不能等视，方言凡通语混淆而不分辨，现象之常变一律而不识别，引证时代古今混合而不审察，事实因果互相颠倒而不明了，方法采用先后错乱而不知缓急，形音义孤立研究而不求贯通，立论解释枝节琐碎而不为通则。知难容易退却，理惑又恐过正，得其中道，唯有持衡的"衡"有十四：在声不在韵，在韵不在呼，在声韵之交涉不在把守四等，在音变之轨迹与语根之大同不在一二偶合之例，在古连语之探求不在单字之类析；在先理方言不在专恃族语，在注意族语音声变化历史不在用其现代语音证我古音；在时代性正确之断片考证不在时代混乱之丛证；在由假设的切韵音看谐声声母分化系统的论证，不在只作切韵音读各个的推断，在考证文字的形音以求通于义，不在拘守成说或抹杀成说；在注意语言之音及族语同义的语根，不在以汉字读音为主；在注意非族语所受汉字之影响及其保存之汉字读音，不在取声音上偶合之例；在音变轨迹多方得所的解释，不在死守一律；在精细审音纯明发音实际，不在纠缠不清之说音。以上"三""四"两章的论材料和方法，是研究古音系的工作大端，五章的讲条件，是如何使得这些研究工作才有完满的结果。这里我不怕麻烦的详细介绍一番的原故，就是有许多惑直到目前我们仍然在袭蹈而不知其误，尤其是近来几年内，大有章黄复活之势，不过我敢说：他们的时代已经死去了。例如古音考据方法的演变：由吴才老而陈季立为一期，由陈氏而顾亭林为一期，由顾氏而江慎修、戴东原为一期，由戴氏而段茂堂为一期，由段氏而章太炎、黄季刚为一期；我们如果不昧于这些时代精神的不同，那么自然就应当知道自己向前该走的路。又如审音方法的外来影响，由印度梵文的东传，生出反切、字母和等韵来；欧洲罗马字的东传，生出注音符号和罗马拼音字来，国际音标的东传，生出今日科学化音韵学的局面来；我们不能料其至，也不能阻其来，自然就相信这是我们应走的路。当欧洲学者研究汉学从文字译述进到历史语言的探讨的时候，我们的音韵学自然而然的就受了印欧语言学的影响而发生方法的改革。从汪荣宝引起的古音学第一次大辩论，到高本汉的著作被介绍及修正，再到高本汉和李方桂诸家的第二次大辩论和近来国内的新研究；其间蝉蜕进化的痕迹很是明显。虽然高本汉最近发表的《诗经研究及汉语词类》里面有些补充段王分部和戴章对转的意味，但是这绝不是循环复古，而是补充及修正，简直是毫不相干的两种研究。所以假如现在还有人反对国际音标而大讲改良反切和等呼，反对高本汉而迷信章太炎，都失之于拘和陋！我们音韵学的过去和未来，在古音系研究里面已经表示得很清楚了！我们过去的得失，未来的憧憬，都在这里。

（五）国音沿革与中原音韵一系韵书的研究

近三十年来的音韵学之所以走向科学化的道路，大半也是受了"维新运动"下国语统一工作的影响，假如把国音系统的来源追溯一下，不能不令人想到因国族危亡而引起的开通民智的改革文字一类的著作，如劳乃宣《简字谱录》之类；和因中外交通而引起的语文入门的汉字注音一类的著作，如金尼阁西儒耳目资之类。再往上推，代表明清之际普通北音的系统的，就是樊腾凤《五方元音》等通俗韵书了；代表南宋元明普通北音系统的，就是毕拱辰《韵略汇通》、兰茂《韵略易通》、周德清《中原音韵》了。我们起初的韵书，本是由反切纽列声韵而成的，多半依据师承录写正则读音；后来随着时代的变迁，内容也就迭有小部分的改易，然而都离不了是主观的编排。这样，韵书就渐渐离开实际的"语音"，另成为"书音"

了。由六朝人的韵书而《切韵》，而《唐韵》《广韵》，而《集韵》，都是越来越增广，越来越加多，《广韵》的末流降而为平水韵，虽士大夫尊之为金科玉律，毕竟只是在纸上的苟延，一般平民的口中已经不通行了。在《切韵》系韵书势力崩溃的时候，奋然而起，应运而生，依照当时北方中原活语言的自然之音，客观的编排韵部，归并《广韵》为十九部，改革音声相配之法而废除入声，平分阴阳，另辑为《中原音韵》一书的就是周德清，在音韵史上实在是一段极有价值的宝贵材料。过去的讲音韵的人，如明代的南曲家却极力攻击，清代的古韵学家更不屑一道；于是数百年来，若存若亡，内容沿革，无有知者，惟昆曲家开口周德清，闭口中州韵。其实说到书名、作者、时代，开口便错；或者以为北宋即有中州韵，或者以为南宋即有词林韵释，周氏不过是抄袭罢了；或者以为周氏以前本有《中原雅音》一书。直到赵荫堂先生的《中原音韵研究》发表之后（先发表于《国学季刊》，只上卷历史考证之部，缺下卷声韵标注之部。后由商务全部出版），大家才知道这书的一切情形，以及其前后的源渊流派。

全书分为上下两卷，上卷系历史的，考证版本，辨析源流，正其年序，明其演进的迹象；下卷是标音的，就原书归并等韵之迹，参考群书，以作音的研究。历史的考证固然困难，但总属事实的材料搜求，经著者煞费苦心的搜罗，铁鞋为穿的物色，凡世人所不经见的书俱竭力购假到手，所以源流派别，辨析很是详尽。上卷第一章为中原音韵之倔兴，第二章为中原音韵之要点，第三章为卓从之之继述（《中州乐府音韵类编》），第四章为南北混合之洪武正韵，第五章为曲韵派（明宁献王朱权之《琼林雅韵》，陈铎之《篆菲轩词林要韵》，王文璧之《中州音韵》，檇李卜氏之《中原音韵问奇集》，范善臻之《中州全韵》，王鵕之《中州音韵辑要》，沈乘麐之《曲韵骊珠》，周昂之《增订中州全韵》），第六章为小学派（兰茂《韵略易通》，本悟之《韵略捷要易通》，毕拱辰之《韵略汇通》，奕腾凤之《五方元音》）。由这个目录里可以知道上卷所包括的不仅是《中原音韵》一书，对于它的生长继述及演化为南曲北俗两派，也都有详细的考订（罗常培先生的《旧剧中的几个音韵问题》一文里中州韵和十三辙一节，曾根据赵先生的研究列了个这系韵书的演变表，可以参考。见《东方杂志》三十三卷一号）。下卷第一章为声类，第二章为韵类及等呼，

第三章为原注标音。

本书的特色，在导师钱玄同先生的审查书里说得很明白摄要："此编虽以《中原音韵》研究为名，实则将元末至清初此系重要韵书，凡为著者今日以前所获见者，皆悉心考订，明其源流，勘其异同，评其得失。今举数例，可见其考辨之精，论断之确。上卷为历史之考证，其中如（1）辨《中原雅音》非书名；（2）考卓从之《中州音韵》之时代及书本名《中州乐府音韵类编》；（3）辨《菉斐轩词韵》出于朱权《琼林雅韵》之后，而疑其即陈铎之《词林要韵》；（4）考兰茂《韵略易通》流传于山东之故；（5）辨周氏撰《中原音韵》时北方已决无入声；（6）考卓氏《中州音韵》中所谓'阴阳字'之意义；（7）由本悟增修之《韵略易通》中所举之'重韵'而证知兰氏时 m 韵已消灭。凡此考辨，皆极精覈。至其依次叙述朱权……诸家之书，以明《中原音韵》经明清之曲韵派促其日趋南化，致变不南不北之韵书，则对于此系韵书之流变，言之尤为审谛，发前人所未发。下卷为声韵之标注，对于韵变之由来，亦多精当之论：如

（1）由本悟增修之《韵略易通》及叶秉敬《韵表》而证知ㄐㄑㄒ之音决非起于晚近，又由《古今韵会举要》云"交字属半齿"而证知《中原音韵》已有ㄐㄑㄒ之音；

（2）考《中原音韵》虽并疑于影，而仍有少数疑母字独立一音，知其书中疑母尚未完全消灭；

（3）由徐孝合并篇《韵字学便览》而证知照穿床审之三等并入二等亦早在元明之世；

（4）由吴棫、毛晃、韩道昭之书，而证知南宋时已有支思及车遮两韵；

（5）由徐孝及金尼阁之书，而证知明代早有儿韵，且因《中原音韵》中儿尔二诸字与日字分列两韵而知其时已读儿音。

以上发明，皆极新极确，实为不易之论。至于标注各音。无问题者固不少，然如 k、c、tɕ 之分三，au、au 之分二，in、ɪn 之分二等等，窃谓只能作为暂时假定，尚待仔细研究。但此假定，亦有根据，即依宋代等韵区别；正与瑞典高本汉氏假定《广韵》之音相类。综观全书，精彩极多。对于《中原音韵》一系韵书为源流派别之叙述，本编尚为第一部也。"

这部书出版以后，曾引起不少人的赞美和批评，著者也继续收集了不少的新见材料，可以补充原书的证据，例如近见宋王谠之的《唐语林》卷二中极角觉为腭际声，此语正和以前所引《韵会举要》谓交字属半齿的话消息相通。那么，丩<丅之音在元朝已经成立，可以说是毫无疑问了。关于这些补充的论证，另编有《中原音韵研究补编》，尚未出版。还有关于上卷历史之部那些韵书的详细讨论，另有专篇文字，曾在各杂志发表，是读者需要参看的。现在开列于下：《中州音韵源流考》《中州音韵各版本的关系与发生的次序》《箓斐轩词韵时代考》《箓斐轩词林要韵的作者》（以上均见北晨学园，时日详该书内注），《始得琼林雅韵记》（《中法月刊》一卷四期）、《关于韵略易通》（《礼俗半月刊》六七两期）、《明清等韵之北音系统》（《辅仁学志》六卷一二合期。又见《等韵源流》），关于下卷标音之部有：《中原音韵的丩<丅》（《中法月刊》一卷五期），其他音韵学者的考订可与相印证的有：罗常培先生的《中原音韵声类考》（见《中国音韵沿革讲义》，又见《集刊》二本四分，）考定声类为二十，与《韵略易通》之《早梅诗》所代表的完全相同。赵先生考定为二十五类。即增疑母独立并详分其一二等与三四等（即口盖音）为两类，其他见群的一二等与三四等，溪群的一二等与三四等，晓匣的一二等与三四等，也都分为两类。所以不同者，盖一就本书立论，一于本书之外又参以他书为旁证的缘故。罗氏的《耶稣会士在音韵学上之贡献》（《集刊》一本三分），对于金尼阁《西儒耳目资》（北京大学影印本）一书的前后及其标音与国音古音的比较，都有详细的说明，这个外国人所记的明万历间的标准音系和国音现状已相差不远，而丩<丅一系颚化声母已渐趋发达而分立了。刘文锦的《洪武正韵声类考》（《集刊》三本二分），考定此南北混合的产儿之声类为三十一。唐虞的《儿音的演变》（《集刊》二本四分）证明它的演变在辽史里已有直接证据，韵书中如《中原音韵》等的韵月分合也都是证据。魏建功先生的《说辙儿》（《国语周刊》一〇三四两期，又附录《佩文新韵》后），对于十三道辙儿的源流，从《中原音韵》《五方元音》到山东的十五音，湖北《字音会集》的十四音，徐州的十三音，滕县张畊古韵丩发明的十三音，京剧的十三韵，鼓棒词的十三辙，辨析得都很详细。罗常培先生的《中州韵和十三辙》（天津《益世报》读书周刊十六期，又见旧

剧中的几个音韵问题中，文载于《东方杂志》三十三卷一期）采取《中原音韵研究》及《说辙儿》两文的材料，益以字母切韵要法的十二摄、马自援等音的十三韵、林本裕声位的十三韵，滇戏的十三韵，列为源流演化表，更较清晰。张洵如的《北平音系十三辙》（中国大辞典编纂处出版），以北平方音中历史相传下来的曲韵十三辙为主，依照国音韵母次第排列，类聚日常应用的同音字为十三卷，故一名《北平同音字典》，自此相传有名无书之十三道辙儿才正式记载下来，前有魏建功先生序文，从《中原音韵》以来六百年间的声韵变化归纳出十四条重要的原则；而且认为在一千年前普通正则官话的系统大体上业经完具。白涤洲的《广韵入声今读表》（大辞典编纂处油印本），将《广韵》入声字全部注以北平语音今读，可考入声演变之迹。又为《北音入声演变考》（大辞典编纂处排印本），据《中原音韵》等书中入声字之分派三声，以考北音入声字的演化。黎锦熙的《京音入声字谱》（《东方杂志》二十一卷二期），站在"国语运动"的京音立场上，重新再宣告北音入声已亡的证据，主张国音中的字调应该废弃入声。

从上面关于《中原音韵》前前后后的研究里，可以知道现在北音系统（官话）的形成远在元代，历经明清两朝，随着北京建都以及文人写作应用俗语的关系，渐渐取得了官话（标准语）的资格，在时间和地域上都较为长远。清朝末年，受了外人来华使用罗马拼音的影响，同时又因"维新变法"要先普及教育的催迫，于是几位热心教育的音韵学者出来，想改良文字，使它容易认识，以谋全国语言的统一；当时北方有一位王照作了一套官话字母，南方有一位劳乃宣又把这官话字母编成京音简字，都是拿北京话作标准的，自此以后，直到民二开读音统一会时，其间出了不少的字母创造家，罗常培先生的《国音字母演进史》（商务出版）一书，对此前后的发端和经过，分作国语罗马字和注音符号两部分叙述，就各家所制方案，一一提要，略加批评，末尾还附有各家比较表，令人一目了然。就王劳二氏所定的声符、韵符看来，和《五方元音》的系统并没有什么不同，而读音统一会所审查的读音，议定的记音字母，又是就王劳二氏的系统为主，中间稍有改变，如万兀诸母的增添和入声的保存等并是，因代表籍贯南北俱有，字音审查取决多数，所以对于浊声母和入声调的存废问题就不得迁就南音而为折衷的通过了。当时大会所审查过的字音约六千五百余字，辑为《国音汇编草一本》交教育部存案，直隶代表王璞将会中所审定之字，纂辑成书，名曰《国音检字》（汉英图书馆发行），体例为同音字汇，每音复分五声。民七，教育部始正式公布注音字母，计声母二十四，介母三，韵母十二，声调五。同年统一会议长吴敬恒就大会所派定字音，外将未及审定而不可缺之字，以及俚俗通行，科学新增之字共约一万三千多字，准音而注，编为《国音字典》（商务出版）。民八，国语统一筹备会成立，对于注音字母稍有修订：一为重排音类次序，声母由唇而舌尖、舌根、再由舌前而舌叶、齿头。依发音方法及部位参酌而定，废弃从来按旧日三十六字母排列的次第。韵母先叙介母，次叙独母（单纯韵），复母（复合韵），附属声母之韵母，最后叙东方特有之韵母儿。其中大体无大变动，只改ㄞ在ㄟ前，使a、e相叙；改ㄣ在ㄢ后，ㄤ在ㄥ前，使n、ng分处。二为增置古母，由钱玄同、汪怡等提议，以为古母兼有两读，不便拼音，主张分置，于是议定ㄛ母之音读为o，ㄜ母之音读为ㄛ。三为定儿母兼用作声母，由钱玄同、马裕藻等提议儿母应移归声母，于是议决得兼用为声母。四为万母之名存实亡，因《国音字典》注音多与北京音相合，但也有生僻不习见的他处方音掺杂其间，于是推钱玄同等为审音委员，从事校订，依照北京官音加以改注，而万母诸字之下则只注明今读×，暗寓名存实亡之意。五为声调点法的改变，钱玄同提议国音不必点声，废弃旧来于四角加点的办法，既可美观，又可免去各地有无入声的拘牵，于是议决教授国音不必拘泥四声。民十，教育部公布校改《国音字典》，由商务出版，于是国音的标准无形中是以北京官音为标准了。王璞的《国音京音对照表》（商务出版）中所表示的，相差的地方不过极小的一点儿。民十三，统一会组织增修国音字典委员会，第一次谈话会由吴敬恒主席，始决定以北京语音为标准，但也当酌古准今的多注又读。后由起草委员王璞、赵元任、钱玄同等会同起草，十五年末才完成初稿。其中字音概以北京普通读法为准，和旧国音不同的地方有四大端：一为万兀广三母的废弃；二为ㄗㄘㄙ三母没有齐齿撮唇（ㄗㄧ、ㄗㄩ等都拼入ㄐㄧ、ㄐㄩ、等中）；三为ㄛ无开口齐齿，ㄝ无开口；四为入声分到阴阳平及上去四声中。

民十七"北伐"成功以后，统一会制定的《国语罗马字拼音法式》始由大学院公布，说明拼法的表件书册及字汇等有：《国音字母单张》（统一会印行），钱玄同的《论关于罗马字字母的选用》（《北大新生周刊》），赵元任的《国语罗马字常用字表》（统一会印行），《国语罗马与威妥玛式拼法对照表》（《国语旬刊》一卷五期），齐铁恨的《国语罗马字》（商务出版），黎维岳的《国语罗马字》（世界出版），陆衣言的《国语罗马字使用法》（中华出版），萧家霖的《国语罗马字入门》（促进会出版），黎锦熙的《国语模范读本》（中华出版），此书将一篇童话用国罗写出，末附汉字对照的词汇，及国音声调简表。赵元任的《最后五分钟》（中华出版），此书将一幕对话戏剧用国罗和汉字对照写成，首有单字音全表，末附北平语调的研究。这时候，因为国民政府的提倡，教育部编有注音符号传习小册（中华出版），附录《发音略说》，黎锦熙、白涤洲合编的《注音符号无师自通》（文化学社出版）。上海方面更形热闹，商务印书馆有陆衣言、马国英等编的浅说、讲义、发音指南等约六七种，中华书局有陆衣言等编的发音法、使用法等四五种，世界书局有陆衣言等编的发音图、发音原理、发音法、小史等八九种。大多是入门小册子，内容和从前并无差异，只是各书局趋时的竞争罢了。民廿一，依照《增修国音字典草稿》简化的《国音常用字汇》（钱玄同主编），始由商务出版。前有本书的说明，最要紧的一为国语的音以现代北平音系为标准（土音不取），二为每字注音于第一式下附注第二式。从前京音国音之争至此完全解决，才确切指定全国标准语的地方音系，而国音字母第二式（国语罗马字）的拼法至此也才完全具体化。

关于以上的经过叙述有：黎锦熙的《国语运动史纲》（商务出版），钱玄同的《十八年来注音符号变迁的说明》（《国语周刊》一二两期），《国音沿革六讲》（国语讲习所讲义），方毅的《国音沿革》（商务出版），江仲琼的《注音符号小史》（世界出版）。属于学理的有：高元的《国音学》（商务出版），丛介生的《国音学》（世界出版），汪怡的《国语发音学》，黎锦熙的《国语学讲义》，易作霖的《国语学讲义》（三书均商务出版）。属于应用参考的有赵元任的《注音符号总表》（统一会印行），本表制定全国各重要方言区域之闰音字母（方言符号），注以国际音标，并举该区所读汉字为例，以备调查方音之参考，并作各地民众教育拼切土语之工具。

方宾观的《注音符号传习小册》（商务出版），末附苏沪《注音符号》，后又编常州和苏州两种注音符号教本。黎锦熙、白涤洲合编的《国音分韵常用字表》（佩文斋出版），依现代国音分韵，打破历来的分韵法，以备作新诗者和或作旧诗而不愿受平水韵拘束的人检查应用，计一狮至十八鱼凡十八韵，故一名《佩文新韵》（钱玄同增附卷舌九韵，拟重版时加入）。赵元任的《国音新诗韵》（商务出版）。属于读物的有：赵元任的《新国语留声片课本》（商务出版，甲种为注音符号本，乙种为国语罗马字本），对于北平音系的特点，如轻声、卷舌韵、声调相连变化，代名词、助词、感叹词的种类及音读变化等，分析得都很精密而有条理。

　　以上按照古音、今音、等韵、方音、国音等五项为纬，时代先后为经，特别注重在每家所用的方法的演进，以及外来学术的影响。大致叙述完毕，诸家著作，也差不多都随见文内。这里还该补叙的，就是关于语音学及音韵学概论两项的著作。属于语音学的有：刘复译的《比较语音学概要》（商务出版），周辨明的《语音学》（商务出版），张世禄的《语音学纲要》（开明出版），罗常培先生的《普通语音学纲要》（北大讲义），刘复的《图氏音标草创》（《清华学报》四卷二号）。近年来我国音韵学的科学化以及国音符号，方音符号的制定及整理，有赖于这一类著作的帮助很大，希望能多多介绍一些，好作为研究语言的基础。属于通论的有：王力的《中国音韵学》（商务出版），本书编制：第一编前论，包括语音学常识，中国音韵学名词略释，等韵学三章；第二编本论上，为《广韵》研究，包括《广韵》一章；第三编本论中，为由《广韵》上推古音，包括古音一章；第四编本论下，为由《广韵》下推今音，包括《广韵》后的韵书，现代音两章。这种编制，可以说是依照研究步骤先后的次序，一开头就讲语音学常识，给读者先打好了审音的基础，打好了走向科学的出发点。然后接着把旧来分歧混淆而笼统不定的名词加以解释，使读者得到一个清晰的新观念，不致像从前似的闹得如坠五里雾中，一扫玄学的气氛。虽然未能完全罗列，也可以示初学以门径了。等韵学可以说是旧来仅有的一点讲音理的学问，把它和以现代语音学为根据而对等韵学加以说明或矫正的前两章并列在一块儿的缘故，在意味上也有点相近。本论上中下三编，以《广韵》为中心，先把《广韵》讲明白了，然后再根据它上考古音，下推今音，对于语音在时间和空间上的演变能够纵横兼顾，颇合于近代研究音韵学者的方法。最后特别把现代音列为专章，也可以说是新的研究注重方音调查的特色。而且书中分正文及参考资料两部分，正文独立，则为概要；正文与参考相合，则为详细之中国音韵学；极便于读者深浅的要求。此外尚有张世禄的《音韵学》（商务出版），《中国声韵学概要》（商务出版），罗常培先生的《中国音韵沿革》（清华大学讲义），魏建功先生的《中国声韵学概要讲义》（北京大学出版组印）。属于声韵学史的有：张世禄的《中国声韵学史》（商务出版），魏建功先生的《中国声韵学史纲》（北京大学讲义），全书分八章：一为声韵学史定义，二为声韵史的断代，三为声韵学性质的演变，四为声韵与声韵学的史料（一）标准的系统，五为史料（二）标准系统以外的，六为史料（三）考定的系统，七为中国声韵学方法的变迁，八为中国声韵学史之将来。属于研究方法入门的有：罗常培先生的《音韵学研究法》（读书指导第一辑，商务出版）。

总起来回顾一下我们这三十年来的出版界，大体上都是事变以前的产物，事变以后唯一的新获得、新收获，只有一部《等韵源流》，这固然是由于经济的来源缺乏，可是社会上大部份人，简直可以说是全数，都奔忙于衣食，甚而日夜妄想发财、投机、拍马、处处是无耻的下流举动，有谁看得起学术呢？有谁能安贫乐道，孜孜不倦于这些旁人认为不急之务呢？即便有一两个研究学问的人，又有什么地方可以供他们的发表呢？仅有的基本刊物报纸，都被一些软性的娱乐文章所塞满了！整个的社会，走进慢性的自杀！一两个冷落的出版编译的机关，尚且岌岌不可终日，遑论其他文化事业！希望多多培植一点研究学术的空气，把社会的颓风挽救过来！好在我们的语言文字学方面有一种专门的系统的研究，有一种有计划的出版！

民国三十三年十二月述

图书在版编目（CIP）数据

齐佩瑢文集 / 齐佩瑢著；王浩编. -- 北京：社会
科学文献出版社，2019.12
　（燕赵学脉文库）
　ISBN 978-7-5201-1527-8

Ⅰ.①齐…　Ⅱ.①齐…②王…　Ⅲ.①汉语-语言学
-文集　Ⅳ.①H1-53

中国版本图书馆 CIP 数据核字（2017）第 244501 号

·燕赵学脉文库·

齐佩瑢文集

著　　者 / 齐佩瑢
编　　者 / 王　浩

出 版 人 / 谢寿光
责任编辑 / 李建廷
文稿编辑 / 王晓燕

出　　版 / 社会科学文献出版社·人文分社（010）59367215
　　　　　地址：北京市北三环中路甲 29 号院华龙大厦　邮编：100029
　　　　　网址：www.ssap.com.cn
发　　行 / 市场营销中心（010）59367081　59367083
印　　装 / 三河市尚艺印装有限公司

规　　格 / 开　本：787mm×1092mm　1/16
　　　　　印　张：30.25　字　数：472 千字
版　　次 / 2019 年 12 月第 1 版　2019 年 12 月第 1 次印刷
书　　号 / ISBN 978-7-5201-1527-8
定　　价 / 198.00 元

本书如有印装质量问题，请与读者服务中心（010-59367028）联系

▲ 版权所有 翻印必究